Sebastian Domsch · Amerikanisches Erzählen nach 2000

Amerikanisches Erzählen nach 2000
Eine Bestandsaufnahme

Herausgegeben von Sebastian Domsch

edition text + kritik

Umschlagentwurf: Thomas Scheer
Satz: epline, Kirchheim unter Teck
Druck/Buchbinder: betz-druck GmbH, Röntgenstraße 30, D-64291 Darmstadt
ISBN 978-3-88377-911-9
© edition text + kritik in Richard Boorberg Verlag GmbH & Co KG,
München, 2008

Ausführliche Informationen über alle Bücher des Verlags im Internet unter:
www.etk-muenchen.de

Inhalt

SEBASTIAN DOMSCH
Vorwort 9

I NACH DER POSTMODERNE:
ERZÄHLEN ZWISCHEN FAKTEN UND FIKTIONEN

JAN KUCHARZEWSKI / LUTZ SCHOWALTER
»Reengagements with the World's Living Concepts«.
Fiktion und Referenzialität im amerikanischen
Gegenwartsroman 21

MARYANN SNYDER-KÖRBER
Ground Zero/s des amerikanischen Erzählens.
Vom neuen zum hysterischen Familienroman 39

INA BERGMANN
»To You, Perceptive Reader, I Bequeath my History«.
Die Renaissance des historischen Romans im 21. Jahrhundert 56

BERNADETTE KALKERT
Gefälschte Authentizität? Autoren und Erzählformate
zwischen Fakt und Fiktion 78

CHRISTOPH RIBBAT
Memoirs lieben, memoirs hassen. Ein Gespräch 95

II 9/11 UND DIE FOLGEN: ERZÄHLEN AUS TERROR UND KRIEG

JÖRG THOMAS RICHTER
»Nineteen Men Come Here to Kill Us«.
Terroristenphantasien in amerikanischen Romanen
nach dem Herbst 2001 111

CHRISTINA RICKLI
Wegweiser aus dem Trauma?
Amerikanische Romane nach dem 11. September 126

MATHIAS NILGES
Das Ende der Zukunft. *Graphic Novels* und Comics
als Spiegel der US-amerikanischen Gesellschaft
nach dem 11. September 2001   146

BRUNO ARICH-GERZ
»When the first tower collapsed, I told them
it was like *Pearl Harbor* and *Titanic* combined.«
Film als Deutungsmuster in Augenzeugenberichten
von Überlebenden des 11. September   159

STEFANIE FRICKE
Erzählstimmen aus dem Terror.
Warblogs amerikanischer Soldaten   174

III GESCHICHTE WIEDERERZÄHLEN: LOOKING BACK AT EUROPE

DOROTHEE WIESE
Durch die Spur des Anderen sich selbst verlieren.
Effekte des Übersetzens bei Nicole Krauss
und Jonathan Safran Foer   197

BETTINA HOFMANN
»A Blessing, not an Affliction.«
Jüdisch-amerikanische Schriftsteller eröffnen neue
Perspektiven auf Osteuropa   210

FLORIAN SCHWIEGER
Geschichte am Scheideweg.
Entwicklungslinien des historischen amerikanischen Romans
im 21. Jahrhundert   233

IV AMERIKAS SEELENLANDSCHAFTEN

KATHARINA BICK
Localizing Literary Whiteness.
Post-kritische Weißseinsdiskurse im zeitgenössischen
amerikanischen Roman   245

RALPH POOLE
Southern Gothic Updated.
Zerrbilder verstörter Männlichkeit im *white-trash*-Roman   256

LARS SCHMEINK
Das Ende des Menschen? Biopolitik im dystopischen Roman   283

CARSTEN SCHINKO
Das Schreiben des Schalls. *sonic fictions* aus Amerika   298

CHRISTIAN PISCHEL
Grenzverläufe filmischer Topographien.
Gewalt gegen die Gemeinschaftlichkeit
in *Elephant* und *Pearl Harbor*   319

V TRANSGRESSION UND HYBRIDITÄT

MARIA MOSS
Mimesis als Grenzüberschreitung.
»Körperarbeit« in der amerikanischen Literatur
des 21. Jahrhunderts   341

ASTRID FRANKE
»We are all made up of many parts, other halves«.
Hybridität in zeitgenössischen amerikanischen Romanen   352

Register (Namen & Werke)   369

Sebastian Domsch

Vorwort

Periodisierungen haben immer etwas Willkürliches. Entwicklungen der Geistes- oder Kulturgeschichte sind ein langsamer und verzweigter Prozess, dessen Beginn sich nur in den wenigsten Fällen an einem konkreten Stichtag festmachen lässt. Wer die englische Romantik mit der Veröffentlichung der wegweisenden Gedichtsammlung *Lyrical Ballads* im Oktober des Jahres 1798 durch Jonathan Wordsworth und Samuel Taylor Coleridge einsetzen lässt, ignoriert nicht nur die früh- und vorromantischen Tendenzen in Literatur und Kritik der Jahrzehnte davor, sondern auch zentrale Werke eines hoch kanonisierten romantischen Autors wie William Blake. Auch die Einteilung nach geschichtlichen Ereignissen, zum Beispiel der Französischen Revolution 1789, provoziert unweigerlich Fragen nach deren Vorbedingungen. Was wäre die Französische Revolution ohne Rousseaus Schrift vom Gesellschaftsvertrag, erschienen 1762? Und selbst die schematischste und willkürlichste Art der Epochengliederung, die nach Jahrhunderten, wird in der Praxis regelmäßig aufgelöst, fast bis zur Beliebigkeit. So ist in der gegenwärtigen literatur- und kulturwissenschaftlichen Diskussion im angelsächsischen Bereich aus dem 18. Jahrhundert das »lange« 18. Jahrhundert geworden, das, je nach Ansicht, von der Glorious Revolution im Jahr 1688 bis zur Schlacht bei Waterloo 1815, oder gar bis zur Modernisierung der englischen Gesetzgebung durch den Reform Act von 1832 reichen kann.[1]

Wie also lässt sich, angesichts solcher Schwierigkeiten der Periodisierung, die Entscheidung erklären, für die Beschäftigung mit den neuesten Entwicklungen der amerikanischen Erzählliteratur gerade das Jahr 2000 als Einstieg zu verwenden? Wiewohl allein durch die Magie der Zahl unmittelbar nachvollziehbar (wann hat man es schon einmal mit einer Jahrtausendwende zu tun?), kann dies als Erklärung nicht reichen. Die seit dem Jahr 2000 vergangenen sieben Jahre rechtfertigen es auch kaum, bereits ein Resümee der Literatur des 21. Jahrhunderts zu ziehen. Wollte man aber dem Beispiel folgen, politische oder geschichtliche Ereignisse von weltweiter Bedeutung zum Epochenwechsel zu erklären, dann müsste dieser Wendepunkt sicher in den frühen Morgenstunden des 11. Septembers 2001 (Eastern Time Zone) verortet werden. Der bereits früh in der Berichterstattung geäußerte Gemeinplatz, dass nichts nach diesem Tag mehr so sein würde wie zuvor, hat sich sicherlich bewahrheitet. Zwei Kriege sind das unmittelbare Resultat der Ereignisse dieses Tages, darüber hinaus aber auch die Destabilisierung ganzer Regionen und nicht zuletzt ein verändertes geschichtliches und politisches Denken in den Vereinigten Staaten.

Die Nähe der Schnittmarke dieses Bandes zum 11. September ist genauso wenig zufällig wie die Tatsache, dass beide nicht identisch sind. So sehr die Terrorattacken und ihre Folgen ihren Schatten auf jede Form erzählerischer Vergegenwärtigung Amerikas legen, und so vielfältig die Verarbeitung dieses Ereignisses in Romanen, Filmen, *graphic novels* oder musikalischen Konzeptalben auch ist, lässt sich das amerikanische Erzählen seither mit Sicherheit nicht darauf reduzieren. Amerikanische Erzähler haben die Seelenlage ihres Landes erkundet und dessen Bedeutung in einer globalisierten Welt analysiert, lange bevor die Türme des World Trade Centers in sich zusammenbrachen, und auch danach verhandeln sie Probleme, die mit dem Kampf der Kulturen nur am Rande oder auch überhaupt nichts zu tun haben.

Der 11. September 2001 ist ein eindrückliches Symbol für eine Zeitenwende, so wie es der Sturm auf die Bastille am 14. Juli 1789 und die Öffnung der deutsch-deutschen Grenze am 9. November 1989 waren, aber als Symbol verweist er auf einen Zusammenhang, der größer ist als er selbst, und der bereits früher angefangen hat. Er zementiert lediglich die Erkenntnis, dass eine Entwicklung, auch in der Literatur, an ihr Ende gekommen ist, und fortan neue Wege beschritten werden müssen. Der amerikanische Kritiker James Woods zitiert in einem Artikel eine Anekdote, nach der der Schriftsteller Jay McInerney am 11. September 2001 in der Wohnung seines Autorenkollegen Bret Easton Ellis die Einladung zu einer literarischen Party entdeckte, was ihn impulsiv zu dem Satz verleitete: »I'm glad I don't have a book coming out this month«. Ellis musste ihm zustimmen, auch wenn beide sich der Egozentrik ihrer Reaktion bewusst waren.[2] Andere Autoren waren an diesem Punkt vielleicht bereits einen Schritt weiter. Genau zehn Tage zuvor, am 1. September 2001, war Jonathan Franzens Roman *The Corrections* erschienen, ein Buch, das nicht im Strudel der weltgeschichtlichen Nachrichten unterging oder durch diese über Nacht anachronistisch gemacht wurde, sondern enormen Einfluss auf das Erzählen in Amerika und auch weltweit ausübt, da es selbst für eine neue Entwicklung steht.

Denn Franzens Roman positioniert sich selbst am oder nach dem Ende einer literarischen Epoche, die schwerer zu greifen und einzugrenzen ist, als vielleicht jede andere davor, der Postmoderne. Die Unsicherheit, ja geradezu Verweigerung einer eindeutigen Periodisierung zeigt sich hier bereits am Namen. Während Epochen wie der Barock, die Aufklärung oder auch die Romantik bei aller Diffusion und allem Ausfransen an den Rändern auf eine gegenwärtige Entwicklung verweisen, war schon im Namen der Moderne eine unauslöschliche Relativität eingeschrieben. Modern ist man immer nur relativ gesehen zu etwas, das als nicht-modern deklariert wird. Beinahe jede Epoche betrachtete sich selbst als modern, man denke nur an die wohl größte Kulturdebatte, die es in Europa je gegeben hat, die *Querelle des Anciens et des Modernes*, die vom Ende des 17. bis zum Beginn des 18. Jahrhunderts tobte. Erst die Moderne, beziehungsweise der Modernismus, machte dieses relative Gefühl der Modernität zum Programm. Wenn sich eine Reihe literarischer und künstlerischer Strömungen und Entwicklungen ab den späten 1950ern nun unter dem Begriff Post-Moderne subsumieren lassen, so ist dieser Begriff damit doppelt relativ – das, was nach denen kommt, die sich für modern erachteten. Und sowohl die einfache wie auch die doppelte Relativität waren Programm.

Die am Anfang des 20. Jahrhunderts verortbare Moderne ist bereits eine groß angelegte Relativierung von Gewissheiten und Eindeutigkeiten, von geschlossenen Systemen und »großen Erzählungen«,[3] die wiederum weitgehend ein Erbe der Aufklärung sind. Erkenntnis, Repräsentation oder Identität gerieten für das moderne Subjekt nachhaltig in eine Krise, nicht zuletzt unter dem Eindruck gegenwärtiger Geschichte. Spätestens mit den beiden Weltkriegen wurde die aufklärerische Vorstellung von Geschichte als Fortschrittsgeschichte, als Erfolgsstory fortschreitender Zivilisierung zu Grabe getragen und durch den Eindruck von Geschichte als Katastrophengeschichte abgelöst. Dieses Gefühl einer katastrophischen weltgeschichtlichen Bedrohung steigerte sich in den Jahrzehnten nach dem Zweiten Weltkrieg noch bis zu den apokalyptischen Weltuntergangsszenarien des Kalten Krieges.

Die Strategien, mit denen die Literatur auf das modernistische Krisenbewusstsein reagierte, waren eine Aufwertung von Mehrdeutigkeit, die Übernahme des Fragments als Strukturmerkmal (exemplarisch steht hier T. S. Eliots Gedicht *The Waste Land* von 1922), die Zersplitterung autoritätsverbürgender Erzählerstimmen in die Multiperspektivität von Bewusstseinsströmen und durcheinander klingenden Stimmen. Das Puppentheater eines William Makepeace Thackeray (*Vanity Fair* (1847–1848), mit dem Erzähler als Theaterdirektor, der alle Fäden fest in der Hand hält, wurde durch die polyphonen Romane von James Joyce, Virginia Woolf oder Alfred Döblin abgelöst.

Die Postmoderne nun lässt sich, auf die Gefahr allzu großer Verallgemeinerung hin, in vielerlei Hinsicht als eine Radikalisierung modernistischer Skepsis lesen. Die Krise der Identität wird weitergedacht bis zur Unmöglichkeit jeglicher Authentizität, inklusive Tod des Autors und der Charaktere. Psychologisierende Selbsterkundung wird abgelöst durch formale Selbstbezüglichkeit, die beständige Reflexion der eigenen Fiktionalität. In den Theorien des Poststrukturalismus wird mit der Aufwertung der Mehrdeutigkeit zum beherrschenden Prinzip eine endgültige Absage an das systematische Denken gemacht, das die philosophischen Gedankengebäude der Aufklärung geprägt hatte. »Der Sinn« ist nicht mehr fassbar, jegliche Eindeutigkeit unmöglich. Ihre Eigenheit erhält diese Weiterentwicklung modernistischen Krisenbewusstseins vor allem durch die positive Umwertung, aus der Vorstellung einer Krise wird die Befreiung im Schlagwort des »anything goes«: Wenn ein Kunstwerk keinen eindeutigen Sinn mehr haben kann, ja tatsächlich nie gehabt hat, dann ist im Prinzip jegliche Sinnauslegung legitimiert, wenn künstlerische Formen die (nie greifbare) Realität ohnehin nicht adäquat wiedergeben können, steht dem freien Spiel mit diesen Formen nichts mehr im Weg. Der Blick des Künstlers richtet sich dabei immer stärker auf sich selbst, weg von der Realität und ihrer Repräsentation, hin zur puren Selbstreflexion: Wenn es nicht mehr möglich ist, einen Roman zu schreiben, so ist es zumindest noch (einmal) möglich, einen Roman über die Unmöglichkeit zu schreiben, einen Roman zu schreiben.

So wie diese Schleife der Selbstbezüglichkeit auf der strukturellen Ebene zwangsläufig in einen Zustand der Erschöpfung führen musste, nahm auch die Wahrnehmung von Geschichte und Ideologie in der Hochphase der Postmoderne bisweilen entropische Züge an. Im letzten Jahrzehnt des 20. Jahrhunderts konnte es gar scheinen, dass die Geschichte, wie man sie bis dahin verstanden hatte, tatsächlich an ihr Ende gekommen war. Der Fall des eisernen Vorhangs seit 1989, so lautete in etwa die heftig umstrittene These von Francis Fukuyama, leite den Endpunkt einer ideologischen Evolution ein, die zu einem weltumspannenden System liberaler Demokratien führen würde.[4] Auf verschiedenen Ebenen stellt die Postmoderne mit ihren theoretischen Überlegungen wie auch ihren künstlerischen Verfahren, wenn man sie nur konsequent genug anwendet, eine Sackgasse dar, den Endpunkt einer Entwicklung, über den kaum noch hinauszugehen ist, darin der malerischen Reduktion im Suprematismus ähnlich. Alles geht, aber nichts geht mehr. Das lässt sich natürlich beliebig oft sagen, aber es ist nur einmal originell.

Und dennoch wird weiter erzählt. So wie auch nach Kasimir Malewitschs Gemälde *Schwarzes Quadrat auf weißem Grund* (1913) noch und wieder andere Gemälde entstanden, so erscheinen auch nach den Meilensteinen postmoderner Literatur weitere Romane und Erzählungen. Die interessanteren unter diesen Texten, die nach 2000 neue erzählerische Wege beschreiten möchten, schreiben dabei weder in unkritischer Weise das postmoderne Spiel fort, noch gehen sie hinter diese Entwicklung zurück, als hätte sie nie stattgefunden. Stattdessen versuchen sie, sich auf struktureller, kunsttheoretischer oder geschichtswissenschaftlicher Ebene mit dem Erbe der Postmoderne auseinanderzusetzen. Auf den ersten Blick mögen zwar manche der Schritte, die unternommen werden, wie ein Rückschritt aussehen, das Zurückgreifen auf alte, längst schon überholte künstlerische Formen. Doch bei näherem Hinsehen lässt sich erkennen, dass diese Wiederaufnahme kein Versuch ist, die paradiesische Unschuld (oder Ignoranz) des Realismus, des Biographischen oder des Systematischen zurückzugewinnen, sondern dass sie stets auf einem vom postmodernen Problembewusstsein informierten Reflexionsniveau modifiziert wird.

Tatsächlich kehren in den Romanen von Jonathan Franzen, Jeffrey Eugenides oder auch William T. Vollman »große« Ansätze zurück, hier die Familiensaga, dort der historische Roman, doch sie kehren stets in modifizierter Form zurück. Jan Kucharzewski und Lutz Schowalter beschäftigen sich in diesem Band mit dem komplexen Verhältnis von Fiktion und Referenzialität, das sich mit der Postmoderne auseinanderzusetzen hat, und erkennen im amerikanischen Gegenwartsroman

»eine Synthese zwischen realistischen und anti-realistischen Elementen«. Die Rückkehr des Realismus ist keine naive, sondern eine reflexive, der Verweis des Erzählens auf die Realität ist stets gestützt vom Verweis auf die eigene Fiktionalität.

Gerade an der Beschäftigung mit Identität lässt sich dies deutlich zeigen. Auf den in der Postmoderne und dem Poststrukturalismus erklärten Tod des Autors und die Absage an jegliche Möglichkeit von Authentizität folgte in den letzten Jahren ein unerhörter Boom der Gattung der *memoir*, die ja gerade von der Behauptung der Authentizität lebt. Christoph Ribbat versucht, diesem ambivalent wahrgenommenen Phänomen durch ein Gespräch auf den Grund zu gehen. Dabei geht es um Marktstrategien, die mit der Sehnsucht nach Authentizität spielen, die ironische Subversion solcher Strategien etwa bei Dave Eggers, bis hin zu deren krimineller Manipulation. Auch Bernardette Kalkert widmet sich in ihrem Beitrag über »Autoren und Erzählformate zwischen Fakt und Fiktion« dem Fragekomplex der Authentizität, der trotz aller poststrukturalistischer Debatten von großer Bedeutung bleibt, und der sich heute ganz zeitgemäß an der (Selbst)präsentation von Autoren im Internet untersuchen lässt, aber auch an den immer beliebter werdenden Mischformen zwischen Dokumentation und Fiktion.

Die Grenzüberschreitungen und Vermischungen, die die Postmoderne vor allem in der Mischung von unterschiedlichen Genres sowie von hoher und trivialer Literatur zelebriert hatte, konkretisiert sich in der gegenwärtigen Erfahrung einer globalisierten Welt und einer posthumanen Wissenschaft als Hybridisierung sowohl körperlicher als auch ethnischer Art. Maria Moss beschreibt die »Körperarbeit« in der Literatur des beginnenden 21. Jahrhunderts anhand von Romanen von Don DeLillo, Philip Roth und Richard Ford. Ihr Interesse liegt dabei vor allem auf dem Phänomen der Transgression, das sie als einen Akt der Mimesis liest, eine körperliche Anpassung an das Unbekannte als »Regeneration und Neuausrichtung des verletzten Subjekts«. Astrid Franke untersucht die Bedeutung von Hybridität in Texten von Jeffrey Eugenides, Mary Antin und Jade Snow Wong. Dabei zeigt sie, dass sich Hybridität längst nicht nur auf den Bereich der Ethnizität reduzieren lässt, sondern als grundlegendes Phänomen Erfahrung und Erzählen strukturieren kann. Lars Schmeink greift den ebenfalls von Fukuyama geprägten Begriff des Posthumanen auf, den er in einen kultur-philosophischen Kontext stellt und dessen Kritik in zeitgenössischen dystopischen Romanen von Margaret Atwood, Geoff Ryman und M. T. Anderson er untersucht.

Eine Generation von Schriftstellern, die durch ihr Alter über keine direkte Zeitzeugenschaft für die katastrophischen Ereignisse des 20. Jahrhunderts verfügen, richtet in den letzten Jahren ihren erzählerischen Blick nach Europa und zurück in diese Zeit, manchmal auf der Suche nach den eigenen familiären Wurzeln, manchmal im Versuch einer zeitgemäßen Geschichtsverarbeitung. So zeichnet Florian Schwieger vor allem am Beispiel von William Vollmanns epochalem Roman *Europe Central*, der die beiden dominanten totalitären Systeme des 20. Jahrhunderts gegenüberstellt, »Entwicklungslinien des historischen amerikanischen Romans im 21. Jahrhundert« nach. Dorothee Wiese widmet sich in ihrem Beitrag Romanen von Nicole Krauss und Jonathan Safran Foer, die eine solche Rückschau vor allem über die Struktur der Übersetzung vornehmen, durch »Drehungen und Wendungen der Sprache«. Angetrieben von einer Liebe zum Wort und im Angesicht der Shoah, versuchen sie, einen eigenen Umgang mit Sprache zu finden. Bettina Hofmann erweitert diesen Blick noch durch ihre Analyse zeitgenössischer jüdisch-amerikanischer Literatur. Sie konstatiert eine Renaissance der Einwandererliteratur, die mit einer (Wieder)Entdeckung Osteuropas einhergeht, sich aber auch in einer Tendenz zur Umdeutung jüdisch-amerikanischer Geschichte zeigt, etwa in den *alternative histories* von Michael Chabon und Philip Roth.

Wie sich deutlich sehen lässt, liegt der Fokus aller Beiträge auf der Darstellung und Analyse neuer Trends. Bei der Auswahl der besprochenen Themen, Autoren und Werke ging es daher weniger um den (ohnehin unerfüllbaren) Anspruch, die gesamte amerikanische Literaturproduktion seit 2000 abzubilden, sondern darum, welche genuinen Neuerungen, Innovationen oder Neubewertungen in diese Zeitspanne fallen.[5] Dazu gehören zum einen die Entwicklungen einzelner Gattungen. Neben Christoph Ribbats Beschäftigung mit der *memoir* zeichnet Ina Bergmann die »Renaissance des historischen Romans im 21. Jahrhundert« nach, die sich nicht zuletzt dadurch charakterisieren lässt, dass diese klassische Gattung des realistischen Erzählens durch innovative Erzählweisen, Strukturen oder Aneignungsverfahren neu belebt wird. Auch die Gattung des Familienromans erfuhr in den letzten Jahren eine Wiederbelebung, wie MaryAnn Snyder-Körber in ihrem Beitrag darlegt, vor allem indem sie sich, in den Werken von Richard

Powers, Jeffrey Eugenides oder Jonathan Franzen, mit der Tradition der amerikanischen *social novel* verband.

Eine andere Entwicklung vollzieht sich in der Bewertung und Verarbeitung sozialer und ethnischer Kategorien. Eine ganze Reihe jüngerer Romane unternimmt den Versuch, den einstmals Blinden Fleck des »Weißseins«, das als normative Kategorie lange Zeit jeglicher Analyse verschlossen war, erzählerisch und theoretisch zu ergründen. Die Beiträge von Katharina Bick und Ralph Poole gehen beide diesem faszinierenden Thema nach, einerseits mit einer stärker theoretischen Ausrichtung, andererseits mit einem spezifischen Fokus auf die Darstellung weißer Männlichkeit im *white trash* Roman. Carsten Schinko dagegen untersucht die Bedeutung der Musik für eine Reihe von Romanen, unter anderem von Jonathan Lethem und Richard Powers. In seinem Beitrag über »Das Schreiben des Schalls« geht er sowohl den kulturpolitischen wie auch den binnenliterarischen Kontexten dieser *sonic fictions* nach. Christian Pischel zeigt über eine Analyse kinematografischer Raumgestaltung in Filmen von Michael Bay und Gus van Sant die »Grenzverläufe filmischer Topographien« auf, die sich mit zwei sehr unterschiedlichen, aber ungemein wirkungsmächtigen Aggressionen gegen die amerikanische Gemeinschaftlichkeit beschäftigen.

Während der 9. November 1989 Geschichte als Erzählung von konkurrierenden Systemen und nationalen Kriegen in der universellen Evolution aufzulösen schien, die man bald Globalisierung zu nennen begann, markiert der 11. September 2001 etwas, das man als Glokalisierung der Geschichte bezeichnen könnte, als Rückkehr globaler Geschichte in der Form einer lokal gefühlten (Terror)bedrohung. Entsprechend dem zuvor Gesagten zur Schwierigkeit der Periodisierung um die Jahrtausendwende nimmt der Komplex »9/11«, obwohl sich der Band darauf keineswegs reduzieren lässt, als Einzelphänomen den breitesten Raum ein. Allerdings soll gerade dieser Teil die Vielfältigkeit der erzählerischen Verarbeitung eines solchen Erlebnisses zeigen. Neben dem auf verschiedene Romane konzentrierten Beitrag von Jörg Thomas Richter (u. a. DeLillo, Updike, Hamid) stehen daher die Überlegungen von Mathias Nilges zu einer Reihe von *graphic novels*, die mit dem Geschehnis auf innovative Art umgehen. Christina Rickli untersucht die literarischen Reaktionen auf den 11. September unter dem Aspekt der Traumastudien, während Bruno Arich-Gertz der faszinierenden Frage nachgeht, wie Erzählstrategien des Films die unmittelbare Wahrnehmung eines solchen Ereignisses durch Zeitzeugen vorstrukturieren können. Eine weitere aufschlussreiche und in dieser Form und Quantität vollkommen neue Art des Erzählens stellt Stefanie Fricke in ihrem Beitrag über die Internet-Tagebücher von Teilnehmern des Irak-Kriegs dar. Im Jahr 2007 ist es mit Sicherheit noch zu früh, um eine substantielle romanhafte Verarbeitung dieses Kriegs zu erwarten, doch die Distributionsgeschwindigkeit des Internets macht eine nie dagewesene Flut von spontanen Erzählungen zugänglich, die Unmittelbarkeit und Authentizität suggerieren, auch wenn dieser Anspruch bei einem kritischen Blick alles andere als unzweifelhaft ist.

In der Gesamtschau ergeben die Romane und Erzählungen, die Filme und *graphic novels*, die innerhalb der übergreifenden Analysen besprochen und bewertet werden, dann am Ende doch durchaus ein exemplarisches Bild dessen, was in der amerikanischen Gegenwartsliteratur neu und spannend ist. Man kann diesen Band daher sowohl als Handbuch zu einem augenblicklichen und hoch aktuellen Zustand der amerikanischen Literatur verwenden, wie auch als einen Leitfaden mit Erstinformationen zu Tendenzen und Innovationen, die mit Sicherheit diese amerikanische Literatur im beginnenden 21. Jahrhundert entscheidend mitprägen werden. In einer Zeit, in der die amerikanische Wirtschaftsmacht weltweit unangefochten auf Platz eins steht, und in der die amerikanische Militärmacht weltweit von unerhörter Präsenz ist, während das Land innenpolitisch großen Spannungen ausgesetzt ist, verstärkt sich noch einmal das ohnehin schon immer große Interesse der Welt daran, dieses Land zu verstehen. Um dies zu erreichen, ist es sicher nicht die schlechteste Methode, wenn man seinen Erzählern lauscht.

---

[1] Parallel dazu gibt es in der Geschichtswissenschaft auch die Vorstellung eines »kurzen« 20. Jahrhunderts, das mit dem Ersten Weltkrieg 1914 einsetzt und mit dem Ende des Kalten Krieges zwischen 1989 und 1991 endet. Siehe Eric Hobsbawm: *Age of Extremes 1914–1991. The Short Twentieth Century*, London: Little, Brown Book 1995.
[2] James Wood: »Tell me how does it feel?«, in: *The Guardian*, 6.10.2001.
[3] Siehe dazu Jean-François Lyotard: *Das postmoderne Wissen*, Wien: Passagen 2006.
[4] Francis Fukuyama: *The End of History and the Last Man*, New York: Free Press 1993.
[5] Manche sicherlich gewichtige Texte dieser Zeit bleiben daher unberücksichtigt, da sie eher für die Kontinuität von Literaturtraditionen stehen, wie etwa die noch stark der Postmoderne verpflichteten jüngsten Romane von Thomas Pynchon und Paul Auster.

I Nach der Postmoderne:
Erzählen zwischen Fakten und Fiktionen

JAN KUCHARZEWSKI / LUTZ SCHOWALTER

»Reengagements with the World's Living Concepts«

Fiktion und Referenzialität im amerikanischen Gegenwartsroman

Immer mehr Literaturwissenschaftler sehen die zeitgenössische englischsprachige Literatur in einer Ablösebewegung von der Postmoderne und erkennen als neue, post-postmoderne Tendenz eine Synthese zwischen realistischen und anti-realistischen Elementen. Dies mag zu großen Teilen an Entwicklungen in der Literaturwissenschaft selbst liegen, denn auch für postmoderne Literatur wurde vereinzelt schon früh ein realistischer Impetus reklamiert.[1] So argumentierte Alan Wilde bereits 1987 in *Middle Grounds*, dass etwa die Texte von Pynchon und Barthelme Opfer einer simplen aber inadäquaten Gewohnheit geworden seien, die fiktionalen Texte der letzten Jahrzehnte als entweder realistisch *oder* experimentell einzuordnen.[2] Ein Großteil der Literatur der 1980er, so Wilde, gehöre einer Klasse an, deren Stimmung er so beschreibt: »a questioning of, among other things, the validity of certainties – both those that take the world for granted and those that set it at naught«.[3] Diese Einschätzung scheint sich immer weiter durchzusetzen. Nicht wenige Literaturwissenschaftler haben in den letzten Jahren bekräftigt, dass die postmoderne Literatur nicht gänzlich ohne realistische Annahmen oder Modi ausgekommen sei. So schreibt Winfried Fluck zum Beispiel, dass der experimentelle postmoderne Text sich auf allen Ebenen kennzeichne durch die Vermischung des sich scheinbar gegenseitig ausschließenden – Fiktion und Wirklichkeit, Romanze und Realismus.[4]

Für andere zeichnet sich insbesondere die Gegenwartsliteratur durch eine Verbindung realistischer und postmoderner Tendenzen aus. Laut Daniel Grassian markieren die Werke von Bret Easton Ellis, Jay McInerney und Tama Janowitz einen wichtigen Übergang von der älteren Generation postmoderner Autoren wie John Barth, Thomas Pynchon und Robert Coover,[5] deren Texte durch generelles Misstrauen gegenüber der epistemologischen Autorität des Romans gekennzeichnet seien.[6] Er schlägt den Begriff *hybrid fictions* für eine neue Erscheinung in der Literatur vor und stellt folgende These auf:

> If modernists tried to write about situating themselves and constructing foundations or codes while postmodernists tried to write about dislocating themselves and fragmented or competing foundations, the hybrid fiction writers [like David Foster Wallace, Dave Eggers and Douglas Coupland] argue that both viewpoints are oversimplifications. If one tries to construct exact foundations, one becomes prey to totalitarianism or fundamentalism, but if one rejects foundations, one risks chaos.[7]

Laut Grassian ist ein großer Teil der zeitgenössischen amerikanischen Literatur sowohl durch Modernismus als auch durch Postmodernismus geprägt,[8] ziele aber auf direktere Relevanz für die Leser durch mehr emotionale Substanz und soziale Anwendbarkeit.[9] Auch Alan Bilton schließt sein Einführungsbuch zur zeitgenössischen amerikanischen Literatur mit der Aussage, dass die Autoren, die er besprochen hat – darunter DeLillo, Ellis, Coupland und Auster –, zwar das Authentische oder das Ewige nicht in den Mittelpunkt stellen, dass sie aber die Suche danach immer noch als wichtig erachten.[10] Und Robert Rebein erklärt, dass eine Revitalisierung des Realismus stattgefunden habe, die vor allem von einer neuen Art des »ethnic writer« vorangetrieben werde.[11] Zeitgenössische Literatur verwerfe, laut Rebein, oft nicht die »lasting contributions« der Postmoderne, binde diese jedoch in einen neuen Realismus ein. Dieser sei »more or less traditional in its handling of character, reportorial in its depiction of milieu and time, but [...] at the same time self-conscious about language and the limits of mimesis«.[12]

In diesem Aufsatz sollen Bret Easton Ellis' quasi-autobiographischer Roman *Lunar Park* (2005) und Richard Powers' stereoskopischer Text *Plowing the Dark* (2000) als Beispiele einer zeitgenössischen amerikanischen Literatur interpretiert werden, die, wie Powers es in seinem fünften Roman *Galatea 2.2* (1995) ausdrückt, ein »reengagement with the world's living concepts«[13] sucht, ohne dabei die Rückkehr zu einer naiven Idee von Mimesis zu forcieren. Obwohl Ellis und Powers in ihren bisherigen Werken einen deutlichen Einfluss postmoderner Erzählweisen und Motive erkennen lassen, können sie nicht problemlos als postmoderne Autoren kategorisiert werden. So wird Powers zum Beispiel von seinen Kritikern als ein Autor beschrieben, der den Einfluss der Postmoderne respektiert,[14] der aber dennoch die Elemente des traditionellen Realismus beherrscht: »rich storytelling, robust themes, nuanced characters, and an abiding compassion for the dilemmas of such profoundly recognizable characters«.[15] James Hurt argumentiert außerdem, dass Powers realistisches Erzählen auf ungewohnte Art und Weise benutzt,[16] und Joseph Dewey versucht eine Abgrenzung von Powers' Werken zu der kanonischen Literatur der amerikanischen Postmoderne:

> [...] Powers' novels argue that we have lived too long under the hard parabola hammered over our heads by Pynchon's generation. By grappling with the identical forces that shaped that generation's descendant sense of closed possibilities [...] Powers recovers an unsuspected counter-argument that resists those elements of this century that have become a dark cliché: its ruthless efficiency, its banalizing of creation, its dehumanizing of the individual through the relentless application of technologies. Powers does not blink away such forces but finds within them [...] an unsuspected foundation for an ascendant vision of this century even as it wambles off to its close.[17]

Ähnliches kann für Bret Easton Ellis festgestellt werden, dessen Werke zwischen realistischer Gesellschaftssatire und postmodernem Spiel mit Text, Charakteren und Lesern oszillieren bzw. von der Kritik einmal hier und einmal dort verortet worden sind.[18] Spätestens mit *Glamorama* (1998) und *Lunar Park* zeigt sich in Ellis' Texten eine Entwicklung hin zu einem deutlicheren Engagement mit der realen Welt und zu einer Re-Humanisierung. Wie gerade *Lunar Park*, eine auf der Oberfläche postmodern anmutende Pseudoautobiographie, sich implizit als Plädoyer für die Unterscheidung zwischen Fiktionalität und Wirklichkeit lesen lässt, ohne beiden jeweils deren Bedeutung abzusprechen, soll im Folgenden anhand von Ellis' Umgang mit seinen Charakteren aufgezeigt werden, bevor die eben schon angedeuteten nach-postmodernen Züge in Powers' Texten weiter ausgeführt werden.

Bret Easton Ellis, *Lunar Park*

Ein zentrales Thema, das sich durch Bret Easton Ellis' Œuvre zieht, ist die Identität des menschlichen Subjekts, sowohl im Hinblick auf die Beschaffenheit des Selbst als auch bezüglich dessen (Un)Verwechselbarkeit und der eigenen Identitätskonstruktion. So führt bei Ellis' frühem Roman *The Rules of Attraction* (1987) eine multiperspektivische Erzählform einerseits zwar dazu, dass, wie Alexander Flory anmerkt, einzelne »Charaktere durch ihre individuelle Sprache und die Art, wie sie beobachten«, deutlich voneinander zu unterscheiden sind.[19] Andererseits verlieren verschiedene Figuren wiederholt ihre Ausweise und gehen somit metaphorisch neben ihren *I. D.s* auch der eigenen Identität verlustig. Sie werden zudem von anderen immer wieder verwechselt und scheinen so aus der Außenansicht oft ohne stabiles Selbst in der erzählten Welt unterwegs zu sein. Die Figur Sean Bateman etwa berichtet von folgendem kurzen Austausch auf einer Party:

> ›Have we met?‹ she asks. If she's joking, it's just too dumb.
> ›No,‹ I say. ›Hi.‹
> ›What's your name?‹ she asks, trying to keep her balance.
> ›It's Peter,‹ I tell her.
> ›Oh, really?‹ she asks, looking confused. ›Peter? Peter? That's not your name. […] Like, I could have sworn your name was Brian.‹[20]

Seans Reaktion – »I'm thinking about throwing up but do some bonghits instead, then flee. Deal with it. Rock'n'roll«[21] – sowie sein verspielter Umgang mit der fehlerhaften Erinnerung seiner Gesprächspartnerin erscheinen zunächst typisch für den Umgang der meisten *The-Rules-of-Attraction*-Charaktere mit ihren instabilen Identitäten. Zumindest oberflächlich geht die Party weiter, und die Konfusion über den eigenen und den zugeschriebenen Platz in der Welt wird oftmals verdrängt.[22]

Die Probleme, die mit einem Selbstverlust einhergehen können, rücken in Ellis' berüchtigtem Nachfolgeroman *American Psycho* (1991) dann ungleich stärker in den Vordergrund. Die Hauptfigur des Textes, Seans Bruder Patrick Bateman, gleicht anderen Wall Street Yuppies so sehr, dass er ständig verwechselt wird:

> Owen has mistaken me for Marcus Halberstam […] but for some reason it really doesn't matter and it seems a logical faux pas since Marcus works at P&P also, in fact does the same exact thing I do, and he also has a penchant for Valentino suits and clear prescription glasses and we share the same barber at the same place, the Pierre Hotel, so it seems understandable; it doesn't irk me.[23]

Während dies Bateman also nicht zu beunruhigen scheint, sehen viele Kritiker einen Zusammenhang zwischen den Gewaltexzessen des Buches und dem abhanden gekommenen moralischen und rationalen

Zentrum des Selbst, interpretieren den Ich-Erzähler als ein in der postmodernen Welt des Spätkapitalismus verlorenes Subjekt. Laut Alex E. Blazer etwa kann er nicht mehr »between products and people, consumption and affect« unterscheiden und ist daher »flat, superficial, and ultimately unfathomable. His character is a mask covering a void; his identity is an aberrational reaction to the abyss of being that founds his existence«.[24] Die unsagbaren, aber detailliert beschriebenen Gewalttaten Batemans können somit als eine Reaktion auf den Identitätsverlust gelesen werden, wodurch er zu einem »postmodern, pop cultural subject carried to its logical conclusion, its apocalyptic apotheosis« wird.[25]

Ähnlich deutlich wie in *American Psycho* stehen Fragen nach der persönlichen Identität in *Glamorama* (1998) im Vordergrund. Zu Beginn des Romans werden wir Zeugen folgender Diskussion über die Innenausstattung eines Clubs, dessen Eröffnung vom Ich-Erzähler Victor Ward koordiniert wird:

> ›Yaki Nakamari or whatever the hell the designer's name is [...] mistook me for someone else so I couldn't register the complaint [...].‹
> ›Baby, George Nakashima designed this bar area,‹ JD quietly corrects me [d. h. Victor]. ›Not, um Yaki Nakamashi, I mean Yuki Nakamorti, I mean – oh shit, Peyton, get me out of this.‹
> ›Yoki Naka*muri* was approved for this floor,‹ Peyton says.
> ›Oh yeah?‹ I ask, ›Approved by *who*?‹
> ›Approved by, well, moi,‹ Peyton says.
> A pause. Glares targeted at Peyton and JD.
> ›Who the fuck is Moi?‹ I ask. ›I have no fucking idea who this Moi is, baby.‹[26]

Die Charaktere des Romans haben, oberflächlich betrachtet, offensichtlich ein schlechtes Erinnerungsvermögen, und Victor ist der französischen Sprache nicht mächtig. Aber natürlich deutet der Dialog darüber hinaus auf einen Aspekt hin, der zum Beispiel von Daniel Mendelsohn in seiner Rezension für die *New York Times* herausgehoben wird – den Verlust jeglicher (Selbst-)Orientierung in der postmodernen urbanen Welt: »In a culture in which image – and therefore, images – is all-important, the author wants to say, meaningful identity is obliterated and everyone becomes soulless and interchangeable«.[27] Und es scheint zunächst tatsächlich so, als ob Victor eine fragmentierte postmoderne Kreatur ist, die nicht in der Lage ist, Vergangenheit, Gegenwart und Zukunft in der eigenen Biographie miteinander in Beziehung zu setzen. Wie Madan Sarup schreibt, ist für das postmoderne Subjekt, konfrontiert mit einer aufgebrochenen Signifikationskette, von Schizophrenie als Schutthaufen unterscheidbarer aber zusammenhangloser Signifikanten (»schizophrenia in the form of a rubble of distinct and unrelated signifiers«) gesprochen worden, was schlussendlich zur heillosen Fragmentierung des Subjekts führen könnte.[28] Große Teile *Glamoramas* scheinen Victor als eine solche Person zu kennzeichnen. Wiederholt kann er sich nicht daran erinnern, an Orten gewesen zu sein, an denen ihn andere Menschen gesehen haben, und in seiner Ich-Erzählung geht zudem die Unterscheidung zwischen dargestellter Realität und parallel laufenden Filmprojekten immer mehr verloren.[29]

Dass auch in Ellis' letztem Roman *Lunar Park* die Frage nach der menschlichen Identität eine entscheidende Rolle spielt, wird schon durch den Einband deutlich, mit dem ein Teil der Auflage des Buches versehen wurde.[30] Auf dem silbernen Schutzumschlag sind der Name des Autors und der Titel nicht aufgedruckt, sondern jeweils ausgestanzt, sodass durch eine Textschablone ein Blick auf das Titelbild möglich wird. Bei dem Titelbild selbst handelt es sich um ein Foto des Autors, welches sich allerdings bei genauerem Hinsehen als verfremdet erweist. Die einzelnen Bildpunkte wurden offensichtlich mit einem Filter bearbeitet, der Details uneindeutig werden lässt und so den Eindruck erweckt, der Betrachter blicke durch eine leicht strukturierte Glasfläche. Ein passender Einband für ein Buch, das die aus Ellis' vorherigen Romanen bekannte Konfusion um menschliche Identität um die Ebene des realen Autors und dessen Position im fiktionalen Raum erweitert.

Der Text selbst gleicht im ersten Kapitel einer klassischen Autobiographie.[31] Wir lesen unter anderem davon, wie Bret Easton Ellis mit seinem ersten Roman in den 1980ern Berühmtheit erlangte, während er noch das College besuchte, erfahren, wie sich seine weitere Karriere entwickelte und dass sein Leben und sein Schreiben in hohem Maß vom gestörten Verhältnis zu seinem Vater beeinflusst wurden. All dies sind weitgehend bekannte Informationen über das Leben des realen Autors, die somit den Text als Autobiographie auszuweisen scheinen und die darin noch unterstützt werden durch den kurzen Klappentext auf der Rückseite des Schutzumschlags, der wie folgt lautet: »Regardless of how horrible the events described here might seem, there's something you must remember as you hold this book in your hands: all of it really happened, every word is true«.[32]

Diese Betonung des Wahrheitscharakters mag die Leser jedoch auch stutzig machen, sei es aufgrund ihrer hyperbolischen Form, sei es, weil das Titelbild eine bei genauerer Betrachtung unklar bleibende Selbstdarstellung andeutet. Auch bei der Lektüre des ersten Satzes im eigentlichen Romantext, welcher in Anführungszeichen steht: »›You do an awfully good impression of yourself‹«, kommen Zweifel.[33] Mit den Leserwartungen scheint also ein Spiel getrieben zu werden, was sich durch Ellis' Umgang mit dem Eingangssatz bestätigt. Wir lesen zu diesem die eigentümliche Bemerkung: »This is the first line of *Lunar Park* and in its brevity and simplicity it was supposed to be a return to form, an echo, of the opening line from my debut novel, *Less Than Zero*. // ›People are afraid to merge on freeways in Los Angeles.‹«[34] Eigentümlich ist diese Bemerkung, da sie sowohl im Indikativ Präsens bestätigt, dass es sich tatsächlich um den ersten Satz des Romantexts handelt, und, in einer Vergangenheitsform kommentierend, dem Satz die gewünschte Wirkung abspricht. Der Kommentar bezieht sich dabei jedoch auf formale Elemente und thematisiert den Inhalt in keiner Weise, durch den – in Zitatform – auf ein Spiel mit dem Selbst hingewiesen wird.

Dass der Satz einen geeigneten Beginn für den Roman abgibt, wird bald mehr als deutlich: Was Fragen nach dem Selbst angeht, hat der Text wenig Simples zu bieten. Nach dem autobiographischen Einstieg auf den ersten Seiten, in denen wir den realen Bret Easton Ellis als Ich-Erzähler vor uns zu haben scheinen, dringt die Fiktion in die vermeintliche Realität ein bzw. verliert sich die Autobiographie in der Fiktion. Es findet eine Auftrennung statt: Referenzobjekt und Erzähler des Textes sind nun nicht mehr jeweils der empirische Autor, der über sein Leben berichtet, sondern ein fiktiver, erfundener Bret Easton Ellis, dessen Erlebnisse und persönliche Geschichte von denen des Autors nachweisbar mehr und mehr abweichen. Gesteigert wird der nicht-autobiographische Zug des Textes im weiteren Verlauf dadurch, dass phantastische Elemente mehr und mehr Teil der erzählten Welt werden, und dass durch metafiktionale Signale *en masse* der konstruierte Charakter der Erzählung fast schon zu deutlich betont wird.

Inwiefern lässt sich vor diesem Hintergrund trotzdem behaupten, es handele sich um einen Text, der sich gegen die Auflösung des Realen in der Fiktion wendet? Die Antwort auf diese Frage soll mit einem Rückgriff auf *Glamorama* eingeleitet werden. Wie schon erwähnt, sehen wir uns in dem früheren Roman mit einem zunächst (allzu) leicht als postmodern fragmentiert und schizophren charakterisierbaren Ich-Erzähler Victor Ward konfrontiert, der sich in der Zeichenwelt der Modebranche und der Clubszene verloren zu haben scheint. Im vorletzten Teil des Buches erfährt diese – nach postmodernen Maßstäben schon fast orthodoxe – Interpretation dann jedoch eine überraschende Wende. Denn wie sich herausstellt, wird dort die Rolle Victors in der erzählten Welt mitsamt der des Ich-Erzählers von einem Doppelgänger übernommen, welcher von Victors Umwelt als der ursprüngliche Victor akzeptiert wird. Bald jedoch wird zwar nicht den Figuren, wohl aber den Lesern angedeutet, dass wir es mit einer anderen Erzählstimme zu tun haben als zuvor – eine Hypothese, die sich im letzten Teil des Romans bestätigt, in dem der eigentliche Victor Ward als Erzähler zurückkehrt und schließlich sogar mit seiner Kopie telefoniert. So betont dieser postmodern anmutende Text am Ende die Singularität und nicht die Austauschbarkeit des menschlichen Subjekts.

In ähnlicher Weise kann *Lunar Park* interpretiert werden. Die Auflösung des autobiographischen Bret Easton Ellis in die Fiktion, die Übernahme des Textes durch einen fiktiven Doppelgängererzähler also, kann nur deshalb konstatiert werden, weil die referenziellen Bezüge der Sprache nicht abhanden gekommen sind. Dass der Fiktion für das Leben keine Rolle zukommt, sei damit keineswegs behauptet. Wenn der fiktive Bret Easton Ellis am Ende von *Lunar Park* die Asche seines Vaters verstreut, so betont der Text dadurch – wie an vielen anderen Stellen –, dass die fiktionale Welt, die wir durchschritten haben, durchaus einiges mit dem Leben des realen Bret Easton Ellis zu tun hat, wenn auch nicht in einfach abbildender Art und Weise. Ohne der *intentional fallacy* anheim zu fallen, kann die These vertreten werden, dass die fiktionale Welt unter anderem eine (literarische) Auseinandersetzung mit dem realen Vater des Autors ist, dass der Text also auch in seiner fiktionalen Form als *life writing* im weiten Sinne aufgefasst werden kann. Dem pseudo- und metaautobiographischen Roman kommen somit – mit Hilfe der Fiktion – auch autobiographische, d. h. das reale Leben ver- und bearbeitende Funktionen zu. So wird in *Lunar Park* schließlich auf der einen Seite implizit der Unterschied zwischen empirischer Realität und Fiktion hervorgehoben – auf der anderen Seite kann der Roman jedoch ebenfalls als Plädoyer für den Einfluss der Fiktion auf das Leben gelesen werden.

Richard Powers, *Plowing the Dark*

Anders als in *Lunar Park* gibt es in Richard Powers Roman *Plowing the Dark* (2000) kein Spiel mit dem autobiographischen Selbst, keine direkte Fiktionalisierung der eigenen Identität und keinen Autor, der in seine narrative Konstruktion hereinbricht und somit die Welt außerhalb des Textes in den fiktionalen Raum implodieren lässt. Dennoch sind auch in *Plowing the Dark* sowohl postmoderne Überlegungen zur Metafiktionalität als auch die post-postmoderne Wiederentdeckung der Referenzialität präsent und zwar auf der Ebene der Erzählstruktur. Während Ellis seinen Text durch autobiographische Verzerrungen und einen intervenierenden Autor als Konstrukt entblößt und dadurch das Verhältnis zwischen Welt und Sprache ergründet, verweist *Plowing the Dark* durch eine höchst artifizielle narrative Struktur auf einen implizierten Autor und auf die eigene Textlichkeit. Somit ist *Plowing the Dark* ein metafiktionaler Roman, dessen selbst-reflexive Dimension aber zu keinem Zeitpunkt die Integrität und Kohärenz seiner beiden vermeintlich mimetisch-realistischen Handlungsstränge unterminiert. Wie auch in seinen Romanen *Three Farmers on Their Way to a Dance* (1985), *The Gold Bug Variations* (1991) und *Gain* (1998) verwendet Powers in *Plowing the Dark* eine parallaktische und kontrapunktische Erzählweise, indem er zwei komplementäre Plotlinien kontrastiert, die anfänglich nur thematische und motivische Parallelen aufweisen, dabei aber räumlich und teilweise auch zeitlich getrennt bleiben.

Der erste Handlungsstrang, verfasst in einer intensiven zweiten Person, erzählt die Geschichte von Taimur Martin, einem Amerikaner iranischer Herkunft, der im Jahr 1986 auf der Flucht vor einer destruktiven Beziehung eine Position als Englischlehrer in Beirut auf dem Höhepunkt des Libanesischen Bürgerkriegs annimmt. Schon wenige Tage nach seiner Ankunft wird er aufgrund eines fatalen Missverständnisses von einer Gruppe islamistischer Fundamentalisten als Geisel genommen und für die nächsten fünf Jahre seines Lebens in einen fensterlosen Raum gesperrt. Am Ende seiner Geiselhaft, nachdem die letzten Reserven seiner Seele aufgebraucht sind,[35] erkennt Taimur, dass sein Überleben einzig und allein auf seine Vorstellungskraft zurückzuführen ist, denn wo der Körper gefangen ist, beginnt der Geist zu reisen.[36] Gefangen in einem zerfallenden Körper, der langsam von Stress, falscher Ernährung, körperlichen Misshandlungen und dem Mangel an Bewegung und menschlichen Berührungen aufgezehrt wird, zieht sich Taimur radikal in sein Innerstes zurück, an einen »place past hope«, einen »place past place«, ein Jetzt, »indifferent to what happens next«.[37] Für Taimur, der in den Jahren seiner Isolation gezwungenermaßen in den »gardens of memory« und den »galleries of the hypothetical«[38] leben muss, um seine geistige Gesundheit zu bewahren, fungiert der imaginative Impuls als die einzige Möglichkeit, seine Einsamkeit wenigstens hypothetisch zu überwinden: Er erinnert sich an die vagen Details seiner Kindheit und die konfliktlastige Beziehung, vor der er geflohen ist, er durchstreift mentale Rekonstruktionen (oder Fiktionalisierungen?) seiner Heimatstadt Chicago und wandert auf der Suche nach der »view that would make even death livable«[39] durch die Korridore ihrer Kunstmuseen. Als seine autobiographischen Entwürfe nicht mehr ausreichen, um den geistigen Kollaps abzuwenden, setzt er Robert Frosts »Oven Bird«, ein Gedicht, dessen Existenz er noch ein halbes Jahr zuvor nicht hätte beschwören können,[40] aus seiner Erinnerung zusammen und erweckt seine Lieblingsromane zu neuem Leben. Für Taimur bedeutet der ästhetische Fluchtraum das nackte Überleben, denn Bücher erlauben ihm, »to hear someone else thinking«.

> (...) on every urgent page, in every book born of human need, however flaccid, puerile, slight, or wrong, there is at least one sentence, one where the author is bigger than the writer, one that sheds the weight of its dead fixations and throws off the lead of its prose, one sentence that remembers the prisoner in his cell, locked away nowhere, victim of the world's shared failure, begging for something to read.[41]

In Taimurs Plot wird die Literatur als eine menschliche Notwendigkeit etabliert, gerade *weil* sie referenziell ist und auf ein anderes »Ich« verweist, zu dem über den Text eine Verbindung hergestellt werden kann. Dieses »Ich« (oder eben das durch die Erzählweise der Handlung implizierte »Du«) kann nur dann als ein genuiner Referent für die eigene Erfahrung fungieren, wenn es eben kein rein linguistisches Konstrukt ist, kein losgelöstes grammatikalisches Subjekt, keine poststrukturalistische Autorenfunktion, sondern ein tatsächlicher Organismus in einer materiellen Welt. Als Taimurs Geiselnehmer ihm nach langem Flehen endlich einen Schundroman mit dem Titel *Great Escapes* in die Hand drücken, mag dies zwar wie bittere Ironie anmuten, für Taimur bedeutet dieses Buch aber eine authentische Verbindung zu einer Welt außerhalb seiner Zelle, einem Leben jenseits des erzwungenen Solipsismus seiner mnemotischen Wanderungen: Die abgenutzte Ausgabe des Buches lässt ihn folgern, dass die Gruppe im selben Gebäude andere »Western bargaining chips« festhalten muss.[42] Nicht ein abstraktes Zeichensystem, sondern das Buch als materielles Objekt signalisiert für Taimur letztendlich, dass er nicht alleine in seinem Dilemma ist. Somit kann gerade diese Materialität des Buches paradoxerweise auch als eine Metapher für den immateriellen Text gelesen werden, der nicht den Bezug zu einer Welt außerhalb seiner semantischen Parameter verlieren darf und trotz aller berechtigter Zweifel an der Funktionalität sprachlicher Mimesis und Referenzialität stets ein »reengagement with the world's living concepts«[43] wagen muss, denn

> the beauty of a book lies in its ability to unmake us, to interrupt our imaginary continuities and put us head to head with a maker who is not us. Story is a denuding, laying the reader bare, and the force of that denuding lies not in our entering into a perfect representation, but in our coming back out. It lies in that moment, palpable even before we head into the final pages, when we come to remember how finely narrated is the life outside this constructed frame, a story needing only some other mind's pale analogies to resensitize us to everything in it that we've grown habituated to.[44]

Für Powers bedeutet Referenzialität also nicht simple Mimesis, sondern ein Bewusstsein für die Welt außerhalb des Textes, die der Text nicht aus den Augen (oder den Zeichen) verlieren darf.

Der zweite Handlungsbogen von *Plowing the Dark* umspannt das Jahr 1989 und spielt vornehmlich in den Computerlaboren eines amerikanischen Softwareunternehmens, in denen eine exzentrische Gruppe von Technikern und Künstlern versucht, eine virtuelle Realität (VR) mit dem evokativen Namen »Cavern« (*Computer Assisted Virtual Environment*) zu programmieren. Die Technologie der »Cavern« orientiert sich an dem real existierenden CAVE (*Cave Automatic Virtual Environment*) Projekt, das im Jahr 1991 von Dan Sandin, Carolina Cruz-Neira und Thomas DeFanti[45] in Chicago entwickelt wurde und aus einem vollständig transparenten Raum besteht, dessen sechs Wände als Projektionsflächen für Computergraphiken dienen, die der Benutzer mit Hilfe einer stereoskopischen Brille dreidimensional wahrnehmen und über ein Interface steuern kann. Anders als die unbequemen Head Mounted Displays früherer VR-Entwürfe, betont das CAVE/Cavern Model die vollständige körperliche Immersion des Subjektes in die Virtualität und wird von Powers somit als ein aporetischer Raum etabliert, dessen Ausmaße größer als sein Behältnis sein können und der für seine Architekten nichts anderes als »[e]mbodied art« repräsentiert, »a life-sized poem that we can live inside. It's the grail we've been after since the first campfire recital. The defeat of time and space. The final victory of the imagination«.[46] Für die Programmierer konstituiert die Cavern letztendlich

> this present's wildest accomplishment, its printing press, its carrack and caravel, its haywain, hanging gardens, and basilica. These demure, humming boxes contained the densest working out, the highest tide of everything that collective ingenuity had yet learned how to pull off. It housed the race's deepest taboo dream, the thing humanity was trying to turn itself into.[47]

Durch den implizierten Verweis auf Platos »Höhlengleichnis« deutet Powers die Cavern aber auch zu einer Metapher für das menschliche Verlangen nach der ultimativen Repräsentation um, jener prälapsarischen (Wieder)Vereinigung von Signifikant und Signifikat, die ständig Gefahr läuft, zu Jean Baudrillards hyperrealer Karte zu werden, die das Territorium nicht nur vollkommen bedeckt, sondern ihren Referenten schließlich auslöscht. Dementsprechend changieren die Charaktere dieser Handlung kontinuierlich zwischen der Möglichkeit, ihren imaginativen Impuls in der Cavern als das Paradoxon einer substanzlosen Referenzialität zu artikulieren oder sich aber vollständig in der Selbst-Referenzialität eines Zeichensystems zu verlieren, das das Zusammenfallen von Zeichen und Bezeichnetem ermöglicht[48] und dessen unendliche Manipulierbarkeit suggeriert, dass alles gut werde. Denn in der virtuellen Welt, an deren digitalem Horizont immer das Versprechen des Neustarts wartet, falls die Dinge einmal außer Kontrolle geraten, gilt: »Things do grow, but never past their prime. All local flesh has learned the lizard trick of regeneration«.[49] In diesem Fall wäre die Cavern *kein* perfekter Repräsentationsraum, sondern ein solipsistisches »paradise of detachment« in dem alles ungeschehen gemacht werden kann. »[N]othing bleeds. Nothing rots. Nothing breaks«.[50] Die Cavern dient Powers also nur bedingt als ein technologisches Konzept, sondern vielmehr als eine narratologische Versuchsanordnung, an der sich diverse Diskurse über das Verhältnis von Kunst und Wirklichkeit, Zeichen und Referenten exemplifizieren lassen. In diesem Kontext ist es nicht weiter verwunderlich, dass die Hauptfigur dieses Plots kein Wissenschaftler ist, sondern die technophobe Künstlerin Adie Klarpol, die die Cavern dazu benutzt, begehbare Versionen berühmter Gemälde zu erstellen und dadurch der Imagination eine quasi-physische Realität zu verleihen. Angefangen mit der naiven Mimetik einer »crayon world«,[51] über Henri Rousseaus »Der Traum« (1910) und Vincent van Goghs »Schlafzimmer in Arles« (1888), münden Adies Projekte schließlich in der virtuellen Rekonstruktion der byzantinischen Hagia Sophia, die Adie als eine Konkretisierung jenes idealen ästhetischen Raumes deutet, den William Butler Yeats in seinem Gedicht »Sailing to Byzantium« als einen Ort beschreibt, an dem die Seele (»fastened to a dying animal«) ihren Einzug in eine Künstlerschaft der Ewigkeit hält und wo der »Geist« seine körperliche Form aus den Artefakten bezieht.[52] Adie hofft, die Cavern könnte ihrer Seele Folgendes bieten: »something more spacious to fasten to, [...] [s]omething more like itself than that dying animal«, »the place that the brain had first mistaken the world for«.[53] Für Adie liegt der Zweck der Cavern (und der Kunst im Allgemeinen) in der finalen Aufhebung von Referenzialität, denn die Cavern konstituiert »the ultimate display, the one that closes the gap between sign and thing«[54] und könnte somit »humanity's final victory over the tyranny of matter«[55] einläuten. In diesem Fall wäre die Hyperrealität also nicht, wie bei Baudrillard, die Konsequenz einer spätkapitalistischen Konsumwelt, sondern eine erstrebenswerte Loslösung des Geistes von seiner Materie.

Diese essentiell eskapistische Einstellung, die einen starken Kontrast zu Taimurs verzweifelter Suche nach menschlicher Nähe bildet und somit die Komplementarität der beiden Handlungsstränge unterstreicht (Imagination als Überlebensstrategie vs. Imagination als eitler Eskapismus), ändert sich erst, als Adie mit dem Ausbruch des Golfkriegs im Jahr 1991 erkennt, dass die Technologie, mit der sie die menschliche Seele aus ihrem körperlichen Gefäß befreien will, keinesfalls außerhalb der Welt der Referenten steht, sondern ein integraler Bestandteil der »Weltmaschine« ist:

Babylon became a bitmap. Pilots took its sand grains apart, pixel by pixel, their soldier bodies tied to weapons systems by electronic umbilical, their every joystick twitch duplicating moves overlearned in years of now-consummated simulation. Nightscopes revealed minute movements, at impossible distances, in pitch-dark. Robot stalkers chased living targets. Formal edge-detecting algorithms told heat from cold, friend from enemy, camouflaged caches from empty countryside. Human intelligence migrated wholesale into its artifacts.[56]

Doch diese Migration des menschlichen Bewusstseins in seine Artefakte steht im Widerspruch zu Adies apolitischer Vision des yeatschen Byzanz, und sie muss erschrocken feststellen:

[They] took all her pretty pictures and put them to use [...]. Everything that imagination had fashioned would [...] go real. [...] Her work here was just a rough draft for technology's wider plan. The world machine had used her, used them all to bring itself into existence. And its tool of choice – its lever and place to stand, the tech that would spring it at last into three dimensions – was the supreme, useless, self-indulgent escapism. The thing that made nothing happen. The mirror of nature. Art.[57]

Als Reaktion auf die Erkenntnis, dass die Kunst auch immer ein Teil der Welt ist, die sie lediglich darzustellen versucht, überwindet Adie ihren anfänglichen ikonoklastischen Impuls, die Cavern aus Trotz vollständig zu löschen und programmiert die virtuelle Hagia in ein Kunstwerk um, das eine direkte Konfrontation mit der Wirklichkeit sucht: In einer Art immersiver Collage verbindet sie die von ihr konstruierten Kunstwerke mit realen Bildern von Krieg und Zerstörung und wagt so einen selbstreflexiven Kommentar auf das Verhältnis von Kunst und Wirklichkeit, Politik und Ästhetik. Während Adies frühere VR-Räume der Vorstellungskraft eine substanzlose Tiefendimension verleihen wollten, um der Seele einen perfekten Fluchtraum zu bieten und die Realität durch ihre Repräsentation zu ersetzen, bekennt sich ihr letztes Projekt zu einer referenzielleren Kunstform, gerade *weil* es sich ihren Benutzern als eine artifizielle Konstruktion präsentiert: »Inside this room, the world re-forms itself. Outside, there is no saying. Against the real, *perhaps* must plead no contest. But from the demonstration room, no one walks out the way he came«.[58] Nicht durch die Möglichkeit der radikalen Selbstreferenzialität, sondern durch den implizierten Kontrast zwischen Realität und Repräsentation hat die Kunst die Möglichkeit, ihren Betrachter zu verändern. Somit führt Powers die Präsenz des Referenten wieder als essentiellen Bestandteil der Kunst ein.

In den symbolisch aufgeladenen Räumen der digitalen Hagia Sophia lässt Powers auch die beiden, bis dahin vollkommen autarken, Handlungsstränge des Textes konvergieren, sodass das digitale Bauwerk zu einer strukturellen Metapher für die metafiktionale Dimension des Romans wird. In einem Akt tiefster existentieller Verzweiflung schlägt Taimur wiederholt seinen Kopf gegen die Wände seiner Zelle, verliert das Bewusstsein und hat eine surreale Vision, die stark an Adies virtuelle Collage in Seattle erinnert. Auch Adie fühlt während ihrer Arbeiten an dem Kunstwerk eine Anwesenheit: »a man, staring up at her fall, his face an awed bitmap no artist could have animated«.[59] Dieser Moment der Konvergenz unterminiert entschieden den Realismus der beiden Handlungsstränge und könnte als eine allzu artifizielle Katharsis moniert werden, aber innerhalb der metafiktionalen Dimension des Romans dient er ganz eindeutig der Exemplifizierung von Powers ästhetischen Überlegungen: Durch die bewusste Überkonstruktion der narrativen Zusammenführung erfährt der Leser den Text in seiner vollkommenen Künstlichkeit und erkennt außerdem die Anwesenheit eines Autors, der die Ereignisse zu diesem spezifischen Ende führt. Diese Zerstörung des eigenen Realismusanspruchs mündet auch in eine Resensibilisierung des Lesers für die Welt außerhalb des Romans. Der Kontrast zwischen Repräsentation und Realität, wie er sich gleichsam in Adies experimentellem Kunstwerk und der Struktur des Romans manifestiert, birgt für Powers neue Möglichkeiten referenzieller Erfahrung. »[Art might] finally locate its greatest worth in its ability to refresh us to the irreducible complexity of the analog world, a complexity whose scale and heft we might always have underestimated, without the shortfall of its ghostly imitations«.[60] Auch Adie erlangt nach Wochen des Arbeitens an ihren virtuellen, selbstreferenziellen Räumen einen neuen Zugang zu der Welt außerhalb des digitalen Symbolsystems:

> When the sun chiseled its way through a chink in the stratocumulus and, for fifteen seconds blazed the cityscape into the highest contrast, Adie discovered the real use of binary. The greatest value of the clumsy, inexorable, accreting digitization of creation lay in showing, for the first time, how infinitely beyond formulation the analog would always run.[61]

Sowohl Ellis als auch Powers suchen das *reengagement* mit der Referenzialität gerade *indem* sie ihre Texte als metafiktionale Konstruktionen präsentieren und dem Leser dadurch die Diskrepanz zwischen dem narrativen System und der ›analogen‹ Welt verdeutlichen. Während Ellis durch die offensichtliche Verzerrung der biographischen Fakten letztendlich das autobiographische Subjekt in *Lunar Park* implementiert, entwirft Powers in *Plowing the Dark* polyphone Harmonien und Symmetrien, deren augenscheinliche Artifizialität letztendlich als eine Affirmation der chaotischen Komplexität außerhalb des Textes fungiert. Der literarische Raum, in dem Bedeutungsstrukturen sichtbar gemacht werden können, die sich erst im Spiegel der Repräsentation zeigen, formt bei Ellis und Powers somit einen Gegenentwurf zur extratextuellen Welt. Aber dieser Gegenentwurf kann nur als ein solcher erkannt werden, wenn die Texte weiterhin auf ihre Referenten verweisen. Oder wie Wallace Stevens es in seiner Aphorismensammlung »Adagia« ausdrückt: »Literature is the better part of life. To this it seems inevitably necessary to add, provided life is the better part of literature«.[62]

---

[1] Siehe zum Beispiel Frank Kermode: »value after theory«, in: *life.after.theory*, hg. von Michael Payne / John Schad, London, New York: Continuum 2003, S. 52–77, Marc Chénetier: »Should the Post-modern Really Be ›Explained to Children?‹«, in: *American Studies in Scandinavia* 25 (1993), S. 1–21, und Mark Shechner: »American Realisms, American Realities«, in: *Neo-Realism in Contemporary American Fiction*, hg. von Kristiaan Versluys, Amsterdam: Rodopi 1992, S. 27–50.

[2] Alan Wilde: *Middle Grounds. Studies in Contemporary American Fiction*, Kein Ort: University of Pennsylvania Press 1987, S. 3.

[3] Ebd., S. 22. Siehe auch Heinz Ickstadt, der zu den Texten von Walter Abish, Marilynne Robinson, Paul Auster und Don DeLillo anmerkt, die Werke dieser Autoren könnten als »spielerisch-reflektierte Versuche einer Vermittlung zwischen ›realistischen‹ und ›postmodernen‹ Funktionsmodellen des Erzählens« verstanden werden, »durch die das Alltägliche zugleich als vertraut wie auch als fremd, als ›heimlich‹ und ›unheimlich‹ erfahrbar wird« (Heinz Ickstadt: *Der amerikanische Roman im 20. Jahrhundert. Transformationen des Mimetischen*, Darmstadt: Wissenschaftliche Buchgesellschaft 1998, S. 189).

[4] Winfried Fluck: »Surface Knowledge and ›Deep‹ Knowledge. The New Realism in American Fiction«, in: *Neo-Realism in Contemporary American Fiction*, hg. von Kristiaan Versluys, Amsterdam: Rodopi 1992, 65–85, hier S. 69. In ähnlicher Weise argumentiert Martin Klepper für einen Blick auf als postmodern eingeordnete Literatur, der realistische Tendenzen nicht außer Acht lässt. (Martin Klepper: *Pynchon, Auster, DeLillo. Die amerikanische Postmoderne zwischen Spiel und Rekonstruktion*, Frankfurt: Campus Verlag 1996).

[5] Daniel Grassian: *Hybrid Fictions. American Literature and Generation X*, Jefferson: McFarland & Company 2003, S. 12.

[6] Ebd., S. 10.

[7] Ebd., S. 17.

[8] Ebd., S. 17.

[9] Ebd., S. 16.

[10] Alan Bilton: *An Introduction to Contemporary American Fiction*, Edinburgh: Edinburgh University Press 2002, S. 246.

[11] Robert Rebein: *Hicks, Tribes, & Dirty Realists. American Fiction After Postmodernism*, Lexington: The University Press of Kentucky 2001, S. 19.
[12] Ebd., S. 20. Für die britische Literatur scheint sich eine vergleichbare Annahme durchzusetzen. Siehe Ansgar Nünning: »Die Synthese aus Tradition und Innovation im englischen Roman der 1980er und 1990er Jahre«, in: *Klassiker und Strömungen des englischen Romans im 20. Jahrhundert*, hg. von. Ansgar Nünning / Vera Nünning, Trier: WVT 2000, S. 189–219. Zu realistischen Tendenzen in der britischen Literatur, siehe auch Bruno Zerweck: *Die Synthese aus Realismus und Experiment. Der englische Roman der 1980er und 1990er Jahre aus erzähltheoretischer und kulturwissenschaftlicher Sicht*, Trier: WVT 2001.
[13] Richard Powers: *Galatea 2.2*, New York: Harper Perennial 1996, S. 248–49.
[14] Joseph Dewey: *Understanding Richard Powers*, Columbia: University of South Carolina Press 2002, S. 3.
[15] Ebd., S. 4.
[16] Siehe James Hurt: »Narrative Powers. Richard Powers As Storyteller«, in: *The Review of Contemporary Fiction* 18 (1998), H. 3, S. 24–42, hier S. 40.
[17] Joseph Dewey: »Dwelling in Possibility. The Fiction of Richard Powers«, in: *The Hollins Critic* 33 (1996), H. 2, S. 2–12, hier S. 3.
[18] Für einen Überblick über die verschiedensten Interpretationen von *American Psycho*, siehe zum Beispiel Günter Leypoldt: *Casual Silences. The Poetics of Minimal Realism from Raymond Carver and the New Yorker School to Bret Easton Ellis*, Trier: WVT 2001, hier S. 250–269.
[19] Alexander Flory: »*Out is in*«. *Bret Easton Ellis und die Postmoderne*, Dissertation, Universität Heidelberg, Neuphilologische Fakultät, 2006 <http://archiv.ub.uniheidelberg.de/volltextserver/volltexte/2006/7038/pdf/ Out_is_in.pdf> (15.6.2007), hier S. 160. Es sollte angemerkt werden, dass Flory aufgrund der unterschiedbaren Erzählstimmen, die ihre Umwelt jeweils individuell interpretieren, keine stabile erzählte Welt aus dem Text entspringen sieht und den Roman ob der multiperspektivischen Erzählweise in der Postmoderne verortet (ebd., S. 177–178).
[20] Bret Easton Ellis: *The Rules of Attraction*, 1987, New York: Vintage Contemporaries 1998, S. 17–18.
[21] Ebd., S. 18–19.
[22] Dass der Text durchaus einen kritischen Blick auf das Collegeleben der 1980er Jahre und auf die fehlende Orientierung der Studierenden richtet, zeigt sich daran, dass Sean und andere Figuren im Verlauf des Romans unter anderem aus Verzweiflung über unerwiderte Liebe, also über die Verweigerung der nachdrücklichsten Anerkennung der eigenen Wertigkeit, Selbstmordversuche begehen – welche jedoch teilweise, wie im Falle der Nebenfigur Mary, schnell zum Partygespräch werden (Ellis: *Rules* [siehe Anm. 20], S. 181) oder, im Fall von Sean, mit der Applizierung von »Fun Blood« enden (ebd., S. 225) und somit wieder in einem Diskurs des spielerischen Umgangs mit dem Leben und mit Problemen Eingang finden.
[23] Bret Easton Ellis: *American Psycho*, New York: Vintage Contemporaries 1991, S. 89.
[24] Alex E. Blazer: »Chasms of Reality, Aberrations of Identity. Defining the Postmodern through Bret Easton Ellis's *American Psycho*«, in: *Americana: The Journal of American Popular Culture* 1 (Fall 2002), H. 2. <http://www.americanpopularculture.com/journal/articles/fall_2002/blazer.htm> (20.6.2004).
[25] Ebd. Nur nebenbei sei hier angemerkt, dass der Name von Patrick Batemans Arbeitgeber, P&P, als versteckter Hinweis auf den Verlust der Identität gelesen werden kann, ist doch der Gleichsetzungssatz der Identität A = A, oder P(erson) = P(erson), zur Addition mutiert.

26 Bret Easton Ellis: *Glamorama*, London: Picador 2000, S. 5. Hervorhebung im Original.
27 Daniel Mendelsohn: »Lesser than Zero«, in: *The New York Times*, 24.1.1999.
28 Madan Sarup: *Identity, Culture and the Postmodern World*, Edinburgh: Edinburgh University Press 1996, S. 96–97.
29 Eine andere Erklärung für Victors Unzuverlässigkeit als Erzähler könnte sein ständiger Drogenkonsum sein, wobei der Leser vorerst nicht eindeutig feststellen kann, was die Gründe für seine offensichtlichen Erinnerungsschwierigkeiten sind.
30 Wie bei vielen anderen zeitgenössischen Autoren ist es bei Ellis üblich geworden, für verschiedene Märkte verschiedene Einbände zu produzieren. Obige Interpretation bezieht sich auf die in Großbritannien von Picador herausgegebene Taschenbuchausgabe von 2005.
31 Zu der problematischen Kategorie der Autobiographie innerhalb des literaturwissenschaftlichen Diskurses, siehe zum Beispiel Linda Anderson: *Autobiography*, London: Routledge 2001, insbesondere S. 1–6.
32 Bret Easton Ellis: *Lunar Park*, London: Picador 2005, hier Schutzumschlag.
33 Ebd., S. 3.
34 Ebd.
35 Richard Powers: *Plowing the Dark*, London: Vintage 2002, S. 389.
36 Ebd., S. 185.
37 Ebd., S. 353.
38 Ebd., S. 380 und 352.
39 Ebd., S. 353.
40 Ebd., S. 181.
41 Ebd., S. 292.
42 Ebd., S. 255.
43 Powers: *Galatea 2.2* (siehe Anm. 13), S. 248–249.
44 Richard Powers: »Being and Seeming. The Technology of Representation«, in: *Context* 3 (2000), <http://www.centerforbookculture.org/context/no3/powers.html> (12.4.2004)
45 Alle Informationen über das CAVE Projekt stammen von den Webseiten des Electronic Visualization Laboratory: <http://www.evl.uic.edu/pape/CAVE/> (28.12.2007).
46 Powers: *Plowing* (siehe Anm. 34), S. 159.
47 Ebd., S. 30.
48 Ebd., S. 67.
49 Ebd., S. 144.
50 Ebd., S. 144–145.
51 Ebd., S. 19.
52 William Butler Yeats: »Sailing to Byzantium«, in: *Collected Poems*, London: Machmillan 1982, S. 217–218.
53 Powers: *Plowing* (siehe Anm. 34), S. 268 und 114.
54 Ebd., S. 400.
55 Ebd., S. 267.
56 Ebd., S. 395.
57 Ebd., S. 398.
58 Ebd., S. 410.
59 Ebd., S. 399.
60 Powers: »Being and Seeming« (siehe Anm. 43).
61 Powers: *Plowing* (siehe Anm. 34), S. 154.
62 Wallace Stevens: »Adagia«, in: Wallace Stevens: *Opus Posthumous*, New York: Alfred A. Knopf 1975, S. 158.

MARYANN SNYDER-KÖRBER

Ground Zero/s des amerikanischen Erzählens

Vom neuen zum hysterischen Familienroman

»Ground zero ... starting from scratch, a clean slate, the bottom line«[1]

»My third novel, The Corrections, which I'd worked on for many years, was published a week before the World Trade Center fell.«[2]

Amerika, solltest Du es nicht besser haben? So will es zumindest das berühmte Goethe-Wort, das die Stärke der neuen Welt darin sieht, dass sie von der Last der Vergangenheit frei und »zu lebendiger Zeit [nicht durch] unnutzes Erinnern« im »Innern« gestört sei.[3] Versuchen wir heute von der Warte des »alten Europas« aus einen Blick auf das Amerika des neuen Jahrtausends zu werfen, werden unsere von Goethe-Lektüre genährten Erwartungen nicht nur enttäuscht, sondern fast vollständig ins Gegenteil gekehrt. Das kulturelle Leben der bevölkerungsreichsten nordamerikanischen Nation zeigt sich der Vergangenheit zugewandt und dem Erinnern zugetan. Es ist aber nicht eine Besessenheit von dem Vergangenen allein, auch nicht lediglich ein Wiederaufleben alter Werte und Formen, die man in der Lebensgestaltung wie der Kunstpraxis einer Nation entdeckt, die wöchentlich in die Kirche geht und dicke Romane über tendenziell ebenso dicke Durchschnittsmenschen aus dem mittleren Westen liest. Das amerikanische Interesse kreist vielmehr um Gründungsfiguren, die eine Orientierung in der Gegenwart und darüber hinaus versprechen. Der Körper, die somatische Basis aller Erfahrung, steht im Mittelpunkt, nicht nur theoretischer Auseinandersetzungen mit Kunst und deren ästhetischer Erfahrung, sondern auch neuer Formen der Museums- und Gedächtniskultur. In Religion, Recht und Politik verknüpft sich ein ausgeprägter Fundamentalismus mit einer Verpflichtung gegenüber den »Familienwerten«. Zugleich stehen im Blätterwald des Feuilletons wie im Buchhandel auto/biographische Formen immer mehr in der Sonne öffentlicher Anerkennung. Fiktionen nähern sich der erfolgsverwöhnten Konkurrenz durch Modi des realistischen Erzählens, die weniger an den Minimalismus eines Raymond Carver als an einen

Maximalismus wesentlich älterer Schule erinnern: die ausladend erzählten Sozialromane eines William Dean Howells oder Henry James.

Es sind Entwicklungen, die sich allesamt als Instanzen der ›Rückkehr‹ des Realen beschreiben lassen. Gemeint ist nicht die singuläre Wiederkehr des Realen Lacan'scher Provenienz, die Slavoj Žižek als Konsequenz des terroristischen Spektakels am 11. September 2001 sieht, und der er den süffisanten Ausdruck »Return of the Real« verpasst.[4] Die in so unterschiedlichen Bereichen des nordamerikanischen Kontextes zu beobachtenden Rekurse auf das Bewährte und vermeintlich Grundlegende – vom Kirchgang bis zum Aufstieg des Körpers zum theoretischen Organon im akademischen Biotop – setzen lange vor den Angriffen ein. Zudem folgen diese Entwicklungen eher jener »schlichteren« Logik, die Žižek den komplizierten Vorgängen entgegensetzen will, die dem terroristischen »Spektakel« zugrunde liegen. Zu einfach sei laut Žižek der Verweis auf den grundlegenden Fakt (»elementary fact«) der zunehmenden Medialisierung und Virtualität, die das Bedürfnis nach dem sicheren Boden (»firm ground«) einer wirklichen Wirklichkeit (»real reality«) wecken:[5] zu einfach, um Hintergründe und Nachwirkungen des 11. Septembers allein zu erläutern, aber zu wichtig für das Verständnis der nordamerikanischen Gegenwart, als dass man sie ignorieren könne.

Obwohl nicht dessen Ursache, verleiht der 11. September dem vielfältigen Streben nach dem Wirklichen, Spürbaren in einer zunehmend disparaten und von medialer Simulation bestimmten Welt Nachdruck, indem er solche Formen der Sinnsuche als Reaktion nicht nur auf ein vages Unbehagen in einer postmodernen Kultur, sondern auf eine nationale, gar globale Krise erscheinen lässt. Bestrebungen, die leicht als nostalgische Rückbesinnungen abgetan werden könnten, wirken nun dank ihrer Resonanz mit wichtigen Neuformulierungen des nationalen Raums wie *Ground Zero* und *Homeland* als Botinnen eines Neuanfangs durch die Rückbesinnung auf das Wesentliche. In dem nach dem Herbst 2001 sich entfaltenden semantischen Feld des *Ground-Zero*-Begriffs wird der historische Bezug auf den Atombombenabwurf am Ende des Zweiten Weltkriegs zugunsten der Hervorhebung eines als singulär aufgefassten nationalen Leidens verdrängt. Die Enthistorisierung geht mit einer gleichzeitigen Entfaltung der positiveren umgangssprachlichen Denotationen des Begriffs einher: »starting from scratch, a clean slate, the bottom line«.[6] In dieser Vorstellung einer erneuernden Rückkehr zum Wesentlichen korrespondiert der *Ground-Zero*-Begriff mit der fast zeitgleich aus der Taufe gehobenen Vorstellung des *Homeland*. Die Vorstellung von der Nation als »Heim« oder »häuslichem Raum«, an sich ein Topos des nationalen Redens, hat im nordamerikanischen Diskurs des Nationalen wenig Tradition. Wie Amy Kaplan in ihrer Untersuchung über Raumkonzeptionen nach dem 11. September anmerkt, evozieren amerikanische Thematisierungen des nationalen Raums im 19. und 20. Jahrhundert eher Beweglichkeit und Prozess als Heimkehr: *Melting Pot, Frontier, Manifest Destiny*. Anders als Begriffe wie »national« oder der ebenfalls häuslich anmutende Zusatz »domestic« (*domestic politics, domestic interests*) legt die Figur eines nationalen »Heims« Vorstellungen von einheimischem Ursprung und gar Zugehörigkeit durch Geburt nahe. *Homeland* beruft sich gar, so Kaplan, auf Folgendes: »common blood lines, ancient ancestry, and notions of racial homogeneity«. Mehr noch: »*Homeland* […] connotes a different relation to history, a reliance on a shared mythic past engrained in the land itself«.[7] Wie im Fall des *Ground Zero* werden historische Kontexte – Südafrikas *Homelands*, Ähnlichkeit mit deutschsprachigen und mit den Nationalsozialisten assoziierten Begriffen – abgestreift, um Amerika als einen intimen, in sentimentales Licht getauchten Raum des nationalen Heims vorzustellen.

Die Wiederbelebung des amerikanischen *social novel*, realistisch in Manier, panoramaartig umfassend im Inhalt und erzieherisch in ihrer Absicht, ging allerdings nicht erst vom amerikanischen Herbst 2001 mit seinen vielschichtigen Schlagworten aus, sondern von einem Aufruf des Schriftstellers Tom Wolfe im Jahr 1989.[8] Angesichts der Erfolge von Wolfes *The Bonfire of the Vanities* oder der ambitioniert umfassenden Werkzyklen Louise Erdrichs oder Toni Morrisons in der gleichen Zeitspanne kann man fragen, ob der Sozialroman uns je abhanden gekommen ist. Das neue Jahrtausend ist gleichwohl der Kontext, in dem der Form neue Aufmerksamkeit zukommt und kulturelle Signifikanz jenseits belletristischen Amüsements zugeschrieben wird. Auffällig an den in kommerziell wie kritischer Hinsicht erfolgreichsten literarischen Produktionen der letzten Jahre – wie Richard Powers' *The Time of our Singing* (2003) und *The Echo-Maker* (2006), Jeffrey Eugenides' *Middlesex* (2002) und Jonathan Franzens *The Corrections* (2001) – ist nicht nur, dass sie sich bewusst in die Tradition des *social novel* stellen. Ihnen gemein ist, dass sie den *social novel* als *family novel* konzipieren. Geschichten um den Ursprung und Fortbestand einer Familie dienen der Erhellung weit umfassenderer sozialer Verhältnisse.

Franzens Roman ist nicht nur der früheste der neuen Sozial/Familienromane. In der Konsequenz, mit der der Text das »heimische« Gleichnis zwischen Familienverband und Sozialbündnis durchdekliniert, sowie durch die Aufmerksamkeit, die ihm gleich nach seinem Erscheinen zuteil wurde, avanciert Franzens Werk zum Exemplum dieser neu belebten und zwangsläufig erneuerten Romanform, die mal mittels des vergleichsweise neutralen Präfixes »neo-«, aber auch gelegentlich durch wesentlich gewichtigere und wertendere Etikettierungen wie »depressiv«, »tragisch« oder auch »hysterisch« beschrieben wird. Anders als die Frage nach der zutreffenden Genre-Beschreibung ist jedoch der Fokus des Romans unumstritten: die Familie als Grundstein des Sozialen und die Rückkehr zu ihr als die wichtigste »Korrektur« einer aus den Fugen geratenen amerikanischen Gesellschaft. Im Roman ist Heimkehr zugleich Fundament und Erneuerung und zwar im Hinblick auf das Persönliche wie die Erzählprosa, die dem Persönlichen und deren Verflechtung mit dem Sozialen gewidmet ist. In anderen, wesentlich plakativeren Worten: In der Erzählung wie in der Erzählweise trifft *Homeland* auf *Ground Zero*. Dieser Konvergenz verdankt der Roman seinen Erfolg, von dem weitere Romanciers wie Eugenides und Powers, aber auch Bret Easton Ellis, der bisher wenig als familiärorientierter, sozial bedachter Autor bekannt war, profitieren. Im letzteren Fall ist das Ergebnis eine hysterische, parodierende, aber keinesfalls negierende Replik auf Neuanfang und Familienwerte im neuen Jahrtausend, der wir unsere genaue Aufmerksamkeit nach einer Auseinandersetzung mit Franzens Projekt eines depressiven, tragischen Erzählens gegen das Schnelllebige widmen.

In Franzens Fiktionen geht es aber nicht nur um ein gemächliches Erzähltempo. Eine Erziehung des Lesers wird angestrebt. Hierin zeigen sich die Ansprüche und Ahnen des Projekts. Es geht um einen Realismus, der neu genannt wird, aber alte Maßstäbe in Erinnerung ruft: »For the reader [...] the only test of a novel's truth is his own knowledge of life.«[9] Dies galt für die Realisten des 19. Jahrhunderts, allen voran den einflussreichen »Dean of American Letters« William Dean Howells. Für Howells war der Realismus ein Projekt mit einem ästhetisch-literarischen sowie einem sozialkritischen und erzieherischen Ansinnen. Der künstlerische Wert eines Romans lässt sich, so seine Überzeugung, anhand seines Grades an Wiedererkennbarkeit bestimmen: »Is it [the novel] like what he [the reader] has seen or felt? Then it is true [...], that is to say beautiful«.[10] Auf diese »wahre« und »schöne« Erfahrungsnähe aufbauend, entfaltet der literarische Realismus nach Howells seine weiteren sozial relevanten Effekte. Der Text hält der Gesellschaft einen Spiegel vor, welcher Zustände zeigt, aber auch anklagt. So kommt dem Roman nach Howells jene Funktion zu, die in einer früheren Epoche die Predigt wahrnahm.[11]

Ein Echo von Howells vernimmt man bereits im Titel des Essays, in dem Franzen seine Vorstellungen vom literarischen Realismus und dessen Verhältnis zur amerikanischen Realität reflektiert: wenn nicht in der lakonisch und pessimistisch angehauchten Überschrift »Why Bother?«, der für die Essaysammlung *How To Be Alone* (2002) überarbeiteten Fassung, so doch in der Formulierung der *Harper's*-Erstveröffentlichung im Jahr 1996. Der Aufsatz heißt nicht gleich »Novel-Writing and Novel-Reading«, aber dafür »Perchance to Dream: In the Age of Images a Reason to Write Novels«.[12] Neben expliziten Referenzen kommt auch der Rahmen der Reflexionen hinzu: Als Herausgeber bestimmte Howells das Profil von *Harper's* und damit die nordamerikanische Kulturlandschaft im 19. Jahrhundert.

Es ist aber vor allem Franzens Pochen auf die soziale Relevanz der an sich etwas einsamen Aktivitäten des Lesens und des Schreibens, das Howells und seine Vorstellung des Realismus in Erinnerung ruft. Während Howells mit den Begriffen »wahr« und »schön« arbeitet und so im Rahmen einer Erbauungskultur bleibt, irritiert Franzens Plädoyer für das Depressive die Grundsätze der Therapiekultur: »Instead of saying *I am depressed,* you want to say *I am right!*«[13] Ob deren Leitbegriff Wahrheit oder Depression ist, eine so konzipierte Literatur entzündet sich in beiden Fällen an einem Problem im Sozialen. Im Fall von Franzens Wiederaufnahme des Projekts eines engagierten Sozialromans wird das Problem etwas überraschend zunächst nicht allein und bei genauer Betrachtung nicht einmal primär als eine Krise des sozialen Gefüges präsentiert, obwohl eine solche Krise leitmotivisch im Laufe des Aufsatzes evoziert wird. Mal verweist Franzen mittels der für den Essay typischen Einflechtungen des Persönlichen auf die Manifestation einer solchen Krise im Kleinen. Die vorläufige Trennung von seiner ersten Frau wird gleich einleitend erwähnt, während ihre Versöhnungsversuche in den späteren Ausführungen aufgegriffen werden. Mal wird aber auch der Verfall im Großen angesprochen, den Franzen als einen »Zusammenbruch des Gemeinschaftlichen« (»breakdown of communitarianism«) inhaltlich und in einem gekonnt komponierten, aber zugleich heftig kritisierten Abschnitt des Essays als eine Ghettoisierung oder Tribalisierung der amerikanischen Stadt bildlich beschreibt:

> The literary America in which I found myself [...] bore a strange resemblance to the St. Louis I'd grown up in: a once-great city that had been gutted and drained by white flight. [....] Ringing the depressed urban core of serious fiction were prosperous new suburbs of mass entertainments. Much of the remaining vitality was concentrated in the black, Hispanic, Asian, gay, and women's communities that had taken over the structures vacated by fleeing straight white males.[14]

Franzen nimmt gleichzeitig urbane und literarische Phänomene in den Blick und verbindet seine Kritik an veränderten Wohnstrukturen mit einem offen eigennützigen Widerspruch gegen Stimmen des Literaturbetriebs, die ein ›minoritäres‹ Schreiben fordern. Dabei liegt aber der Schwerpunkt nicht auf nationalen Problemen an sich, sondern eher auf Problemen der nationalen Literatur: deren Produktions-, aber auch Konsumbedingungen. Im Laufe des Aufsatzes wird das Lesen bzw. dessen Fehlen in einem schnelllebigen und durch die elektronischen Medien bestimmten und so überwiegend visuellen und oberflächlichen Vorort-Alltag zum Hauptthema der Reflexionen. Hierin unterscheidet sich Franzens essayistisches Plädoyer von Wolfes weiter zurückliegendem Aufruf zu einem Wiederbeleben der Sozialromantradition. Während Wolfe eine theorieverliebte, europäischen Moden verfallene amerikanische *Intelligensia* für die Abwendung der Romanciers vom Sozialen verantwortlich macht, weist Franzen die Schuld dem lesenden bzw. falsch lesenden Volk zu.

Eine von Franzen eingefügte Anekdote spitzt das Problembewusstsein zu. Eine junge Bekannte, vermutlich eine ehemalige Studentin des zeitweiligen *Creative-Writing*-Dozenten Franzen, antwortet auf die Frage nach ihren Lesegewohnheiten mit einer Bitte um Spezifizierung: »You mean *linear* reading? Like when you read a book from start to finish?«[15] Franzens Antwort (»Ja, linear«) bleibt unausgesprochen, aber ist implizit ebenso deutlich wie die Aussage der Anekdote im Kontext seiner Reflexionen. Wir greifen Informationsteilchen im Mouse-Klick-Rhythmus auf, aber wir begreifen keine Zusammenhänge, so das Fazit und die Anklage Franzens.

Franzens Antwort auf den Missstand lautet: Wir müssen den jungen Leute das richtige Lesen beibringen. So plump formuliert Franzen freilich nicht, aber so einfach lässt sich die Konsequenz seines Unbehagens begreifen: eine Konsequenz, deren konkretes Ergebnis *The Corrections* ist. Bei aller panoramaartigen Breite des Gesellschaftsbilds und Ausschweifungen der Handlungsstränge erzieht der Roman zum linearen Lesen jenseits des oberflächlichen Eindrucks. Alle Schauplätze – Ostküste, ehemalige Sowjetrepubliken, Kreuzfahrtschiff – und Themen – Wege und Abwege der Globalökonomie, die Macht der Pharmakonzerne und der Glaube an das Pharmazeutische ebenso wie Vorurteile vom Antisemitismus bis zur Homophobie – verbindet Franzen durch die Familie Lambert: Vater Albert, Mutter Enid und die Kinder Gary, Denise und das intellektuell ambitionierte Söhnchen Chip. Von dem trauten Familienheim in der fiktionalen Stadt St. Jude im fast sprichwörtlichen *Heartland*, wenn nicht *Homeland*, Amerikas im mittleren Westen gehen sie hinaus in die Wirren der Welt. Jeder noch so weit führende thematische Faden wird aber an die Familie zurückgebunden, deren Mitglieder investieren, verreisen und, am wichtigsten, sich an Prozessen der Korrektur beteiligen: der zentralen, Titel gebenden Metapher des Romans. Sämtliche denkbaren Denotationen des Begriffs werden im Roman durchdekliniert. Dabei werden einige Korrekturen nicht nur aufgezeigt – wie die Korrektur des Finanzmarktes –, sondern auch – wie im Fall des Glaubens an die korrigierende Wirkung von Psychopharmaka – kritisch durchleuchtet.

Im Korrekturverfahren ändern sich die Werte der Lambert-Familie: Die durch Alfred etablierte und in ihm verkörperte patriarchalische Ordnung bröckelt im schlürfenden Gleichschritt mit den Gebrechen des an Alzheimer Erkrankten, Vorurteile weichen einer Offenheit gegenüber Schwarzen, Juden und Lesben, Sparbuchethik ersetzt Finanzjonglieren im Stil der 1980er Jahre und Anti-Depressiva gehen den Weg allen Abfalls ins Gäste-WC. Als einzige Institution durchläuft die Familie das Korrekturverfahren, ohne völlig diskreditiert zu werden. Stellt der rebellische Chip seine Familie und ihre patriarchalischen Strukturen fortwährend in Frage – passend zu seinen Intellektuellenposen abwechselnd im Namen der Dekonstruktion und des Marxismus –, kehrt der verlorene Sohn am Ende doch in das *Heartland* zurück: nicht nach St. Jude, aber zumindest nach Chicago als dem größten urbanen Zentrum der Region. Beim Umzug gibt er intellektuelle Posen wie Piercings weitgehend auf, heiratet eine Ärztin und wird Vater von Zwillingen.

Einen solchen Schluss könnte man konservativ nennen. Dieses Etikett überzeugt zunächst in narrativer Hinsicht, denn wie schon Peter Brooks oder J. Hillis Miller argumentieren, ist eine Komposition entlang der »Familienlinie« eine bewährte Strategie der »großen« Romane des 19. wie des 20. Jahrhunderts; von *Le Rouge et le noir* bis hin zum modernistischen Realismus eines *Absalom, Absalom* bestimmen Fragen der Abstammung und Vererbung die Romanform.[16] Im Kontext der zweiten Bush-Ära ist man aber darüber hinaus dazu geneigt, neokonservativ zu sagen, und nicht nur im ästhetischen Sinne. Dies wäre eine Formulierung, die Franzen sicher nicht übernehmen würde, aber nicht allein aus politischen Überzeugungen, sondern weil er im Verlauf seiner essayistischen Reflexionen eine andere, ebenso traditionelle, aber kulturhistorisch gewichtigere Formulierung favorisiert: nicht einfach depressiv, sondern tragisch. Niemand Geringeren als Nietzsche zieht Franzen heran, um für seine Vorstellung eines »tragischen Realismus« zu plädieren:

> For me, the word that best describes the novelist's view of the world is tragic. In Nietzsche's account of the »birth of the tragedy,« which remains pretty much unbeatable as a theory of why people enjoy sad narratives, an anarchic »Dionysian« insight into the darkness and unpredictability of life is wedded to an »Apollonian« clarity and beauty of form to produce an experience that's religious in its intensity.[17]

Mag es auch ungewohnt sein, das Apollinische mit der Geschichte einer kleinbürgerlichen Familie aus dem mittleren Westen in Verbindung zu bringen, folgt Franzens Einsatz der Lamberts doch genau diesem Prinzip, zumindest nach Franzens etwas freier Schilderung davon. Was ist der Nutzen der Tragödie für das Leben? Der Stoff wird für den Autor beherrschbarer, während der Leser, und das ist Franzens Anliegen, zum linearen Lesen angeleitet wird. Zugleich, ebenso wichtig für Franzens beachtlichen Erfolg, kommt der Roman noch grundlegenderen Bedürfnissen nach Orientierung nach.

Eine solche »apollinische« Orientierung erreicht *The Corrections* nicht nur auf der Ebene der Handlung, sondern auch, obwohl dies nicht sofort offensichtlich ist, in der Darstellung dessen, was dem chaotischen, sinnlichen Dionysischen gänzlich zuzugehören scheint: der sinnlichen Unordnung der Dinge. Das Ding in seiner Partikularität und sinnlichen Präsenz erscheint uns zunächst als wahrhaft »objektiv« und der Bedeutung widerstehend. Auf einen solchen Eindruck scheint bereits das Einleitungskapitel hinzuarbeiten. Einer schier endlosen Parade der Gegenstände – alt, neu, gebraucht, gekauft, geerbt – begegnet der Leser auf den ersten Seiten. Es ist diese Fülle der Details, zusammen mit der Themenvielfalt, die an Erzählungen wie Zadie Smiths *White Teeth* (2000) und die bissige Bezeichnung James Woods' für deren Erzählweise erinnert: *hysterical*. Ein solcher Roman, könnte man Woods paraphrasieren, ruht nie. Folglich ist der Text, wenn man die Bezeichnung bei gleichzeitiger Berücksichtigung der eigentlichen Kritik korrigiert, vielleicht eher »manisch« als »hysterisch« in seiner Beschreibungswut.[18] Im Fall Franzen werden die Dinge im Haushalt des Ehepaars Lambert manisch multipliziert, bis sie dem Leser weniger als Besitz der Lamberts erscheinen; die Dinge scheinen vielmehr die Lamberts zu besitzen.

Eine solche Erzählweise ist natürlich keine Neuerung, sondern eine Fortsetzung der vielleicht bewährtesten Strategie des Realismus im 19. Jahrhundert. In den Werken James' und Howells' wie George Eliots und Gustave Flauberts tragen Gegenstände im Arrangement des Interieurs zur Charakterisierung der Figuren und darüber zur Ordnung der erzählten Welt bei. Im »depressiven«, »tragischen« Realismus Franzens, der vor allem ein antivisueller Realismus von zusammenhängendem substantiellem Gewicht sein will, bedeutet das Verfahren jedoch, dass wir im Narrativ nie einem der Bedeutung widerstrebenden ›Ding‹ begegnen, sondern immer nur ›Ideen‹ in gegenständlicher Form.

So verfährt Franzen auch im Herz des *Heartland*-Zuhauses der Lamberts: des mit Gerümpel gefüllten Kellers. In dessen Zentrum steht eine Tischtennisplatte von hohem symbolischen Wert:

> It's the fate of most Ping-Pong tables in home basements eventually to serve the ends of other, more desperate games. After Alfred retired he appropriated the eastern end of the table for his banking and correspondence. At the western end was the portable color TV on which he'd intended to watch the local news while sitting in his great blue chair but which was now fully engulfed by *Good Housekeepings* and the seasonal candy tins which Enid never quite found time to transport to the Nearly New-consignment shop. The Ping-Pong table was the one field on which the civil war raged openly. At the eastern end Alfred's calculator was ambushed by floral potholders and souvenir coasters from the Epcot Center and a device for pitting cherries which Enid had owned for thirty years

and never used, while he, in turn, at the western end, for absolutely no reason that Enid could ever fathom, ripped to pieces a wreath made of pinecones and spray-painted filberts and brazil nuts.[19]

Der Parcours über das zweckentfremdete Spielfeld ist Teil der längeren Sequenz, die das erste Kapitel des Romans strukturiert. Mit einem einleitenden Verweis auf eine »Kältefront über der Prärie« beginnt eine Bewegung vom Himmel aus zur Erde. Dort weht der Wind zusammen mit der Post durch die Haustür von Enid und Alfred und anschließend durch die Stube und Küche, um schließlich in den Keller und zum besagten, detailliert beschriebenen Tisch abzusteigen. Vorbild für die Evokation solchen Nippes ist natürlich Flauberts *tour de force* des Realitäteffekts in *Madame Bovary*. An den von Franzen aufgeführten Details ist aber weniger ihre Fülle und sinnliche Präzision als ihre semantische Kodierung als Teil eines Bürgerkriegs auffällig. Das Ergebnis ist folglich kein Realitäts-, sondern eher ein ›Symbolik‹-Effekt. Die Zinndosen und Frauenzeitschriften sind zwar Gerümpel, aber nie könnte der Leser meinen, dass sie Abfall ohne Zweck wären. Durch ihre Ausbreitung bringen sie den Ehemann von seinen Freizeitplänen ab. Seine Antwort auf die gekonnten Manöver des Krempels ist ein Massaker am Adventskranz.

Der Krieg zwischen den alternden Eheleuten ist zunächst ein Konflikt im Kleinen, der sich aber alsbald und ohne allzu viel Mühe seitens des Lesers als symptomatisch für ein Unbehagen im Großen zeigt. Die Anordnung auf der Platte ist geographisch genau: ungewöhnlich für ein Spielfeld, aber nicht für größere geographische Einheiten wie Länder oder Kontinente. Franzen setzt die Familie Lambert als eine Synekdoche des sozialen Zusammenhangs ein. Zu ihrer symbolischen Funktion als *der* amerikanischen Familie kommt die Wetterlage im mittleren Westen, *Heartland* der Vereinigten Staaten, hinzu. Die Kältefront, die die Gegend heimsucht, streift auch jene Ping-Pong-Platte, auf der sich die Krise des Sozialen im Nippeskampf manifestiert. Bei einer so deutlichen Darstellung der Signifikanz ist jede Entzifferungsarbeit seitens des Lesers überflüssig. Franzens Anliegen ist aber vor allem, dass seine Beschreibungen nicht an der Oberfläche bleiben. Er greift auf Mittel wie die Personifizierung zurück, um symbolische Tiefen auszuloten, die ein Surfen im nicht linearen elektronischen Raum kaum bieten kann. Nur im Roman, so die Suggestion, hat man Tischtennisplatten von solchem Gewicht: in Franzens erfolgreichem Roman der Heimkehr, aber auch in Ellis' hysterischer Replik auf dieses Narrativ und dessen Stil der Rückkehr.

Für den Literaturkritiker Woods ist ein hysterischer Roman ein unruhig erzählter, detailbeladener Text. Unverkennbar wie die damit verbundene Kritik ist, reichen die Resonanzen des Begriffs weit über die polemische Zuspitzung hinaus. In ihren wirkungsmächtigen *Studien über die Hysterie* (1895) heben Josef Breuer und Sigmund Freud zunächst vor allem die Unruhe der äußeren Erscheinung hervor: die epileptisch anmutenden Anfälle, die großen, leidenschaftlichen und fast unvorstellbaren Verbiegungen des Leibes in der *grande attaque*. Gleichwohl ist der Anfall aus psychoanalytischer Sicht nicht nur ein Spektakel. Die Verbiegungen offenbaren traumatische Störungen, aber auch grundlegende psychische Strukturen.

Eine konsequente Übertragung des psychoanalytischen Begriffs auf die Textbeschreibung müsste folglich nicht nur das sichtbare Symptom, sondern auch die sichtbarmachende Komponente der Hysterie berücksichtigen. Bei allen manischen Tendenzen ist Smiths *White Teeth* kein solcher Text. Sucht der Literaturwissenschaftler einen im doppelten Sinne wahrhaft hysterischen Roman, fände er dagegen kaum ein geeigneteres Beispiel als Ellis' im Jahr 2006 veröffentlichten Roman *Lunar Park*. Bei allen auffälligen Exzessen – von einem blutrünstigen Plüschvogel, der zunächst das Kinderzimmer und bald die ganze Familie terrorisiert, bis hin zum detailliert beschriebenen Schickeria-Gehabe – geht es Ellis um das Aufzeigen einer narrativen Grundstruktur: der des Familienromans.

Die offenbarende Parodie beginnt mit dem Protagonisten. Der Autor Ellis schreibt über eine Figur namens Ellis. Die Identität von Figur und Autor, die der Leser auch bei Franzen vermutet, wird in *Lunar Park* ausbuchstabiert und damit die realistische Nähe zum Leben wörtlich genommen. Der wichtigere, von Ellis geradezu hysterisch hervorgehobene Verbindungspunkt betrifft aber nicht die Erzählerverortung, sondern die grundlegende narrative Struktur. Wie in *The Corrections* geht es auch in dem späteren Roman von Ellis um eine Fortsetzung der Familie im Modus der korrigierenden Rückkehr. Der Protagonist schickt sich an, seine alten Fehler zu korrigieren. Er gibt das hedonistische, bisexuelle und vom Drogenkonsum beflügelte Großstadtleben auf, das die Hochglanzblätter dem Skandalautor Ellis seit jeher nachsagen, um Familienvater in einem gepflegten Vorort zu werden. Dem Sohn und der Frau, die er einst verleugnete, will er nun beistehen. Auslöser dieser radikalen Veränderung ist nicht die Reue allein. Der Roman versäumt nicht, auf die Ereignisse des 11. Septembers zu verweisen. Es ist die Sorge um Terrorismus, die die Kleinfamilie zu jenem »White Flight« bewegt, den Franzen zu seiner Charakterisierung der US-amerikanischen Literaturszene einsetzt. Symbolisch erhöht ist auch die Beschreibung Ellis', die aus den sozialen Brennpunkten der Großstadt eine apokalyptische nationale Landschaft macht:

> Cities had become mournful places, where everyday life was suddenly interrupted by jagged mounds of steel and glass and stone, and grief on an unimaginable scale was rising up over them, reinforced by the stained, tattered photocopies of the missing posted everywhere, which were not only a constant reminder of what had been lost but also a warning of what was coming next, and in the endless CNN montages of people wandering about in a slow-motion daze, some wrapped in American flags, while the soundtrack was Bruce Springsteen softly singing »We Shall Overcome.« There were too many fearful moments when the living envied the dead, and people started moving away to the country, the suburbs. Cities were no place to raise a family, or, more pointedly, [...] to start one.[20]

Die Atmosphäre, die Ellis hier etwas anders als Franzen evoziert, ist nicht meteorologisch, sondern affektiv. Angst sorgt dafür, dass sich der Schatten, den der Tag zunächst auf die Großstadt wirft, auch auf die Vorstadt ausbreitet. Gleichzeitig lässt sich Ellis' Entscheidung für das Vorortleben mit seinen Elternabenden und *Cocktail*-Stunden als eine nicht nur persönliche Wendung, sondern auch als exemplarisch für eine nationale Rückkehr zum Familiären deuten.

Genauer genommen handelt es sich um eine Rückkehr zum Familienleben der besser Verdienenden: der weißen Mittel- und Oberschicht. Evoziert Ellis diese Welt mit viel Liebe zum Detail, sind es kaum die Details, die der Leser früherer Romane wie *American Psycho* (1991) erwartet. Die Differenz liegt nicht darin, dass nun Kinderkostüme und keine zu Tode gefolterten Frauen den Erzählgegenstand bilden. Die Rückkehr zur Einfachheit ist nicht nur das Programm, das den Protagonisten Ellis stellvertretend für die Nation in die Vorortwelt bringt. Mit dem Wunsch nach einer »return to [...] past simplicity« umreißt der Autor Ellis zugleich ein poetisches Programm, das für Zurückhaltung in der Darstellungsweise sorgt.[21]

Beschreibt Patrick Bateman in *American Psycho* die Inneneineinrichtung seiner Wohnung und sein persönliches Pflegeprogramm in einer

Ausführlichkeit, die kaum ein Detail und nie einen Markennamen vergisst, erfolgt die Charakterisierung der Vorortvilla in einer verallgemeinernden Manier, die Details der Gesamtcharakterisierung unterordnet:

> It was »minimalist global eclectic with an emphasis on Spanish revival« but with »elements of mid-century French chateau and a touch of sixties Palm Springs modernism« [...] the interior was done in soothing shades of sandcastle and white corn, lily and bleached flour. Stately and lavish, slick and sparsely furnished, the house had four high-ceilinged bedrooms and a master suite that occupied half of the second story and included a fireplace, a wet bar, a refrigerator, two 165-square-foot walk-in closets and window shades that disappeared into the pockets in the ceiling, and each of the two adjoining bathrooms had a giant sunken tub.[22]

Wendet man bei dieser Passage den Howells'schen »Test« an, würde sie zwar bestehen, aber anders als es Howells oder auch Franzen gut heißen würden. Sie bietet schließlich etwas, das wir gesehen und gefühlt haben: beim Blättern durch ein Hochglanzblatt. Dass dies der Ursprung des Realitätseffekts solcher Beschreibungen ist, verschleiert der Text nicht. Als Quelle dieser Hausbeschreibung als einer Mischung aus Château und Finca wird die Publikation *Elle Decor* angegeben. Die Exzerpte werden durch Anführungszeichen deutlich gemacht. So fein säuberlich wie die Rede markiert wird, setzt sich aber die Wohnmagazinbeschreibung im Stil kaum vom Rest der Schilderung ab. Geborgtes und eigenes Wort gehen ineinander über.

Die Aussage der Passage ist nicht gerade subtil, aber dennoch ein interessanter Kommentar zum realistischen Stil, dessen Referent kaum die wirkliche Welt ist, sondern eine Darstellung, die wir vom Kiosk oder Kino kennen. Dennoch oder genauer genommen vielleicht deshalb, ist die Passage von ihrer Wirkung her näher an Flauberts Realitäts- als Franzens Symbolik-Effekt. Die Beschreibung gibt nicht einfach die Dinge in der Anordnung des Interieurs wieder. Es gilt vielmehr die Wahrnehmung zu imitieren, und die umfasst das sinnliche Detail ebenso wie Sehgewohnheiten. Im Jahr 2006 sind Letztere unverkennbar vom Medialen bestimmt. Wir blättern nicht nur durch die *Elle Decor*: Wir sehen durch ihre Kategorien und Hochglanz-*Home-Stories*.

Das Verschwimmen von Zeitschrift- und Romantext und vor allem die Art und Weise, in der die Texte ineinander übergehen, bietet aber auch Einblick in eine wesentliche Dynamik des Romans selbst. Der Text baut zunächst Differenzen auf. In der oben zitierten Passage betrifft diese Grenzziehung das Zitat und die eigene Beschreibung. Im Roman selbst wird zwischen den extravaganten, überkomplizierten und so implizit allzu fiktionalen Welten der früheren Romane des Autors Ellis und der vorliegenden einfachen Geschichte über die fiktive Figur Ellis, in der »jedes Wort stimmt« (»every word is true«),[23] unterschieden. Ebenso sicher wie der eigene Text sich dem Duktus der *Elle Decor* anpasst, verliert sich jede Differenz zwischen dem allzu Fiktionalen und der sich als »wahrer« Geschichte präsentierenden Erzählung. Die Schöpfungen seiner Fiktionen – Nebenfiguren, aber auch weiter entwickelte Geschöpfe wie Bateman – besuchen den Autor in seinem Vorortrefugium. In der Gestalt des bereits erwähnten, gewaltbereiten Plüschvogels suchen die Fiktionen die in dezenten Sandtönen gehaltene Villa heim. Gewinnt das Ungeheuer als ein Geschenk für die Stieftochter Eintritt, ist dessen Provenienz wahrhaft unheimlich. Bekannt kommt dem Protagonisten das dämonische Spielzeug mit dem Tarnnamen Turby vor, weil die Kreatur einem sehr frühen, eher unbeholfenen Versuch des Autors im Horrorgenre entspringt. Wenn dem Kuscheltier aus der literarischen Kindheit jedoch Reißzähne wachsen, die es genüsslich in das Bein des quiekenden Ellis schlägt, hat die allerletzte Stunde der Distinktion zwischen Fakt und Fiktion geschlagen.

Wie in *The Corrections* hat in diesem Durcheinander, für dessen vollständige Schilderung man mehr als nur einen Aufsatz brauchen würde, nur eine Struktur orientierenden Bestand: die Familie. Die Frage nach Abstammung und Vererbung, welche die großen Romane des 19. Jahrhunderts nach Brooks und Miller bestimmen, bildet die Linie, die auch diesem Text einen Zusammenhang gibt. Im Laufe des Romans geht die Figur Ellis immer wieder dem Verhältnis zum Vater nach und versucht die Familienlinie durch Versöhnung mit Frau und Kind fortzusetzen. Auch nach der Implosion aller narrativen Ordnung, die mit dem Verschwinden des Sohns zusammenfällt und die Scheidung und Rückkehr in die Stadt nach sich zieht, setzt sich die familiäre Verbindung fort. Ellis trifft sich mit dem verlorenen Sohn im anonymen Ambiente eines Schnellrestaurants. Anders als im Vorgängertext kehrt der auf Abwege geratene Sohn nicht zurück. Er hinterlässt dem zurückgelassenen Vater aber etwas: eine Kiste mit der Asche von Ellis' Vater, in die die Worte »lunar park« geschrieben wurden.

Leicht lässt sich der menschliche Staub am Ende dieser Geschichte mit dem historischen Kontext verbinden, den Ellis mit Verweis auf die

›Angstfront‹ geschickt evoziert: der Suche nach Sicherheit und Sinnbegründung nach jenem schicksalhaften Septembertag, die im Roman die Flucht in den Vorort begründet. Der eigentliche Anfang der Erzählung liegt aber im Familiären und nicht in Manhattan. Die Asche des Vaters stellt die Vergangenheit, durch die Verbindung zum Sohn aber auch die Zukunft der Familie dar. Anders als Chips Zwillinge besucht diese Zukunft keine Chicagoer Vorschule. Hierin liegt die Melancholie eines Schlusses, der aber bei genauerer Betrachtung keine Absage an die Familie darstellt. Nostalgie bezieht sich auf die Vergangenheit, um die Gegenwart zu korrigieren und darüber hinaus die Zukunft zu gestalten. Dabei idealisiert die Rückkehr zu einer vergangenen Einfachheit nicht nur diesen Zustand; die Einfachheit wird vielmehr im Rekurs hervorgebracht. Die Familienwerte, die dem Roman bei allem hysterischen oder, wie Franzen vielleicht sagen würde, dionysischen Überfluss des Details eine apollinische Gestalt geben, sind folglich weniger erlebnis- bzw. erdverbunden, sondern vielmehr, wie die Botschaft im Kästchen nahelegt, »lunaren« Ursprungs. Ellis' parodistische Replik auf den Neorealismus im Stil Franzens ist weniger eine Abrechnung, als ein Offenlegen seiner Prinzipien: zunächst die grundlegende Bedeutung des Familiären für den Zusammenhalt des Sozialromans à la Franzen, aber darüber hinaus die unvermeidbare Prägung realistischer Erzählweisen durch Tatsachen, die jenseits der empirischen Erfahrung stehen, die für Howells der Prüfstein des Wertes jedes Werks sein muss. Im Herzen des um Lebensnähe bemühten realistischen Textes wirkt die Phantasie oder, literarisch gesprochen, die *Romance*.

Realismus und Romanze werden einander immer, und in der amerikanischen Literaturgeschichte besonders vehement, entgegengesetzt.[24] Am besten getroffen wurde die Unterscheidung allerdings von dem wenig vehementen, sondern eher lakonisch formulierenden Romancier Nathaniel Hawthorne. Während Realismus uns die Welt, die wir kennen, mit einer »minute fidelity« wiedergibt, zeigt uns die *Romance* die Welt, die wir wollen. Es ist eine mögliche Welt, die nur einer Wahrheit treu sein muss: »the truth of the human heart«.[25] So deutlich der Schluss von Ellis' Roman auf die Entgegensetzung des Realismus und der *Romance* hin komponiert ist, setzt er bei genauerer Betrachtung die Distinktionen zwischen den Modi nicht fort. Im Gegenteil zeigen sich die letzten Seiten in ihrer hysterisch parodierenden, offenbarenden Art so versöhnlich wie Franzens tragisch-[bieder-]ernstes Ende. Die Gründungsfigur des Familiären, verbunden mit *Home* wie *Land*, wirkt weiterhin. Dieser *Ground Zero* ist kein irdischer Ort, sondern ein imaginärer, aber dadurch umso wirksamerer Grund unseres Sehnens, der mit der Realität, die wir, in Howells Worten, »sehen« und »fühlen«, untrennbar verbunden ist. So beschließt Ellis den Roman mit dem Appell eines Vaters an den tatsächlichen Leser, der nicht nur in einem Buch, sondern in dem Buch, das der Leser in Händen hält, zu finden ist:

> So, if you should see my son, tell him I say hello, be good, that I am thinking of him and that I know he's watching over me somewhere, and not to worry: that he can always find me here, whenever he wants, right here, my arms held out and waiting, in the pages, behind the covers, at the end of *Lunar Park*.[26]

---

[1] Amy Kaplan: »Homeland Insecurities: Reflections on Language and Space«, in: *Radical History Review* 85 (Winter 2003), S. 82–93, hier S. 83.

[2] Jonathan Franzen: *How To Be Alone. Essays*, New York: Farrar, Straus and Giroux 2002, S. 7.

[3] Johann Wolfgang von Goethe: »Den Vereinigten Staaten«, in: ders.: *Werke*. Hamburger Ausgabe in 14 Bänden, Bd. 1: *Gedichte und Epen I*, textkritisch durchgesehen und mit Anmerkungen versehen von Erich Trunz. Hamburg: Christian Wegner Verlag 1962, S. 333.

[4] Slavoj Žižek: *Welcome to the Desert of the Real. Five Essays on September 11 and Related Dates*, London, New York: Verso 2002, S. 19.

[5] Ebd., S. 19.

[6] Kaplan: »Homeland Insecurities« (siehe Anm. 1), S. 83.

[7] Ebd., S. 86.

[8] Tom Wolfe: »Stalking the Billion-Footed Beast. A Literary Manifesto for the New Social Novel«, in: *Harper's Magazine* (November 1989), S. 45–56.

[9] William Dean Howells: »Novel-Writing and Novel-Reading«, in: *The Norton Anthology of American Literature*, Bd. 2, hg. von Nina Baym u. a., New York, London 1989, S. 266–282, hier S. 268.

[10] Ebd., S. 268.

[11] Ebd., S. 278.

[12] Jonathan Franzen: »Perchance to Dream: In the Age of Images A Reason to Write Novels«, in: *Harper's Magazine* (April 1996), S. 35–54.

[13] Franzen: *How To Be Alone* (siehe Anm. 2), S. 73.

[14] Ebd., S. 62. Für eine Kritik vgl. Opal J. Moore: »Enter, the Tribe of Woman« in: *Callaloo* 19.2 (1996), S. 340–347.

[15] Franzen: *How To Be Alone* (siehe Anm. 2), S. 63.

[16] J. Hillis Miller: *Ariadne's Thread. Story Lines*, New Haven, London 1992, S. 20; Peter Brooks: *Reading for the Plot. Design and Intention in Narrative*, Cambridge, London: Harvard University Press 1984.

[17] Franzen: *How To Be Alone* (siehe Anm. 2), S. 91.

[18] Vgl. Zadie Smiths Replik: »This is how it feels to me« in: *The Guardian*, 13.10.2001.

[19] Jonathan Franzen: *The Corrections*, New York: Farrar, Straus and Giroux 2001, S. 7.
[20] Bret Easton Ellis: *Lunar Park*, New York: Knopf 2006, S. 28.
[21] Ebd., S. 4.
[22] Ebd., S. 53.
[23] Ebd., S. 30.
[24] Für eine umfassende Darstellung dieser Entgegensetzung – und ihrer blinden Flecken – siehe Winfried Fluck: »›The American Romance‹ and the Changing Functions of the Imaginary«, in: *New Literary History* 27 (1996), H. 3, S. 425–457.
[25] Nathaniel Hawthorne: »Preface«, in: *The House of the Seven Gables*, Mineaola, New York: Dover 1999, S. v–vi, hier S. v.
[26] Ellis: *Lunar Park* (siehe Anm. 20), S. 308.

INA BERGMANN

»To You, Perceptive Reader, I Bequeath my History«

Die Renaissance des historischen Romans im 21. Jahrhundert

Um die letzte Jahrhundertwende beginnt die Wiederbelebung des historischen Romans in der amerikanischen Literatur. Eingebettet ist diese Entwicklung in eine allgemein merkliche Rückbesinnung auf den großen Roman und gar das Medium Buch überhaupt. Mitunter wird die gegenwärtige Phase bereits als »the renaissance of the book«[1] bezeichnet. Bezogen auf den historischen Roman lässt sich seit 1995 de facto ein beispielloses Hoch des Genres erkennen, das sogar dessen Anfänge und erste Blütezeit im 19. Jahrhundert übertrifft.[2]

Gemeinhin wird Sir Walter Scotts *Waverley, or, 'Tis Sixty Years Since* (1814) als erster (englischsprachiger) historischer Roman angesehen. Das Genre fand schnell seinen Weg über den Atlantik, durchaus auch befördert durch Bemühungen amerikanischer Intellektueller um die Herausbildung einer US-amerikanischen Identität, Kultur und Literatur.[3] James Fenimore Coopers Roman *The Spy* (1821) gilt als erster amerikanischer historischer Roman. Sein Gesamtwerk prägte das Genre in den USA nachhaltig.[4] Wiederentdeckte Klassiker dieser ersten Phase des historischen Romans, die auch eine weibliche Tradition auf dem Gebiet belegen, sind z. B. Lydia Maria Childs *Hobomok* (1824) und Catharine Maria Sedgwicks *Hope Leslie* (1827). Der wohl bekannteste amerikanische historische Roman des 19. Jahrhunderts, Nathaniel Hawthornes *The Scarlet Letter* (1850), setzt einen ersten Höhepunkt sowie zugleich auch in gewisser Weise einen Endpunkt innerhalb der frühen Entwicklung des Genres. Danach verfiel das, was man den literarischen historischen Roman nennen könnte, in eine Art Dornröschenschlaf, mit den üblichen Ausnahmen zur Regel hier und da. Sogenannte Kostümromane, die den historischen Schauplatz nur als Leinwand, nicht jedoch als entscheidendes Element der zu erzählenden Geschichte verwenden, und die auch, da ohne jeden literarischen Anspruch, wohl eher der leichten Unterhaltungsliteratur zugerechnet werden dürfen, bestimmten lange Zeit das Bild. Auch der Postmoderne wollte die literarische Erneuerung des historischen Sujets nicht so recht gelingen. Romane wie etwa John Barths *The Sot-Weed Factor* (1960) fanden zwar viel kritische Beachtung, jedoch kein breites Lesepublikum. Der erneute Siegeszug der historischen Fiktion deutete sich erst in den 1980er Jahren mit weltweit erfolgreichen, populären Romanen wie etwa James Clavells *Shogun* (1975), Umberto Ecos *Il Nome della Rosa* (1980; engl. *The Name of the Rose*, 1983), oder Isabel Allendes *La Casa de los Espíritus* (1982; engl. *The House of Ghosts*, 1982) an.[5] Larry McMurtry, Toni Morrison und Charles Johnson läuteten mit ihren auch bei der Fachpresse erfolgreichen Romanen *Lonesome Dove* (1986; Pulitzer Prize), *Beloved* (1987; Pulitzer Prize) und *Middle Passage* (1990; National Book Award) dann die Renaissance des literarischen historischen Romans in den USA ein. Seit etwa 1990, oder spätestens seit 1995, ist der Trend zu historischer Fiktion auf dem amerikanischen Literaturmarkt unübersehbar dominant.

»The popular book« im heutigen Amerika – um hier den Titel von James D. Harts grundlegender Studie[6] zu übernehmen – ist der historische Roman. Deutlich zeigt sich die Popularität der Gattung in den hohen Verkaufszahlen, der Präsenz in den Bestsellerlisten und den Reaktionen der Verlagshäuser auf die Nachfrage des Marktes. Natürlich zählte der historische Roman schon immer zu den vom Lesepublikum bevorzugten Genres, doch dieses Ausmaß des Erfolgs ist neu. Hinzu kommt, dass einschlägige Romane häufig von in Amerika sehr einflussreichen Buchclubs oder Literatursendungen, wie etwa *Oprah's Book Club*, einer breiten Öffentlichkeit zur Lektüre empfohlen werden. Und im Jahr 1997 hat sich sogar eine Gesellschaft für den historischen Roman gegründet, die *Historical Novel Society*. Diese weltweit über 900 Mitglieder zählende Organisation mit starker Basis in den USA zählte auf ihrer letzten nordamerikanischen Konferenz im Juni 2007 über 300 Teilnehmer aus aller Welt. Interessanter Weise erfreuen sich viele der Texte mittlerweile auch auf Kritikerseite höchsten Lobs. Sie werden in Zeitungen und Zeitschriften begeistert rezensiert und genügen den ästhetischen Anforderungen auch eines literarisch vorgebildeten, intellektuellen Publikums.[7] Offensichtlichster Ausweis der Literarizität des neuen historischen Romans ist der große Erfolg des Genres bei prestigeträchtigen Preisverleihungen wie dem *Pulitzer Prize* oder dem *National Book Award*.

Besonders augenfällig ist dabei der thematische Fokus auf das 19. Jahrhundert. Dies wird noch deutlicher, wendet man Eric Hobsbawms Bestimmung des 19. Jahrhunderts in Großbritannien als »the long nineteenth century« auch auf die amerikanische Geschichte an.[8] So betrachtet, umfasst das 19. Jahrhundert dann die Jahre zwischen 1776 und 1914/17, von der Realisierung der Unabhängigkeit bis zum Beginn bzw. Eintritt in den Ersten Weltkrieg, mit einer äußerst wichtigen Zäsur, dem Amerikanischen Bürgerkrieg von 1861 bis 1865.

Die dramatischen und traumatischen Ereignisse des amerikanischen Bruderkriegs haben seit jeher die Imagination amerikanischer Schriftsteller beflügelt, denkt man nur an Klassiker des amerikanischen historischen Romans wie Stephen Cranes *The Red Badge of Courage* (1895), Margaret Mitchells *Gone With the Wind* (1936), oder Michael Shaaras *The Killer Angels* (1974). Im neuen historischen Roman erfahren nun die Geschehnisse abseits des Schlachtfelds, wie etwa die Auswirkungen des Kriegs auf Land und Leute (z. B. Charles Frazier, *Cold Mountain*, 1997; E. L. Doctorow, *The March*, 2005) oder die *draft riots* (z. B. Kevin Baker, *Paradise Alley*, 2002) mehr Aufmerksamkeit als die eigentliche Kriegsführung.

Abgesehen von diesem immer noch vorherrschenden Thema sind auch ganz andere Aspekte des Lebens in den USA im 19. Jahrhundert in den Blickpunkt gerückt. Die Themenfelder sind sehr verschiedenartig und reichen von der Lewis-Clark-Expedition (z. B. Diane Glancy, *Stone Heart*, 2003; Brian Hall, *I Should be Extremely Happy in Your Company*, 2003) zu neuen Versionen des Western, des Frontier- oder Südstaatenromans (z. B. Annie Dillard, *The Living*, 1992; Tom Franklin, *Hell at the Breech*, 2003), von der Darstellung technologischen Fortschritts (z. B. John Griesemer, *Signal and Noise*, 2003) oder der Entwicklung der Psychoanalyse (z. B. Jed Rubenfeld, *The Interpretation of Murder*, 2006), zum Streben nach der Erfüllung des amerikanischen Traums (z. B. Steven Millhauser, *Martin Dressler: The Tale of an American Dreamer*, 1996; Kevin Baker, *Dreamland*, 1999) oder zu homosexuellen und feministischen Belangen (z. B. Christopher Bram, *The Notorious Dr. August: His Real Life and Crimes*, 2000; Peter Rushforth, *Pinkerton's Sister*, 2005). Die historische Fiktion hat ihren Blick von den einflussreichen und berühmten Männern abgewendet hin zum zuvor vernachlässigten Alltagsleben gewöhnlicher Menschen.[9] Die »maps and chaps version«[10] der Geschichte ist in den neuen historischen Romanen dem Interesse an Sozialgeschichte gewichen, und viele Autoren verfolgen mit ihrer Themenwahl auch revisionistische Ziele.

Formal lässt sich dagegen in einer Spannbreite zwischen vermeintlich realistischem Erzählen, also der Literatur des 19. Jahrhunderts verpflichteter Schreibweise, und postmodernem Spiel eine große Varietät ausmachen. Scheinbar traditionelle historische Fiktion, die das darzustellende Geschehen chronologisch erzählt und mitunter Vokabular und Diktion des 19. Jahrhunderts imitiert (z. B. Charles Frazier, *Cold Mountain*, 1997), verfolgt häufig revisionistische Ziele, indem sie dem von der Geschichtsschreibung oft vergessenen »kleinen Mann« eine Stimme verleihen will. Romane, die mehrere Handlungsstränge in unterschiedlichen Zeitebenen neben- und durcheinander montieren (z. B. Michael Cunningham, *Specimen Days*, 2005), bekräftigen gleich mehrfach die geschichtsphilosophische Theorie von der Repetition der Geschichte. Mehr oder weniger fiktionale Biographien mehr oder weniger bekannter historischer Figuren (z. B. Russell Banks, *Cloudsplitter*, 1998; Susan Sontag, *In America*, 2000) sind inzwischen von wirklichen Biographien oder Memoiren kaum noch zu unterscheiden. Sogenannte *non-fiction novels* scheinen ebenfalls die Frage nach der Gültigkeit der alten Dichotomie von Fakt und Fiktion aufzuwerfen, wenn sie romanhafte Erzählungen unter dem Vorwand der völligen Authentizität entwickeln (z. B. Erik Larson, *The Devil in the White City*, 2003 und *Thunderstruck*, 2006). Einige Romane bilden sogar eine Vergangenheit nach, die ihren Ursprung nicht in der Realität selbst, sondern in einem anderen literarischen Werk hat, an das sie anknüpfen (z. B. Alice Randall, *The Wind Done Gone*, 2001; Geraldine Brooks, *March*, 2005). Historische Romane mit einem *magic twist* weisen übernatürliche Elemente auf, teilweise in der Tradition des *magic realism*, und markieren damit deutlich die Abkehr von nachvollziehbarer Authentizität (z. B. Andrew Sean Greer, *The Confessions of Max Tivoli*, 2004). Noch offensichtlicher verfahren alternative Historien, die den Leser mit einem *What-if?*-Szenario konfrontieren und keinerlei Wahrheitsanspruch mehr erheben (z. B. Steven Barnes, *Lion's Blood*, 2002; Robert Conroy, *1862*, 2006).

Im Folgenden möchte ich drei der genannten Romane einer etwas genaueren Betrachtung unterziehen. Erik Larsons *The Devil in the White City: Murder, Magic, and Madness at the Fair That Changed America* (2003), Michael Cunninghams *Specimen Days* (2005) und Geraldine Brooks' *March* (2005) sollen hier nicht als repräsentativ für das gesamte Phänomen der Rückkehr des historischen Romans, aber dennoch als in gewisser Weise exemplarisch für bestimmte Trends innerhalb dieser Entwicklung betrachtet werden.

Bei Erik Larsons *The Devil in the White City* handelt es sich um eine sogenannte *non-fiction novel*. Popularisiert wurde dieses Genre, das einen Mix aus Fakt und Fiktion verheißt, durch Truman Capote. Sein Roman *In Cold Blood* (1966), die Darstellung einer wahren Begebenheit, des Raubmordes an einer Familie und der Verurteilung der Mörder, wird daher auch oft als *faction* bezeichnet. Weitere Beispiele dieses Genres sind Norman Mailers *The Armies of the Night* (1968), ein mit dem Untertitel *History as a Novel, the Novel as History* versehener Bericht über die Anti-Kriegsdemonstration 1967, und *The Executioner's Song* (1979), die Geschichte des Mörders Gary Gilmore, der 1976 sein Recht auf Vollzug der Todesstrafe einklagte. In den letzten Jahren hat das Interesse an solchen Texten wieder sehr zugenommen.[11] Beispielhaft seien hier John Berendts *Midnight in the Garden of Good and Evil* (1994),[12] ein Bericht über einen Mord in Savannah, Georgia, in den 1980er Jahren, der zu einem Sittenbild der Gesellschaft gerät, und *The City of Falling Angels* (2005), das sich der Stadt Venedig und seinen Bewohnern nach dem Brand der Oper La Fenice im Jahr 1996 annähert, erwähnt. Nicht alle diese Texte sind notwendigerweise auch historische Romane im engeren Sinn der Konvention des 19. Jahrhunderts. Aber Erik Larson, der derzeit interessanteste Vertreter der *non-fiction novel*, gestaltet die Form zu einer Spielart des neuen historischen Romans.[13] Bei seinen Büchern *Isaac's Storm* (1999), in dem er die Zerstörung der Stadt Galveston, Texas, durch einen Sturm im Jahr 1900 schildert, und *Thunderstruck* (2006), einer Verflechtung der Geschichten des Mörders H. H. Crippen und des Erfinders der drahtlosen Kommunikation, Guglielmo Marconi, handelt es sich, ebenso wie bei *The Devil in the White City*, um Bespiele für diese neue Variante.

Der Schauplatz in *The Devil in the White City* ist das Chicago des *fin de siècle* bzw. die im Jahr 1893 stattfindende *World Columbian Exposition*. Larson stellt in seinem Buch kontrastiv die beiden Geschichten des für die Weltausstellung verantwortlichen Architekten, Daniel H. Burnham, und des vielleicht ersten Serienmörders der USA, Herman Webster Mudgett alias H. H. Holmes, gegenüber.[14] Während Burnham architektonische und technologische Innovationen dazu dienen, der Welt eine idealisierte Version Amerikas, ein »magical dreamscape«[15] vorzugaukeln, nutzt Holmes den technischen Fortschritt, um sich am Rande des Messegeländes ein Hotel inklusive hochmoderner Mordkammern zu erbauen, das ihm als perfekte Falle für Ausstellungsbesucherinnen und Tatort für seine Verbrechen dienen wird. Während Burnham bestrebt ist, die Pariser Weltausstellung von 1889 zu übertreffen, »to ›out-Eiffel Eiffel‹«[16], eifert Holmes seinem berühmten englischen Vorgänger *Jack the Ripper* nach. Larson beschreibt hier nicht nur eine ödipale Rivalität mit europäischen Vorbildern, sondern evoziert damit auch eine melodramatische Dichotomie zwischen der *White City* – eigentlich dem auch *Court of Honor* genannten, neoklassizistischen Teil der *World's Fair*, der aber bald zum Synonym für die ganze Ausstellung werden sollte – und der *Black City*, der Stadt Chicago selbst, in der sich die Probleme einer schnell wachsenden Metropole nur allzu deutlich zeigen.[17] Dieser Kunstgriff wird schließlich zu einer weiteren Episode im manichäischen Kampf zwischen Gut und Böse stilisiert und überhöht: »In the end it is a story of the ineluctable conflict between good and evil, daylight and darkness, the White City and the Black«.[18] Die Gesamtaussage des Texts scheint darin zu kulminieren, dass technologischer Fortschritt geradezu auch ein Katalysator für das Böse ist: »The rational explanation laid blame on the forces of change that during this time had convulsed Chicago«.[19] In dieser Hinsicht bezieht Larsons Buch, etwa vor dem Hintergrund der gegenwärtigen Diskussionen um Stammzellenforschung und Atomausstieg, durchaus auch Stellung zu aktuellen Themen.

Die Gegenüberstellung der beiden Geschichten ist eine erste Besonderheit, die Larsons Text, trotz des Labels *non-fiction novel*, als eher fiktional entlarvt.[20] Spätestens seit Hayden Whites *Metahistory* (1973) gehört es zum Allgemeingut, dass die Historiographie generell einem *emplotment* unterliegt. Hier tritt dies aber besonders deutlich hervor, denn Larson bedient sich noch weiterer narrativer Erzählmuster. Die Geschichten Burnhams und Holmes' werden von Kapitel zu Kapitel alternierend wiedergegeben. Am Ende der Kapitel findet sich immer ein *foreshadowing* bzw. ein kryptischer Ausblick auf zukünftige Ereignisse, um Spannung zu erzeugen und so die Neugierde des Lesers bereits auf das übernächste Kapitel zu lenken. Der Autor enthält dem Leser kontinuierlich Informationen vor, wobei er jedoch auf sie voraus weist. Hierbei handelt es sich um eine Technik, die vor allem aus der Detektiv- und Kriminalliteratur[21] oder aus der TV-Serien-Industrie bekannt ist, die aber in der Faktographie bzw. historischen Dokumentation eigentlich keinen Platz hat. Außerdem werden die beiden Parallelgeschichten um Burnham und Holmes zusätzlich in eine Rahmenhandlung eingefügt, die den Untergang der Titanic mit einbezieht und deutlich auch dem Zweck dient, zusätzliche Spannung auszulösen. Dazu werden noch weitere, die beiden Haupterzählstränge parallelisierende und variierende Nebenhandlungen eingeführt.[22] Diese *subplots* verdeutlichen erneut die Schwarz-Weiß-Dichotomie der Erzählkonzeption. Schließlich wird die Klimax des Textes, die detaillierte Beschreibung eines Mordes an einer jungen Frau in Holmes' Folterkammer, von Larson vollständig imaginiert. Larson selbst räumt hierzu in seinen »Notes and Sources« ein:

> Clearly no one other than Holmes was present during his murders – no one, that is, who survived – yet in my book I re-create two of his killings. I agonized over exactly how to do this and spent a good deal of time rereading Truman Capote's *In Cold Blood* for insights into how Capote achieved his dark and still deeply troubling account. Sadly, Capote left no footnotes. To build my murder scenes, I used threads of known details to weave a plausible account, as would a prosecutor in his closing arguments to a jury.[23]

Hier handelt es sich wohl eher um ein fiktionales Erzählmuster, denn um eine angeblich objektive, dokumentarische Nacherzählung. Der Handlungsstrang des Betrügers und Mörders Holmes erfüllt mit seinem »Castle of Horrors«,[24] den sich darin befindlichen Mord- und Folterkammern und den unschuldigen, jungen weiblichen Opfern alle Konventionen der *gothic novel*. In einer dem Text vorangestellten Anmerkung mit dem reißerischen Titel »Evils Imminent« bezeichnet Larson sein Buch dennoch als »*not* a work of fiction«.[25] Außerdem suggeriert er einen hohen Wahrheitsgehalt seiner Erzählung durch die Angabe seiner umfangreichen Forschungsmaterialien,[26] den Abdruck zeitgenössischer Fotografien, extensiver Fußnoten[27] und sogar eines Personen- und Sachregisters. Um ein Sachbuch handelt es sich bei *The Devil in the White City* trotz dieser versuchten Täuschung aber keinesfalls.

Es zeigt sich, dass Larsons Bearbeitung der Geschichte des H. H. Holmes auch in der Tradition literarischer Auseinandersetzung mit dem Phänomen des Serienmörders gesehen werden kann. Besonders fällt hier in den letzten Jahren die deutlich dominante Beschäftigung mit dessen historischer Ausprägung im 19. Jahrhundert auf. Bei Caleb Carrs *The Alienist* (1994) und *The Angel of Darkness* (1997), Matthew Pearls *The Dante Club* (2003) und Jed Rubenfelds *The Interpretation of Murder*

(2006) handelt es sich z. B. um *historical crime fiction*, die nicht nur die reine, meist fiktionale, Kriminalgeschichte, sondern auch historische Aspekte, wie etwa Probleme der Urbanisierung und Immigration oder Kriegstraumata, teilweise mit revisionistischer Zielrichtung, aufgreifen. Hierdurch grenzen diese Texte sich von den rein unterhaltenden *historical mysteries* deutlich ab und müssen als durchaus ernsthaftes Subgenre des neuen historischen Romans angesehen werden.[28]

Michael Cunninghams Roman *Specimen Days* gehört zu einer weiteren Gruppe neuer historischer Romane, die mindestens zwei, meist aber drei oder mehr Zeitebenen nebeneinander stellt oder miteinander verflicht. Meist gibt es also neben der in der Vergangenheit angesiedelten Handlung mindestens auch eine in der Gegenwart, manchmal wird sogar eine Zukunftsebene mit einbezogen. Nicht der erste, aber sicher der erfolgreichste Roman dieser Art ist A. S. Byatts *Possession* (1990), in dem neben einer in den 1980er Jahren angesiedelten Liebes- und Detektivgeschichte um zwei Universitätsdozenten auch eine Parallelhandlung aus dem 19. Jahrhundert, die geheime Liebe zwischen einem berühmten viktorianischen Dichter und einer Poetin, erzählt wird. Für den amerikanischen Raum seien hier beispielhaft T. C. Boyles *World's End* (1987) sowie Cunninghams eigener Roman *The Hours* (1999) genannt. Boyle verschränkt die Geschichten dreier Familien im Hudson River Valley im 17. Jahrhundert, in den 1940er und 1960er Jahren, Cunnigham die letzten Tage Virginia Woolfs im Jahr 1941 mit der Geschichte einer verzweifelten Hausfrau in den 1950er Jahren und der einer lesbischen New Yorker Intellektuellen in den 1990er Jahren. Ein weiterer Text dieser Art ist Elizabeth Kostovas *The Historian* (2005), in dem die Handlung sich auch auf drei Zeitebenen, in den 1930er, den 1960er und den 1970er Jahren, entfaltet.[29]

Cunninghams *Specimen Days* besteht aus drei Handlungssträngen. In diesem Text werden die Geschichten aber nicht, wie in *The Hours*, alternierend erzählt, sondern in drei chronologisch aufeinanderfolgenden Kapiteln. Der erste Teil, »In the Machine« spielt im 19. Jahrhundert, zu Beginn der industriellen Revolution in New York City. Der missgestaltete 13-jährige Lucas hat bei einem Fabrikunfall seinen älteren Bruder Simon verloren. Nun nimmt er den Arbeitsplatz an der Maschine ein, die seinen Bruder getötet hat. Nach einem zufälligen Zusammentreffen mit dem großen amerikanischen Dichter Walt Whitman, dessen Verse er immer wieder geradezu zwanghaft wiedergeben muss, und einer von diesem verordneten, epiphanischen Naturerfahrung im Central Park, erkennt Lucas, dass Catherine, die Verlobte seines Bruders, in Gefahr ist. Durch eine Art Selbstopferung an die Maschine gelingt es ihm, sie und ihr ungeborenes Kind vor einer fatalen Brandkatastrophe zu retten. Die zweite Geschichte, »The Children's Crusade« ist im New York City des 21. Jahrhunderts, nach den Terroranschlägen vom 11. September 2001 angesiedelt.[30] Cat, eine Polizeipsychologin mit Doktortitel, arbeitet in einer Telefonzentrale für potentielle Straftäter. Sie erhält einen Anruf von einem Jungen, den sie als ungefährlich einstuft. Aber kurz darauf gibt es nahe *Ground Zero* ein Selbstmordattentat eines Kinderterroristen. Weitere Anschläge, deren Drahtzieherin scheinbar eine alte Frau namens Walt Whitman ist, folgen. Hinter der Anschlagsreihe scheint eine global operierende terroristische Vereinigung zu stehen. Cat findet einen der potentiellen Attentäter, einen missgebildeten Jungen und flieht mit ihm. Doch bald wird Cat klar, dass sie durch ihre Handlung zu einem Teil der Verschwörung gemacht wurde.[31] Der dritte Teil, »Like Beauty«, ist in der Zukunft angesiedelt. New York City ist inzwischen ein *theme park*, in dem man touristische Zeitreisen von Stadtteil zu Stadtteil unternehmen kann. Simon, ein sogenannter *simulo*, ein künstlicher Mensch, und Catareen, eine echsenartige Außerirdische vom Planeten Nadia, versuchen zusammen der Unterdrückung des Überwachungsstaats, der an George Orwells *1984* (1949) erinnert, zu entfliehen. Bei ihrer einem *road movie* nachempfundenen Reise durch die von einem Atomschlag gezeichneten und zu einer Art *wasteland* verkommenen USA, treffen sie auf Luke, einen missgebildeten Jungen. Zu dritt erreichen sie schließlich in Denver den Erschaffer Simons, eine weitere Whitman-Figur, der mit einer sektenartigen Gruppe zu einer Reise in eine *New World*, zu einem neuen Planeten, aufbricht. Diese Parodie auf die Pilgerväter wird zusätzlich durch die Weiterreise des Humanoiden auf dem Pferderücken in Richtung Westen, einer Wiederholung eines weiteren Mythos Amerikas, parallelisiert.

Wegen der Dreiteiligkeit des Textes läge es auf den ersten Blick durchaus nahe, die drei Erzählungen als Novellen zu bezeichnen. Tatsächlich handelt es sich hier aber um einen Roman. Dies wird deutlich an der engen Verflechtung der einzelnen Teile durch viele auffällige Gemeinsamkeiten. Zunächst verbindet die drei Erzählungen der (hauptsächliche) Ort des Geschehens, New York City, mit wiederkehrenden

Schauplätzen wie dem Central Park, besonders der Bethesda Fountain – in Anlehnung an die neutestamentarische heilende Quelle als Platz der Gnade gekennzeichnet –, und dem Broadway. Am deutlichsten vereinigt die drei Teile eine wiederkehrende Figurenkonstellation. In jedem Teil findet sich die gleiche Gruppe von Charakteren: ein 12- bis 13-jähriger, missgebildeter Junge, ein junger Mann, eine ältere Frau und eine Schöpferfigur. Im ersten Teil steht der deformierte Lucas im Mittelpunkt, weitere Hauptfiguren sind sein toter Bruder Simon, dessen Verlobte Catherine und der Dichter Walt Whitman. Im zweiten Teil ist die Geschichte aus Cats Sicht erzählt, sie hat eine Affäre mit dem jüngeren Simon, und der junge, missgebildete Attentäter, der von einer Frau namens Walt Whitman zum Terroristen ausgebildet wurde, wird schließlich zu einem Ersatz für ihren verstorbenen Sohn Luke. Im dritten Teil fühlt sich der künstliche Mensch Simon zu der älteren Außerirdischen Catareen, die ihre gesamte Familie verloren hat, hingezogen. Zusammen mit dem missgestalteten Jungen Luke suchen sie nach dem Erbauer Simons, Emory Lowell. Ergänzt wird diese Grundkonstellation jeweils um den Auftritt einer Frau namens Gaya, die als Erdmutter alle Zeitalter überdauert. Weitere Symbole, die sich durch alle Teile ziehen, sind eine wertvolle Porzellanschale, die wohl das Fortbestehen der Zivilisation symbolisiert, Pferde, die sicherlich in ähnlicher Weise das Fortdauern der Natur versinnbildlichen, und eine *music box*, die für den technologischen Fortschritt steht. Am deutlichsten sind die drei Erzählungen aber durch die Bezüge zu Walt Whitman verflochten. Der Titel *Specimen Days*, übernommen von Walt Whitmans Autobiographie (1882), ist ein erster Hinweis. Innerhalb des Textes rezitieren Lucas im ersten Teil, die Kinderterroristen im zweiten Teil, sowie Simon im dritten Teil zwanghaft Verse aus Whitmans Hauptwerk *Leaves of Grass* (1855–1892). Während im historischen ersten Teil Whitman selbst als Romanfigur auftaucht, übernimmt seine Rolle im zweiten Teil eine alte Frau, die sich von den Kinderattentätern Walt Whitman nennen lässt, und im dritten Teil der afroamerikanische Wissenschaftler Emory Lowell.

Die Bezüge des Romans zur Bibel sind durchgängig offensichtlich. Catherine, Cat und Catareen sind Marienfiguren, gekennzeichnet durch ihre Kleidung (blaues Kleid oder Cape) und ihre im Text jeweils unterschiedlich ausgestaltete Mutterrolle. Lucas und Luke sind durch ihre übernatürlichen oder prophetischen Fähigkeiten als Jesusfiguren zu deuten, die Hoffnung oder den endgültigen Untergang bringen. Simon, der immer in einer romantischen Beziehung zu Catherine, Cat und Catareen steht, vervollständigt diese Dreiergruppe zu einem mehr oder weniger verfremdeten Abbild der heiligen Familie. Die Whitman-Charaktere lassen sich immer als eine Art Schöpfer- oder Gottesfigur verstehen. Während der historische Whitman Poesie und ein eigenes Weltbild erschafft, zieht die Drahtzieherin der Anschläge Terroristen heran und führt den Untergang der Welt herbei, und Emory Lowell erschafft künstliche Menschen und sucht nach einer neuen Welt.[32] Außerdem finden sich noch viele weitere Analogien zu Bibelszenen. In Lucas' Sterbeszene im ersten Teil bilden Catherine und er eine Pietà. Die schwangere Catherine, die sich selbst als Hure bezeichnet, lässt sich auch als Magdalenenfigur deuten. Im zweiten Teil bringt Walt Whitman mit einem pseudo-religiösen Kinderkreuzzug eine Art jüngstes Gericht über die Welt. Emory Lowells mit menschenähnlichen Lebewesen verschiedener Rassen besetztes Raumschiff wird im dritten Teil zu einer futuristischen Arche Noah.

Ganz im Geist der revisionistischen Zielrichtung der meisten neuen historischen Romane wendet sich Cunningham im historischen Teil seines Romans, »In the Machine«, der Einwanderer- und Arbeiterklasse zu, den eigentlichen Wegbereitern und zugleich Opfern der industriellen Revolution. Fast schon zu *politically correct* mutet es an, dass die Protagonisten in den anderen Teilen auch unterdrückten Bevölkerungsschichten bzw. Minoritäten angehören. Cat, die Protagonistin in »The Children's Crusade«, unterliegt einer doppelten Marginalisierung als Afroamerikanerin und Frau, wenngleich sie sich durch Bildung und eine nach außen vermittelten Härte eine gute gesellschaftliche Position verschafft hat, die ihr aber keine Erfüllung beschert. Im dritten Teil stehen ein Humanoid und eine Außerirdische im Mittelpunkt, deren gesellschaftliche Position in vielem an die der afroamerikanischen Sklaven im 19. Jahrhundert erinnert.[33] Eine zentrale Gestalt in allen Texten ist immer ein Junge, der physisch behindert ist, aber über eine überdurchschnittliche (oder -natürliche) Wahrnehmung verfügt. Auch die Whitman-Figur ist konsequent politisch korrekt erst ein weißer Mann (der Dichter selbst), dann eine weiße Frau und schließlich ein afroamerikanischer Mann. Ganz im Sinne von Whitmans »Song of Myself« – »I am large, I contain multitudes«[34] – wird hier der *melting pot* Amerika mit all seinen Kehrseiten vorgeführt. Ein *e pluribus unum*, so scheint die Aussage, war, ist, und wird immer nur eine Utopie sein.

Die drei Teile des Romans sind in (mindestens) drei verschiedenen Genres verankert. Der erste Teil, den man als *historical fiction* bezeichnen kann, wird auf dem Buchcover als *ghost story* beschrieben. Da die »Geister« in den Maschinen bzw. deren Stimmen ebenso gut, oder sogar plausibler, als Projektionen von Lucas' Bewusstsein, Zeichen seines zunehmendem Wahnsinns oder gar als Kennzeichen einer (pseudo-)religiösen Erleuchtung gedeutet werden können, erscheint dies zu einfach. Bei dem zweiten, in der Gegenwart angesiedelten Teil handelt es sich um einen Thriller bzw. um *detective fiction*. Der dritte, in der Zukunft spielende Teil lässt sich als *science fiction*, als *romance* und als Dystopie lesen. Die Verwendung intertextueller Anleihen bei Whitman und auch bei Emily Dickinson machen den Roman insgesamt zu einer *collage* im Kontext des Postmodernismus. Die durch die Verknüpfung von Gattungen entstehende *Intergenerik* erlaubt es, den Text als Genrehybrid zu bezeichnen. Cunningham mixt Genres, jedoch nicht als Spiel um des Spiels willen. Im Gegensatz zu Texten des Postmodernismus wird hier eine Botschaft vermittelt, die den Text als Ganzes zusammenhält. Das Buch lässt sich durchaus als »Hommage an Walt Whitman und seine Transzendentalphilosophie des Universalismus«[35] bezeichnen. Eindeutig wird im Text die Naturphilosophie des *circle of life* betont: »The smallest sprout shows there is really no death. [...] All goes onward and outward, nothing collapses«[36], und »Nobody really dies. We go on in the grass. We go on in the trees«[37]. In Zeiten von globalem Terrorismus, Klimakatastrophe, atomarer Bedrohung und kaum getrübter Wissenschaftsgläubigkeit propagiert Cunningham die wie eine *new-age*-Weisheit anmutende Rückkehr zu Natur und zwischenmenschlicher Wärme bzw. zu Liebe und Fürsorge. Eine Botschaft, die man durchaus banal finden kann. Doch auch wenn sie es sein sollte, die Umsetzung ist es keinesfalls. Wie schon sein Vorgängerroman *The Hours* ist auch *Specimen Days* ein sprachliches Meisterwerk, in das sich die whitmanschen Zeilen mühelos einfügen.

Der Wahrhaftigkeit seines Werks widmet Cunningham eine »Author's Note«. Seiner Auffassung nach hat der Schriftsteller mehr Spielraum im Umgang mit den historischen Fakten zur Verfügung als etwa der Biograph oder der Historiker, nicht zuletzt um seine Geschichten lebendiger zu machen.[38] Dementsprechend bezeichnet er die Verfahrensweise für seinen Roman als »semiaccurate«, aber »true to historic particulars«.[39] Die drei Geschichten in *Specimen Days* sind für ihn Variationen einer absoluten Wahrheit, die sich, so suggeriert Cunningham, angeblich in Geschichtsbüchern finden lässt.[40]

Einer der Protagonisten von A. S. Byatts Roman *Possession* entdeckt in einer Ausgabe von Giambattista Vicos *Principj di Scienza Nuova* Dokumente, die die ganze Handlung des Romans in Gang bringen. Vico (1668–1744) gilt heute als einer der ersten modernen Denker auf dem Gebiet der Geschichtsphilosophie, und die *Scienza Nuova*, erstmals 1725 veröffentlicht, ist sein Hauptwerk. Vicos Grundsatz der Geschichte basiert auf einem Zyklus von drei Zeitaltern, die seiner Auffassung nach in *corsi* und *ricorsi*, mit leichten Variationen, wiederkehren. Geschichte ist für ihn eine Serie von zyklischen, oder eher, spiralförmigen Wiederholungen dieser drei Zeitalter.[41] Vor diesem Hintergrund scheinen auch die Dreiteiligkeit des Romans von Cunningham und die vielen wiederkehrenden Elemente der Annahme Rechnung zu tragen, dass die Geschichte sich ständig wiederholt, und damit der Spiral-Theorie der Geschichtsphilosophie Vicos verpflichtet. Besonders deutlich wird dies, lenkt man den Blick auf das dem Roman als Motto vorangestellte Zitat, natürlich von Walt Whitman:

> Fear not O Muse! Truly new ways and days receive, surround you,
> I candidly confess a queer, queer race, of novel fashion,
> And yet the same old human race, the same within, without,
> Faces and hearts the same, feelings the same, yearnings the same,
> The same old love, beauty and use the same.[42]

Der dritte und letzte Text, der hier betrachtet werden soll, Geraldine Brooks' *March*, gehört zu einer neuen Kategorie von historischen Romanen, die sich das Prinzip der Serialisierung zu eigen gemacht haben. Im 19. Jahrhundert, als die Klassiker der englischen und amerikanischen Literatur in Fortsetzungen in Magazinen und Zeitungen publiziert wurden, war diese Art der Veröffentlichung auch für literarisch anspruchsvolle Texte durchaus üblich. Heute, zu Beginn des 21. Jahrhunderts, wird sie in einer innovativen Art wiederbelebt. Bei den betreffenden Texten handelt es sich um Fortsetzungen, Vorläufer, Parodien, Nacherzählungen und Variationen von amerikanischen Klassikern, häufig des 19. Jahrhunderts. Diese Texte wurden bereits als *intertextual adaptations*[43], *literary re-imaginings*[44] oder *parallel novels*[45] bezeichnet. Um einen treffenderen Begriff vorzuschlagen, der nur die historischen Varianten dieses neuen Genres umfasst, möchte ich sie hier versuchsweise *reanimated classics* nennen. Die betreffenden Romane hauchen – und daher leite ich den von mir entwickelten Terminus ab – populären Figuren aus bekannten Texten, wie etwa Dracula,[46] Sherlock Holmes[47] oder Elizabeth Bennet[48] neues Leben ein. Zwischen dem Autor des Klassikers und dem Verfasser des *reanimated classic* entsteht, über die Jahrhunderte hinweg, eine Art *Interauktorialität*. Im einfachsten Fall werden die bekannten Geschichten fortgeschrieben. In anderen Varianten wird die Handlung des Originals aus einer anderen Perspektive wiedererzählt, indem eine neue Figur eingeführt wird oder ein im Original marginalisierter Charakter eine Stimme erhält.[49] In wieder anderen Fällen wird die Vorgeschichte einer berühmten Figur erzählt, oder eine Leerstelle im Original wird zum Ausgangspunkt einer eigenen Erzählung, die diese Lücke füllt. John Sutherland hat diese gegenwärtige Entwicklung vielleicht mit angestoßen, als er mit seinen populären Büchern Fragen wie *Is Heathcliff a Murderer?* (1996), *Can Jane Eyre Be Happy?* (1997), und *Who Betrays Elizabeth Bennet?* (1999) aufwarf und damit eine Detektivjagd auf unerklärte und mysteriöse Aspekte in Klassikern in Gang brachte.[50] In diesem Zusammenhang kann man den Reiz der *reanimated classics* in ihrer (vorgetäuschten) Fähigkeit sehen, die »Wahrheit« hinter den Geschehnissen im Originaltext zu enthüllen. Das Zitat selbst gewinnt hier Authentizität und nimmt fast die Position verifizierter historischer Fakten ein. Obwohl Form und Technik der *reanimated classics* häufig innovativ sind, sind Schauplatz und Thema meist vertraut. Immer sind die Texte in der Vergangenheit angesiedelt, in der erzählten Zeit des Originals, und manchmal wird sogar eine Sprache verwendet, die anachronistisch den Ton des Klassikers nachahmt und den epigonalen Text zum *pastiche* werden lässt. Die Wiederbelebung vertrauter Heldinnen und Helden verspricht dem Leser eine behagliche Rückkehr zu Altbekanntem.[51] Die Neugestaltung klassischer Texte der englischen und amerikanischen Literatur ist daher in den vergangenen Jahren zu einer sicheren Investition für Verlagshäuser geworden.[52]

Der letzte Höhepunkt innerhalb dieses Trends ist sicher die Verleihung des *Pulitzer Prize for Fiction* an Geraldine Brooks für ihren Roman *March* im Jahr 2006. Das Buch, nach *Year of Wonders* (2001) der zweite historische Roman der in den USA lebenden Australierin, steht in einem engen dialogischen Verhältnis zu Louisa May Alcotts *Little Women* (1868). Brooks ersinnt die Geschichte des abwesenden Vater aus Alcotts Klassiker der Kinder- und Frauenliteratur.[53] Alcotts Figur Mr. March befindet sich bekanntlich bereits zu Beginn des Buches als Militärgeistlicher im Amerikanischen Bürgerkrieg und tritt erst nach seiner durch eine Verwundung bedingten Rückkehr in den letzten beiden Kapiteln des ersten Teils des Romans – und nur auf diesen ersten Teil bezieht sich Brooks – in Erscheinung. *March* erzählt nun die Erlebnisse dieser fiktiven, von einer anderen Schriftstellerin geschaffenen Figur, bettet diese jedoch in viele historisch belegte Ereignisse der Vor-Bürgerkriegszeit und des Bürgerkriegs ein, wie etwa die Geschichte des radikalen Abolitionisten John Brown oder die Schlacht von Ball's Bluff. Hinzu kommt, dass Brooks *Little Women* als autobiographischen Roman interpretiert.[54] Dementsprechend basiert ihr Roman auch auf Forschungserkenntnissen über Louisa May Alcotts Vater, Bronson Alcott.[55] Ihr Text wird somit zu einer *bricolage* aus eigener Fiktion, Alcotts Fiktion, allgemeinen historischen Fakten und belegbaren Elementen aus dem Leben des Philosophen von Concord. Tatsächlich mischt sie nicht nur Fakt und Fiktion, sondern übernimmt auch wörtlich Textstellen aus verschiedenen Werken, etwa aus Bronson Alcotts Schriften, aus Ralph Waldo Emersons und Henry David Thoreaus Texten und eben aus Alcotts *Little Women*.[56]

Brooks Roman besteht formal hauptsächlich aus zwei ungleich langen Ich-Erzählungen. Im längeren ersten Teil erzählt March als homodiegetischer Erzähler in tagebuchartiger Form von seinen Erlebnissen im Bürgerkrieg, die mit den ebenfalls, meist am Kapitelanfang in Kursivschrift gedruckten Briefen an die Familie stark kontrastieren. Im kürzeren zweiten Teil erzählt Marmee, die zu March eilt, als dieser verwundet in Washington im Lazarett liegt. Die beiden letzten Kapitel des Buches werden dann wieder durch den fast genesenen March erzählt und geben, teilweise bis in den Wortlaut hinein, die Heimkehr zur Familie wieder, wie man sie aus *Little Women* kennt.[57] Der Roman lässt sich dadurch nicht nur als *historical* und *civil war novel*, sondern teilweise auch als *epistolary novel* oder als Tagebuchroman bezeichnen. Die Handlung umspannt, analog zu *Little Women*, den Zeitraum von etwa einem Jahr während des Bürgerkriegs (1861/62), doch in beiden Teilen finden sich *flashbacks*, die zeitlich weit in die Vergangenheit der Figuren zurückreichen. Interessant ist besonders die Tatsache, dass einige Szenen sich in beiden Erzählungen finden. So führt beispielsweise besonders die aus beiden Perspektiven geschilderte Entscheidung Marchs, freiwillig in den Krieg zu ziehen, die Diskrepanz zwischen männlicher und weiblicher Sichtweise deutlich vor Augen.

March deutet, euphorisiert durch seine eigenen Worte, Marmees Geste, mit der sie ihn zurückhalten will, als Zustimmung und hält ihre Tränen der Wut und Trauer für Rührung, ausgelöst durch seine heroische Tat.[58] Diese Demaskierung der (vordergründig) heilen Welt der Familie March, die der landläufigen Interpretation von *Little Women* – entgegen der auch in Alcotts Text deutlichen Hinweise auf Konfliktpotential – gegenläufig ist, wird noch unterstützt durch die Schilderung einer bis in die Jugendjahre Marchs zurückreichenden Liebe zur Sklavin Grace, die während seiner Abwesenheit von der Familie erneut aufflammt. Für Anhänger einer behaglichen Lesart von *Little Women*, die sich durch die Bezüge zu Alcotts Werk ködern ließen, könnte Brooks' Roman eine herbe Enttäuschung sein.

Die Ereignisse, die sich um die beiden weiblichen Hauptpersonen neben March, seine Frau Marmee und seine erste große Liebe Grace, entfalten, haben deutlich die Unterdrückung der Frau im 19. Jahrhundert zum Thema. Marmee und Grace, beide emotional mit March verbunden, stellen hier komplementäre Aspekte dar, denn die Unterdrückung der weißen Frau in Gesellschaft und Ehe korrespondiert für Brooks, die sich selbst als »a secular Western feminist«[59] bezeichnet, mit der Ausbeutung der schwarzen Frau in der Sklaverei. Der Roman präsentiert das innere Dilemma selbstständiger und unabhängiger Frauen im 19. Jahrhundert, die, entgegen ihrem Impuls zur Rebellion, versuchen, die ihnen von der Gesellschaft vorgegebenen Rollen anzunehmen und auszufüllen. *March* macht, ebenso wie *Little Women*, die innere Krise der weiblichen Charaktere zu einem zentralen Thema: »The Civil War is an obvious metaphor for internal conflict.«[60]

Brooks verwendet aber *Little Women* nicht nur thematisch und strukturell als, wie sie es nennt, »scaffolding«[61] für ihren Roman. Analog zu Alcotts Klassiker, der das Erwachsenwerden der March-Töchter im Verlauf eines Jahres zum Thema hat, zeigt auch sie, wie March und Marmee Veränderungen durchlaufen und am Ende des Romans von den Erfahrungen gezeichnet andere geworden sind. Während Alcott mehrfach direkt oder indirekt auf die intertextuellen Bezüge ihres Romans zu John Bunyans *The Pilgrim's Progress* (1678/84) ebenso wie zu Johann Wolfgang von Goethes klassischem Bildungsroman *Wilhelm Meisters Lehrjahre* (1795/96) verweist, bleibt der Bezug zu diesen offensichtlichen *Intertexten* bei Brooks unmarkiert. Dennoch ist auch *March* durchaus als *novel of development* oder auch als *Bildungsroman* zu bezeichnen.

Brooks betont, dass ihre Arbeit als Journalistin, und speziell das Verfassen ihres ersten Sachbuchs, sie handwerklich auf das Schreiben von Fiktion vorbereitet hat. *Nine Parts of Desire* (1995) beschreibt das Leben von Frauen im mittleren Osten, wo Brooks selbst auch sechs Jahre gelebt hat. Zieht man Brooks' genaue Kenntnis dieser Region in Betracht, erscheinen besonders die Episoden in einem neuen Licht, die in *flashbacks* die Betätigung der Familie March als *station* der *underground railroad* darstellen, die Kontroversen um die Unterstützung für den radikalen Abolitionisten John Brown[62] zeigen sowie die unterschiedliche Einstellung der Eheleute March zum Bürgerkrieg selbst wiedergeben. Sie können als Kommentar zum Terrorismus des 21. Jahrhunderts und deutliche Kritik am Krieg im Irak (2003) gesehen werden. Bis in die Wortwahl hinein erinnern manche Passagen, die Brooks March in den Mund legt, frappierend sowohl an George W. Bushs Aussagen über die *axis of evil* als auch an die Rechtfertigungen radikaler Islamisten für den heiligen Krieg, den *Jihad*.[63] Und auch Marmees desillusioniertes Fazit des Krieges ist weiterhin sehr aktuell:

> You cannot right injustice by injustice. You must not defame God by preaching that he wills young men to kill one another. [...] It was easy then to convince one's conscience that the war would be over in ninety days, as the president said; to reason that the price paid in blood would justify the great good we were so sure we would obtain. To lift the heel of cruel oppression from the necks of the suffering![64]

Brooks zeigt damit, dass historische Romane durch die Wahl des Schauplatzes in der Vergangenheit nicht notwendigerweise eine Art Eskapismus vor drängenden Problemen der Gegenwart betreiben. Der Text selbst ist eine Mischung aus Fakt und Fiktion, wie sie der Form der *historical novel* inhärent ist und die durch postmoderne Techniken sowie die Diskrepanz des Wissensstands zwischen den Figuren – March schreibt gleich zu Beginn des Romans geradezu programmatisch in sein Tagebuch »I never promised I would write the truth«[65] – auf die Spitze getrieben wird. Die Botschaft des Romans ist am Ende durchaus wahrhaftig und kulminiert letztlich in einer für den Leser, trotz aller Fiktionalisierung, deutlich als »truth of the heart«[66] erkennbaren Darstellung des »moral dilemma of war«[67].

Abschließend soll hier ein Resümee zur Rückkehr des historischen Romans in den USA versucht werden. Interessant ist natürlich die Frage, warum speziell das 19. Jahrhundert die Imagination der Schriftsteller beflügelt und die Phantasie der Leser stimuliert. Eine Antwort könnte sein, dass die Dominanz des 19. Jahrhunderts in der historischen Fiktion nur Abbild der besonderen Position ist, die diese Schlüsselphase der Ausbildung nationaler Identität im kulturellen Gedächtnis der Amerikaner einnimmt. Lion Feuchtwangers Beobachtung – »[t]he portrayal of times past was never the point and purpose but always only a means or vehicle for expressing their own experience of their own time«[68] –, also die Unterstellung einer in die Vergangenheit verlegten Kritik der Gegenwart, scheint, zumindest teilweise, auch noch auf die Motivation der Autoren der neuen historischen Romane zuzutreffen. Wahrheitssuche und Revisionismus stehen in diesen Texten nicht selten Fiktionalität und vorgetäuschter Authentizität gegenüber. Die neue historische Fiktion bietet dem Leser damit oft beides, postmodernes Verwirrspiel ebenso wie »closure and coherence«.[69] Die Renaissance des historischen Romans an der Wende zum 21. Jahrhundert scheint der Tatsache geschuldet, dass sich das Lesepublikum und die Gesellschaft allgemein wieder nach Haltepunkten sehnen. Was liegt da näher als die Vergangenheit, über die man (angeblich) alles wissen kann? Dass es sich auch hier nur um »truthiness«[70] und nicht um die absolute Wahrheit handelt, vermag den Enthusiasmus für den neuen historischen Roman kaum zu dämpfen. Der gegenwärtige literarische Trend des neuen historischen Romans scheint den Spagat zwischen Populär- und Höhenkammliteratur zu bewerkstelligen, wie ihn einst in den 1970er Jahren Leslie Fiedler mit seinem Schlagwort »cross the border – close the gap«[71] forderte, was die Postmoderne aber nicht voll einlösen konnte. Ob *ready-made labels* wie etwa *Post-Postmodernism* oder *Neo-Realism*[72] die gegenwärtige Entwicklung treffend beschreiben, bleibt abzuwarten.[73] Aber alle Anzeichen deuten darauf hin, dass es sich bei dem amerikanischen historischen Roman des 21. Jahrhunderts nicht nur um ein Phänomen des »second ›postmodernist turn‹«,[74] sondern um die Avantgarde der amerikanischen Literatur handelt, die einen Paradigmenwechsel über den Postmodernismus hinaus und keine bloße Rückkehr zum Realismus erkennen lässt.

---

[1] Christoph Ribbat: »The Windshield and the Rear-View Mirror. An Introduction to Twenty-First Century Writers, Books, and Readers«, in: *Twenty-First Century Fiction. Readings, Essays, Conversations*, hg. von Christoph Ribbat, Heidelberg: Winter 2005, S. 7–32, hier S. 17.

[2] Vgl. auch Sarah L. Johnson: *Historical Fiction. A Guide to the Genre*, Westport: Libraries Unlimited 2005, S. xvii.
[3] Für eine umfassende Darstellung der wissenschaftlichen Diskussion um die Herausbildung einer amerikanischen Literatur im frühen 19. Jahrhundert siehe G. Harrison Orians: »Romance Ferment After Waverley«, in: *American Literature* 3 (1931/32), S. 408–431. Die Originalbeiträge sind zu finden in: *The American Literary Revolution, 1783–1837*, herausgegeben von Robert E. Spiller, Garden City: Anchor 1967.
[4] Coopers Versatilität auf dem Gebiet des historischen Romans brachte ihm auch den Beinamen »the American Scott« ein. (Vgl. George Dekker: *James Fenimore Cooper, the American Scott*, New York: Barnes and Noble 1967.)
[5] Mit diesen Erfolgen geht eine breite Medienpräsenz einher. Zügig erscheinende Verfilmungen könnten mitunter auch den Erfolg des ein oder anderen Buches erst bedingt haben. Vgl. hierzu auch Ribbat: »The Windshield« (siehe Anm. 1), S. 17.
[6] James D. Hart: *The Popular Book. A History of America's Literary Taste*, London: Oxford University Press 1950.
[7] Vgl. Ribbat: »The Windshield« (siehe Anm. 1), S. 11.
[8] Vgl. Eric Hobsbawm, *The Age of Revolution: 1789–1848* (1962), *The Age of Capital: 1848–1875* (1975) und *The Age of Empire: 1875–1914* (1987).
[9] Vgl. Johnson: *Historical Fiction* (siehe Anm. 2), S. 4.
[10] Carol Shields: »An Interview with Carol Shields«, in: *Contemporary Literature* 39 (1998), H. 3, S. 338–355, hier S. 341.
[11] Im Zuge der Rückbesinnung auf dieses Genre ist es auch nicht überraschend, dass Bennet Millers Film *Capote*, der sich hauptsächlich mit dem Lebensabschnitt des Schriftstellers beschäftigt, in dem er *In Cold Blood* verfasst hat, 2005 in die Kinos kam.
[12] Die Geschichte wurde bereits 1997 unter dem gleichen Titel in den USA verfilmt.
[13] Zur Diskussion des Begriffs siehe J. A. Cuddon: *Literary Terms and Literary Theory*, London: Penguin 1999, S. 302 [»faction«] und M. H. Abrams: *A Glossary of Literary Terms*, Boston: Thomson Wadsworth 2005, S. 202 [»novel«].
[14] Auch Allan W. Eckert und Alec Michod verarbeiten die Geschichte des Serienmörders H. H. Holmes vor dem Hintergrund der Weltausstellung in ihren Romanen *The Scarlet Mansion* (1985) und *The White City* (2004).
[15] Astrid Böger: »Envisioning Progress at Chicago's White City«, in: *Space in America. Theory History Culture*, hg. von Klaus Benesch / Kerstin Schmidt, Amsterdam: Rodopi 2005, S. 265–84, hier S. 271.
[16] Erik Larson: *The Devil in the White City. Murder, Magic and Madness at the Fair That Changed America*, London: Bantam 2003, S. 29.
[17] Vgl. Böger: »Envisioning« (siehe Anm. 15), S. 265.
[18] Larson: *The Devil* (siehe Anm. 16), S. 10.
[19] Ebd., S. 18.
[20] Vgl. Jochen Achilles: »Chasing the Devil's Tail/Tale – Teuflische amerikanische Literatur: Überlegungen zur Territorialisierung des Bösen«, bisher unveröffentlichtes Manuskript eines Vortrags an der Freien Universität Berlin, 28.6.2006.: »Was die Insistenz auf der Faktizität des Beschriebenen aushöhlt, ist nicht nur der Einwand, dass es tautologisch wäre, bloß die bestehenden Quellen zu kompilieren. Es ist vielmehr die Strukturierung des Materials, in der die Botschaft des Buches implizit ist«. Larson schafft »eine binäre Topographie von *White* und *Black City*«.
[21] Vgl. bezeichnenderweise Larson: *The Devil* (siehe Anm. 16), S. 442, im »Notes and Sources« betitelten Appendix: »To me every trip to a library or archive is like a

small detective story. There are always little moments on such trips when the past flares to life, like a match in the darkness«.
22 Vgl. Achilles: »*Chasing*« (siehe Anm. 20): »Die Wechselbeziehungen von Burnham und Holmes werden durch weitere Parallelisierungen ergänzt. Burnhams Stadtsimulation der White City wird mit der daneben eröffneten Wild West Show Buffalo Bills von einer Simulation des präzivilisatorischen Zustands flankiert. Holmes' auf Simulationen von Geschäftssinn beruhende Mordtaten werden vom wahnhaften Illusionismus von Patrick Prendergast, des Mörders des Bürgermeisters von Chicago, flankiert«.
23 Larson: *The Devil* (siehe Anm. 16), S. 441–42.
24 Ebd., S. 441.
25 Ebd., S. 9. Vgl. auch Achilles: »*Chasing*« (siehe Anm. 20): »Larsons Insistenz auf der faktographischen Korrektheit seiner Darlegungen […] [scheint] mir Teil eines weiteren Trends in der Gegenwartskunst zu sein, der die empirische Triftigkeit, die Einbindung in lebensweltliche Bezüge – offenbar gerade angesichts der zunehmenden Mediatisierung und des Simulationscharakters vieler Lebensbereiche – wieder stärker betont«.
26 Vgl. Larson: *The Devil* (siehe Anm. 16), S. 475–480.
27 Ebd., S. 442–474.
28 Vgl. hierzu Ina Bergmann: »Jack the Ripper's American Cousins: Representations of Good and Evil in Historical Crime Fiction«, in: *Representations of Evil in Fiction and Film*, hg. von Jochen Achilles/Ina Bergmann, Trier: Wissenschaftlicher Verlag Trier 2008, i. E.
29 Kostovas Roman ist auch das titelgebende Zitat für diesen Aufsatz entnommen. (Elizabeth Kostova: *The Historian*, London: Time Warner 2005, S. ix.)
30 Für eine Deutung des Romans siehe Birgit Däwes: »›The Obliging Imagination Set Free‹: Repräsentation der Krise / Krise der Repräsentation in der U. S.-amerikanischen *9/11 novel*«, in: *Ästhetische Verarbeitungen des 11. September 2001*, hg. von Ingo Irsigler / Christoph Jürgensen, Heidelberg: Winter 2008.
31 Alle drei der hier näher betrachteten Texte lassen sich durchaus auch als *9/11 novels* klassifizieren.
32 In diesem Zusammenhang ist es dann auch passend, dass Luke im ersten Teil Whitmans *Leaves of Grass* nur als »the book« bezeichnet. Der Text ist seine Bibel und Whitman wird, besonders während seines Todesdeliriums, für ihn zu einer Art Gott.
33 Vgl. Michael Cunningham: *Specimen Days*. New York: Farrar, Strauss and Giroux 2005, S. 245.
34 Ebd., S. 41.
35 Däwes: »The Obliging« (siehe Anm. 30).
36 Cunningham: *Specimen* (siehe Anm. 33), S. 73.
37 Ebd., S. 122.
38 Ebd., S. ix: »Any writer who sets part of a novel in an identifiable time and place faces the question of veracity. The simplest answer is also the most severe – historic events must be rendered with absolute precision. […] The strict sequence of historical events, however, tends to run counter to the needs of the storyteller. […] Novelists must usually decide what degree of slavish accuracy would make their stories more alive, and what degree would make them less«.
39 Ebd., S. ix.
40 Ebd., S. x.
41 Vgl. hierzu auch Ralph Waldo Emerson: *The Collected Works of Ralph Waldo Emerson*, hg. von Alfred R. Ferguson / Jean Ferguson Carr / Joseph Slater, Cambridge:

Harvard University Press 1979, S. 180–181: »The life of man is a self-evolving circle, which, from a ring imperceptibly small, rushes on all sides outwards to new and larger circles, and that without end«.

42 Cunningham: *Specimen* (siehe Anm. 33), S. vii.

43 Ansgar und Vera Nünning nennen diese Art von Roman »intertextuelle Adaption«. Sie differenzieren jedoch nicht zwischen Texten, die die Zeitebene des Originals beibehalten und damit historische Romane sind, und Texten, die die Geschichte modernisieren und in die Gegenwart versetzen. (Ansgar Nünning / Vera Nünning: *Grundkurs anglistisch-amerikanistische Literaturwissenschaft*, Stuttgart: Klett 2005, S. 174.)

44 Sarah L. Johnson nennt diesen Typus des historischen Romans »Literary Sequels and Re-Imaginings« (Johnson: *Historical Fiction* [siehe Anm. 2], S. 720–21), was aus meiner Sicht nicht zutreffend den Varietätenreichtum der betreffenden Texte umfasst.

45 Ich halte diesen Begriff aus der Internetenzyklopädie Wikipedia für wenig hilfreich, da er von allen Vorschlägen derjenige ist, der am wenigsten auf die spezifischen Aspekte dieses Phänomens verweist.

46 Aus der großen Anzahl von *reanimated classics* zu Bram Stokers Werk seien hier nur einige erwähnt: Neben Elizabeth Kostovas *The Historian* (2005) z. B. Tim Lucas' *The Book of Renfield: A Gospel of Dracula* (2005) und Barbara Hamblys *Renfield: Slave of Dracula* (2006).

47 Zwei der neueren Romane unter der Myriade der Anschlusstexte zu Arthur Conan Doyles Sherlock-Holmes-Geschichten und Romanen: *Sherlock Holmes: the Missing Years* (2001) von Jamyang Norbu füllt die Lücke zwischen Sherlock Holmes' vermeintlichem Tod und seiner literarischen Auferstehung und führt einen Charakter aus Rudyard Kiplings Roman *Kim* (1901) als eine Art bengalischen Dr. Watson ein. Michael Chabons *The Final Solution* (2005) zeigt den sehr alten Detektiv in einer Geschichte während des Zweiten Weltkriegs.

48 Allgemein werden die Romane Jane Austens sehr häufig als Ausgangspunkte für *reanimated classics* genutzt. Einige der neueren Romane dieser Art zu *Pride and Prejudice* (1813) sind *Pride and Prescience* (2003) von Carrie Bebris, *Darcy's Diary* (2005) von Amanda Grange oder auch Janet Aylmers *Darcy's Story* (2006).

49 Vgl. Johnson: *Historical Fiction* (siehe Anm. 2), S. 720.

50 Darüber hinaus beweisen Sutherlands andere *quizbooks*, wie etwa *Where Was Rebecca Shot?* (1999), *Henry V, War Criminal?*, mit Cedric Watts und Stephen Orgel (2000), *So You Think You Know Jane Austen?*, mit Deirdre Le Faye (2005), und *So You Think You Know Thomas Hardy?* (2005), dass es einen stetig wachsenden Markt für literarische Detektivarbeit gibt.

51 Vgl. Peter von Matt: »Wir wollen das Bekannte«, in: *Der Spiegel*, 5. 2. 2007: »Das ganz Neue ist nicht interessant. [...] Interessant ist immer nur die Variation von etwas Bekanntem, und das Spiel mit der Aktualität macht den Reiz des Bekannten im Neuen aus«. Vgl. hierzu auch Johnson: *Historical Fiction* (siehe Anm. 2), S. 720.

52 Ein früher wiederbelebter Klassiker ist Jean Rhys' *Wide Sargasso Sea* (1966), der die Vorgeschichte von Charlotte Brontës *Jane Eyre* (1847) erzählt. Weitere Beispiele sind Christopher Bigsby's *Hester* (1994), ein Vorläufer zu Nathaniel Hawthorne's *The Scarlet Letter* (1850), Jeff Shaaras *Gods and Generals* (1996) und *The Last Full Measure* (1998), die den Roman *The Killer Angels* (1975) seines Vaters Michael Shaara zu einer Trilogie ergänzen, Sena Jeter Naslunds *Ahab's Wife or, The Star-Gazer* (1999), der von einer kurzen Passage in Herman Melvilles *Moby-Dick* (1851) ausgeht oder Alice Randalls *The Wind Done Gone* (2001), eine Parodie und/oder Satire von Margaret Mitchells epischem Bürgerkriegsroman *Gone With the Wind* (1936).

53 Geraldine Brooks beschreibt ihre Initialmotivation wie folgt: »I love to find stories from the historical record where we can know something, but not everything, of what took place«. (Geraldine Brooks: *March*, London: Harper Perennial 2006, S. 3). Vgl. auch: »[W]hat war has done to March himself is left unstated. It is in this void that I have let my imagination work«. (Ebd., S. 275).
54 Vgl. ebd., S. 275–276: »In attempting to create a character for the absent father, I have followed Alcott's lead, and turned for inspiration to her own family«.
55 Ebd., S. 10: »Novels are works of imagination, but my fictions rely on the quality of the facts that I find to buttress them. For me, a novel always begins with a nugget of historical truth: [...] that a Connecticut peddler grew up to become a renowned abolitionist and educator. These true stories are foundation stones«.
56 Ebd., S. 276: »Occasionally I have borrowed snatches of Bronson's own words [...] I have also [...] used the actual words of Emerson and Thoreau [...], though I have taken large liberties with their context«.
57 Ebd., S. 4: »I would only go where Louisa May Alcott had chosen not to go. My book overlaps with *Little Women* only once, at the very end, when I switch the point of view for Mr. March's homecoming. The rest of the time I have stayed well away from Louisa's world and simply tried to add some darker adult resonances in the voids of her sparkling children's tale«.
58 Ebd. S. 182–183, 210–211.
59 Ebd., S. 2.
60 Judith Fetterley: »Little Women: Alcott's Civil War«, in: *Feminist Studies* 5 (1979), H. 2, S. 369–383, hier S. 370.
61 Brooks: *March* (siehe Anm. 53), S. 275.
62 David Reynolds warf mit seinem Buch *John Brown, Abolitionist. The Man Who Killed Slavery, Sparked the Civil War, and Seeded Civil Rights* (2006) erst kürzlich wieder die in den USA sehr kontrovers diskutierte Frage auf, ob es so etwas wie Terrorismus für eine gute Sache geben kann.
63 Vgl. Brooks: *March* (siehe Anm. 53), S. 182.
64 Ebd., S. 210.
65 Ebd., S. 4.
66 Richard Lee: »History is but a Fable Agreed Upon. The Problem of Truth in History and Fiction«, Vortrag auf der jährlichen Konferenz der Romantic Novelists' Association 2000, <http://www.historicalnovelsociety.org/ historyis.htm> (4.7.2006).
67 Brooks: *March* (siehe Anm. 53), S. 5.
68 Lion Feuchtwanger: *The House of Desdemona* (1963), zitiert in Ina Schabert: *Der historische Roman in England und Amerika*, Darmstadt: Wiss. Buchgesellschaft 1981, S. 14.
69 A. S. Byatt: *Possession*, London: Vintage 1991, S. 422.
70 Vgl. Lev Grossman: »The Trouble with Memoirs. An author is accused of making up key parts of his best-selling life story. Does truth really matter?«, in: *Time Magazine*, 23.1.2006.
71 Leslie A. Fiedler: *Cross the Border – Close the Gap*, New York: Stein and Day 1972.
72 Vgl. hierzu Thomas Claviez: »Introduction: Neo-Realism and How to ›Make It New‹«, in: *Amerikastudien/American Studies* 49 (2004), H. 1, S. 5–18.
73 Vgl. Ribbat: » The Windshield« (siehe Anm. 1), S. 8: »It might be a little early [...] to tie the novelists [...] into a tight, solid narrative of literary history [...].«
74 Merle Tönnies: »A New Self-Conscious Turn at the Turn of the Century? Postmodernist Metafiction in Recent Works by ›Established‹ British Writers«, in: Ribbat: *Twenty-First* (siehe Anm. 1), S. 57–82, hier S. 58.

BERNADETTE KALKERT

Gefälschte Authentizität?

Autoren und Erzählformate zwischen Fakt und Fiktion

»You do an awfully good
impression of yourself.«
(Bret Easton Ellis)

Authentizität avanciert in der zweiten Hälfte des 20. Jahrhunderts zum Schlüsselbegriff in der US-amerikanischen Kultur. Das schillernde Wort markiert eine aktuelle Entwicklung und dient als ubiquitäre Allzweckwaffe. Auch die wissenschaftliche Forschung hat diese Tendenz erkannt, und es existieren Monografien, die sich allein diesem Begriff verschreiben.[1] Fast alle gesellschaftlichen Bereiche sind von diesem Trend erfasst. So ist es zum Beispiel möglich, »authentic food« zu kaufen, das auf »authentic farms« von »authentic growers« erzeugt wurde. In der Werbung spricht man von ›authentischen Kampagnen‹. Als Beispiel wird von Werbefachleuten gerne die Dove-Werbung herangezogen. Für Dove-Shampoo und Kosmetika werben hier keine Models, sondern ›normale‹ Frauen (»real women«, wie die Internetseite verrät), es gibt keine Anti-Aging-Produkte, sondern nur Pro-Age-Cremes. Diese vermeintlichen Pro-Age-Cremes werden von Frauen beworben, die angeblich zu alt für Anti-Aging-Werbung sind. Gezielt versucht die Dove-Werbung, über diese »authentischen« Testimonials ihre Produkte zu vermarkten.

Auch im Bereich der Populärkultur kommt dem Stichwort »Authentizität« vermehrt Bedeutung zu. Reality-TV Formate, wie zum Beispiel *Big Brother* oder *The Osbournes* präsentieren den Zuschauern ihrem Selbstverständnis nach die »echte« und »ungeschminkte« Welt. Im ersten Fall werden Personen, die sich vorher noch nicht kennen, in begrenzte Räumlichkeiten eingesperrt. Fast überall befinden sich Kameras, die 24 Stunden am Tag das Leben dieser Personen aufzeichnen. Da es sich um ›normale‹ Menschen und keine professionell ausgebildeten Schauspieler handelt, wird beim Zuschauer der Eindruck erzeugt, hier handele es sich um eine »authentische« Show. Die Reality-Sendung *The*

Osbournes funktioniert auf ähnliche Weise, nur dass es sich diesmal um eine prominente Familie handelt, an deren Leben der Zuschauer glaubt teilzuhaben.

Eine andere Strategie, allerdings mit demselben Ziel, nämlich dem Zuschauer einen Eindruck von Authentizität zu vermitteln, verfolgen Filme wie *The Blair Witch Project*. Obwohl *The Blair Witch Project* von professionellen Filmemachern und Schauspielern produziert wurde, soll er den gegenteiligen Anschein erwecken. Der Film präsentiert sich als Kollage, zusammengestellt aus den Amateuraufnahmen dreier junger Filmstudenten, die sich während der Dreharbeiten eines Dokumentarfilms im Wald verlaufen. Ursprünglich wollten die drei einen Film über die Blair Witch drehen, eine sagenumwobene Kreatur, die angeblich im Wald nahe Burkittsville, Maryland, ihr Unwesen treibt. Nachdem die drei Studenten nicht mehr aus dem Wald zurückfinden, werden sie mehrere Tage lang von einem unbekannten Wesen in Angst und Schrecken versetzt, bis sie schließlich – einer nach dem anderen – auf mysteriöse Weise verschwinden und nie wieder auftauchen. Einzig und allein ihr Videomaterial bleibt zurück. Das Material ist teils in Farbe, teils Schwarz-Weiß. Die Kamerabewegungen, von einer Handkamera gedreht, sind verwackelt und unsicher. Keine zusätzlichen Scheinwerfer leuchten Tagesszenen aus, Nachtszenen scheinen nur mit Kameralicht gedreht worden zu sein.

Die geschickte Vermarktungsstrategie funktionierte wie folgt: Auf verschiedenen Internetseiten wurden Hinweise gestreut, dass der Film »echt« sei. Die Ereignisse seien also nicht der Phantasie irgendeines Autors entsprungen, sondern hätten sich »tatsächlich« so zugetragen. Die Ankündigungsposter und andere Werbemaßnahmen waren gezielt im Stil eines Dokumentarfilms gehalten und der Sender Sci-Fi strahlte eine gefälschte Dokumentation im Vorfeld aus, die über das Verschwinden der drei Studenten im Zusammenhang mit der legendären Blair Witch berichtete. Die gezielte Markierung von *The Blair Witch Project* als »authentisch« hat sicherlich zum Erfolg des Films beigetragen.

Ein anderes Beispiel für »gefälschte Authentizität« ist der Schriftsteller JT LeRoy. 1980 geboren, nach einer Kindheit gekennzeichnet durch Drogenmissbrauch und sexueller Misshandlung, gab LeRoy mit *Sarah* (1999) und *The Heart is Deceitful Above All Things* (2001) seine literarischen Debüts. Beide Romane handeln von kindlichen Protagonisten, die sich in einer kalten Welt zurechtfinden müssen. *The Heart is Deceit-*

ful Above All Things ist eine Sammlung lose zusammenhängender Kapitel, die das Leben von Sarah, einer Prostituierten und ihres Sohnes Jeremiah erzählen. Die Geschichten drehen sich um psychologische Ausbeutung und Abhängigkeit sowie sexuelle Misshandlung und Vergewaltigung. Der Erfolg des Romans wie auch des Schriftstellers LeRoy lässt sich teilweise durch die autobiographische Lesart vieler Rezensenten erklären, zu der die Parallelen zwischen Autorenbiographie und den Protagonisten einluden. Erst ein Artikel im *New York Magazine* 2005 deckte auf, dass JT LeRoy wahrscheinlich ein Pseudonym der Schriftstellerin Laura Albert sei. Diese Enthüllung sorgte im Literaturbetrieb für erheblichen Wirbel. Weitere Artikel erschienen in unterschiedlichen Tages- und Wochenzeitungen, die darauf hinwiesen, dass vermutlich die Halbschwester von Alberts damaligem Lebensgefährten öffentlich als LeRoy auftrat, wenn dieser überhaupt in der Öffentlichkeit erschien.

Viele Rezensenten und Leser fühlten sich von Albert betrogen, der zum Vorwurf gemacht wurde, dass sie das Mitleid und Mitgefühl ihrer Leser ausgebeutet habe. Der Fall zog auch rechtliche Konsequenzen nach sich: Laura Albert wurde wegen Betrugs zu einer Geldstrafe verurteilt, da sie einen Vertrag zur Verfilmung von *Sarah* mit dem Namen »JT LeRoy« unterzeichnet hatte. Angesichts dieser Reaktion wird deutlich, dass fiktionale Romanhandlungen oft nicht losgelöst von einer Autorfigur rezipiert werden, sondern dass von einem Schriftsteller sehr wohl erwartet wird, dass dieser »echt« und »authentisch« sei und dies im Zweifelsfall sogar rechtlich eingefordert werden kann.

In allen oben genannten Beispielen geht es um Authentizität oder um den Anspruch, authentisch zu sein. Was jedoch genau der Begriff »Authentizität« in den angeführten Fällen bezeichnet, bleibt im Dunklen. Schenkt man den Beispielen Glauben, dann können Lebensmittel demnach genauso »authentisch« oder eben gerade »nicht authentisch« sein wie Frauen oder Journalismus oder TV-Sendungen oder Autoren. Authentizität kann sich ebenso auf natürliche Personen wie auf Dinge beziehen. Authentizität vermag Gegenstände, Individuen oder Gruppen sowie Berufsfelder und Disziplinen zu bezeichnen und zu charakterisieren. In allen Beispielen ist das Charakteristikum Authentizität aber nicht einfach unmittelbar vorhanden oder stellt sich unmittelbar ein. Authentizität ist immer medial vermittelt. Das Wort *vermittelt* weist in diesem Zusammenhang darauf hin, dass es bestimmte Signale oder Hinweise für den Leser oder Zuschauer gibt, die kulturell so codiert sind, dass sie »authenisch«, »echt«, »wahrhaftig« bedeuten. Bei den Lebensmitteln wird sich direkt des Begriffs »authentisch« bedient, bei der Dove-Werbung sind die Frauen als »real« markiert und *Big Brother* zeigt »normale« Menschen. Subtilere und mannigfaltigere Hinweise streute die Vermarktungskampagne für den Film *The Blair Witch Project*, indem ein Medienmix mit unterschiedlichen, sich ergänzenden Informationen erzeugt wurde. Der Film an sich sendet ebenfalls Authentizitätssignale an den Zuschauer: vermeintlich unprofessionelle und wackelige Kameraführung, Amateuraufnahmen und Nebengeräusche. Im Bereich Literatur etablierte die Schriftstellerin Laura Albert den fiktiven Autor JT LeRoy, indem sie den Verlag und die Öffentlichkeit dadurch täuschte, dass sie die Halbschwester ihres Lebensgefährten als jenen besagten Autor auftreten ließ und Freundschaften zu anderen Autoren via Telefon entwickelte.

Diese Anzeichen von und Hinweise auf Authentizität finden immer durch ein Medium statt, sind also *medial* vermittelt. Dies bedeutet, dass alle Hinweise und Anzeichen sich eines Codes bedienen müssen, um zum Rezipienten zu gelangen. Dies geschieht meist in Form von gesprochener Sprache, des geschriebenen und gedruckten Textes oder über das Internet. In Anlehnung an Jacques Derrida lassen sich auch Wirklichkeit und Wahrheit als mediale Artefakte verstehen, da sie erst durch die Vermittlung über kulturelle Codes entstehen. Als Beispiel verweist in diesem Zusammenhang Michael Wetzel auf den Rodney King Prozess[2]: Ein Anwohner hatte das brutale Vorgehen von Polizisten gegen einen schon wehrlosen Verdächtigen mit seiner Kamera aufgenommen. Die Geschworenen sprachen jedoch in der ersten Instanz die angeklagten Polizisten frei. Die Analyse des Videobands, Vor- und Zurückspulen, Zeitlupe und die anwaltliche Auslegung dieses Materials bestimmten den Prozessverlauf und waren für die Entscheidung der Juroren verantwortlich. Wetzel verweist auf Derrida, der für die Mittelbarkeit jeder Wahrheit und jeder Wahrnehmung durch kulturelle Codes den Term »artefactualité« geprägt hat. In diesem Sinne gibt das jeweilige Medium den Rahmen, in dem eben Authentizität vermittelt wird oder nicht. Nicht *dass* etwas vermittelt wird, sondern *wie* es vermittelt wird, ist also entscheidend. Bisher wurden im Bereich der Literatur solche Authentizitätszeichen im Medium des gedruckten Buches vermittelt und an der Person des Autors festgemacht. Heute kommt neueren Medien, wie dem Internet, verstärkt eine Schlüsselposition zu. Gerade in den USA spielen Autorenhomepages ergänzend zum tradierten Erzählen im Roman und zu Live-Auftritten des Schriftstellers wie auf Lesungen eine große Rolle.

Zusammenfassend lassen sich aus den Beispielen für den Authentizitätsbegriff zwei Dimensionen festhalten: (1) Authentizität kann entweder ein Objekt oder ein Subjekt bezeichnen und ist (2) immer über kulturelle Codes medial vermittelt. Die mediale Vermittlung findet im Bereich der neueren Erzählliteratur durch den kulturellen Code des gedruckten Buches statt und immer häufiger auch über das Internet. Diese zwei Dimensionen des semantischen Ereignisses »Authentizität« sollen im Folgenden an Beispielen einerseits auf der Ebene des Individuums – der Autor-Person – und andererseits auf der inhaltlichen und formalen Ebene – auf der Ebene der kulturellen Codes – analysiert werden.

Autoren zwischen Fakt und Fiktion

»You do an awfully good impression of yourself.« Mit diesem Satz beginnt Bret Easton Ellis' jüngster Roman *Lunar Park* und dieser Satz scheint kennzeichnend für neuere amerikanische Formen des Erzählens, sei es in traditionelleren Genres wie dem Roman, in neuen Medien wie dem Internet, im Spielfilm oder der Reportage. Authentizität wird dabei konstruiert, demontiert und inszeniert. Auf der inhaltlichen Ebene sprengen die neuen Formate von Texten, Filmen, TV-Sendungen und Internetauftritten etablierte Formen. Die Vermischung von Fakt und Fiktion ist zwar grundsätzlich keine Erfindung der Postmoderne, aber das Ausmaß und die Art und Weise der Präsentation sind innovativ. So werden Hinweise auf Authentizität gezielt gestreut, um bei den Rezipienten einen Eindruck von Echtheit und Unmittelbarkeit zu erwecken. Die Erwartungen der Konsumenten werden dabei oftmals spielerisch unterlaufen.

Der durch sein Skandalbuch *American Psycho* bekannt gewordene Autor Ellis lockt den Leser subtil in die Falle. *Lunar Park* beginnt zunächst autobiographisch. Erst im dritten Kapitel ahnt der Leser, welches Spiel der Autor mit ihm treibt, der einen Protagonisten mit dem Namen Bret Easton Ellis erfunden hat, der viele Lebensstationen mit dem realen Autor teilt. Erst nach und nach, als immer mehr unheimliche Dinge passieren, zweifelt der Leser an der Glaubwürdigkeit und an der Authentizität des Erzählers.

Der Ich-Erzähler, der zunächst vermeintlich mit der biographischen Person des Autors übereinstimmt, reflektiert über unterschiedliche Stationen in seinem Leben: Die Figur Bret Easton Ellis, ein Romanautor Anfang 40, lebt in einem großen Haus in einem Vorstadtviertel von Los Angeles mit seiner Frau Jayne, dem gemeinsamen Sohn Robert und einer Tochter von Jayne zusammen und unterrichtet am örtlichen College. Auf einer Halloween-Party passieren unheimliche Dinge: Figuren aus früheren Romanen tauchen auf, im Haus und auf dem Grundstück spukt es. Zeitgleich erhält Ellis mysteriöse E-Mails von der Bank, bei der die Asche seines 1992 verstorbenen Vaters in einem Schließfach deponiert ist. Im Haus verstellen sich Möbel, und Teppichböden ändern ihre Farbe. Angesichts dieser unheimlichen Ereignisse konsumiert Ellis in zunehmender Menge Alkohol und harte Drogen. Um die Geister aus seinem Haus zu vertreiben, beauftragt der Protagonist den Exorzisten Robert Miller. Die Austreibung gelingt jedoch nur zum Teil. Während Ellis noch mit Dämonen kämpft, verschwindet sein Sohn Robert.

Die Fiktionen des Buchs werden im Internet fortgesetzt: Es existieren verschiedene Webseiten, die vermeintlich die Authentizität von Ellis' Aussagen unterstützen. Googelt man die Schauspielerin Jayne Dennis, mit der verheiratet zu sein Ellis behauptet, so findet man tatsächlich eine Homepage, die sie präsentiert und auf der sie auf Fotos mit Ellis zu sehen ist (www.jaynedennis.com; siehe Abbildung).

Der vermeintliche Sohn Robert ist ebenfalls im Netz auffindbar. Im Roman ist Robert mit einigen Freunden verschwunden. Über dieses Ereignis informiert ein Online-Zeitungsartikel, der von den »lost boys« berichtet und in dem sogar Ellis als besorgter Vater zitiert wird.

Der Erzähler spielt ein Katz-und-Maus-Spiel mit dem Leser, der versucht, zwischen dem zu unterscheiden, was »echt« und was »erfunden« ist. Durch die Vermischung von Fakt und Fiktion wird die scharfe Trennung von Autor und Ich-Erzähler aufgelöst, was offenbar – wie auch schon im Fall LeRoy – für Irritationen sorgt. Nach der Veröffentlichung von *Lunar Park* gab es fast mehr Interviews mit dem Autor Bret Easton Ellis als Rezensionen über den Roman. Das Interesse an der Person Bret Easton Ellis war rapide angestiegen. Deutsche Rezensionen etwa befassten sich weniger mit dem Buch an sich, sondern versuchten via In-

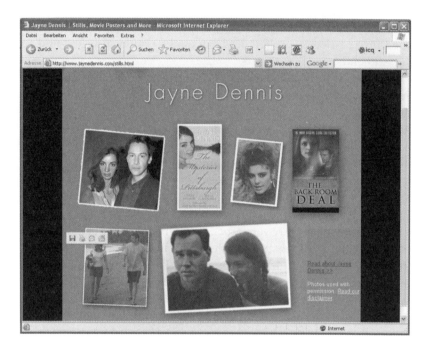

terview möglichst viele Informationen auf ihre Echtheit hin abzuklopfen. Parallel zum »Fall LeRoy« scheint die amerikanische (und auch die deutsche) Öffentlichkeit ein erhebliches Interesse an der realen, an der authentischen Autor-Person zu haben. Diese Neugier und dieses Interesse werden von Schriftstellern registriert und auch gezielt genutzt. Bret Easton Ellis verwendet hier nicht nur die Form des Romans und des Interviews, sondern auch das Medium Internet. Auf dem Schutzumschlag von *Lunar Park* befindet sich ein Verweis auf das World Wide Web: www.eastonellis.com. Ruft der interessierte Leser diese Homepage auf, so wird er auf eine Seite weitergeleitet, die ein Foto des realen Autors zeigt (siehe Abbildung).

Dieses Porträt-Foto befindet sich auf der Mitte der Seite und eine gezackte Linie teilt den Kopf des Autors in eine rechte und in eine linke Hälfte. Während die linke Seite hell und scharf zu sehen ist, ist die rechte Seite von einem leichten Grauschleier überzogen. Links findet der Leser »authentische« biographische Informationen, rechts sind die fiktionalen Lebensdaten der Romanfigur angezeigt. Diese Internetseite will ihrer Intention nach also einen Teil des im Roman begonne-

Authentizität? – Zwischen Fakt und Fiktion | 85

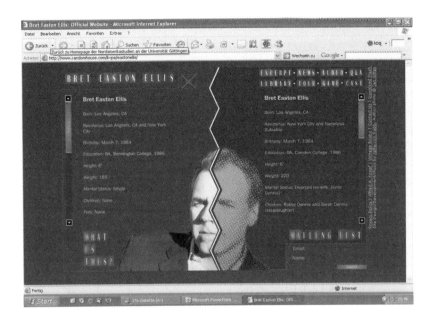

nen Verwirrspiels mit »echter« und »gefälschter« Authentizität zurücknehmen und für den Leser Klarheit schaffen. Im Gegensatz zur Intention stand allerdings die Rezeption dieser Homepage. Etliche Leser und Rezensenten standen dem eindeutig formulierten Authentizitätsanspruch der Seite skeptisch gegenüber und glaubten eher an eine paratextuelle Erweiterung des Romans im Internet. Diese Vermutung wird insofern unterstützt, als dass – wie schon erwähnt – Homepages anderer Charaktere aus *Lunar Park* ebenfalls im Netz existieren.

Lunar Park sprengt den Rahmen des »traditionellen« Romans, der zwischen zwei Buchdeckeln beginnt und endet. Nicht der Textbegriff an sich, sondern seine Manifestation als linear rezipierbare Fiktion wird hinterfragt. Die meisten Leser erwarten, dass ein Roman eine haptisch wahrnehmbare Einheit aus Papier, Pappe und Leinen ist und sich dieser Roman auch in dem Objekt aus Papier, Pappe und Leinen erschöpft. *Lunar Park* sprengt diese eher »traditionellen« Erwartungen, indem die Fiktion im Internet fortgeführt wird.

Ein anderes Beispiel für eine Romanwelt, die im Internet erweitert wird, ist Mark Z. Danielewskis Roman *House of Leaves*. Auch in diesem Roman spielt ein Spukhaus eine zentrale Rolle. Das House of Leaves ist innen größer, als es von außen den Anschein erweckt. Zudem befindet es sich in einer ständigen Veränderung, Räume entstehen und verschwinden, ebenso wie Treppen und Türen. Bei diesem Haus scheint es sich um eine organische und dynamische Struktur zu handeln. Der Roman *House of Leaves* präsentiert sich in einer analogen Form: Mehrere Geschichten und Erzähler sind ineinandergeschachtelt, Fußnoten, Zettelnotizen und andere Informationsfetzen sind graphisch über die Buchseiten verteilt, manche Texte stehen auf dem Kopf, während andere in unterschiedlichen Farben oder durchgestrichen gedruckt sind. Manche Seiten sind leer oder mit nur einem einzelnen Buchstaben bedruckt.

Im Internet existiert ein Forum, das dem Roman gewidmet ist: www.houseofleaves.com. Auf diesem Internetforum können unter anderem die Fiktionen des Buches fortgeschrieben oder offene Fragen und Bezüge geklärt werden:

Hinsichtlich des Themas »Authentizität« ist dieses Forum in besonderer Weise interessant: Regelmäßig entbrennt eine Debatte in der Fangemeinde, ob bestimmte Kommentare und Fortschreibungen der Autorfigur Mark Z. Danielewski zuzuschreiben seien. Diese Mutmaßungen sind dabei keineswegs soweit hergeholt, wie sie auf den ersten Blick erscheinen. *House of Leaves* wurde zunächst als Manuskript im Internet publiziert, nachdem sich schon eine wachsende Fangemeinde gebildet hatte und bevor sich ein Verlag für eine »traditionelle« Form der Veröffentlichung interessierte. Während dieser Phase befand sich der Autor im regen Austausch – ebenfalls über das Internet – mit seinen Lesern, die zum Teil den Roman in seiner jetzigen Form mitgestalteten.

Das Spiel mit echter und gefälschter Authentizität im Internet dient dazu, das Bild der eigenen Person und des eigenen Werkes in der Öffentlichkeit zu steuern und zu kontrollieren. Auf der Ebene des Individuums werden Methoden der Selbstdarstellung über alle Medien hinweg gezielt dazu genutzt, sich selbst und seine Produkte zu vermarkten. Die Person an sich wird hierbei zur Marke und in zunehmendem Maße ikonisiert. Bei diesem Verfahren kommt dem Internet via persönlicher Homepages immer mehr eine Schlüsselrolle zu.

Die Funktion dieser Internetauftritte ist es im Fall von Bret Easton Ellis, eine Autoren-Identität zu schaffen, ein bestimmtes Image der Person an den Leser der eigenen Werke zu vermitteln. Im Fall von Mark Z. Danielewski dient die Plattform World Wide Web einerseits dazu, die im Buch geschaffene Fiktion zu unterlaufen und zu erweitern, andererseits dienen die Diskussionen um die mögliche Beteiligung der Autor-Person an den im Internetforum stattfindenden Debatten einer erneuten Rücknahme von Autor-Authentizität. Die foucaultsche Funktion des Autors, als Klammer und Ursprungszuschreibung für einen Text zu dienen, wird hier ein Stück weit zurückgenommen. Auf metafiktionaler Ebene verwenden Romantexte wie *Lunar Park* oder *House of Leaves* bewusst Widersprüche, um auf die eigene Artifizialität hinzuweisen. Das fiktionale Universum der Romane bezieht sich nicht nur auf andere Bücher, sondern vermischt Fiktionales mit Realem; die Grenzen zwischen Fakt und Fiktion, zwischen authentisch und unauthentisch verwischen.

Für dieses Spiel mit Fakt und Fiktion kommt dem Internet, wie *House of Leaves* und *Lunar Park* zeigen, eine entscheidende Funktion zu. Das Internet erscheint zum einen seinen Benutzern als grundlegend freies und demokratisches Medium, das allen Nutzern offensteht und weitgehend keiner externen Kontrolle unterliegt. Gerade weil das Internet als grundsätzlich demokratisches Mitmachmedium verstanden wird, werden diese vermeintlich privaten Informationen oft nicht hinterfragt. Die Homepage eines Autors verspricht, »authentischere« Informationen über die Person zu liefern als das fiktionale Werk. Des Weiteren dienen Autorenpages dazu, Vermutungen über biographische Details, die sich aus der Lektüre ergeben haben, im Internet zu überprüfen. Wenn das Spiel mit Identitätselementen, die eine Autorperson mit einem Erzähler teilt, im Internet fortgeführt und auch bei anderen öffentlichen Auftritten forciert wird, geht das metafiktionale Verwirrspiel in die nächste Runde. Eine Auflösung in »echte« und »gefälschte« Authentizität ist nicht möglich, stattdessen geht es Rezipienten wie Produzenten um ein bestimmtes Image, das ein Autor verkörpert. Wie schon angedeutet, findet die Selbstvermarktung nicht allein im Internet statt. Auftritte in der Öffentlichkeit wie Lesungen oder Interviews dienen der gezielten Steuerung und Kontrolle des Bildes der eigenen Person im öffentlichen Raum. Das Zurschaustellen einer »authentischen« Autor-Persönlichkeit wirkt auch auf die Rezeption ihrer Romane, Filme oder Reportagen zurück, wie der erfundene Autor JT LeRoy zeigt. Und umgekehrt gilt: Das kulturelle Erzeugnis bzw. seine Rezeption wirkt sich auf die gesellschaftliche Wahrnehmung einer Person aus. So entsteht das Autor-Konstrukt gewissermaßen durch seine Texte wie durch seine Auftritte im öffentlichen Raum.

Die zweite Funktion des Internets, die es näher zu beleuchten gilt, ist seine Nutzung als Informationsquelle. In diesem Zusammenhang sei auf Suchmaschinen wie »Google« oder Mitmachenzyklopädien wie »Wikipedia« verwiesen. Diese Informationsfunktion wird z. B. einerseits von Filmemachern genutzt, um Hinweise zu streuen, die angeblich die Echtheit und eben die Authentizität von Filmen wie *The Blair Witch Project* untermauern. Andererseits können Zuschauer im Netz erfahren, dass der vermeintliche kasachische Reporter Borat im ›wirklichen‹ Leben ein britischer Komiker ist.[3]

Da das Internet den schnellen und unkomplizierten Zugriff auf Informationen jeglicher Art ermöglicht, wird es einerseits von Lesern und Zuschauern genutzt, um die Authentizität von Autoren zu verifizieren oder zu falsifizieren. Kulturschaffende nutzen das Internet, um andererseits den Anschein von »Echtheit« zu erwecken oder ihn zu demontieren. Somit fungiert das Internet als Plattform, auf der über die Authentizität von Autoren verhandelt wird. Aber nicht nur die Produzenten von Erzählformaten müssen sich der Frage stellen, ob sie »Fakt« oder »Fiktion« seien, sondern auch die Erzählformate selbst rücken zunehmend in den Graubereich *zwischen* Realität und Phantasie.

Erzählformate zwischen Fakt und Fiktion

Ein prominentes Beispiel für ein Format, das sich in der Grauzone zwischen Realität und Fiktion bewegt, ist das bereits angesprochene Reality-TV. Dieses neue Genre des Fernsehens gewinnt seit 2000 zunehmend an Popularität. Den unterschiedlichen Formaten wie *Big Brother*, *The Real World*, *The Osbournes* oder *Laguna Beach: The Real Orange County* ist eines gemeinsam: Sie formulieren einen deutlichen Authentizitätsanspruch. In vielen Fällen wird dieser Anspruch durch das Schlüsselwort »real« im Titel markiert. Ebenfalls gemeinsam ist diesen Formaten ihr hoher Grad an Künstlichkeit im doppelten Sinn des Wortes. Im Sinne von »Kunst« findet eine gezielte Auswahl an Schnitten statt, Plots und Handlungsstränge werden zusammengefügt und der Kameraführung kommt eine besondere Rolle zu. Musik wird eventuell einzelnen Sequenzen unterlegt, usw. Im Sinne von »artifiziell und unecht« werden z. B. extreme Situationen herbeigeführt, Aufgaben gestellt und die Teilnehmer werden im Vorfeld gecastet.

Die Frage nach Authentizität beim Genre Reality-TV lässt sich nur mit einem Einerseits-Andererseits beantworten. Einerseits besteht ein großer Bezug zur Realität, da viele Elemente (Personen, Situationen, Schauplätze, Dialoge) nicht vorher in einem Skript festgelegt werden. Andererseits führt eine Reihe von gezielten Eingriffen dazu, dass fiktionale Aspekte – wie Plotting und Dramaturgie – betont werden. Insgesamt lässt sich Reality-TV wohl als eine Mischform – ähnlich der Autobiographie – beschreiben, die in einer komplexen Beziehung zur Realität steht, aber nicht deckungsgleich mit dieser ist.

Obwohl Mockumentaries[4] zunächst einen ähnlichen Authentizitätsanspruch wie Reality-TV Formate besitzen, unterscheiden sich beide Genres doch grundsätzlich. Das Mockumentary versucht den Zuschauer gezielt über seinen fiktiven Ursprung und Charakter zu täuschen. Als einer der erfolgreichsten Klassiker dieser Gattung gilt Orson Welles' Radioadaption von H. G. Wells' Klassiker der Science-Fiction-Literatur *Krieg der Welten* (1898), die 1938 in den USA gesendet wurde und zeitweise eine Panik auslöste. Zeitgenössische filmische Beispiele sind *Oil Storm* (2005) und *Death of a President* (2006).

Der TV-Film *Oil Storm* stellt die Konsequenzen einer fiktiven Ölknappheit in den USA dar. Durch einen Hurrikan werden die Stadt New Orleans und eine wichtige Pipeline in Louisiana verwüstet. Der

Film zeigt, wie die Öl- und Gaspreise explodieren und die USA unwillentlich eine internationale Krise durch Verhandlungen zur Erhöhung der Ölproduktion mit Saudi-Arabien auslösen. Zusätzlich zu den internationalen Turbulenzen setzt ein bitterer Winter der amerikanischen Bevölkerung hart zu. Nach weiteren Verhandlungen mit Russland scheinen die Auswirkungen des Sturms ein Jahr später endlich unter Kontrolle.

Das Mockumentary *Death of a President* kommt in Gestalt eines fiktionalen Dokumentarfilms daher, der im Jahr 2008 ausgestrahlt wird. Er handelt von einem Anschlag mit tödlichen Folgen auf den 43. Präsidenten der Vereinigten Staaten von Amerika, George W. Bush. Archivmaterial, fiktionale Interviews mit Betroffenen und Augenzeugen sowie Nachrichtenberichterstattungen runden die Story ab und geben dem Mockumentary den Anschein von Echtheit. *Death of a President* sorgte in den USA für eine heftige Kontroverse, da viele Zuschauer und insbesondere Politiker die Parallelen zur Realität zu gehäuft und zu offensichtlich fanden.

Bei der Gattung des Mockumentaries – egal ob im Radio, Fernsehen oder im Kino – stellt sich demnach weniger die Frage nach der Übereinstimmung mit der Wirklichkeit und somit nach Authentizität an sich, sondern hier wird nach potentieller, nach möglicher Realität gefragt. Wichtig ist, ob die Zuschauer oder Zuhörer das Präsentierte für möglich und damit für potentiell authentisch halten.

Nun ist der Begriff der Realität alles andere als eindeutig. Im Alltag fällt es meist leicht, zwischen Realität und Phantasie, zwischen Fakt und Fiktion zu unterscheiden. Je länger und je tiefer man sich jedoch mit dem Thema befasst, desto fließender werden die Grenzen. Bei Übergangserscheinungen, wie den oben skizzierten, deutet sich an, wie leicht die Ränder ausfransen und verwischen. Beim Phänomen »Virtual Reality« tritt dies mit besonderer Deutlichkeit hervor. So können Internetuser sich als Bewohner der virtuellen Welt *Second Life* neue Identitäten in Form von Avataren schaffen. *Second Life* präsentiert sich als virtueller Kosmos mit Städten und Einkaufspassagen inklusive Buchhandlungen, Plätzen und Cafés. Etliche Markenhersteller haben hier schon eine Chance gewittert und bieten in *Second Life* ihre Artikel der nächsten Saison virtuell an.

Die Realität des Cyberspace ist keineswegs abgekoppelt von der Welt außerhalb, sondern lässt sich vielmehr als ein Teil einer Realität verstehen, die sonst zu großen Teilen außerhalb des Netzes stattfindet. Mit echten Dollars kaufen die Bewohner virtuelle Linden-Dollars und im Cyberspace verdientes Geld lässt sich wiederum in reale Dollars umtauschen. Immer mehr Events finden auch virtuell statt, wie zum Beispiel Lesungen mit Autoren. In der Umgebung von *Second Life* stellt sich natürlich einmal mehr die Frage, ob dann hinter dem Avatar »auch wirklich« der vermeintliche Autor steckt und es sich somit um einen »authentischen« Avatar handelt. Auch im Bereich der Virtual Reality ist das Thema »Authentizität« von besonderer Brisanz. Da beide Welten eben nicht nur abgetrennt in Paralleluniversen existieren, sondern im gegenseitigen Austausch stehen und sich wechselseitig beeinflussen, ist es für die Spieler von *Second Life* besonders wichtig zu wissen, wer eigentlich hinter der Rolle steckt, die jemand in der VR eingenommen hat. In letzter Konsequenz greift auch die RR immer wieder in die Spielwelt ein, als jüngstes Beispiel sei auf die andauernde Diskussion um pädophile Spieler verwiesen, die es auch in der virtuellen Welt strafrechtlich zu verfolgen gilt.

Interaktive Formate, die sich des Mediums Internet bedienen, werfen demnach ähnliche Fragen auf wie Erzählformen, die die Medien Buch, Radio, Fernsehen und Film verwenden. Entscheidend für die Art und Weise wie nach Authentizität gefragt und wie diese Frage beantwortet wird, ist demnach also nicht die Art des Mediums, sondern das jeweilige Genre, in dem erzählt wird.

Das Spektakel »Authentizität« und seine Folgen

Der Authentizitätstrend ist nicht so brandneu, wie er vielleicht im ersten Augenblick erscheint. Wie Susanne Knallers Genealogie des Begriffs[5] zeigt, war der Terminus »Authentizität« zwar in den 1950er Jahren noch so neu, dass Adorno versuchte, ihn systematisch als theoretischen Begriff einzuführen. Die Diskurse aber, auf die die für Authentizität gebräuchlichen Synonyme rekurrieren – wie Wahrhaftigkeit und Unmittelbarkeit – entspringen dem 18. und 19. Jahrhundert. Während Kunst in dieser Zeit eher im Licht eines ästhetischen Authentizitätsbegriffs gesehen wurde, gab es im 20. Jahrhundert zunehmend Theorien, die ein ethisches Verständnis von Authentizität vertreten haben. In den frühen 1970er Jahren verwendet Lionel Trilling den Begriff

»authenticity« einerseits als Abgrenzung zu »sincerity« und anderseits nicht in der Tradition von Kant als ästhetische, sondern als ethische Kategorie, »suggesting a more strenuous moral experience than ›sincerity‹ does, a more exigent conception of the self and of what being true to it consists in«.[6] Diese ethische Dimension wird auch in anderen kulturkritischen und normativen Ansätzen vertreten (Alessandro Ferrara oder Charles Taylor). Harro Müller und Susanne Knaller stellen für die neuere Forschung fest, dass diese der Kunst ein zunehmendes Bedürfnis nach Authentizität attestiert.[7] Authentizität meint mehr als aufrichtig. Das Faszinierende, was zu Recht von Michael Wetzel als »double bind« bezeichnet wird, ist der immanente Widerspruch, den der Begriff »Authentizität« beherbergt: Derjenige, der Authentizität für sich beansprucht, dementiert diese im Akt des Behauptens.[8] Deshalb werden in den meisten Fällen in der Kunst und Literatur Authentizitätszeichen vermittelt, ohne dass sie explizit behaupten, »authentisch« zu sein.

Fazit

Die Frage nach Authentizität ist von zentraler Bedeutung für Erzählformen der amerikanischen Kultur nach 2000. Dies gilt nicht nur in den verschiedenen Medien wie Buch, TV, Film und Internet sondern auch über die Grenzen eines einzelnen Mediums hinaus. Dabei stellt sich die Frage nach Authentizität auf mindestens zwei Ebenen: Einmal wird Authentizität auf der Ebene des Inhalts konstruiert. Dies geschieht z. B. in Form von fiktionalen Filmen, die »echt« erscheinen wie *The Blair Witch Project* oder in Form von Mockumentaries wie *Oil Storm* oder *Death of a President*. Zum Zweiten wird die Frage nach Authentizität auf der Ebene des Individuums aufgeworfen: Schaffende von kulturellen Produkten stehen immer mehr im Blickpunkt einer Öffentlichkeit, die ebenso an der Person hinter einem Erzeugnis wie an diesem selbst interessiert ist. Dies führt zu einem Trend der medienübergreifenden stilisierten Selbstdarstellung, der Authentizität verspricht, diese aber in vielen Fällen bewusst unterläuft, wie die Homepage von Bret Easton Ellis oder die vermeintlichen Internetauftritte Mark Z. Danielewskis zeigen. Ein extremes Beispiel ist sicherlich die Schriftstellerfigur JT LeRoy.

Die in der Öffentlichkeit zelebrierte Selbstdarstellung wird in manchen Fällen gezielt zur Markenbildung genutzt. Die Autorperson wird zunehmend ikonisiert. Nicht umsonst ist die Öffentlichkeit mehr und mehr irritiert, wenn sie über vermeintlich »Echtes« getäuscht wird, und sich herausstellt, dass die drei verschwunden Filmstudenten aus *The Blair Witch Project* doch nur Schauspieler sind, oder LeRoy eine reine Erfindung ist.

Den Zustand einer zunehmenden Anteilnahme und Präsenz solcher Spektakel in der Öffentlichkeit beschreibt Guy Debord in *The Society of the Spectacle*: »The whole life of those societies in which modern conditions of production prevail presents itself as an immense accumulation of spectacles. All that was once directly lived has become a mere representation«.[9] Die ›Anhäufung von Spektakeln und Repräsentationen‹ dient in der postmodernen Gesellschaft der Beeinflussung und Kontrolle des eigenen Bildes und der eigenen Produkte in der Öffentlichkeit. Da die Massenmedien die Spektakel und Bilder, sprich die Inszenierungen, der Autor-Person verbreiten, wirken sie an einer kontinuierlichen Ikonisierung des Schriftstellers hin zur Marke mit. Daher kann auch nur noch von einer Marken-Authentizität die Rede sein, nicht mehr von einer Authentizität auf der Ebene des Persönlichen und des Individuellen. Treffend charakterisieren schon Adorno und Horkheimer die Situation: »In der Kulturindustrie ist das Individuum illusionär nicht bloß wegen der Standardisierung ihrer Produktionsweise. Es wird nur soweit geduldet, wie seine rückhaltlose Identität mit dem Allgemeinen außer Frage steht. Von der genormten Improvisation im Jazz bis zur originellen Filmpersönlichkeit, der die Locke übers Auge hängen muß, damit man sie als solche erkennt, herrscht Pseudoindividualität«.[10]

Die Kulturindustrie verwandelt die sich öffentlich äußernde und öffentlich wahrgenommene Person in eine Figur des öffentlichen Lebens und Interesses. Der Schriftsteller bzw. sein öffentliches Image wird also verdinglicht und somit zur Ware. Diesen Prozess nenne ich »conspicuous authorship« in Analogie zu Christopher Lashs »conspicuous consumption«.[11] Das Individuum verliert teilweise die Kontrolle über seine Repräsentation im öffentlichen Raum. Andere Instanzen, wie z. B. Zeitungen, Magazine, Fernsehreportagen oder sogar die Werbekampagne des eigenen Verlags erscheinen einflussreicher in der Generierung und Gestaltung einer Autor-Figur. Die persönliche Homepage mag somit in manchen Fällen einen Versuch darstellen, diesen Prozess der öffentlichen Wahrnehmung der eigenen Person gezielt und bewusst zu steuern. Internetauftritte in Form von Homepages können daher gerade in ihrer identitätsstiftenden Funktion, wie sie von Daniel Chandler et al. beschrieben werden, dazu dienen, die eigene Identität und damit die eigene Authentizität, wenn nicht tagesaktuell, dann doch mit jedem neuen Buch zu aktualisieren und zu transformieren.[12] Gerade Letzteres zeichnet das Medium Internet aus, wie Chandler et al. feststellen. Bleibt also nur zu hoffen, dass nicht das passiert, was Thomas McGuane prophezeit: »The occupational hazard of making a spectacle of yourself, over the long haul is that at some point you buy a ticket too«.[13]

---

[1] Zum Beispiel: Susanne Knaller / Harro Müller (Hg.): *Authentizität. Diskussion eines ästhetischen Begriffs*, Fink: München 2006 oder Jutta Schlich: *Literarische Authentizität. Prinzip und Geschichte*, Tübingen: Niemeyer 2002.

[2] Michael Wetzel: »Artefaktualitäten. Zum Verhältnis von Authentizität und Autorschaft«, in: Susanne Knaller / Harro Müller (Hg.): *Authentizität* (siehe Anm. 1), S. 36–54, hier S. 46.

[3] Die offene Form des Internets bringt es jedoch mit sich, dass eine solche Rückbindung an reale Fakten nicht immer stabil ist. So behauptete Wikipedia zumindest ein paar Minuten lang, dass es sich bei Borat um den realen Präsidenten Kasachstans handeln würde.

[4] Mockumentary ist ein *blending*, das sich aus »to mock« und »documentary« zusammensetzt.

[5] Susanne Knaller: »Genealogie des ästhetischen Authentizitätsbegriffs«, in: Susanne Knaller / Harro Müller (Hg.): *Authentizität* (siehe Anm. 1), S. 17–35.

[6] Lionel Trilling: *Sincerity and Authenticity*, Cambridge: Harvard University Press 1972, S. 11.

[7] Vgl. Wetzel: »Artefaktualitäten« (siehe Anm. 2), S. 41.

[8] Ebd., S. 38.

[9] Guy Debord: *The Society of the Spectacle*, übersetzt von Donald Nicholson-Smith, New York: Zone Books 2004, S. 12.

[10] Theodor W. Adorno und Max Horkheimer: *Dialektik der Aufklärung: Philosophische Fragmente*, Amsterdam: Querido 1947, S. 183.

[11] Christopher Lash: *The Culture of Narcissism: American Life in an Age of Diminishing Expectations*, New York: Norton 1978.

[12] Daniel Chandler: »Personal Home Pages and the Construction of Identities on the Web«, 1998 (http://www.aber.ac.uk/media/Documents/short/webident.html [2.3.2008]) und Daniel Chandler und Dilwyn Roberts-Young: »The Construction of Identity in Personal Homepages of Adolescents«, 1998 (http://www.aber.ac.uk/media/Documents/short/strasbourg.html [2.3.2008]).

[13] Thomas McGuane: *Panama*. New York: Vintage 1995.

CHRISTOPH RIBBAT

Memoirs lieben, *memoirs* hassen

Ein Gespräch¹

09:30

– *Erzähl mir eine Geschichte.*
– Irgendeine?
– *Nicht irgendeine. Eine aus Amerika. Das sind die besten.*
– OK. Also. Sie handelt von einem Jungen.
– *Wie heißt er?*
– George.
– *Gut.*
– Der Junge, er geht über den Schulhof und trägt einen Plattenspieler ...
– *Einen Plattenspieler? Das muss lange her sein.*
– 1950er Jahre. Jedenfalls: Er trägt den Plattenspieler über den Hof, auf dem Weg zurück ins Büro des Schuldirektors, wo das Gerät hin soll. Und der Junge sieht plötzlich das Auto seiner Eltern vor seiner Grundschule vorfahren ...
– *Was für ein Auto?*
– Ein Oldsmobile. Ein grünes Oldsmobile. Soll ich jetzt, oder –?
– *Ja. Entschuldige.*
– Er sieht also das grüne Oldsmobile der Eltern, stellt den Plattenspieler auf den Boden und rennt los. Er denkt, er habe in dem Auto seine kleine Schwester gesehen, Robin. Sie war in New York, bei einem ganz besonderen Arzt. Weil sie so krank ist.
– *Was hat sie?*
– Leukämie.
– *Oh.*
– Und er läuft also auf das Auto zu, läuft, weil er ganz sicher ist, dass sie wieder da ist aus New York, dass ihr kleiner Kopf so gerade über dem Rücksitz hervorschaut, und er läuft also und kommt am Auto an ...
– *Aber?*

– Aber: Keine Robin. Seine Eltern sind nur gekommen, um ihm zu sagen, dass seine Schwester nie mehr nach Hause kommen wird. Nicht an diesem Tag, nie. Die Schwester ist tot.
– *Oh.*
– *Hm.*
– *Wie heißt der Junge noch einmal?*
– George.
– *Und weiter?*
– Bush. George W. Bush.
– *Nicht wahr.*
– George Herbert Walker Bush heißt sein Vater, Barbara Bush seine Mutter.
– *Und woher weißt du all das?*
– Was?
– *Na, das mit dem Plattenspieler. Dem Oldsmobile, dem grünen Oldsmobile, dem Parkplatz, der Schule, dem Aufs-Auto-zu-Laufen, dem kleinen Kopf über dem Rücksitz?*
– Aus seinem Buch, woher sonst?[2]
– *Oh.*

12:00

– Die Bush-Geschichte ist schrecklich, oder?
– *Schrecklich, weil er dir leid tut?*
– Natürlich nicht. Weil er sich so schamlos bei der *memoir* bedient.
– …
– OK, OK. Natürlich ist es auch schrecklich, dass seine kleine Schwester als Kind an Leukämie gestorben ist. Wie soll ich das nicht schrecklich finden? Aber schau da doch einmal richtig hin. Bush schreibt ein Buch, *A Charge to Keep* – oder sagen wir mal, er lässt seine Pressefrau Karen Hughes ein Buch schreiben. Er dankt ihr im Vorwort »for helping me put the words on paper«,[3] was wahrscheinlich hemmungslos untertrieben ist, aber egal. Weil er genau weiß, dass die Amerikaner jetzt alle süchtig nach *memoirs* sind, dass es schon den »memoir craze« gibt in den USA,[4] nimmt er sich genau die Elemente, die das Genre ausmachen: den Blick auf die Kindheit, den Erzähler als Opferfigur, das Trauma und den Weg daraus. Unerträglich.

- Na, komm. Er ist nicht der erste Politiker, der eine Autobiographie schreibt.
- Wenn es wenigstens eine Autobiographie wäre! Es ist ja keine. Es ist ja eine *memoir*.
- Und warum ist das so wichtig?
- Weil die Autobiographie etwas mit persönlicher Verantwortung zu tun hat. Was Bush ja nicht kennt. Weil eine Autobiographie eine komplette Lebensgeschichte erzählt. Weil der Autor *weiß*, dass sein Leben bedeutsam ist und dass die Geschichte davon auch eine Form von Selbstrechtfertigung ist.[5] In der *memoir* ist kein Autor für irgendetwas verantwortlich. Alle sind nur Opfer. Von Rassismus, Missbrauch, Vergewaltigung, Homophobie. Drogen, Alkohol, Dickenfeindschaft, Dünnenfeindschaft ...
- *Ziemlich zynisch, der Herr.*
- Meinetwegen. Aber es ist doch unerträglich. Jeder hat jetzt dieses erschreckende Schicksal und immer müssen alle davon in einer *memoir* erfahren. Und plötzlich, Überraschung, hat auch George W. Bush, privilegiertester Ami unter der Sonne, eine Leidensgeschichte zu bieten. Der arme, gebeutelte George. Warum nicht gleich: der *traumatisierte* George. Alles wird ganz genau beobachtet, wie bei James, wie bei Hemingway, *showing* statt *telling*, wie im Workshop für kreatives Schreiben,[6] wo sie dir sagen, dass die konkreten Kindheitsdetails den Schmerz erst wirklich lebendig machen. Der Plattenspieler, das grüne Oldsmobile, der kleine Kopf über dem Rücksitz. Und wir haben alle ganz viel Mitleid.

13:00

- *Mir geht das nicht aus dem Kopf.*
- Was?
- *Na, wie der kleine George den Plattenspieler hinstellt. Wie er losläuft.*
- Sag mal, auf welcher Seite stehst du eigentlich?
- *Auf der Seite der* memoir. *Weil ich glaube, dass du einen Fehler machst.*
- OK?
- *Dass die Pressesprecherin von Bush aus dieser Geschichte ein Kapitel macht, sagt ja gar nichts über das Genre aus. Und ehrlich gesagt? Es ist nicht ganz so originell, sich über Opfergeschichten lustig zu machen. Typisch deutsche Intellektuelle: Kaum sagt jemand Opfer, habt ihr schon ein sarkastisches Grinsen drauf.*

Jaja, hüstel, hüstel, die armen schwarzen lesbischen krebskranken Dichterinnen. Und ihr vergesst völlig, dass es erstens tatsächlich afroamerikanische lesbische krebskranke Dichterinnen gab und gibt und die auch völlig legitime Lebensgeschichten haben und manchmal ziemlich große Autorinnen sind. Schau' dir einfach Audre Lordes Cancer Journals *an, wenn du mir nicht glaubst. Auch eine memoir. Zweitens meint ihr immer noch, dass es reiner Zufall ist, wenn ihr als weiße bundesdeutsche Männer über den Identitätsdiskurs spöttelt und dann wieder Heidegger lest –*
– Heidegger? Ich habe nie –
– *Lass mich jetzt mal. Dass ihr noch nie marginalisiert wurdet, heißt nicht, dass Marginalisierung nicht existiert. Und davon wird eher selten in einem 25-Roman-Œuvre und Library of America-Ausgabe erzählt. Manche amerikanischen Stimmen hörst du einfach nur in der memoir. Maxine Hong Kingston,* The Woman Warrior. *Die Fusion von chinesischer und amerikanischer Identitätsgeschichte. Tobias Wolff,* This Boy's Life. *Superharte Kindheitserinnerungen. Haben nichts, gar nichts mit Selbstmitleid zu tun. Frank McCourt:* Angela's Ashes.
– Oh je.
– *Was heißt Oh je?*
– Ich meine: OK, gut geschrieben, aber –
– *Ja, gut geschrieben. Tatsächlich. Warum ist »gut geschrieben« immer nur dann ein Kompliment, wenn es um einen Autor geht, den keiner liest? Weißt du, wie wichtig eine »gut geschriebene« Einwanderergeschichte sein kann? Für Immigranten? Für Leute, die richtig kämpfen müssen, um in einer Gesellschaft anzukommen? Nur weil das Millionen Leute gelesen haben, muss das nicht schlecht sein, oder?*
– Aber das sind doch die alten Sachen. Ich finde die neuen *memoirs* unerträglich. Nimm James Frey – *A Million Little Pieces.*
– *Der Ex-Alkoholiker, Ex-Crackkopf?*
– Genau. Der die Hälfte seiner *memoir* erfunden hat. Was ein Skandal ist. Aber noch viel skandalöser ist doch, mit welcher Unverschämtheit dieser Typ Respekt für seinen Schmerz einfordert. Eine Drogenkarriere, die er ganz allein gestartet hat, an der aber plötzlich alle möglichen Leute Schuld tragen sollen. Insbesondere natürlich, wie originell, Mom und Dad. Und all das wird dann in übelster Prosa ausgewalzt. Weißt du, wie oft Frey nur beschreibt, wie er duscht? Hier: »The water is hot, but not too hot. It is comfortable. It feels good«.[7] Immer wieder, immer wieder: heißes Duschen, warmes Duschen, kaltes Duschen. Es

ist eine Dusche in der Drogenklinik, OK, aber es bleibt eine Dusche. Das soll so nach Hemingway klingen, nach »Big Two-Hearted River« und dem vom Krieg traumatisierten jungen Mann, der inneren Frieden sucht und sich dann so ganz wohl in seinem Zelt beim Fischen fühlt, weil es ihm diese Illusion von Sicherheit gibt. Aber bei Hemingway ging's eben um Krieg, um die Republik, was weiß ich. Das sind Geschichten von *Erwachsenen* und *erwachsenen* Katastrophen – nicht nur von deinem eigenen kleinen Drogenproblem, das du jetzt mit warmem Brausen pflegen willst.
   – *Gut. Geschenkt. Frey ist eine Pflaume. Aber es ist doch auch klar, dass Leute auf ganz unterschiedliche Art leiden. Und dass deine ... Republik erst dadurch entsteht, dass sie sich davon erzählen können. Schau dir* Lucky *an, Alice Sebolds* memoir. *Ein College-Mädchen, gerade im ersten Jahr, und sie wird auf dem Campus vergewaltigt. Gibt es einen besseren Grund, um zu klagen? Aber Sebold klagt nicht. Sie berichtet. Das ist alles. Jedes Detail der Vergewaltigung. Dass sie »lucky« ist, weil ein Mädchen vor ihr nicht nur vergewaltigt, sondern auch ermordet wurde, an exakt derselben Stelle, wo dieser Mann sie überfallen hat.[8] Dass ihre Mitstudierenden sie nur noch als das Vergewaltigungsopfer sehen. Dass sie sich über Monate hin den entwürdigendsten Polizeiprozeduren aussetzen muss, nur um ihren Vergewaltiger hinter Gitter zu bringen. Wie es quasi unmöglich ist, wieder ein normales Leben zu führen. Und zwar nicht nur, weil die Vergewaltigung sie traumatisiert hat, sondern weil ihre Umwelt ihr nicht einmal die Gelegenheit gibt, diese Geschichte zu erzählen. Keiner will ihre Version hören, weil sich alle schon ihre eigene Geschichte von der vergewaltigten Alice zurecht gelegt haben. Wie willst du ohne* memoirs *eine vernünftige Diskussion über Vergewaltigung führen?*
   – Das ist eine Ausnahme.
   – *Es ist keine Ausnahme. Das ist der Sinn von so vielen* memoirs. *Dagegenzuhalten. Gegen den Bürokratiediskurs nach einer Vergewaltigung – oder, bei den »illness memoirs«, gegen diesen ganzen medizinischen Apparat, der Kranke nur als anonyme Fälle sieht. Das kannst Du schon postkolonial nennen, mit einer* memoir *deine eigenen Worte zu finden zu Krebs oder AIDS.[9] Oder einfach nur zu Übergewicht. Du findest es lächerlich, aber nimm zum Beispiel Judith Moore.* Fat Girl. *Das ist so eine von den Dicken-*memoirs, *über die du dich lustig gemacht hast. Weißt du, wie das erste Kapitel beginnt?*
   – Sag's mir.
   – *»You're too fat to fuck.«[10]*
   – Too fat –

– *To fuck. Sagt ihr jemand. Erste Zeile, erstes Kapitel. Ist das Gejammer? Für mich ist das gute, harte, wahrheitsnahe Prosa. Das Schicksal einer Dicken abzubilden ist doch nur der erste Schritt. Eigentlich geht's in* Fat Girl *um etwas viel Größeres: darum, wie Leute sich mit alltäglichen Grausamkeiten quasi gegenseitig umbringen. OK, es ist nicht der Erste Weltkrieg. Also fang nicht wieder von Hemingway an. Aber es ist unsere Zeit. Und wenn die Romanciers so selbstverliebt sind, dass sie solche Geschichten nicht mehr hinbekommen, dann musst du eben memoirs kaufen.*
– *Ich muss gar nichts.*
– *Oh doch. Du musst Joan Didion lesen.* The Year of Magical Thinking. *Hör zu: Didion hat plötzlich ihren Mann verloren. Und ihre einzige Tochter liegt im Koma. Aber das Buch ist so viel mehr als ein Bericht über privates Elend. Das ist New Journalism der besten Sorte. Das reine Prinzip aus den 1960ern: Subjektivität ist nicht Egozentrik, sondern eine neue und andere Form der Objektivität. Gerade weil ich mich in den Mittelpunkt stelle, komme ich erst richtig an die Wirklichkeit dran.*[11] *Logisch, Du kannst Didions Buch wieder all diese langweiligen Vorwürfe machen. Was der Europrof dann immer so sagt: Regt euch ab, Mädels, Leute sterben immer und krank sind sie auch manchmal, wen geht's was an? Aber* Year of Magical Thinking *ist eben viel mehr als nur eine Reaktion auf Schicksalsschläge. Es ist ein Schreibexperiment. Was mache ich als Schriftstellerin, wenn sich dieser ganze medizinische Wortschwall über mich ergießt? Wie kann ich mich dann noch äußern, wenn mich der Schmerz stumm macht? Das ist nicht nur: Mein Mann ist tot, was soll ich tun?*
– *Aber* –
– *Da ist diese eine Szene: Didion kommt aus dem Krankenhaus nach Hause, in ihre Wohnung. Gerade ist ihr Mann gestorben, an einem Herzinfarkt beim Abendessen. Der Notarzt hat ihn abgeholt, aber er war nicht zu retten. Und sie steht jetzt im Wohnzimmer, plötzlich allein, Witwe nach vier Jahrzehnten Ehe. Was macht sie? Sie nimmt sich sein Portemonnaie und geht durch seine Kreditkarten und Ausweise, die Medicare-Karte, die Metro card – und dann fängt sie an, die Dollarscheine aus seinem Portemonnaie mit den Dollarscheinen aus ihrem zu vereinigen, Fünfer zu Fünfern, Zehner zu Zehnern, Zwanziger zu Zwanzigern. Weil sie sich sagt, dass er es gerne so hätte. Weil sie glaubt, er würde sie beobachten, würde sehen, wie sie durch dieses Sortieren die Kontrolle behält. »I remember thinking as I did this that he would see that I was handling things.«*[12] *Wenn das nicht gute Prosa ist, was dann?*

16:00

— OK, du hast mich gefragt, was für mich gute Prosa ist. Also bessere als Didions *Year of Magical Thinking*.
— *Schieß los.*
— Also: Wenn man sich ein anderes Leben ausdenken kann, nicht nur das eigene.
— *Warum?*
— Weil es Vielstimmigkeit geben muss in der Literatur und Diversität und eine Vision von Bürgerlichkeit und Differenz – und weil das der Roman kann, nur der Roman. Bloß die lange Fiktion kann ganze Welten erfinden und Heterogenität, nicht nur einsame Menschen, die ihre Dollarscheine glatt bügeln und das dann in ihr Tagebuch schreiben.
— *Das ist gemein.*
— OK. OK. Ja.
— *Echt –*
— Kann ich Dir trotzdem ein Beispiel geben?
— *Aber keine Gemeinheiten mehr.*
— Nimm Augusten Burroughs, *Running with Scissors*.
— *OK.*
— Das ist eins der meistverkauften amerikanischen Bücher des frühen 21. Jahrhunderts. Dieser Typ, dieser Burroughs –
— *Ist er verwandt, verschwägert?*
— Mit William S.? Nichts da. Künstlername. Nicht mal das, könnte man sagen, nicht mal das!
— *Auch eine Missbrauchsmemoir?*
— Da fängt die Sache an. Also: Da ist dieser Junge, Augusten eben, der aber eigentlich anders heißt. Er ist 12 und er kommt zu dieser skurrilen Pflegefamilie. Dann taucht bald sein erster Liebhaber auf und es gibt reichlich Anal- und Oralverkehr, immer so ganz detailliert beschrieben und immer so, dass der Held uns *einerseits* als Opfer vorkommt, Opfer dieses bösen, bösen Missbrauchs ...
— *Vorsichtig.*
— Nein, nein, jetzt kommt's nämlich. Weil Augusten all der Verkehr aber auch Spaß macht, ziemlich viel sogar, ist Sex dann manchmal doch wieder gut. Aber alles funktioniert nach einem gnadenlos narzisstischen Prinzip: Wenn du Spaß beim Sex hast, vergewaltigst du mich. Wenn ich aber Spaß dran habe, macht er mich zu diesem kreati-

ven Individuum. Und dann ist Sex gut. Dann ist es auch völlig egal, ob du nun gerade daran Spaß hast. Es wird nie wirklich auf den Anderen geschaut. Es gibt null Empathie. Und noch etwas. Fürchterliche Szene. Sein Pflegevater, dieser völlig durchgeknallte Psychiater –
– *Klischeealarm* –
– Oh ja. Jedenfalls: Der Vater macht immer diese Exkrementenbeschau. Er holt seine Tochter, damit sie seinen Kot, seine *Würste* –
– *Hör auf!*
– Ich lüge nicht. Damit sie sie aus dem Klo herausholt und draußen im Garten auf den Picknick-Tisch legt, zum Trocknen, damit alle sie bestaunen können, weil sie so lang sind und so schön geformt.[13]
– *Bitte.*
– Der Text stellt das natürlich als grausig dar, wie auch nicht. Aber Burroughs macht doch in seiner *memoir* genau das, was dieser Psychiater macht. Er holt die ganze Scheiße aus seinem Leben und legt sie da zum Trocknen hin. Er ist der größte Narziss von allen, beschimpft aber die Menschen um sich herum kontinuierlich als diese schrecklichen Narzissten, die ihn traumatisieren. Und das ist doch die Quintessenz der *memoir*. Es gibt keinen Dialog, kein Gefühl für Zusammenhalt, kein Erzählen von Amerika als Gesellschaft. Nur noch Egozentriker, die ihr eigenes Leben für total faszinierend halten, andere Leben aber immer als Gefährdung ihrer Freiheit wahrnehmen.
– *Gut. Aber darf ich etwas anmerken?*
– *Was?*
– *Missbrauch hat seine eigenen Geschichten. Wenn einer egozentrisch wird, weil er missbraucht wurde, und die Geschichte erzählt, wie das passiert ist, dann kannst du ihm schlecht seine Egozentrik vorwerfen.*
– Aber vielleicht wurde Burroughs gar nicht missbraucht. Seine Pflegefamilie zum Beispiel hat ihn verklagt. Sie sagen, das wäre alles gelogen.[14]
– *Die Toilettengeschichte auch?*
– Hoffentlich.

18:00

– *Sag: Ist dir das denn wirklich so wichtig, ob die Fakten stimmen in der memoir?*
– Na, ziemlich wichtig.

– Aber warum nicht mit einem Mix von Fakt und Fiktion leben? So wie Doctorow mal gesagt hat – es gibt keine Fiktion, keine Nichtfiktion, nur narrative?[15]
– Oh nein. Das ist zu simpel.
– Warum?
– Die memoir muss wahr sein, das ist das Gattungsmerkmal. So wie eine Tragödie ein schlechtes Ende haben muss. So wie ein Großstadtroman nicht auf Cape Cod spielen kann. Wenn das Wort memoir auf dem Buchtitel steht, dann zeigt das etwas an. Dann kann man die Menschen in dem Buch zur Verantwortung ziehen – und dazu muss man wissen, dass sie echt sind. Wenn's um »Meine paar Monate mit Magersucht« geht, ist das vielleicht egal. Aber ich bitte dich: Elie Wiesel hat memoirs über die Shoah geschrieben. So ist das Genre doch erst richtig interessant geworden, als Dokument der Zeitgeschichte. Jede falsche memoir entwertet genau diese Funktion: Zeugenschaft. Nimm doch Wilkomirskis Bruchstücke. Zutiefst berührende memoir eines Holocaustüberlebenden. Von vorn bis hinten erlogen. Du findest immer noch Leute, die den Mann in Schutz nehmen und sagen, das wäre ein Dokument des, was weiß ich, transponierten Fremdtraumas auf ihn selbst. Aber so ein Buch zieht doch den Wert jedes nichtfiktionalen Texts in den Dreck.[16]
– Du bist doch sonst nicht so.
– Wie?
– Na, so prä-postmodern. Sonst ist dir Authentizität immer ganz egal. Wenn du konsequent wärst, müsstest du auch zugeben, dass es dieses eine wahre »Ich« einfach nicht gibt.[17]
– Es muss ja keiner eine memoir schreiben. Aber wenn ich ein Spiel spiele, muss ich mich an die Regeln halten. Oder sagen wir so: Nicht die Ethik, sondern die Ästhetik der memoir braucht Wahrheit. Robert Frost hat gesagt: Lyrik ohne Reime und Metrum zu schreiben ist wie Tennis ohne Netz zu spielen.[18] Und eine nur zur Hälfte erfundene memoir ist Tennis ohne Netz, weil ich die Herausforderung nicht bestanden habe, nur aus dem echten, grauen, schäbigen Alltag eine Geschichte zu formen.
– Das klingt so super-altmodisch.
– Aber Schreiben ist doch altmodisch. Worte auf Papier bringen ist altmodisch. Schon etwas ausdrucken ist altmodisch und ein Leben erzählen noch mehr. Du kannst doch nicht aus so einem MIT-Media-Lab-Innovationsgestus heraus dem Autobiografischen die Wahrheit neh-

men. Das ist, als würdest du zu dem ältesten Geigenbauer von Mittenwald sagen: Hey, kleb doch deine Violinen mit Pattex zusammen, wir können den Sound eh besser auf dem Sampler produzieren. Gerade weil Literatur so antiquiert ist, müssen die handwerklichen Sachen stimmen.
– *Lügen in der* memoir *sind Pattex in der Violine?*
– Oder Uhu.
– *Uhu. Aha.*

21:00

– *Und Dave Eggers?*
– Was ist mit Dave Eggers?
– *Das müsste doch dein Mann sein, oder?*
– Warum?
– *Bei ihm findest du das alles: Empathie, soziales Bewusstsein, die Hinwendung zum Roman, gleichzeitig die Reflektion des möglicherweise Fiktionalen in der* memoir ...
– Noch nicht gelesen.
– *Du kennst die beste* memoir *von allen nicht:* A Heartbreaking Work of Staggering Genius.
– OK. Also ... Um welche Tragödie geht's?
– *Du lernst nichts dazu, oder? Eggers ist Anfang 20, seine Eltern sterben in ganz kurzem Abstand hintereinander an Krebs. Sein jüngster Bruder ist erst sieben. Dave Eggers übernimmt die Vaterrolle, zieht mit ihm nach San Francisco.*
– Dann?
– *Dann nicht viel mehr. Bohemeleben. Er gründet eine Zeitschrift, schreibt, datet Frauen ...*
– Oh je.
– *Denkst du. Selbstreflektiert ist das Ganze, bis in den letzten kleinen Winkel der Erzählung. Fast so fein ziseliert wie David Foster Wallace. Ständig gibt es dieses Bewusstsein, dass man sich aufopfert, aber nur aus Egoismus. Dass man indie ist, aber trotzdem ins Fernsehen will. Dass man den Schmerz fühlt, die toten Eltern, aber gleichzeitig an all diese alltäglichen Details denkt, die den Schmerz fast unsichtbar machen. Und dann wird eben dieses Fiktionalisieren der* memoir *ganz bewusst angezeigt.*
– Etwa.

– Etwa. Eggers bewirbt sich für die San-Francisco-Staffel der MTV-Serie The Real World und hat ein Bewerbungsgespräch mit einer MTV-Frau. Das Gespräch zieht sich über Seiten und Seiten hin und wird zu diesem unglaublich detaillierten Selbstbekenntnis von Eggers. Aber er sagt es dann auch – dass dieses Gespräch so nicht stattgefunden hat, dass es viel knapper war, dass seine Selbstdarstellung nur fingiert ist ...
– Ein fingiertes Gespräch? Wie öde.
– Eben nicht. Weil er diesen Akt des Bekenntnisses neu beleuchtet. Da gibt's nicht diese altbackene Kulturkritik, die immerzu Geheimnisse bewahren will und ständig, buhuu, buhuu, über die Tyrannei der Intimität klagt und das Abendland ruiniert sieht von ein paar Talkshows am frühen Nachmittag. Eggers sagt: Meine Eltern sind tot, meine Welt ist zusammengebrochen, aber logisch bin ich trotzdem eitel und will von mir erzählen. Weil's raus muss. Weil ich glaube, dass ich interessant bin oder zumindest interessante Sachen denke.
– Hm.
– Die postmoderne memoir halt. Der kannst du diese ganzen Sachen nicht vorwerfen, weil Eggers sich nicht nur ständig selbst reflektiert und dekonstruiert ...
– Nicht dieses Wort, bitte.
– Oh, jetzt ist es schon verboten? Demontiert, wenn dir das lieber ist, destabilisiert, und weil er eben nicht nur von sich spricht, sondern von: wir. Wir, mein Bruder und ich. Wir, die Leute, die diese Zeitschrift gegründet haben und die Welt verändern wollen. Das ist eben kein Narzissmus.
– Nur weil's Plural statt Singular ist?
– Es ist schon mal ein Schritt heraus aus der Egozentrik, oder? Und was Eggers jetzt herausgebracht hat, What Is the What, macht das noch einmal viel konsequenter. Nicht als memoir, sondern als Roman, mit den Mitteln der memoir erzählt. Die Geschichte des Valentino Achak Deng, eines Flüchtlings aus dem Sudan. Das ist ein Junge, der monatelang auf der Flucht durch Bürgerkriegsgebiet wandert, Richtung Äthiopien, mit Hunderten von anderen Jungen, im Gänsemarsch. Immer wieder fallen Jungen vor und hinter ihm tot um, vor Hunger, Erschöpfung. Er sieht Morde und Massaker. Er lebt jahrelang in einem Flüchtlingscamp. Er kommt in die USA durch eine Hilfsaktion, dann wird dort seine Freundin umgebracht, dann wird er selbst überfallen. Ein Mann wie Hiob, wie Hiob. Und What Is the What erzählt das alles, und alles basiert auf Interviews mit Valentino Achak Deng. Der schreibt ein Vorwort und garantiert, sozusagen, für Authentizität. Aber es ist eben nicht die memoir des Selbst, sondern die memoir des Anderen, für den Anderen. Wie Boswells Life of Johnson, nur

grenzüberschreitend, Welten überschreitend und wirklich respektvoll vor dem Leid, von dem man nicht viel weiß. Humanitär, im besten Sinne.

23:00

– Mag sein, das mit dem Eggers. Ich glaube dir das.
– *Gut.*
– Aber es reicht mir nicht.
– *Warum nicht?*
– Weil ich nicht das eine Buch haben will von Valentino ...
– *Achak Deng.*
– Genau und das andere Buch von der vergewaltigten Collegestudentin und das andere von dem Mädchen, das »too fat to fuck« sein soll und das von, was weiß ich, George W. Bush und seiner kleinen Schwester. Das sind mir zu viele Bücher. Wie Aktenordner: immer nur ein Leben pro Band.
– *Was willst Du denn?*
– Viele Leben in einem Buch. Ich will einen Roman, der den Jungen aus dem Sudan zusammenbringt mit Klein-George und seinem Plattenspieler in Texas, und der sich noch eine Geschichte ausdenkt, die die beiden mit einem Vergewaltigungsopfer auf dem College-Campus verknüpft oder mit Dicken und Dünnen, Reichen und Armen. Wahrscheinlich will ich einen Roman wie vor hundert Jahren, wie *Middlemarch*, wie *Wings of the Dove*, wie *Manhattan Transfer*. Romane, die all diese superdisparaten Geschichten zusammenhalten. Für unsere Zeit. Keine wahren Fallstudien, aber auch keine endlosen Pynchon-Phantasmagorien. Und keine didaktischen Richard-Powers-erklärt-mir-die-Neuroscience-Bücher. Warum gibt es das nicht: ein polyvokales Epos über die Risse in Amerika? Wo ist so etwas?
– *Lies doch Claire Messud. Emperor's Children.*
– Habe ich schon.
– *Lies doch The Corrections.*
– Habe ich auch schon. Dreimal.
– *Dann Franzens neues Buch – der hat doch ein neues?*
– Habe ich auch schon gelesen. *The Discomfort Zone.* Grauenhaft. Eine *memoir!* Eine narzisstische, selbstbeweihräuchernde Ich-beim-Golfspielen-in-Nordkalifornien-*memoir!* Ist das nicht abscheulich?

- Warum?
- Warum? Warum? Hier ist der Mann, von dem man *den* Roman der Bush-Ära erwartet. Der Mann, der das *könnte*. Das große Panorama: von New Orleans und dem Chaos nach Katrina bis zu Dick Cheney, wenn er einem Freund beim Jagen ins Gesicht schießt und dann sagt, der Freund sei selbst schuld. Das *wartet* nur auf Franzen. Aber was macht er? Er schreibt eine *memoir* darüber, wie sehr er in seiner Kindheit die Peanuts geliebt hat. »When Charlie Brown went off to summer camp, I went along in my imagination.«[19] Hey, toll. Die Peanuts! Wie Biedermeier wird's denn noch?
- Zeig mal her.
- ...
- ...
- ...
- ...
- Du liest das jetzt nicht, oder?
- ...
- Schatz?
- ...
- Oh.

[1] Mindestens einer der beiden Gesprächspartner ist imaginär.
[2] George W. Bush: *A Charge to Keep. My Journey to the White House*, New York: Harper Collins 2001, S. 14.
[3] Ebd., S. xi.
[4] Zum Begriff siehe etwa Azita Osanloo in der Zeitschrift *Poets and Writers*: »Let me be the last – the absolute dead last – to point out that we're in the midst of a memoir craze«. (Osanloo: »The Pressure to be Exotic«, in: *Poets and Writers* 34 (2006) H. 5. Online: <http://www.pw.org/mag/0609/osanloo.htm> (19.10.2007).
[5] Helen M. Buss: »Memoirs«, in: *The Encyclopedia of Life Writing. Autobiographical and Biographical Forms. Volume II*, London: Fitzroy Dearborn 2001, S. 595–597. Vgl. aber Smith / Watson: »In contemporary parlance *autobiography* and *memoir* are used interchangeably«. Als Unterschiede identifizieren Smith / Watson dennoch: die dialogische Subjektivität in der *memoir* (konstituiert durch Äußerungen und Verhaltensweisen anderer) sowie die Auflösung von Grenzlinien zwischen Privatheit und Öffentlichkeit, Subjekt und Objekt (Sidonie Smith / Julia Watson: *Reading Autobiography. A Guide for Interpreting Life Narratives*, Minneapolis: University of Minnesota Press 2001, S. 198).
[6] Eine Beobachtung von Marvin Kleinemeier (Student der Anglistik, Universität Paderborn).
[7] James Frey: *A Million Little Pieces*, New York: Anchor Books 2003, S. 318.
[8] Alice Sebold: *Lucky*, Boston: Little, Brown 1999, o. S.

[9] G. Thomas Couser: *Recovering Bodies. Illness, Disability, and Life Writing*, Madison: University of Wisconsin Press 1997, S. 29; Arthur W. Frank: *The Wounded Storyteller. Body, Illness, and Ethics*, Chicago: University of Chicago Press 1995, S. 13.

[10] Julie Moore: *Fat Girl. A True Story*, New York: Plume 2006.

[11] Hannes Haas: »Fiktion, Fakt & Fake? Geschichte, Merkmale und Protagonisten des New Journalism in den USA«, in: *Grenzgänger. Formen des New Journalism*, hg. von Joan Kristin Bleicher / Bernhard Pörksen, Wiesbaden: VS Verlag für Sozialwissenschaften 2004, S. 43–73, hier S. 58.

[12] Joan Didion: *The Year of Magical Thinking*, London: Fourth Estate, 2005, S. 18.

[13] Augusten Burroughs: *Running with Scissors: A Memoir*, New York: Picador 2002, S. 166–167.

[14] David Mehegan: »Family Settles with Sony over ›Scissors‹; Suit against Author Remains«, in: *The Boston Globe* 18 October 2006. Online: <http://www.boston.com/news/globe/living/articles/2006/10/18/family_ settles_with_sony_over_scissors_suit_against_author_remains/> (19.10.2007).

[15] Zitiert in: John Holowell: *Fact & Fiction: The New Journalism and the Nonfiction Novel*, Chapel Hill: The University of North Carolina Press 1977, S. 3.

[16] Zur Aufarbeitung des Wilkomirski-Skandals siehe etwa: Daniel Ganzfried: *... alias Wilkomirski. Die Holocaust-Travestie. Enthüllung und Dokumentation eines literarischen Skandals*, Berlin: Jüdische Verlagsanstalt 2002. Zur Geschichte von Lügen in der Autobiographie siehe auch: Timothy Dow Adams: *Telling Lies in Modern American Autobiography*, Chapel Hill: University of North Carolina Press 1990. Zur Ethik autobiographischen Schreibens siehe: *The Ethics of Life Writing*, hg. von John Paul Eakin, Ithaca, N.Y.: Cornell University Press 2004.

[17] Bergland führt aus: »A theory of the subject in autobiography must posit the existence of multiple and contradictory subjectivities as the effect of multiple discourses at a particular historical moment«. (Betty Bergland: »Postmodernism and the Autobiographical Subject«, in: *Autobiography and Postmodernism*, hg. von Kathleen Ashley / Leigh Gilmore / Gerald L. Peters, Amherst: University of Massachusetts Press 1994, S. 130–166, hier S. 162).

[18] Robert Frosts Antwort 1956 in einem *Newsweek*-Interview auf die Frage nach seiner Meinung zu »free verse«: »I'd just as soon play tennis with the net down«. Zitiert in: <http://www.bartleby.com/63/53/7153.html> (19.10.2007).

[19] Jonathan Franzen: *The Discomfort Zone*, New York: Farrar 2006, S. 49.

II 9/11 und die Folgen:
   Erzählen aus Terror und Krieg

JÖRG THOMAS RICHTER

»Nineteen Men Come Here to Kill Us«

Terroristenphantasien in amerikanischen Romanen
nach dem Herbst 2001

Nach den islamistischen Terroranschlägen des Herbstes 2001 wurde schnell das Ende eines Zeitalters ausgerufen, des Zeitalters der Ironie, welches jetzt mit der brutalen Wiederkunft des Realen beendet sei. Was aber ist real? Dem Journalisten Roger Rosenblatt zufolge dies: »The greatness of the country: real. The anger: real. The pain: too real«.[1] Unter dem Titel »The Age of Irony Comes to an End« stellt Rosenblatt die Größe des Landes in Relation zum Zorn über den Anschlag und dem am Anschlag erlittenen Leid, und zwar so, dass all dies zum Zeichen wird für »a new and chastened time«. Diese Relation kommt nicht von ungefähr. Sie gehört, wie Sacvan Bercovitch unter dem Titel *American Jeremiad* gezeigt hat, zum ideellen Grundinventar der amerikanischen Kultur.[2] So verwundert wenig, dass auch in der amerikanischen Literatur nach dem 11. September 2001 die Jeremiaden erneut Konjunktur haben, auch und gerade dann, wenn von den Tätern, den Terroristen erzählt wird. Die literarische Funktion des Terroristen gründet in der Redefigur der Kataplexis, jener Verkündigung nahender Katastrophen, die, im Sinne der amerikanischen Jeremiade, zwar als Strafe für weltliche Verfehlung, doch immer auch als Reevokation des Heilsversprechens und des damit verbundenen individuellen Heilsstrebens funktionalisiert wird.

Im Folgenden soll hier ausschließlich von Romanen die Rede sein, die vom 11. September 2001 geprägte Phantasien über Terroristen entwerfen. Darin stehen Figuren im Mittelpunkt, die als Zivilpersonen versuchen, politische, ideologische oder religiöse Ziele durchzusetzen, indem sie vor dem Horizont eines kulturgegebenen Ideals physische Gewalt gegen andere Zivilpersonen ausüben. Das ist keine umfassende, aber für den Zweck genügende Definition dessen, was ein Terrorist ist,[3] und ohnehin müssen die (Anti-)Helden dieser Erzählungen nicht unbedingt islamistische Fundamentalisten sein. Es sind auch amerikanische Terroristen, die aus den politischen Nachwehen des islamistischen Terrors geboren werden, so der unter Gedächtnisschwund leidende amerikanische Polizist Remy in Jess Walters *The Zero*, der politische Aktivist Jay in Nicholson Bakers *Checkpoint*, oder der frustrierte Ehemann in Ken Kalfus *A Disorder Peculiar to the Country*.[4] Was all diese Figuren eint, ist, um das Offensichtliche festzuhalten, ihre Nachzeitigkeit zu 9/11. Jennifer Egan, deren Roman *Look at Me* Ende 2001 nach sechsjähriger Arbeit endlich im Erscheinen war, distanziert sich in dem der späteren Taschenbuchausgabe angehängten Nachwort schon wegen dieser zum Publikationszeitpunkt unabsehbaren Nachzeitigkeit von der Art und Weise, wie sie einen islamistischen Terroristen beschreibt. Der von ihr porträtierte terroristische Schläfer war nach den Anschlägen auf einmal zum »imaginative artefact of a more innocent time« geworden.[5] Die Terroristenphantasie, eine bislang durchaus gebräuchliche Figur der Kulturreflexion, ist seither »nearly impossible to read [...] outside the context of September, 11th, 2001«.[6] (Und das hat im Kontext ihrer Zeit auch für die klassischen Terroristenromane von Joseph Conrad, Henry James oder Fjodor Dostojewski im Kontext des damals anarchistischen Terrorismus gegolten.) So ist unverkennbar, dass 9/11 postmoderner Fabulierfreude über terroristische Gewaltszenarien Grenzen setzt, weil die nach 2001 entstandenen Terroristenphantasien nicht umhin kommen, auf die ultimative Referenz des Anschlags verpflichtet zu werden – das Datum dient hier gleichsam als Referenzknoten für die Terroristenphantasie mit den darin verknoteten Strängen von Massenmord, islamistischem Terrorismus und Fundamentalismus, des davon ausgelösten Irak-Kriegs und der diesem impliziten Übertretung des Völkerrechts durch die USA, um nur einige dieser Stränge zu nennen.

Die Literarisierung von 9/11 in der Terroristenerzählung hat – und zwar ebenso wie die Medialisierung des Datums in unzähligen, weltweit ausgestrahlten Medienberichten – zur Folge, dass dieses, heute ultimativ referenzverpflichtende Datum verschieden verstehbar wird,[7] und zwar nicht nur im Sinn der von Rosenblatt beklagten weltevasorischen Sprachspielrelativität der Postmoderne. Vielmehr geht es wie beispielsweise in Harold Jaffes »docufictions« darum, konkurrierende Subtexte aus ausgewählten Presseberichten herauszuarbeiten,[8] oder aber sowohl terroristische Tat als auch Tatbericht in ihren Geltungsansprüchen zu befragen. »There has to be something you want to say, some feeling to express, nineteen men come here to kill us«, fordert etwa eine der Figuren in Don DeLillos Roman *Falling Man*, aber diese Forderung wird bezeichnenderweise in einer Alzheimer-Therapiegruppe aufgestellt, als funktionale Schreibaufgabe für Individuen mit alters- und genetisch bedingter Vergesslichkeit.[9] Und die Antwort aus der Gruppe ist enttäuschend: »[T]hey are a million miles outside your life. Which, besides, they're dead«.[10] Nota Bene: noch in DeLillos *Mao II* konkurrierten Autor und Terrorist im revolutionären Anspruch miteinander,[11] und leider so, dass das Literarische seine angestammte Funktion als Erzeuger kulturstiftender Mentalität zu Gunsten der Massenmedien und deren Helden – und das eben waren die Terroristen – räumen musste. Die Terroristen der Ära vor 9/11 waren auf diese Weise Doppelgänger des Literaten – ein fester Topos bereits seit Henry James' *The Princess Casamassima* von 1885; über Terroristen zu schreiben, beinhaltete gleichsam, über Literatur zu räsonieren, und worauf dieses Räsonnement vor 2001 hinausgelaufen war, ist, wie der New Yorker Schriftsteller Benjamin Kunkel treffend formuliert: »the apotheosis of the spectacle and the eclipse of the written word«.[12] Von der Koketterie mit der Pose des Weltverbesserers und Revolutionärs haben sich, betrachtet man die nach dem Herbst 2001 vorliegenden Romane, die meisten Autoren emanzipiert. Im Übrigen auch DeLillo selbst. In *Falling Man*, nach 9/11, läuft der Terror ebenso leer, wie das Schreiben darüber in der Therapiegruppe, wenn dort der Mediziner Dr. Apter erklärt: »The writing is sweet music up to a point. Then other things will take over«.[13] Der Terrorschock wirkt nicht als weltverwandelnder Bewusstseinsschock, die Terrorerzählung nicht als Weltmodell. Die in der Frage nach den Terroristen präjudizierte Transformation von Wirklichkeit bleibt aus, was bleibt, sind die physischen Gegebenheiten der Existenz, nur zusätzlich durch Terror deformiert. DeLillos *Falling Man* – ein Roman, der hier, weil er hauptsächlich um Opferperspektiven organisiert ist, nur am Rande zu besprechen ist – macht wie die anderen hier besprochenen Texte Ernst mit dem Verständnis von Terror als symbolischer Handlung: Es ist ein offenes Symbol mit begrenzter Bedeutungsgarantie; »Bin Laden« ist sinnvoll missverstehbar als »Bill Lawton«.[14] In Jess Walters Roman *The Zero* bringt es eine der Figuren auf den Punkt: »[H]istory has become a thriller plot«.[15]

Die literarische Funktionalisierung des Terroristen erfolgt in unterschiedlichen Formen, die ich an dieser Stelle und zu diesem Zeitpunkt nur vorläufig skizzieren kann. Doch was sich abzuzeichnen beginnt, ist das in unterschiedlicher Form der Terroristenphantasie unterlegte Modell der Jeremiade. Kernmotiv auch der um den Terrorismus entwickelten Jeremiaden ist die beständige Auseinandersetzung des Heilssuchenden mit der immer neu zu erringenden Meisterschaft über die widrigen Umstände, über die verkommene Welt. Bercovitch beschreibt ausführlich das Konzept des puritanischen »Errand into the Wilderness«, wo es darum geht, die Erfahrung von Liminalität, d. h. von sich ständig unerwartet bzw. konfrontativ transformierender Realität, in die Gesellschaft zu integrieren.[16] In dieser auf Dauer gestellten Liminalität innerhalb einer stets erneuerungsverpflichteten Kultur und ihrer Individuen liegt, wie sich insbesondere in John Updikes Roman *Terrorist* abzeichnet, die offene, gleichwohl vorsichtig zu handhabende Strukturanalogie zwischen puritanischem »Errand« und islamistischem Jihad. »We were like Hamas, we were Al-Quaida«, – so identifiziert sich Charlie, libanesisch-amerikanischer Undercover-Agent für die CIA, mit den Streitern im amerikanischen Unabhängigkeitskrieg.[17] Und: »›These old revolutions,‹ Charlie continues confidentially, ›have much to teach our jihad‹«.[18] Die Analogie zwischen Jihad und Errand ist im Übrigen keineswegs neu, sie kann zurückgreifen auf einen Kerntext amerikanischen Selbstbewusstseins, wenn Ralph Waldo Emerson in seinem klassischen Essay *Heroism* das puritanisch tradierte Streben nach radikaler Selbstverwirklichung unter das mohammedanische Motto stellt: »Paradise is in the shadow of the swords«.[19] Wie Emersons Heroen sind auch jihadistische Terroristen, einer These Arthur Saniotis gemäß, »liminal beings«, die innerhalb der Kluft zwischen Heils- und Weltordnung operieren.[20] Wenn Filme wie Steven Spielbergs *Munich*, oder schon Edward Zwicks *The Siege* islamistischen Terror mit dem terroraffinen Abwehrverhalten jüdischer/amerikanischer Agenten kontrastieren, dann geschieht dies auch, um zu beschreiben, was terrororientierten Jihad und Errand voneinander unterscheidet – oder miteinander verbindet.

Dabei kann der Rückgriff auf den Erzähltypus der Jeremiade unzeitgemäß erscheinen. Rasten nach 9/11 erneut Kulturmechanismen aus der nationalamerikanischen Tradition ein, die mit der Globalisierung längst obsolet geworden sind? Der Erzähler in Mohsin Hamids Schlüsselroman *The Reluctant Fundamentalist* beschreibt dies nach dem 11. September 2001 als »dangerous nostalgia«: »There was something undeniably retro about the flags and uniforms, about generals addressing cameras in war rooms and newspaper headlines featuring such words as *duty* and *honor*. I had always thought of America as a nation that looked forward; for the first time I was struck by its determination to look *back*«.[21] Hamid, ein pakistanischer Princeton-Absolvent und vor seiner Schriftstellerkarriere Wirtschaftsberater für eine New Yorker Beratungsfirma, notiert penibel die auf 9/11 folgende Neuerfindung einer amerikanischen Kultur in überkommen geglaubten Modellen. Er notiert präzise, was Jean Baudrillard den »Isolationismus des Opfers« und die Unfähigkeit genannt hatte, »den Anderen, die radikale Andersheit des Anderen, den eventuellen Feind, den Islam oder irgendetwas in diese Richtung zu berücksichtigen«.[22] Hamid lässt seinen Ich-Erzähler Changez einem unbenannten amerikanischen Geheimdienstler in einem Café in Lahore, Pakistan, gegenübersitzen. Während beide eine Mahlzeit teilen – wobei der durch kulturelle Stereotypen verängstigte Amerikaner stets schweigt und nur durch die Beobachtung des Erzählers überhaupt im Text präsent ist –, erzählt Changez monologisch von einer dem *American Dream* gemäßen Traumkarriere, die er als Elitestudent in Princeton beginnt und als Unternehmensberater einer renommierten, global agierenden Beratungsfirma beendet. Nach dem Herbst 2001 und einer scheiternden Liebesbeziehung kehrt er nach Lahore, Pakistan, zurück und wiegelt dort als Universitätsdozent Studierende zu antiamerikanischen Protesten auf. »*Focus on the Fundamentals*«[23] war der Leitspruch globalisierter Wirtschaft, den er als Wirtschaftsberater verinnerlicht hat, und eben dieser Leitspruch führt ihn dazu, sich von der Welt der Finanzen ab- und der Welt der kulturellen Identität zuzuwenden, denn: »finance was a primary means by which the American empire exercised its power«.[24] Im Einzugsbereich kultureller Ideologien wird der in der Ökonomie bewährte Fundamentalismus freilich zum Problem, und seine nach der Heimkunft nach Pakistan begonnene antiamerikanische Lehrtätigkeit macht ihn zum Ziel für amerikanische Geheimdienste. Am Ende des Buches fühlt sich der Amerikaner von mutmaßlichen Terroristen im Gefolge von Changez bedroht und greift in seine Jacketttasche, um entweder Visitenkarten oder Waffen zu zücken. Dann hört der Text auf, offenlassend, wer nun der *zögernde* Fundamentalist ist. Fundamentalismus ist, wie das offene Ende betont, eine kulturabhängige Unterstellung.

Wie Hamid zeigt, spricht die Terroristenphantasie doppelzüngig, sie stellt Jeremiaden gegen Jihadiaden. Muhammad Atta, von dem britischen Autor Martin Amis in der Kurzgeschichte »The Last Days of Muhammad Atta« als zynischer Nihilist gezeichnet – dies ist ein Terrorist, der zur seelischen Reinigung vor dem Martyrium ein Fläschchen geheiligtes Wasser trinkt, wohl wissend, dass es nur Volvic ist –, steht in Konkurrenz zu Jeremias, die Jihadiade in Konkurrenz zur Jeremiade.[25] Wenn ich hier die These von der Wiederkunft der Jeremiade aufstelle, dann also nur in dem Sinne, dass dieses in den Terroristenphantasien nach dem Herbst 2001 oft verwandte Modell in seinem Geltungsanspruch befragt wird. Die Jeremiade wird zum literarischen Thema, aber nicht um ihrer selbst willen, sondern als Diagnoseinstrument für eine nach dem Herbst 2001 aus den Fugen geratene Realität.

Bestes Beispiel für diese Form des Erzählens ist John Updikes *Terrorist*, ein Roman um einen jungen, und wie in fast allen vorliegenden Romanen der Fall: verhinderten Attentäter. Hierzu ist weiter auszuholen. Der Roman bedient das terroristische Initiationsmotiv, welches auch vor 2001 schon fester Bestandteil des Terrorplots war.

»She never stuttered when she was with the dynamite«, schreibt beispielsweise der Erzähler in Philip Roths Roman *American Pastoral*, erschienen 1997, über die fiktive Weathermen-Terroristin Merry Levov.[26] Die Bombe wird hier zum Instrument der verfehlten Initiation der Tochter aus gutem Hause. Deren Heranwachsen zur Sprengstoffattentäterin und später religiösen Fanatikerin schildert der Roman aus verschiedenen subjektiven Figurenperspektiven: aus der väterlichen Sicht Seymour Levovs, aus Sicht des eine bewertende Distanz evozierenden Erzählers Nathan Zuckermann, aus Sicht von Merrys Mitkämpferin Rita Cohen und aus Sicht der Lokaljournaille. Zu den unterschiedlichen, von verschiedenen Figuren beschriebenen Motiven ihrer Konversion zählen der politische Protest gegen den Vietnamkrieg, Merrys Revolte gegen die materialistischen Ziele der amerikanischen Gesellschaft und ihre Bevormundung durch die unglaubwürdig gewordenen Lebensideale der Elterngeneration sowie die scheinbare Verstrickung der Fabrikantenfamilie Levov in ein imperialistisches Ausbeutungssystem. Die angewandte Mehrfachperspektivierung ist strategisch: Die ohnehin multiplen Ursachen von Merrys Wandlung zerfallen im Licht subjektiv voreingenommener Beobachterpositionen. Was die Terroristin antreibt, bleibt obskur und den übrigen Romanfiguren älterer Generation verschlossen.[27] Roths Roman ist ein guter Vergleichspunkt für die terroristische Jeremiade: Die Akkumulation subjektiv nicht bewältigbarer kultureller Phänomene und Paradoxien bringt Individuen dazu, nach homogenen Heilsphantasien zu suchen und diese dann notfalls mit Gewalt anzustreben. Es ist dieses Motiv der Wandlung einer vermeintlich stabil sozialisierten Figur zum politisch-religiösen Gewalttäter, der Mannwerdung durch die Bombe, das nach dem 11. September Konjunktur hat. In DeLillos *Falling Man* weiß einer der späteren Terrorpiloten über sich: »He wore a bomb vest and knew he was a man now, finally, ready to close the distance to God«.[28] In Jess Walters pikareskem Roman *The Zero* wird der Erzähler, ein unmittelbarer Zeuge des WTC-Anschlags, vom traumatisierten, unter Gedächtnisverlust leidenden Polizisten unwissentlich zum Geheimdienstagenten, der eine islamistische Terrorzelle aufbaut. In Viken Berberians *The Cyclist* sind Vaterschaft und Täterschaft miteinander verbunden.

Um von solcher Wandlung zu erzählen, sind zumeist wenigstens zwei irgendwie implizite Perspektiven nötig, eine sich wandelnde und eine fixe Position, von der aus sich die Wandlung als solche überhaupt beschreiben lässt. Roth löst dieses Problem, indem er auf die in den USA spätestens seit William Faulkner etablierte Form mehrperspektivischen Erzählens zurückgreift. Verschiedene nebeneinandergestellte Perspektiven treten miteinander ins Gespräch, die Konversion löst sich gleichsam auf in eine Konversation unterschiedlicher Beobachter und Handelnder, unter denen der Terrorist selbst nur eine Stimme neben vielen ist.

Diese Mehrfachperspektivierung sticht in John Updikes Roman *Terrorist* hervor, bei dem das Initiationsmotiv das zentrale Sujet des Romans darstellt. Zwar wird, anders als bei Roth, die Wandlung des Highschool-Absolventen Ahmad Ashmawy Mulloy zum Terroristen in der personalen Erzählsituation geschildert, jedoch die Möglichkeit genutzt, diese Wandlung durch eine Vielzahl von Reflektoren zu perspektivieren. Updike bedient sich hier eines ethnisch vielfältigen, sich vor Stereotypen nicht scheuenden Arsenals; Reflektoren des Geschehens sind etwa der zukünftige ägyptisch-irisch-amerikanische Terrorist selbst, dessen jüdisch-amerikanischer Schulberater und dessen adipöse protestantische Ehefrau Beth, deren Schwester Hermione, der arabische Lehrer Shaikh Rashid, die afroamerikanische Schulfreundin Joryleen (die später zur Prostituierten wird), der libanesisch-amerikanische Kollege Charlie aus dem Möbelhaus, in dem Ahmad später arbeitet (ein Undercover-Agent für die CIA) oder der Secretary of Homeland Defense, »a born-again right-wing stooge with some Kraut name like Haffenreffer«.[29] Bereits diese Vielfalt an Positionen deutet an, dass Updike vermeidet, etwa eine einzelne Ethnie oder Religion zu denunzieren. New Prospect, der symbolhafte Ort der Romanhandlung, steht mit seinen vielfältigen Bewohnern für die Transformationen, der das puritanische Ideal des »New Canaan« in einer pluralisierten und globalisierten Kultur unterworfen ist.

Bezeichnend ist, dass der Konflikt, den Updikes Terrorist hat, nicht ethnischer, schichtspezifischer oder soziologischer, sondern theologischer Natur ist. Das zeigt sich vor allem in dem von Ahmad selbst reflektierten Geschehen. Ahmad entstammt einer mittlerweile geschiedenen Ehe zwischen der irisch-stämmigen Künstlerin Teresa Mulloy und eines nach der Scheidung entschwundenen Ägypters. Der lokale Imam Shaikh Rashid, sein erster Vaterersatz im Verlauf der Handlung, unterweist ihn im Sinne eines fundamentalistischen Islam. Dabei ist Ahmad schon zu Romanbeginn »a good muslim in a world that mocks faith«.[30] Problematisch ist nicht die Präsenz des Islam in der westlichen Welt, vielmehr Ahmads sich zunehmend islamistisch verschärfende Perspektive, die in einer Vielzahl von Invektiven gegen die amerikanische Wirklichkeit zu Tage tritt: gegen die scharf beobachtete, lockere Sexualmoral seiner Peers, seiner Mutter, seiner Lehrer, gegen die sexualisierte Teenagermode, gegen Waren- und Medienkonsum, gegen Alkohol, gegen christliche Bigotterie. Ahmad, explizit unterwiesen in den Lehren des Terrorvordenkers Seyyid Qutb, sieht seine Umwelt als *jahili*. Updike übertreibt die Entweltlichung Ahmads keineswegs, denn Qutb bezeichnet, im Sinne jenes radikalen islamischen Alteritätskonzepts, jedwede Gesellschaft als *jahili*, »that does not dedicate itself to submission to God alone, in its beliefs and ideas, in its observances of worship and in its legal regulations«.[31] Und demnach sind eben schlicht alle heute existierenden Gesellschaft als *jahili* zu beschreiben, als ›nicht-islamisch und illegal‹.[32] Einzig positiv besetzt sind in Ahmads Augen poetisch-religiöse Naturwahrnehmungen wie die eines sterbenden Käfers, die ihm das Mysterium Allahs zeigen,[33] alles andere ist westlich kontaminiert. Die sich stetig weitende Kluft zwischen einem verweltlichten Islam und den radikalen Forderungen absolut genommener islamischer Lehren – das Verlangen »to say ›No‹ to the physical world«[34] – zeigt sich ferner in seiner späteren Arbeit als Fahrer für das

Möbelhaus der libanesisch-amerikanischen Familie Chehab, wo Ahmad Vergnügen an der Welt des Handels und des Luxus findet, die er ebenso unschwer mit dem Koran vereinbaren kann wie den Jihad gegen die gottesferne materialistische Konsumgesellschaft. Was also nach Updike an Gründen für die Wandlung des Normaljugendlichen zum Terroristen ausschlaggebend wird, sind weniger Ahmads soziale Isolation von Gleichaltrigen, sein vaterloses Heranwachsen und unbewältigte Sexualitätserfahrungen oder die Indoktrination durch Fundamentalisten, für die er eben wegen dieser unbewältigten Adoleszenz empfänglich wird, sondern das Streben nach Transzendenz: »God himself is simple, and employs simple man to shape the world«.[35]

Ahmads religiös-fundamentalistischer Jihadiade steht die säkularisierte Jeremiade entgegen. Wichtigste Kontrastfigur zu Ahmad ist der 63-jährige, bereits resignierte und säkularisierte jüdisch-amerikanische Schulberater Jacob Levy. Für diesen gottlosen Pessimisten ist Geschichte zunächst nur »a machine perpetually grinding mankind to dust«.[36] Jacob Levys Pessimismus zeigt sich in seinem apathischen Eheleben mit der adipösen Protestantin Beth (auch sie wird eine weitere Reflektorfigur), aber auch in seinem Beruf als Schulberater. Wie Ahmad lehnt er den überbordenden Konsumismus seiner Umwelt ab, in seinen Augen ist Amerika »paved solid with fat and tar, a coast-to-coast tarbaby where we're all stuck«,[37] sodass er, angesichts der mit seiner Ehefrau geteilten Resignation und einer banal am Konsum orientierten Umwelt, sarkastisch meint: »[T]his whole neighborhood could do with a good bomb«.[38] Dass Jacob die Erfahrung von alltäglicher Belanglosigkeit hinter sich lässt, verdankt er in einer für Updike typischen Wendung einer kurzen Romanze mit Ahmads Mutter Terry Mulloy, als säkularisiertem Jeremias dient ihm die Heiligkeit des Sexus zur Orientierung. Was ihn gegenüber Ahmad kennzeichnet, ist seine radikale Verweltlichung, die ihn, nach der Wiederentdeckung der Sexualität als Säkularreligion, umtreibt, soziale Verantwortung jenseits des professionellen Anspruchs als Schulberater wahrzunehmen.

Ahmads und Jacobs Missionen sind unvereinbar. Dies kulminiert in dem vergeblichen Versuch Jacobs, Ahmad von dem geplanten Attentat abzuhalten, denn am Ende des Romans ist es nicht Jacob Levy zu verdanken, dass Ahmad die Bombe nicht zündet, sondern einer Epiphanie, von der Ahmad in dem Moment überkommen wird, als er die Bombe zünden will. In plötzlicher Offenbarung lässt Updike seinen

Helden Gott erkennen: »He does not want us to desecrate His creation by willing death. He wills life«.[39] Dies bedeutet für Ahmad in schmerzhafter Konsequenz, sich mit der amerikanischen Umwelt – aus seiner Sicht beschrieben als »fixed upon self-advancement and self-preservation. That, and only that«[40] – arrangieren zu müssen. Der Schöpfergott, der sich ihm in plötzlicher Gnade zeigte, zwingt ihn zur Existenz in einer säkularen Welt; der Roman endet: »*These devils*, Ahmad thinks, *have taken away my God*«.[41] Dass Updike in der dem Roman unterlegten, ethnischen und religiösen Reflektorenvielfalt die Antwort auf die Frage verweigert, warum der ehedem unauffällige Schüler Ahmad zum Terroristen wird, habe ich oben bereits gesagt. Für Updike spielt der Terrorist auf einer anderen, diesem post-säkularen Autor willkommenen theologischen Ebene. Der in den widerstreitenden Missionen Jacobs und Ahmads gezeigte Konflikt zwischen der notwendig mit Pluralität verbundenen Verweltlichung als Lobpreis der Schöpfung einerseits und andererseits dem eben nicht pluralisierungsfähigen individuellen Transzendenzstreben ist, bis auf seltene Ausnahmen göttlichen Gnadenerweises, unversöhnlich. Und dies ist ein Konflikt, der Unterschiede zwischen Islamismus und Christentum bequem ausblenden kann.[42] Der Terrorist wird zum Zeichen für das Unvermögen der spätkapitalistischen Gesellschaft, weltanschauliche Orientierung zu bieten, die über kurzsichtigen Kommerzialismus, Konsumismus und Hedonismus hinausginge und für deren Unfähigkeit, die radikaleren Normverständnisse von Religion und Fundamentalismus überhaupt ausbalancieren zu können.

Ich habe Updike ausführlich besprochen, um die Gültigkeit meiner These zu bestärken; allgemeingültig freilich ist die updikesche Erzählerstimme für die Terroristenphantasien nicht, auch wenn sie von der Ubiquität der Jeremiade spricht. Die von Updike geschilderte Konversion im Sinne der Initiationserzählung verdächtigt den fundamentalistischen Terroristen implizit der Unreife. Dem auf Eindimensionalität verkürzten Weltbild des spätpubertären Terroristen steht mit dem weltweisen Jacob die Komplexität amerikanischer Wirklichkeit gegenüber. Ist dies ein Urteil über den Fundamentalismus? Dass diese zwar subversive, aber dennoch seriöse Sicht auf die terroristische Jeremiade nicht bindend ist, ja dass die Jeremiade vor allem die Matrix für komische Parodien stellt, lässt sich mit anderen, hier nur kurz zu skizzierenden Texten belegen. Wenn Hamid und Updike die Jeremiade mit konkurrierenden Gegenmissionen unterwandern, setzt das den – nach 9/11 zwar erschütterten, aber immer noch seriösen – Geltungsanspruch dieser Reflexionsform voraus. Quer dazu steht schon Nicholson Bakers Novelle *Checkpoint*,[43] eine in Dialogform vorgetragene Mischung aus satirischem Roman und politischer Suada. Darin wird Terrorismus im Gegensatz zu Updike zum Zeichen politischer Reife. Baker stellt eine Präsidentenmordphantasie dar, die auf den Irak-Krieg und die amerikanische Innenpolitik reagiert, frei nach dem Slogan: »*Hey hey, ho ho – George Bush has got to go*«.[44] Zu den dafür vorgesehenen Waffen zählen magische Projektile und funkgesteuerte fliegende Tellersägen. Jeremiadentypisch ist Bens lautstarkes Lamento über gesellschaftliche Deformationen, z. B. über unschuldige Kriegsopfer und den mutmaßlichen Einsatz von Napalm im Irak-Krieg, über amerikanische Abtreibungsgegner, über eine von der Rüstungs- und Ölindustrie unterwanderte Außenpolitik, über die Auflösung regionaler Unterschiede in globalisierter Einheitskultur, über abstrakte Kunst, alles repräsentiert in der einen, zu ermordenden Gestalt an der Spitze des Staates – »this unelected fucking drunken OILMAN«[45], »that *creep*, that fucking Texas punk«[46]. Wie Ben meint: »What the man stands for is this whole entire tradition of blood and greed and bullshit. Blood, greed, and bullshit«.[47] In Bakers Erzählung tritt die eigentliche Konversionserzählung gänzlich in den Hintergrund zugunsten der politischen Predigt. Überdies wird die Mission des Terroristen Jay nur im Sinne der Fiktion verwirklicht. Der Intellektuelle Ben bringt den bereits leicht alkoholisierten Jay dazu, seine Wut mittels eines Hammers, »the Brazilian Mojo Hammer of Justice«,[48] nur am Bildnis des Präsidenten abzureagieren – ein Terrorakt in Effigie, der den mit wirklichen Opfern inszenierten Medienkrieg durch eindringliche Symbolik ohne Opfer ersetzt. Was *Checkpoint* dennoch, jenseits der schon romanstilistisch beträchtlichen Unterschiede, mit *Terrorist* gemein hat, ist die moralische Argumentationsrichtung des Romans, nach der Terror letztlich auf die individuelle Reaktion gegen gesellschaftlich-politisches Fehlverhalten zurückgeführt wird.

Die Jeremiade wird gezerrt und gedreht. Auch der Pikaro, seit jeher eine moralische Reflektionsfigur korrumpierter Welt und Weltsicht, ist eine klassische Ausdrucksform für beider Desintegration und für den Kollaps von gesellschaftlichen Doxa in Liminalität nach 9/11. Der moralisch fragwürdige Charakter des Pikaros antwortet auf die moralische Fragwürdigkeit der ihn umgebenden Gesellschaft.[49] So rückt das Pikarische in den Vordergrund verschiedener, nicht nur amerikanischer Terroristenromane. Als einer der hellsichtigsten Romane dieses Typs ist – dieser Seitenblick sei einem Amerikanisten gestattet – der Roman des indischen Autors Kiram Nagarkar, *God's Little Soldier*,[50] zu nennen. Der Roman spielt in Indien, in London und an der amerikanischen Westküste. Sein Held Zia wandelt sich vom islamistischen Terroristen zum christlichen Fundamentalisten, zum eiskalten Börsenspekulanten und zum Waffenhändler. Entsprechend sind die Terrorakte geplant: ein Attentat auf Salman Rushdie, auf eine Abtreibungsklinik usw. Nagarkars satirische Erzählung – wieder sind Elemente der Initiationserzählung und Techniken mehrperspektivischen Erzählens zu finden – löst mit diesen Wandlungen den Terroristen aus seiner religiösen Verankerung heraus und stellt stattdessen eine in jedem Kulturkontext extremistisch agierende Figur dar. Diese ist zur sozialen Integration nicht fähig, aber eben dadurch wird auch die Integrationsfähigkeit der durchwanderten Kulturen hinterfragt. Aus der US-amerikanischen Literatur ist in diesem Zusammenhang Jess Walters Roman *The Zero* zu nennen.[51] Walters Roman beginnt mit einem für den pikaresken Roman typischen Knall. Nachdem der Polizist und Zeuge des WTC-Anschlags Remy sich in den Kopf geschossen hat – woran er sich jedoch wenige Minuten später nicht mehr erinnern kann –, leistet er zunächst Dienst auf Ground Zero, wobei ein wichtiger Teil seiner Tätigkeit darin besteht, Terrortouristen durch die Landschaft zu führen. Er kümmert sich um Senatoren, die Hintergründe für politische Reden brauchen, Reporter, die eine Kultur der Trauer inszenieren und nach Schreckensbildern für das Infotainment der Nachrichten suchen, Sportler, die betroffen sein wollen und den Schrecken hautnah zu erfahren suchen. Geschichte, und das gilt auch für den 11. September 2001, hat Unterhaltungswert, und sie hat, wie der Roman kaltschnäuzig zeigt, auch kommerzielles Werbepotential. Leitmotiv des Romans aber ist Remys Amnesie. Wenn er später selbst zum Terroristen wird, dann ist dies nur möglich, weil der von anderer Seite erlittene Terror den Terror der eigenen Tat vergessen macht.

Mit pikaresken Mitteln arbeitet auch Viken Berberians *The Cyclist*, erschienen im Jahr 2002. Das Buch gehört also, berücksichtigt man Redaktions- und Editionsspannen, noch der Zeit vor dem 11. September

2001 an. Es enthält aber den Satz, mit dem der vorliegende Artikel zur subversiven, zur parodistischen und zur komischen Wiederkunft der Jeremiaden zu schließen ist. (Berberians jüngster, ebenfalls komischer Roman zeigt einen korsischen Terroristen, der – im Auftrag eines auf Katastrophen wettenden Börsenspekulanten – in voller Überzeugung die gewünschten Katastrophen verursacht; die Börsenjeremiade verkoppelt sich, wie in Hamids *Fundamentalist*, mit nationaler Jeremiade).[52] *The Cyclist* erzählt, noch unbetroffen von 9/11 und in surrealer Übersteigerung, die Geschichte eines drusischen Terroristen, dessen Mission es ist, per Fahrrad eine Bombe in ein Beiruter Hotel zu befördern. Dabei wird die Parallelität östlicher und westlicher Jeremiaden auch hier angedeutet – »I wanted this trip to be a trying hadj. In the West you call it a pilgrimage«.[53] Die Gründe für die Mission aber werden weitestgehend ausgeblendet. Stattdessen, so gibt der Erzähler zu verstehen, ist Terror für ihn »half lamentation, half lampoon, half echo of the past, half menace of the future«.[54] Ganz im Gegensatz zu Updikes Asketen handelt es sich hier um einen dionysischen Fundamentalisten, einen sinnesfreudigen Gourmand, der, zum Zeitpunkt des Erzählens ans Krankenbett gefesselt, von üppigen Gastmählern träumt, die ihrerseits so arabisch multikulturell angelegt sind, dass der Terrorakt selbst als Gastmahl imaginiert wird:

> We plan to serve bulbs of dismembered toes; tiny spiny vertebrae; tumescent, purple faces; tender elbows. It will be followed by blasted leg of foreign man, in stark counterpoint to the injured kumquats. There will be scattered limbs, moldering skulls next to walnuts, still intact in their protective shells. [...] And on the hotel floor he may also find prime and lesser cuts, fingers finely cut, freshly milled pepper, a heap of cloves peeled and crushed.[55]

Der Roman lebt sprachlich von der Überblendung zweier Sprachfelder, einer Sprache der Gewalt und des Terrors einerseits sowie andererseits der lukullischen und sexuellen Sinnesfreude. Hier trifft zu, was Karl-Heinz Bohrer über »Gewalt und Ästhetik als Bedingungsverhältnis« schreibt: »[D]ie eigentliche Pointe der Narratio ist, dass keine moralische, geschichtsphilosophische, oder politische Erklärung für dieses Grauen geliefert wird«.[56] Das allzumenschliche Heilsversprechen solcher fröhlich nihilistischer Jeremiaden liegt, allen *post-9/11* Ironietodverkündern zum Trotz, in der erkalteten Ideologie: »This is what happens when you mix religions. Look at our village. Look at us. We were two eggs that became an omelette. We're hard to separate or divide.‹ Ajmal offered: ›Let's make the omelette, not war‹«.[57]

[1] Roger Rosenblatt: »The Age of Irony Comes to an End«, in: *Time.com*, 16.9.2001, <http://www.time.com/time/magazine/article/0,9171,175112,00.html> (10.6.2007).
[2] Sacvan Bercovitch: *The American Jeremiad*, Madison: The University of Wisconsin Press 1978.
[3] Walter Laqueur beschreibt im Anhang zu seinem Buch *Krieg dem Westen. Terrorismus im 21. Jahrhundert*, übersetzt von K. D. Schmidt, Berlin: Ullstein 2004, ausführlich die Fragwürdigkeit des Definitionsvorhabens (siehe S. 346–354). Dazu siehe auch George P. Fletcher: »The Indefinable Concept of Terrorism«, in: *Journal of International Criminal Justice* 4 (2006), H. 5, S. 894–911.
[4] Ken Kalfus: *A Disorder Peculiar to the Country*, New York / London: Harper Perennial 2006.
[5] Jennifer Egan: *Look At Me*, New York: Anchor 2002, S. 419.
[6] Ebd.
[7] Den Begriff der Verschiedenverstehbarkeit entlehne ich Viktor Šklovskij, zitiert nach Jurij Striedter: »Zur formalistischen Theorie der Prosa und der literarischen Evolution«, in: *Russischer Formalismus. Texte zur allgemeinen Literaturtheorie und zur Theorie der Prosa*, hg. von Jurij Striedter, München: Fink 1994, S. ix-lxxxiii, hier S. xxxv.
[8] Harold Jaffe: *Terror-Dot-Gov*, Hyattsville: Raw Dog Screaming Press 2005.
[9] Don DeLillo: *Falling Man*, New York: Scribner 2007, S. 64.
[10] Ebd.
[11] »[B]omb-makers and gunmen have taken that territory. They make raids on human consciousness. [...] [W]e're giving way to terror, to news of terror, to tape recorders and cameras, to radios, to bombs stashed in radios.« (Don DeLillo: *Mao II*, New York: Penguin 1991, S. 41–42)
[12] Benjamin Kunkel: »Dangerous Characters«, in: *nytimes.com*, 11.9.2005, <http://www.nytimes.com/ 2005/09/11/books/review/11kunkel.html> (10.6.2007). Siehe dazu grundlegend Margaret Scanlan: *Plotting Terror. Novelists and Terrorists in Contemporary Fiction*, Charlottesville / London: University of Virginia Press 2001; Alex Houen: *Terrorism and Modern Literature. From Joseph Conrad to Ciaran Carson*, Oxford: Oxford University Press 2002. Der Topos der Überblendung von Terror und Schreiben ist auch Gegenstand von Gerrit-Jan Berendse: *Schreiben im Terrordrom. Gewaltcodierung, kulturelle Erinnerung und das Bedingungsverhältnis zwischen Literatur und RAF-Terrorismus*, München: edition text + kritik 2005.
[13] DeLillo: *Falling Man* (siehe Anm. 9), S. 60.
[14] Ebd., S. 73.
[15] Jess Walter: *The Zero*, New York: Regan 2006, S. 150.
[16] Vgl. Bercovitch: *Jeremiad* (siehe Anm. 2), S. 26.
[17] John Updike: *Terrorist*, New York: Knopf 2006, S. 181.
[18] Ebd., S. 183.
[19] Ralph Waldo Emerson: »Heroism«, in: *Essays and English Traits*, hg. von Charles W. Eliot, New York: Collier & Son 1909, S. 125–135, hier: S. 125.
[20] Arthur Saniotis: »Re-Enchanting Terrorism. Jihadists and ›Liminal Beings‹«, in: *Studies in Conflict and Terrorism* 28 (2005), H. 6, S. 533–545.
[21] Mohsin Hamid: *The Reluctant Fundamentalist*, London, New York: Penguin 2007, S. 115.

22 Jean Baudrillard: *Der Geist des Terrorismus*, hg. von Peter Engelmann, Wien: Passagen 2003, S. 79–80.
23 Ebd., S. 93.
24 Ebd., S. 156.
25 Verkürzt ist dies die These von Tariq Ali: *The Clash of Fundamentalisms. Crusades, Jihads and Modernity*, London / New York: Verso 2002.
26 Philip Roth: *American Pastoral*, New York: Vintage 1998, S. 259.
27 Siehe Kenneth Millard: *Contemporary American Fiction*, Oxford / New York: Oxford University Press 2000, S. 239–248.
28 DeLillo: *Falling Man* (siehe Anm. 9), S. 172.
29 Updike: *Terrorist* (siehe Anm. 17), S. 32.
30 Ebd., S. 69.
31 Seyyid Qutb: *Milestones*, Damascus: Dar Al-Ilm n. a., S. 80.
32 Ebd., S. 84 (Übersetzung durch den Verfasser).
33 Dies sind wiederkehrende Motive Updikes, angelegt bereits in seinen frühen Erzählungen. Das Heranwachsen als Verlusterfahrung ist Zentralmotiv etwa in »A Gift from the City« (1959), die auf kleinstes Detail fixierte, theologische Naturschau findet sich paradigmatisch schon in »Pigeon Feathers« (1962).
34 Updike: *Terrorist* (siehe Anm. 17), S. 72.
35 Ebd., S. 251. Diesen Schluss legt im Übrigen auch DeLillo in *Falling Man* nahe, wenn dort einer der Terroristen seine Faszination für den Jihad so beschreibt: »Plot closed the world to the slenderest line of sight, where everything converges to a point« (DeLillo: *Falling Man* [siehe Anm. 9], S. 174).
36 Updike: *Terrorist* (siehe Anm. 17), S. 23.
37 Ebd., S. 27.
38 Ebd., S. 32.
39 Ebd., S. 306.
40 Ebd., S. 310.
41 Ebd.
42 Siehe dazu James Wood: »Jihad and the Novel«, in: *The New Republic*, 3. 6. 2006.
43 Nicholson Baker: *Checkpoint*, New York: Knopf 2004.
44 Ebd., S. 8.
45 Ebd., S. 16.
46 Ebd., S. 103.
47 Ebd., S. 93.
48 Ebd., S. 111.
49 Siehe Alexander Blackburn: *The Myth of the Picaro. Continuity and Transformation of the Picaresque Novel 1554–1954*, Chapel Hill: University of North Carolina Press 1979, S. 20–22.
50 Kiram Nagarkar: *God's Little Soldier*, New Dehli: Harper Collins India 2006.
51 Jess Walter: *The Zero*, New York: Regan 2006.
52 Viken Berberian: *Das Kapital. A Novel of Love and Money*, New York: Simon & Schuster 2007.
53 Viken Berberian: *The Cyclist*, New York: Simon & Schuster 2002, S. 14.
54 Ebd., S. 24.
55 Ebd., S. 42.
56 Karl-Heinz Bohrer: »Gewalt und Ästhetik als Bedingungsverhältnis«, in: *Merkur* 52 (1998), H. S. 281–293, hier S. 292 f.
57 Berberian: *Cyclist* (siehe Anm. 53), S. 69.

CHRISTINA RICKLI

Wegweiser aus dem Trauma?

Amerikanische Romane nach dem 11. September

Trauma war eines der ersten Worte, das dem Effekt der Anschläge des 11. September 2001 als Wortgefäß diente. Es steht am Anfang eines Diskurses, dessen Worte bis heute die Erklärungslücken – emotionale wie auch rationale – nicht füllen können. Beinahe liebevoll betitelte der *New York Times* Journalist Paul Krugman bereits am 19. September die Terrorattacken als »our national trauma«.[1] Trauma deutet auf die Unerklärbarkeit und Unbeschreibbarkeit des Angriffs hin und umschreibt somit eine sprachliche Leere, eine semantische Lücke, die 9/11 ins kollektive amerikanische Bewusstsein gerissen zu haben scheint. Dies könnte auch ein Grund dafür sein, dass amerikanische Zeitungen und Zeitschriften gleich nach den Anschlägen Schriftsteller und Schriftstellerinnen beauftragten, die – wie Alex Houen es ausdrückt – »experts at imagining the unimaginable, the masters of other worlds of possibility«,[2] das Grauen in Worte zu fassen.

Tatsächlich ist in den heutigen *trauma studies* die Frage nach der Interrelativität von Verbalität und Trauma zentral.[3] Die zeitgenössische geisteswissenschaftliche Debatte ist stark beeinflusst von psychoanalytischen wie auch poststrukturalistischen Ansätzen, worin Sprache als sinnbildendes Element gilt. So stützt sich Cathy Caruth, die mit *Trauma: Explorations in Memory* richtungsweisende Akzente für die *trauma studies* lieferte, auf Studien der Neurowissenschaftler Bessel Van der Kolk und Otto Van der Hart.[4] Diese gehen davon aus, dass traumatische Erlebnisse anfänglich nicht verbal bewältigt werden und hinsichtlich ihrer Verarbeitung eine nachträgliche bewusste Gedächtniseinbettung durch Sprache benötigen. Sie stellen das *trauma memory*, das dem bewussten Erinnern nicht zugänglich ist und welches sich in der unflexiblen Starrheit der Gedächtnisstruktur festsetzt, dem *narrative memory* gegenüber, welches jederzeit abgerufen und in eine Erzählung eingebaut werden kann, die Mitmenschen vermittelbar ist. Caruth schlussfolgert daraus:

The trauma thus requires integration, both for the sake of testimony and for the sake of cure. But on the other hand, the transformation of the trauma into a narrative memory that allows the story to be verbalized and communicated, to be integrated into one's own, and others', knowledge of the past, may lose both the precision and the force that characterizes traumatic recall.[5]

Um ein Trauma zu überwinden, muss das *trauma memory* mittels Verbalität der Verdrängung enthoben werden und eine narrative Komponente erhalten. Die Absenz einer Verarbeitung mittels Sprache ist auch in der heute mehrheitlich akzeptierten Anamnese von Trauma auszumachen. Die klinische Diagnostik des *post-traumatic stress disorder* (PTSD) stützt sich auf die im Jahr 1984 erschienene Publikation »Diagnostic Manual of the American Psychiatric Association«.[6] Darin sind vier Hauptsymptome für den pathologischen Verlauf eines Traumas aufgeführt. Das ungewollte Wiedererleben des traumatisierenden Kernerlebnisses (*intrusion*), ein hyperaktiver Erregungszustand (*hyperarousal*), eine pathologische Vermeidung aller Elemente, die zum Trauma führten (*avoidance*), und letztlich eine gravierende Dissoziation, bei der die Persönlichkeit der betroffenen Person aufgelöst wird (*dissociation*).[7] Der Schlüssel zur Genesung einer von PTSD betroffenen Person liegt in der Konfrontation mit dem traumatisierenden Kernerlebnis. Dies kann oft nur im Verlauf einer Therapie geschehen, die das (Mit-)Teilen des Traumas beinhaltet. Mittels Sprache lernt die Patientin oder der Patient die traumatischen Erinnerungen zu kontrollieren.

Eine Ausweitung des Trauma-Begriffs auf Ereignisse, die mehr als nur eine Person betreffen, geschah im Laufe der 1990er Jahre. Die Vorstellung eines »kollektiven Traumas« machte das Konzept besonders für Geistes- und Sozialwissenschaften interessant. Ein Hauptvertreter dieser Ausweitung ist der Soziologe Kai T. Erikson. Laut Erikson entsteht beispielsweise in Folge von Terrorattacken ein »kollektives Trauma«:

> Sometimes the tissues of community can be damaged in much the same way as the tissues of mind and body [...] but even when that does not happen, traumatic wounds inflicted on individuals can combine to create a mood, an ethos – a group culture, almost – that is different from (and more than) the sum of the private wounds that make it up. Trauma, that is, has a social dimension.[8]

Sprache als sinngebendes Element wird durch nicht-verbale ›Rituale‹ ersetzt – in ihrer repetitiven Qualität gleichen diese dem traumatischen Wiedererleben, mit dem PTSD-Patienten konfrontiert sind.

Folgen wir den oben aufgeführten theoretischen Ansätzen der Traumaforschung, fällt im Zusammenhang mit 9/11 fiktiven Erzählungen eine besondere Bedeutung zu. Gelänge es Romanerzählungen, sinnentleerte Wiederholungsschlaufen (wie sie beispielsweise Fernsehstationen bald nach den Attacken lieferten) zu durchbrechen und die Ereignisse in einen neuen, sinnstiftenden Rahmen zu setzen, so könnten sie einen wichtigen Beitrag zur Verarbeitung des kollektiven Traumas leisten. Oder wie Don DeLillo es treffend beschreibt: »There is something empty in the sky. The writer tries to give memory, tenderness and meaning to all that howling space«.[9]

In diesem Beitrag soll darum untersucht werden, welche erzählerischen Strategien die Autorinnen und Autoren von »9/11-Romanen« bezüglich traumatischer Erfahrungen anwenden und inwieweit Romane ein »kollektives narratives Gedächtnis« generieren, um aus der Starre eines kollektiven Traumas herauszuführen.

Vorgeschichten zum Trauma

Vor der Untersuchung der literarischen Auseinandersetzung mit dem 9/11-Trauma muss aufgezeigt werden, welchen Ursprung solche Erzählungen haben. Den durch das Fernsehen verbreiteten Endlosschleifen der apokalyptischen Zerstörung der Türme des World Trade Centers kommt als Erzählrahmen eine besondere Bedeutung zu. Sie dienen als gemeinsamer Nenner eines Ereignisses, das zum Zeitpunkt des Erlebens als historisch bedeutsam empfunden wurde und welchem man als Zeuge beiwohnte.

Was an den Aufnahmen der Anschläge auf einer ikonographischen Ebene traumatisierend wirkt, ist, dass diese Bilder eine unheimliche Ähnlichkeit zu amerikanischen Katastrophen- oder Actionfilmen besitzen. Es lohnt sich, zu diesem Vergleich Jean Baudrillards Konzept des *Hyperreal* hinzuzuziehen. In der Größe des Schauplatzes und der Skala der Zerstörung scheinen die Planer der Anschläge Hollywood als Vorbild genommen zu haben. Das *Hyperreal* zeichnet sich dadurch aus, dass ihm ein eigentlicher Referent fehlt – oder, im Falle der Filmvorbilder, fehlte bisher ein Referent innerhalb der amerikanischen Geschichte. Die Produktion der hyperreellen Zerstörungsphantasien der amerikanischen Filmindustrie nahm bis zur schrecklichen ›Kopie‹ am 11. September 2001 eine Art ›Talisman-Funktion‹ ein. Das heißt, es wurde geglaubt, dass mit der Inszenierung einer Katastrophe die real vorstellbare Katastrophe abgewendet werden könnte.[10] Hollywood lieferte in Filmen wie *Independence Day*, *Collateral Damage* oder *Godzilla* verdrängte Albtraumphantasien Amerikas in fiktionaler Form – Julia Kristevas *abject* ist dabei ein hilfreiches Konzept.[11] Da diese Filme mit Rastern von Gut versus Böse (auch dem eigenen Bösen, eben dem *abject*), von Helden versus unmenschlichen Feinden spielten und stets die »gute Seite« triumphieren ließen, erfüllten die Filme eine Katharsis-Funktion. Durch den Sieg der amerikanischen Helden gegen oft gesichtslose Gegner endet der Albtraum in einer Wiederherstellung der gewünschten Ordnung.

Hingegen boten die Terroranschläge des 11. September den amerikanischen Zuschauern keine Katharsis, sondern führten die Albtraumphantasien mit grausamer Konsequenz zur Vollendung. Hypnotisiert von den im Kantischen Sinn *erhaben* anmutenden Fernsehbildern und vom Drang, das Gesehene begreifen zu können, schauten die Amerikaner am 11. September 2001 durchschnittlich über acht Stunden fern.[12] Immer und immer wieder wohnten sie der Zerstörung der Zwillingstürme als Zeugen bei.

Im Gestus der immer gleichen wiederholten Aufnahmen steckt derweil die Imitation eines ungewollten Wiedererlebens des traumatischen Ereignisses – etwas, das als Symptom des PTSD gilt und *re-experiencing* genannt wird. In welchem Maße die Fernsehstationen mit den Endlosbildschleifen ein kollektives Trauma-Gefühl innerhalb der amerikanischen Bevölkerung generiert haben, lässt sich schwer abschätzen. Falls die Wiederholung der traumatisierenden Aufnahmen tatsächlich PTSD-ähnliche Zustände in den Zuschauern ausgelöst hat, ließe sich von einem medial ausgelösten Trauma sprechen. Untersuchungen wie die von Ahern et al. durchgeführte Studie zum Zusammenhang von Fernsehschauen am 11. September und PTSD weisen keine klaren Ergebnisse auf.[13] Zwar vermuten die Psychologen, dass sich die Fernsehbilder negativ auf das Bewusstsein der Zuschauerinnen und Zuschauer ausgewirkt haben, jedoch ist nicht auszumachen, ob diese Beeinflussung auch im Zusammenhang mit der Repetition der Aufnahmen steht.

Fest steht, dass beinahe jede Leserin und jeder Leser eines Romans zum Thema des 11. September bereits ein visuelles Gedächtnis zu den Terroranschlägen besitzt. In der Erinnerung eingebrannt sind Bilder wie das herannahende zweite Flugzeug und dessen »Eintauchen« in den Südturm, die verschwindend kleinen Körper der Menschen, die hilflos aus den Fenstern der Türme sprangen, die eindrücklichen Zusammenstürze der Gebäude oder die mit Asche überzogenen, blutverschmierten Überlebenden der Anschläge.

Obwohl diese Erinnerungen alleine keine kohärente Erzählung ergeben, gilt es für eine Schriftstellerin oder einen Schriftsteller, diesen Erinnerungen eine fiktive Erzählung entgegenzusetzen. So verstanden scheint es die Aufgabe eines Romanerzählers zu sein, die Leserinnen und Leser aus der Starrheit ihrer eigenen traumatischen visuellen Erinnerung zu lösen und sie auf eine literarische Rundreise durch eine nun wieder fiktionale Erzähllandschaft rund um die Terroranschläge mitzunehmen. Indem die Autorinnen und Autoren dem Trauma eine alternative, fiktive Welt entgegensetzen, weichen sie die Starrheit des Traumas auf.

Dabei begegnet eine amerikanische Autorin oder ein amerikanischer Autor dem Phänomen Trauma gleich auf mehreren Ebenen. Im Zentrum steht dabei das Trauma der direkt betroffenen Personen, das eingerahmt wird vom kollektiven Trauma, dessen Ursache noch genauer ergründet werden muss. Und zuletzt gilt es auch für Schreibende, sich mit der eigenen Traumatisierung zu befassen.

Herantasten an das Trauma

Alex Houen erinnert sich zurück an die ersten Beiträge von Schriftstellerinnen und Schriftstellern in Zeitungen: »What was remarkable about the novelists' newspaper articles, though, was that fiction is precisely what they were not being asked to produce. What was needed was a restitution of reality as a common principle«.[14] Indem Romanautorinnen und -autoren, deren Metier normalerweise die Produktion literarischer Texte ist, gerade keine Literatur produzieren, sondern die »unwirkliche Wirklichkeit« mit fließenden Worten nacherzählen, können die medial erlebten Bilder besser in die Erfahrungswelt der Lesenden eingebettet werden. Das bruchstückhafte Trauma gewinnt durch die Erzählung der Schreibenden an Form, womit die Wiederholung der Endlosschlaufen einzelner »Trauma-Bilder« des Fernsehens durchbrochen werden kann.

Die frühen Abhandlungen einiger Autorinnen und Autoren zeigen, dass sie sich vor allem – und teilweise zum ersten Mal in ihrem Schaffen – ganz und gar als Amerikaner fühlten. Beispielsweise unterstreicht der Beitrag mit Erzählungen von drei New Yorker Autoren, der am 13. September 2001 in *The Guardian* unter dem Titel »Watching the World Fall Apart« erschien, die patriotische Haltung der Verfasser.[15] Durch die Zentrierung auf eine amerikanische Opferperspektive scheitert der Beitrag daran, den Leserinnen und Lesern mehr zu liefern als eine episodenhafte Erzählung eines persönlichen Erlebens der Terroranschläge. Pete Hamill und John Cassidy berichten über ihr Miterleben der Katastrophe der Zwillingstürme vor Ort – Hamill musste beim Zusammenstürzen der Türme gar um sein Leben rennen, Katie Roiphe beschreibt, wie sie das Ganze von ihrer Wohnung in New York aus miterlebte. Somit unterscheiden sich diese Narrationen nicht von dem, was als Geschichten auf der Straße ausgetauscht wurde.

Psychologen betiteln Erzählungen, die sich nach Ereignissen wie dem 11. September bilden als *flashbulb memories*.[16] Jeder und jede konstruiert dabei eine Erzählung, die aufzeigt, in welcher Art und Weise sie oder er Zeugin oder Zeuge der traumatischen Ereignisse war. In seinem Essay »In the Ruins of the Future« beschreibt Don DeLillo das Phänomen der *flashbulb memories* folgendermassen:

> There are 100,000 stories crisscrossing New York, Washington, and the world. Where we were, who we know, what we've seen or heard. There are the doctors' appointments that saved lives, the cellphones that were used to report the hijackings. Stories generating others and people running north out of the rumbling smoke and ash. Men running in suits and ties, women who'd lost their shoes, cops running from the skydive of all that towering steel.

Gemeinsam mit den omnipräsenten Fernsehbildern der Anschläge bilden die *flashbulb memories* den Kern des Gruppen-Ethos eines kollektiven 9/11-Traumas. Die Frage nach dem Erleben der Anschläge – ob real oder medial – funktioniert als eine Art Losung innerhalb der Trauma-Gemeinde. Dadurch entsteht ein Fundus von geteilten oder zumindest mitteilbaren Erzählungen. Mit der Preisgabe ihrer persönlichen *flashbulb memories*, die in publizierter Form einem breiten Publikum zugänglich waren, erschufen Schriftstellerinnen und Schriftsteller wie Pete Hamill ein narratives kollektives Gedächtnis der Anschläge des 11. Septembers 2001.

Obwohl jede niedergeschriebene Erinnerung eine fiktive Note erhält, sind diese Erzählungen tatsächlich weit von der Flexibilität einer fiktionalen Verarbeitung des 11. September entfernt. Folgen wir den Worten Houens, so waren fiktionale Texte in den Wochen nach den Anschlägen unerwünscht. Diesem Problem gilt es auf die Spur zu kommen und herauszufinden, wie die Schreibenden selbst zu diesem Sachverhalt standen.

Eine erste Bestandsaufnahme der Befindlichkeit amerikanischer Autorinnen und Autoren nach den Anschlägen liefert ein Artikel von Dinitia Smith, der am 20. September 2001 in der *New York Times* erschien. Viele Schriftstellerinnen und Schriftsteller berichteten Smith, dass sie nach dem 11. September das Gefühl hatten, ihre Arbeit hätte angesichts der empfundenen Fiktionalität der Anschläge an Bedeutung verloren. Smith kommentierte dies, indem sie sagte, dass trotz der Ratlosigkeit bezüglich der Bedeutung des literarischen Schaffens die Überzeugung bestünde, dass Kunst dem emotionalen Verständnis der Anschläge etwas hinzufügen könne – eine Auffassung, deren Ursprünge sie in der Vorstellung des 19. Jahrhunderts sieht, dass Kunst Menschen zu einem moralischen Auftrieb verhelfen könne. Dazu zitiert sie Joyce Carol Oates folgendermaßen: »›the classic art of tragedy,‹ the way art ›reflects violence and tries to humanize it, and allows the human spirit to comprehend it.‹« Demnach können fiktionale Gebilde einem emotionalen Verständnis des 11. September behilflich sein. Die amerikanische Autorin Rosellen Brown bemerkt Zweifel bezüglich ihres Schaffens, spricht jedoch die Hoffnung aus, dass Romane etwas zur Verarbeitung der Anschläge beisteuern könnten, was die mediale Narration nicht erreichen kann:

> It can remind people how complex everything is, remind us of the nuances that the media can't represent [...]. One thinks: My God, what I am doing is so trivial. Who needs this? But the work of the poet is to slow us down and get us to look at things in a different pace.[17]

Paradoxerweise wurden gerade in der Zeit kurz nach den Anschlägen Autorinnen und Autoren für den Versuch, durch fiktive Erzählungen die Ereignisse des 11. September anders darzustellen, gerügt. Erika

Dreifus, die Leiterin einer renommierten Internet-Schreibwerkstatt wurde von einem Kollegen in einem Brief davor gewarnt, das Thema zu früh in fiktiven Erzählungen zu verwenden: »I feel like there should be some sort of grace period before it is ok to use that in fiction. It just doesn't feel right. Like you're trying to capitalize on that emotion«.[18] Im Gegensatz zu Kommentatorinnen und Kommentatoren der ersten Livebilder zu den Anschlägen oder Journalistinnen und Journalisten, die unter dem Deckmantel der »Informationsbeschaffung« ungestraft jede Monstrosität minutiös beschreiben durften, mussten literarische Meisterinnen und Meister sehr behutsam mit Worten umgehen.

Möglicherweise liegt die Ablehnung einer frühen Fiktionalisierung der Anschläge auch darin, dass den Terrorattacken dadurch der Status eines kollektiven Traumas abgesprochen wird. Der Schritt zu einem fiktionalen Umgang mit einem Ereignis bedingt einen flexiblen Umgang mit dem Geschehen und reduziert real geschehene Ereignisse auf Elemente einer metafiktionalen Ebene. Ein solcher Schritt setzt voraus, dass das Beschriebene nicht im traumatisierten Unbewussten gespeichert ist. Denn wenn dies so wäre, könnten keine Worte – außerhalb der puren Beschreibung des Gesehenen – gefunden werden. Noch wichtiger: Nach dem 11. September 2001 hat es sich in der offiziellen Narration schnell etabliert, dass die Anschläge unerklärlich seien, einem globalpolitischen Vakuum entstammten und von einem bösen Feind, dem ultimativen »Anderen«, der amerikanischen Gesellschaft ausgeführt worden seien. Die weiter oben angeführte Aussage »our national trauma« deutet an, dass sich nach dem 11. September ein Großteil der Amerikaner persönlich angegriffen und bedroht fühlte und dass dieses Empfinden zu einem traumatisierten Zustand führte.

Das kollektive Trauma, das nach dem 11. September als Katalysator des erstarkten Patriotismus und den beinahe undebattierten Kriegsvorbereitungen fungierte, baut genau auf dieser »Unerklärbarkeit« auf. Nicht emotionales Verständnis sollte das kollektive Trauma lindern, sondern unhinterfragte Racheakte unter dem Deckmantel des *War on Terrorism*. »United we stand« hieß die wiederholte amerikanische Antwort auf den Angriff. Das klinische Trauma, das eine statistisch gesehen kleine Gruppe getroffen hatte, wurde dabei ins Zentrum eines »Trauma-Kults« gesetzt. Innerhalb dieses Kults nehmen Sprache und Erzählung eine vitale Rolle ein. In diesem mentalen Umfeld beinhaltet jede fiktive Bearbeitung der Anschläge eine Minderung des »real-erlebten« Traumas, eine Herabsetzung des »wirklich durchlebten« Grauens der märtyrerhaften Opfer der Anschläge. Wenn die Realität schon von so grausamer Fiktionalität heimgesucht wird, was hat dann die Fiktion noch zu bieten?

Spurensuche nach Traumata in Romanen

Bei einer Untersuchung der zum 11. September erschienenen Romane kann eine grobe Unterteilung in drei Kategorien vorgenommen werden. Bei für unser Thema spannenden Aspekten wird eine Kurzfassung des Romans angeführt und eine detaillierte Untersuchung vorgenommen.

In die erste Kategorie fallen Erzählungen, bei denen das Gefühl aufkommt, sie wären bereits vor den Anschlägen in Planung gewesen. Bei ihnen tritt 9/11 sozusagen als störendes Element in der Stadtlandschaft auf. Kurz nach den Anschlägen war es schlicht nicht möglich, einen zeitgenössischen Roman über New York zu veröffentlichen, in dem die Zerstörung der Zwillingstürme nicht zumindest angedeutet wurde. Zu dieser Kategorie zählen Reynold Prices *The Good Priest's Son* und Nick McDonells *The Third Brother*.[19]

Prices Roman handelt von dem Verlust von Heimat – im reellen wie im metaphorischen Sinn. Jedoch muss gesagt werden, dass dieses Werk für die Betrachtung eines 9/11-Traumas wenig Spannendes bietet, denn die Katastrophe scheint austauschbar zu sein. In McDonells Buch fungieren die Anschläge des 11. September 2001 als Katalysator der Handlung. Der Bruder des Protagonisten begeht am 11. September 2001 in Südmanhattan Selbstmord – eine Handlung, die sich bereits vor den Anschlägen abzeichnet. 9/11 bildet sozusagen den dramatischen Rahmen für den traumatischen Zerfall einer New Yorker Familie. Einen spannenden Moment, der nur durch das Miteinbeziehen der Anschläge in den Handlungsstrang möglich wurde, bietet eine Szene, in der Mike, die Hauptfigur, auf der Suche nach seinem Bruder in Manhattan ist. Er wird Zeuge eines schrecklichen Unfalls am Broadway.[20] Als Mike versucht, den Notfalldienst 911 zu informieren, ist dieser natürlich besetzt. Mike will weitergehen und den Mann seinem Schicksal überlassen, da er sagt, dass sein Bruder »dort unten« sei. Ein anderer Passant antwortet: »Everybody's brother is down there. Call for this guy«.[21] Diese Passage zeigt, wie das 9/11-Trauma persönliche, »kleine« Traumata in den Schatten zu stellen droht.

Die zweite Kategorie bilden Erzählungen, die die Anschläge direkt zum Thema haben. Die Handlung beschreibt dabei meist eine Mischung aus den Ereignissen des 11. September 2001 selbst und der unmittelbaren sowie späteren Folgezeit – oft aus der Sicht der Hinterbliebenen. Teils bilden die Anschläge dabei den Haupterzählstrang, teils erscheinen sie auf einer metafiktionalen Ebene. Zu dieser Kategorie gehören Joyce Maynards *The Usual Rules*, Lynn Sharon Schwartz's *The Writing on the Wall*, Jonathan Safran Foers *Extremely Loud & Incredibly Close*, Philip Beards *Dear Zoë*, Jay McInerneys *The Good Life*, Ken Kalfus *A Disorder Peculiar to the Country* und Don DeLillos *Falling Man*.[22]

The Usual Rules, *Extremely Loud & Incredibly Close* und *Dear Zoë* haben gemeinsam, dass sie die Verarbeitung eines Traumas aufzeigen, das einer minderjährigen Hauptfigur durch die Terroranschläge widerfahren ist. Sie sind sehr eindrückliche und genaue Studien des durch den Verlust eines Familienmitglieds resultierenden PTSD. Durch die Wahl eines Kindes als betroffene Person umgehen die Autoren eine Auseinandersetzung mit dem globalpolitischen Kontext der Anschläge.

Foers Buch ist meines Erachtens von diesen Büchern das Gelungenste, da es die Anschläge auf einer hochstehenden metaphorischen Ebene verarbeitet und der Genesungsgeschichte des Erzählers, des zehnjährigen Oskar, durch die Einbettung in die Geschichte eines älteren kollektiven Traumas – der Bombardierung von Dresden im Jahr 1944 – eine zusätzliche Tiefe verleiht. Das Beispiel von Oskars Großeltern, beide Überlebende der Bombennacht, zeigt lehrbuchhaft auf, was aus einem unverarbeiteten Trauma resultiert. Beide Überlebende haben das ihnen widerfahrene Trauma verdrängt, was zu einer Unfähigkeit führte, ihr Eheleben fortzusetzen. Beim Großvater manifestiert sich das Trauma in einem allmählichen Totalverlust der Sprechfähigkeit. Durch das Unvermögen, das Trauma mitzuteilen, verliert er die Fähigkeit, überhaupt als sozialer Akteur zu funktionieren. In einem Vergleich zwischen Oskar und seinem Großvater wird am Ende des Romans klar, dass Oskar das Trauma des Todes seines Vaters während der Anschläge auf die Twin Towers so weit verarbeitet hat, dass er sein Leben ohne schwerste pathologische Störungen weiterführen kann.

Die in Brooklyn lebende Schriftstellerin Lynn Sharon Schwartz beschreibt metaphorisch in der 2002 publizierten Kurzgeschichte »Near November« die Schwierigkeit, die richtigen Worte für eine Erzählung zum 11. September zu finden. Dem sie in New York überall umgebenden Schwall von Erzählungen – den *flashbulb memories* – setzen die Erzählerin und ihre Freunde eine repetitive Geste entgegen: Jeden Tag schreibt die Gruppe von Freunden die gleichen Sätze in Kreide auf die Straßen der Stadt. Die Sätze sind eine Aufzählung von Einzelschicksalen der durch die Anschläge umgekommenen Verwandten und Bekannten. Dies ist sinnbildlich für einen traumatisierten Zustand, einem Gefangensein im *trauma memory*, das die Bewegung hin zu einem *narrative memory* nicht zulässt.

Schwartz beschreibt einen Wandel innerhalb der amerikanischen Gesellschaft hinsichtlich des öffentlichen Trauerverhaltens zu 9/11. Zu Beginn der Geschichte trifft die Gruppe auf Verständnis von allen Seiten. Doch als der November herannaht und die Stadt krampfhaft versucht, eine konsumfreudige Normalität wiederherzustellen, ist das Verhalten der Gruppe unerwünscht. Ein Beamter der Stadt fordert sie auf, zu »ihrem Leben« zurückzukehren oder doch wenigstens etwas Neues zu schreiben. Die Erzählerin gibt folgende Antwort: »We would like to write something new, we are very tired of our stories, but we don't know what the next sentence should be«.[23] Gleich nach den Anschlägen waren die Straßen New Yorks mit Schreinen aus Fotos, Blumen und Kerzen übersät und eine »Trauergemeinde« hielt öffentliche Bezeugungen der gemeinsam empfundenen Hilflosigkeit ab. Mit den Schreinen vermischten sich immer mehr Zeugnisse von Patriotismus. Bereits ab dem 19. September ließen Beamte der Stadt New York die Schreine außerhalb des Union Square räumen.[24] Als die Nation im Oktober in den Krieg gegen die Taliban in Afghanistan zog, hatten amerikanische Flaggen die Schreine längst abgelöst und die Schreine selbst wurden zu Museumsstücken.

Trauerarbeit und Traumaverarbeitung der Personen, die selbst Opfer der Anschläge geworden waren, mussten nun unter Ausschluss der Öffentlichkeit stattfinden. Der Therapeut Dodi Godman berichtet über Hinterbliebene, die bei ihm als Patienten waren, dass die härteste Zeit anbrach, »when the waves of public support evaporate and they are left painfully alone with the black hole of their memories«.[25] Das kollektive Trauma hatte zu Aggressionen gegen einen äußeren Feind geführt, wobei die Verletzung, die dem amerikanischen Selbstverständnis durch die Anschläge zugefügt wurde, unverarbeitet als traumatischer Kern unter der Kriegseuphorie begraben wurde.

Genau auf dieser abrupten Wandlung des kollektiven Bewusstseins basiert für Schwartz' Charaktere das Trauma. Sie fühlen, dass die Regierung die Stimmung eines kollektiven Traumas zur Kriegshetze missbraucht hatte. In ihrer Trauer um den Verlust ihres Sicherheitsgefühls fühlen sie sich von der Regierung alleine gelassen: »Will some voice, please, speak an intelligent word in public? We long to hear an intelligent word. No, we long for silence. Enough words have been spoken«.[26] Die Kurzgeschichte endet mit der Aussicht auf eine Verarbeitung des Traumas: »We will write the next sentence. Only not yet, not here on the bleak brink of November«.[27] Schwartz ist es gelungen, den nächsten Satz zu schreiben – sogar einen ganzen Roman.

The Writing on the Wall, erschienen im Jahr 2005, nimmt die Grundidee von »Near November« wieder auf. In der oben aufgeführten Kategorisierung von Romanen nach dem 11. September gehört Schwartz' Werk zur zweiten Kategorie, denn es liefert eine bewusste Auseinandersetzung mit den Anschlägen. Parallel zur Erzählhandlung liefert Schwartz eine Collage des »realen« sowie medialen Erlebens der Anschläge. Ihre Protagonistin, Renata, ist direkte Zeugin der Anschläge, und Informationen aus Radio, Fernsehen und Zeitungen begleiten sie durch die Zeit nach den Anschlägen. Die traumatischen Ereignisse, die ihre Heimatstadt befallen, rufen alte, unverarbeitete Traumata bei Renata hervor. Während des Romans schafft sie es, beide Traumata gleichzeitig zu verarbeiten, indem sie sich den Ursachen beider Traumata stellt.

Schwartz wählt als Berufsfeld für ihren Hauptcharakter treffenderweise die Linguistik. Renatas Aufgabe ist es, sich professionell mit Wörtern auseinanderzusetzen. Wie die Erzählerin in »Near November« fühlt sich Renata von der Regierung betrogen, da sie merkt, dass das kollektive 9/11-Trauma erst aufgebauscht und dann zu Kriegszwecken missbraucht wird. Exemplarisch für Schwartzs Kritik an der Bush-Regierung ist eine Sequenz, in der Renata empört auf die Rede von George W. Bush auf der offiziellen Trauerfeier in Washington D.C. reagiert. Schwartz fügt die tatsächliche Rede in ihren Roman ein und zitiert den Präsidenten, wie er sagt: »We are in the middle hour of our grief«.[28] Daraufhin schreibt Renata den folgenden Brief:

Dear Mr. President, With all due respect, I must point out that your phrase, ›the middle hour of our grief,‹ is inaccurate. This is the third day after the attack. If this is ›the middle hour of our grief,‹ and if the stages of our grief will be roughly equal, it logically follows that the end of our grief would fall somewhere around the sixth or seventh day after. You know as well as I do that this is not true, and that our grief will last much longer.[29]

Das gefühlte Dilemma von »Near November«, dass offizielle Stimmen zu schnell von der Trauerarbeit wegführen, wird in *Writing on the Wall* nochmals aufgenommen. Die Zeitspanne, die die Narration in Schwartzs Roman umspannt, ist die gleiche wie in ihrer Kurzgeschichte. Jedoch ist die Hauptprotagonistin im November des Romans weiter in ihrer Verarbeitung als die Erzählerin von »Near November«. Der Roman endet mit einer Passage im November, in der Renata auf die Zeit nach den Anschlägen zurückschaut: »It felt, for so long, as if it had happened yesterday. The blue sky, the burst of fire so high up, the pillar of cloud, the rain of paper, the macabre dancers drifting down hand in hand ... Every morning was the morning after«.[30] Erst nach diesem Gedankengang erkennt Renata, dass ihr Bewusstsein, ihr Zustand nicht mehr der gleiche ist, und dass 9/11 nicht jeden Tag die gleiche Präsenz einnimmt.

Doch selbst in diesem Zustand einer neu hergestellten Normalität ist das Trauma der Anschläge nicht gänzlich verschwunden. Als Renata kurz darauf in die Subway einsteigt, lässt Schwartz den Erzähler des Romans bei der Betrachtung der anderen Fahrgäste Folgendes bemerken: »The trauma they've suffered is not evident except for a suspicious, vulnerable cast in their eyes, a tautness in their downturned mouths. Strangers might not notice, but the locals do«.[31] Schwartz schafft es, mit Bemerkungen wie dieser während des ganzen Romans die feinen Abstufungen von Traumata – von individuellem PTSD bis zum kollektiven, hochstilisierten Trauma – aufzuzeigen. Leider zerfällt durch die vielen theoretisch geprägten Passagen die Romanhandlung in einzelne Essays, was das Lesevergnügen an *The Writing on the Wall* schmälert.

In die gleiche Kategorie fallen McInerneys, Kalfus' und DeLillos Romane. Alle drei handeln von erwachsenen Menschen, die einst New York für sich als Heimat erkoren hatten und mit der veränderten Stadt nach den Anschlägen zu kämpfen haben. Dabei wird der 11. September vor allem metaphorisch als private Lebenskrise aufgezeigt, als tiefe narzisstische Verletzung der Vorstellungswelt der Charaktere. Dies, obwohl die Protagonisten als New Yorker auch »real« von den Anschlägen betroffen sind. Alle drei Romane weisen einen Rückzug ins Private auf, wobei die globalpolitischen Dimensionen von 9/11 beinahe verschwinden. Vor allem McInerney inszeniert eine Geschichte der New Yorker Upper Class, die sich beleidigt zeigt, weil die Terrorattacken sie aus ihrem vom Rest der Welt abgeschirmten Alltag reißen.

Lohnend ist vor allem ein Vergleich von Kalfus' und DeLillos Romanen. Beide behandeln Zusammenhänge zwischen Alltäglichkeit/Normalität und Ausnahmezustand. Bei Kalfus ist der Schrecken der Anschläge eine banale Normalität, wohingegen bei DeLillo die Alltäglichkeit immer wieder durch die parallel laufende Realität der Anschläge gestört wird.

Kalfus zeigt auf, dass die in den Attacken konzentrierte menschliche Grausamkeit genauso im Alltag der New Yorker Gesellschaft auffindbar ist. Joyce und Marshall, die Hauptakteure der Erzählung, bekämpfen sich in einem Scheidungskrieg bis aufs Blut. Joyce ist erleichtert, als sie glaubt, Marshall sei bei den Anschlägen ums Leben gekommen. Im Roman handelt die Zeit nach 9/11 davon, wie Joyce und Marshall angesichts der Katastrophe, die ihre Stadt befallen hat, unbeirrt ihre Streitigkeiten fortsetzen – einzig mit einem bitteren Beigeschmack des schlechten Gewissens ob der eigenen Egozentrik. Marshall, der während seines Entkommens aus dem Areal des World Trade Centers Schreckliches erlebt hat, wird dadurch nicht zu einem besseren Menschen, höchstens zu einem eingebildeten ›Helden‹. Die Erzählung kulminiert in dem Moment, als die amerikanischen Truppen Bagdad einnehmen. Ab diesem Moment wechselt der Roman in eine Paralleldimension, in der dieser Krieg für Amerika wie auch für das zerstrittene Paar die Lösung aller Probleme darstellt. Kalfus zeichnet ein Happy End, wie es kitschiger nicht sein könnte – geschrieben in einer Zeit, in der sich das Desaster des Irak-Kriegs bereits deutlich abzeichnet. Kalfus mokiert sich über die, die dachten, dass sich aus dem Trauma des 11. September mittels Rache eine bessere und sicherere Zukunft erschaffen ließe.

Don DeLillo hingegen gibt sich um einiges ernster und weniger zynisch als gewohnt. Er zeigt auf, wie trügerisch die nach den Anschlägen entstandene menschliche Nähe war. Seine Hauptcharaktere, Keith und Lianne, sind zur Zeit des 11. September ein Paar mitten in der

Scheidung. Keith überlebt knapp den Anschlag auf die Zwillingstürme und kehrt geschockt zu seiner Ehefrau zurück. Sie finden vorübergehend wieder zusammen, müssen sich aber schließlich beide eingestehen, dass es keine Rückkehr zu einem früheren Leben geben kann. Keith endet als einsamer Pokerspieler, entfremdet von der Welt und unfähig, als soziales Wesen in eine geregelte Alltäglichkeit zurückzukehren.

Innerhalb des Romans begegnen wir mit Lianne mehrmals einem Performance-Künstler, der sich Falling Man nennt. Unvermittelt taucht er an verschiedenen Orten in New York auf und ahmt den Fall eines der »Jumper« nach. Nach einem ungefederten Fall verharrt Falling Man jeweils in einer Pose, die durch ein Foto eines der »Jumper« berühmt geworden ist. Der Falling Man erinnert mit seiner Beharrlichkeit an das 9/11-Trauma – an Bilder, die immer wiederkehren und unvermittelt auftauchen können und die nie an ihrer Eindrücklichkeit verlieren. Somit wird der Künstler zum Hüter von New Yorks kollektivem Unbewussten.

Unterbrochen wird die Haupterzählung mehrmals durch die Beschreibung der letzten Wochen eines der jungen Attentäter. Hammad ist ein junger Mann, tief zerrissen zwischen dem Bedürfnis, sich in westlicher Manier selbst zu verwirklichen, und der Sehnsucht, eins mit seinem Gott zu werden. Der Roman endet mit dem Moment, als sich Hammads Schicksal in dasjenige von Keith verschiebt. Beim Eindringen des Flugzeugs American Airlines 11 in den Nordturm des World Trade Center und dem daraus resultierenden Tod Hammads, wechselt die Erzählung zur Beschreibung von Keiths Erleben des Anschlags. DeLillo begleitet seinen Protagonisten auf seiner albtraumhaften Flucht aus dem Gebäude und lässt ihn schlussendlich ratlos vor dem Ort des Grauens innehalten. Somit lässt DeLillo seinen Roman mit den Ereignissen enden, die der eigentlichen Erzählung vorangehen. Doch liefert die Passage von Keiths Erleben der Anschläge keine befriedigenden Antworten zu den im Roman aufgeworfenen Fragen. Dies ist ganz bewusst so gewählt, da sich der 11. September nicht einer abschließenden Deutung unterordnen lässt.

Als dritte und letzte Kategorie der post-9/11-Romane sind Erzählungen aufzuführen, bei denen der 11. September nicht die Haupthandlung dominiert. Die Romane haben den 11. September scheinbar nur indirekt zum Thema, jedoch ist eine Auseinandersetzung mit einer durch die Anschläge geänderten (amerikanischen) Welt herauslesbar. Die Narration ist dabei von einer post-9/11-Stimmung geprägt und wäre in Absenz der Anschläge anders gefärbt. Dazu zählen Bret Easton-Ellis' *Lunar Park*, Michael Cunninghams *Specimen Days*, Paul Austers *The Brooklyn Follies* und John Updikes *Terrorist*.[32]

Cunninghams Projekt ist faszinierend, denn er versucht die Anschläge des 11. September in einer drei verschiedene Epochen umfassenden Erzählung zu fassen. Charaktere und Motive wiederholen sich in allen drei Episoden. Den Beginn des Buchs bildet eine Episode aus der Zeit der Industrialisierung New Yorks – mit einer inhärenten Kritik des aufkommenden, menschenverachtenden Kapitalismus. Dem stellt Cunningham Walt Whitmans Ideal des amerikanischen Menschen gegenüber, das zeitgleich mit der Unterwerfung des Menschen durch Maschinen entstand. Die Episode endet mit einem Großbrand innerhalb einer Kleiderfabrik, die historisch auf dem Feuer in der Triangle Shirtwaist Fabrik von 1911 basiert, bei der die Arbeiterinnen aufgrund von abgeschlossenen Notausgängen (verordnet vom geldgierigen Besitzer) gezwungen waren, aus den oberen Stockwerken der Fabrik in den Tod zu springen. Die zweite Episode spielt in der Zeit nach dem 11. September, als New York von unheimlichen Terrorattacken heimgesucht wird – verübt von verwahrlosten Kindern, Opfern des gescheiterten Ideals von Whitmans Amerika. Diese mittlere Episode ist tief geprägt von einem unverarbeiteten Trauma – einer Idee, die in der dritten Episode, die in der Zukunft spielt, ihre Vollendung findet. Nach dem 11. September verfielen die Vereinigten Staaten demnach zunehmend – die Anschläge dienten als Tropfen, der das Fass zum Überlaufen brachte. Die Hybris des Kapitalismus rächt sich und die Bewohner der Erde (Menschen, Cyborgs und Außerirdische) fliehen, um auf einem weit entfernten Planeten eine bessere Gesellschaft aufzubauen. Angetrieben werden sie von der Dichtung Whitmans, die ihnen eine bessere Variante des menschlichen Daseins aufzeigt. Cunningham zeigt auf, wie der Kapitalismus als menschenverachtende Gesellschaftsform für die Misere der Erde verantwortlich ist – und weist damit die Schuld an den Anschlägen des 11. September nicht einem bedrohlichen Anderen zu, der Amerika grundlos vernichten will, sondern zeigt die Terroristen als eine Art »Systemfehler« des kapitalistischen Systems auf. Diese Idee erinnert an die Aussage Arundhati Roys, die den Terrorismus als Zwilling des Kapitalismus ansieht – als die Kehrseite der Medaille.[33]

Paul Austers *The Brooklyn Follies* hingegen zeigt nostalgisch auf, was durch die Anschläge verloren ging: das alte Brooklyn, das friedliche Konglomerat von Einwanderern aus aller Herren Länder. Nathan Glass, Hauptfigur und Erzähler, zieht mit dem Gedanken nach Brooklyn, dort in Ruhe sterben zu können. Doch im Verlauf des Romans findet er zurück zu seiner Tochter und schließt neue Freundschaften. Ironischerweise lässt Auster die Erzählung um acht Uhr morgens am 11. September 2001 enden, mit einem Protagonisten, der nun vollends zu den Lebenden zurückgekehrt ist. Besonders schockierend wirkt da der Kunstgriff einer Vorausschau auf das, was an diesem Tag noch passieren soll. In zwei Sätzen fasst Auster die zukünftigen Geschehnisse zusammen:

> Just forty-six minutes before the first plane crashed into the North Tower of the World Trade Center. Just two hours after that, the smoke of three thousand incinerated bodies would drift over toward Brooklyn and come pouring down on us in a white cloud of ashes and death.[34]

Durch dieses Ende erfährt die Romanhandlung eine automatische Reevaluierung, plötzlich wird *The Brooklyn Follies* zu einer Hommage an das prätraumatische New York.

Defizitäre Wegweiser aus dem Trauma

Ziel dieses Beitrages war es, zu untersuchen, inwiefern Romane als ein narratives kollektives Gedächtnis fungieren können, das eine Hilfe bei der Verarbeitung der Traumatisierung der amerikanischen Gesellschaft bietet. Die Aufgabe von Schriftstellerinnen und Schriftstellern ist dabei keine einfache, denn die Erwartungen an die von ihnen erschaffene fiktionale Literatur zu einem der meistdokumentierten Ereignisse der Weltgeschichte sind groß und mannigfaltig. Eine solche Bearbeitung der Anschläge darf einerseits nicht zu weit von den historisch dokumentierten Begebenheiten abweichen, andererseits sollte sie sich nicht in diesen Begebenheiten verfangen. Des Weiteren lieferten die Terrorattacken prägnante Bilder, die eine »Bilderzählung« in den Köpfen der potentiellen Leserschaft entstehen ließ. Durch Massenmedien und Regierungsberichte sind zudem ritualisierte Narrationen entstanden, die den Kern eines »9/11-Mythos« bilden. Der 11. September ist zu einem ikonischen Ereignis geworden, um das sich Bedeutungskreise in beinahe jede nur denkbare Richtung ziehen.

Verallgemeinernd kann zu amerikanischen Romanen nach dem 11. September, welche direkten Bezug auf die Anschläge nehmen, gesagt werden, dass sie einen Rückzug ins Private vollziehen. Das kollektive Trauma, das in der Luft schwebt, wird an individuellen Traumata festgemacht, unter denen die Protagonisten leiden. Die Erzählungen erlauben den Lesenden eine Flucht in eine Welt, die frei von globalpolitischen Einflüssen ist. Zugleich sind sie voller Sentimentalitäten und Klischees. In einem lacanschen Sinn fungieren die Erzählungen als Versinnbildlichung von »le petit objet a« und versuchen verzweifelt, mit dem Untergang einer prä-9/11-Gesellschaft umzugehen. Es scheint, dass amerikanische Schriftstellerinnen und Schriftsteller einer melancholischen Verstimmung erlegen und deshalb außerstande sind, sich kritisch mit dem 11. September auseinanderzusetzen. Die große Ausnahme ist Lynn Sharon Schwartz, deren *The Writing on the Wall* jedoch rein literarisch nicht an die Werke von Foer oder DeLillo heranreicht.

Doch auch wenn die Romane einer Verarbeitung des kollektiven 9/11-Traumas wenig dienen, liegt ihre Stärke im Porträtieren von individuellen Traumata. Gerade die Romane, die sich direkt mit den Anschlägen auseinandersetzen, sind gewissermaßen Fortführungen der Nachrufe der Opfer, die wochenlang in der Rubrik »A Nation Challenged« in der *New York Times* und später als Sonderband unter dem Titel »Portraits of Grief« erschienen. Sie sind fiktive »Mahnmalsetzungen« der individuellen Traumata des 11. September und liefern Parabeln für ihre Verarbeitung – sie zeigen den Weg eines traumatisierten Protagonisten zu einem posttraumatischen Ich auf. Somit haben die post-9/11-Romane das Potential, als Wegweiser durch die persönliche Trauerarbeit zu führen und damit einen Anfang der Verarbeitung des 9/11-Traumas aufzuzeigen.

---

[1] Krugman, Paul: »Reckonings; What to Do«, in: *New York Times*, 19.9.2001.
[2] Alex Houen: »Novel Spaces and Taking Place(s) in the Wake of September 11«, in: *Studies in the Novel* 36 (Fall 2004), H. 3, S. 419–437, hier S. 420.
[3] Die folgenden Erläuterungen zu den *trauma studies* sind stark vereinfachend, denn dieses Forschungsgebiet ist uneinheitlich und zerstritten. Daher zeige ich nur Tendenzen auf, die für mich für ein Verständnis des 9/11-Traumas von zentraler Bedeutung sind. Siehe dazu auch die Literaturhinweise in den Anmerkungen 5 und 6.

4 Van der Kolk und Van der Hart publizierten ihren Artikel »The Intrusive Past: The Flexibility of Memory and the Engraving of Trauma« bereits 1991 in *American Imago* (48), H. 4, S. 425–454.
5 Cathy Caruth: »Introduction II«, in: *Trauma. Explorations in Memory*, hg. von Cathy Caruth. Baltimore: The Johns Hopkins University Press 1995, S. 151–157, hier S. 153.
6 Elizabeth Ann Kaplan: *Trauma Culture. The Politics of Terror and Loss in Media and Literature*, New Brunswick, NJ: Rutgers UP 2005, hier S. 33.
7 Jennifer Ahern et al: »Television Images and Psychological Symptoms after the September 11 Terrorist Attacks«, in: *Psychiatry. Interpersonal and Biological Processes* 65 (Winter 2002), H. 4, S. 289–300, hier S. 291.
8 Kai Erikson: »Notes on Trauma and Community«, in: *Trauma: Explorations in Memory* (siehe Anm. 5), S. 183–198, hier S. 185.
9 Don DeLillo: »In the Ruins of the Future«, in: *The Guardian*, 22.12. 2001.
10 Joan Kristin Bleicher: »Terror made in Hollywood«, in: *Irritierte Ordnung. Die gesellschafliche, Verarbeitung von Terror*, hg. von Ronald Hitzler, Konstanz: UVK Verlagsgesellschaft 2003, S. 157–171, hier S. 163.
11 Siehe Julia Kristeva: »Powers of Horror«, in: *The Portable Kristeva*, hg. von Kelly Oliver. New York: Columbia University Press 2002, S. 229–263.
12 Spencer Eth: »Commentary on ›Television Images and Psychological Symptoms after the September 11 Terrorist Attacks‹ – Television Viewing as a Risk Factor«, in: *Psychiatry. Interpersonal and Biological Processes* 65 (Winter 2002), H. 4, S. 301–303, hier S. 301.
13 Ahern et al. fanden lediglich heraus, dass die Konfrontation mit Fernsehbildern zu den Anschlägen bei einigen direkt Betroffenen zu einer Verstärkung bereits vorhandener PTSD-Symptome führte (Ahern: »Television Images« [siehe Anm. 7], S. 295).
14 Houen: »Novel Spaces« (siehe Anm. 2), S. 420.
15 Pete Hamill et al.: »Watching the world fall apart«, in: *The Guardian*, 13.9.2001.
16 Roger Brown und James Kulik, wichtige Vertreter dieser Theorie, behaupten, dass solche Erinnerungen sich derart in die Hirnrinde einprägen, dass sie auch noch nach Jahrzehnten beinahe unverändert geäußert werden können (Stephen R. Schmidt: »Autobiographical memories for the September 11th attacks: Reconstructive errors and emotional impairment of memory«, in: *Memory & Cognition* 32 (2004), H. 3, S. 443–454, hier S. 443)
17 Dinitia Smith: »Novelists Reassess Their Subject Matter«, in: *New York Times*, 20.9.2001.
18 Erika Dreifus: »Keeping Silent? Writing Fiction after September 11«, in: *Queen's Quarterly* 111 (Spring 2004), H. 1, S. 35–43, hier S. 36.
19 Reynold Price: *The Good Priest's Son*. New York: Scribner 2005; Nick McDonell: *The Third Brother*. New York: Grove Press 2005.
20 McDonell: *The Third Brother* (siehe Anm. 19), S. 176.
21 Ebd., S. 177.
22 Philip Beard: *Dear Zoë*, New York: Plume 2006; Jonathan Safran Foer: *Extremely Loud & Incredibly Close*, New York: Hamis Hamilton 2005; Joyce Maynard: *The Usual Rules*, New York: St. Martin's Press 2003; Jay McInerney: *The Good Life*, New York: Knopf 2006; Ken Kalfus: *A Disorder Peculiar to the Country*, New York: Harper Perennial 2006, Don De Lillo: *Falling Man*, New York: Scribner 2007.
23 Lynn Sharon Schwartz: »Near November«, in: *110 Stories: New York Writes After September 11*, hg. von Ulrich Baer, New York, London: New York UP 2002, S. 260–262, hier S. 261.

[24] Barbara Kirshenblatt-Gimblett: »Kodak Moments, Flashbulb Memories: Reflections on 9/11«, in: *TDR: The Drama Review. A Journal of Performance Studies* 47 (Spring 2003), H. 1, S. 11–48, hier S. 23.
[25] Dodi Godman et al: »Voices from New York: September 11, 2001«, in: *Contemporary Psychoanalysis* 38 (Jan. 2002), H. 1, S. 77–100, hier S. 79.
[26] Schwartz: »Near November« (siehe Anm. 23), S. 261.
[27] Ebd., S. 262.
[28] Lynn Sharon Schwartz: *The Writing on the Wall*. New York: Counterpoint Press 2005, S. 133.
[29] Ebd., S. 144.
[30] Ebd., S. 281.
[31] Ebd., S. 287.
[32] Bret Easton Ellis: *Lunar Park*, New York: Knopf 2005; Michael Cunningham: *Specimen Days*, New York: Farrar, Straus and Giroux 2005; Paul Auster: *The Brooklyn Follies*, London: Faber and Faber 2005; John Updike: *Terrorist*, New York: Alfred A. Knopf 2006.
[33] Jean Baudrillard: *Simulacra & Simulations,* übersetzt von Sheila Faria Glaser Ann Arbor: Editions; The University of Michigan Press 1997, hier S. 29.
[34] Auster: *The Brooklyn Follies* (siehe Anm. 30), S. 303 f.

MATHIAS NILGES

Das Ende der Zukunft

Graphic Novels und Comics als Spiegel der US-amerikanischen Gesellschaft nach dem 11. September 2001

Amazing how time flies while it stands still[1]

Am 11. September 2001 begann für die USA eine neue Ära. Auch Durchhalteparolen, die den Konsum als Verteidigungsstrategie und Patriotismus als psychologisches Allheilmittel anpriesen, konnten nicht darüber hinwegtäuschen, dass die Anschläge des 11. September mit dem generellen Sicherheitsgefühl auch die Basis für das amerikanische Selbstverständnis zerstört hatten. Die von so vielen beschriebene »neue Ära« ist somit fundamental gezeichnet von einer Identitätskrise: Was genau bedeutet es, Amerikanerin zu sein in einer Welt, der man, wie die Anschläge in grausamer Weise verdeutlichten, nicht mehr entfliehen kann, einer Welt, die sich radikal verändert hat und deren Struktur so komplex und oft unübersichtlich ist wie vielleicht nie zuvor? Betrachtet man allerdings die kulturelle Produktion in den USA nach dem 11. September, so hat man nicht unbedingt den Eindruck eines weitverbreiteten Aufbruchs in eine neue Ära. Im Gegenteil, es scheint genau dieser Zwang, in eine neue Ära aufbrechen zu müssen, der eine lähmende Wirkung auf kulturelle Repräsentationen der Zukunft hat. Man hat den Eindruck, dass die Zukunft, die gezeichnet ist von einem radikal neuen Kontext, in dem man US-amerikanische Identität definieren muss, oft als undenkbar verstanden wird. Ja, eine neue Ära ist unausweichlich, aber wie soll sie aussehen und wie definiert man die entsprechende Identitätsform wirklich? Dieser Eindruck eines Zwangs, das Alte zu verlassen und die notwendige Dominanz des Neuen zu akzeptieren, der nicht eine Bewegung in Richtung Zukunft, sondern einen Eindruck des Stillstands in einer unbefriedigenden Gegenwart vermittelt, wird somit vielleicht am Besten von einem Graffiti ausgedrückt, welches in *DMZ*, einer *graphic novel* von Brian Woods immer über den Handlungen der Protagonisten zu schweben scheint: »every day is 9/11«.[2]

Man muss folglich unterscheiden zwischen den eigentlichen Anschlägen des 11. September als Ereignis und 9/11, den gesellschaftlichen und politischen Konsequenzen der Anschläge. 9/11 ist nicht nur ein einziges Datum, sondern vielmehr das, was der walisische Kulturtheoretiker Raymond Williams als einen Index der dominanten »Gefühlsstrukturen« einer Gesellschaft verstehen würde.³ 9/11 ist der symbolische Ausdruck der Entwicklungen in Folge des 11. September 2001. Was genau aber bedeutet es zu sagen, dass die soziopolitische Entwicklung der USA am 11. September in eine neue Ära aufgebrochen sei, die als die »Gefühlsstruktur 9/11« beschrieben werden kann, eine Ära, welche jedoch nicht von einer Entwicklung in die Zukunft, sondern von einem offensichtlich permanenten Stillstand in der Gegenwart gekennzeichnet sei? Woher rührt dieses Gefühl einer permanenten Gegenwart, die die kulturelle Imagination in einem Maße zu kolonisieren scheint, dass Repräsentationen der Zukunft bestenfalls aus nostalgischen und romantisierten Idealisierungen einer besseren Vergangenheit bestehen? Um eine Antwort auf diese Fragen zu finden und die Verbindungen zwischen dieser Gefühlsstruktur und ihren soziopolitischen Ursachen zu ergründen, gibt es kaum ein besser geeignetes kulturelles Genre als die *graphic novel* und Comics.

Vor dem eigentlichen Beginn einer Analyse von *graphic novels* und Comics hinsichtlich ihrer Funktion in der kulturellen Aufarbeitung von 9/11 scheint eine kurze Begriffsdefinition angebracht. Generell wird als *graphic novel* ein Comic beschrieben, der in seiner Erzählstruktur und in seinem Aufbau mehr einem Roman als einem kurzen *comic strip* gleicht. *Graphic novels* sind in ihrem Aufbau, besonders hinsichtlich des Handlungsaufbaus, sowie in ihrer Thematik, weit komplexer als traditionelle Comics. Spezifischere Unterscheidungen weisen auch darauf hin, dass *graphic novels* in ihrem Publikationsformat mehr Romanen gleichen als Comics, welche ihren Ursprung in Zeitungen und Zeitschriften haben. Diese Definition ist aber bei Weitem nicht allgemein anerkannt. Fragt man zum Beispiel Alan Moore, der mit *Watchmen*, *V for Vendetta* und anderen bekannten Werken oft als der wichtigste Autor von *graphic novels* der Gegenwart genannt wird, so besteht dieser strikt darauf, keine *graphic novels*, sondern *comic books* zu produzieren. Für Moore dient die Klassifizierung längerer Comic Werke als *graphic novels* hauptsächlich einer elitären Differenzierung, die eine akademische Auseinandersetzung mit einem ansonsten eher belächelten Genre rechtfertige. Moore selber beschreibt seine Werke deswegen ausschließlich als Comics und möchte damit auch den Unterschied seines gewählten Genres zum Roman und Film ausdrücken und somit das Augenmerk auf die speziellen repräsentativen Möglichkeiten lenken, die das Genre Comic eröffnet. Während Moores Argument richtigerweise wichtige Unterschiede zwischen Romanen und Comics aufzeigt, möchte ich doch für die Zwecke dieses Artikels die rein formelle Unterscheidung zwischen *graphic novels* und Comics beibehalten, um zwischen komplexen Werken mit einer fortlaufenden, linearen Erzählstruktur und kurzen *comic strips* unterscheiden zu können.

Spätestens seit dem Beginn der Periode, die Literaturkritiker und Philosophen mehr oder weniger widerwillig als Postmoderne beschreiben, wird kulturelle Produktion als die soziale Dimension der Politik und der Ökonomie angesehen. In dieser kulturellen Dimension werden politische Meinungen und neue Identitätsformen hinterfragt, neu gebildet und verbreitet, sowie Moralvorstellungen und existentielle Ängste aufgearbeitet und ideologisch kategorisiert. Die Beziehung zwischen der Kultur und der soziopolitischen Struktur einer Nation ist also eine dialektische: Kultur schafft und wird im Gegenzug geschaffen von den politischen und ökonomischen Weiterentwicklungen einer Gesellschaft. Um die Identitätskrise, die an den Effekt von 9/11 geknüpft ist, zu analysieren, hilft es also, wenn man sich einem Genre zuwendet, welches in spezieller Weise mit den kulturellen Traditionen verbunden ist, die im Zentrum der gegenwärtigen Krise stehen. Comics sind zweifellos so tief in amerikanischer Populärkultur und dem ideologischen Gefüge der USA verankert wie sonst vielleicht nur der Western. Besonders wenn wir an eine der bekanntesten Figuren amerikanischer Comics denken, den Superhelden, wird schnell klar, welch wichtige Arbeit der Superheld für die psychologische und ideologische Konstitution der USA verrichtet. Es ist deswegen auch nicht sonderlich überraschend, dass die goldenen Zeitalter der Superhelden-Comics weitgehend Krisenperioden in der Geschichte der USA entsprechen. Der Superheld etablierte sich als ideologischer, politischer und moralischer Kompass in den 1930ern und in der Zeit des sogenannten Kalten Krieges. War der Superheld jedoch in diesen Zeiten in der Lage, die bedrohte Nation zu schützen, gegen mächtige Feinde von außen zu verteidigen und amerikanische Wertvorstellungen zu repräsentieren, die es erlaubten, klar zwischen »Gut« und »Böse« zu unterscheiden, so ist der Superheld nach dem 11. September kaum noch zu unterscheiden vom verängstigten und verunsicherten Normalbürger.

Das vielleicht interessanteste Werk in dieser Hinsicht ist Brad Meltzers mehrfach ausgezeichnete *graphic novel Identity Crisis*.[4] In diesem Werk bringt Meltzer alle bekannten Figuren des DC Comic-Universums (mit Marvel Comics der bekannteste und traditionsreichste Comic Verlag der USA) zusammen, um nicht nur diese Figuren, sondern die gesamte Tradition des Superhelden-Comics radikal zu hinterfragen und neu zu strukturieren. Meltzers Superman, Batman, The Flash und viele andere bekannte Helden sind in dieser *graphic novel* weniger mächtige Superhelden, die Recht und Ordnung verteidigen und die Stabilität der Nation wahren, sondern menschlicher als je zuvor. Die Bedrohung, der die Superhelden gegenüberstehen, ist auch nicht etwa gegen ihre Person oder gegen eine amerikanische Institution gerichtet. Die Opfer einer Mordserie, die es aufzuklären gilt, sind die Familien der Superhelden selber, ihre Väter, Ehefrauen, oder Kinder. Die Aufklärung dieser Verbrechen gestaltet sich außerordentlich schwierig für die Gruppe von Superhelden, da ihnen weder althergebrachte Erklärungsmodelle noch traditionelle »Feindbilder« weiterhelfen. Weit entfernt vom starken und stets rational denkenden Superhelden früherer Zeiten, ist Meltzers Superheld nach 9/11 ein Ausdruck des generellen Ohnmachtgefühls der US-Gesellschaft. Es ist klar zu erkennen, dass die Probleme der Gegenwart nicht mit Strategien und Antworten aus der Vergangenheit zu lösen sind. Jedoch sind auch die körperlich sowie geistig überlegenen Superhelden genau so unfähig wie der Normalbürger, eine adäquate Antwort auf die Probleme der Gegenwart zu finden.

In einer Welt nach dem 11. September gibt es keine einfachen Lösungen mehr. War es zu Zeiten des sogenannten Kalten Krieges zumindest ideologisch und oft auch strukturell noch möglich, der Angst vor dem Kommunismus mit Nationalismus und einem Verstärken der nationalen Grenzen zu begegnen, was symbolisch im Konzept des Eisernen Vorhangs Ausdruck fand, so kollidiert der heutige Patriotismus der USA zum Beispiel mit der ökonomischen Realität einer Welt, die auf der Ideologie und Praxis der freien Marktwirtschaft beruht und somit das Errichten alter Schutzmechanismen unmöglich macht. Der Superheld war stets die Personifikation der Stabilität und einfacher Antworten, die Schutz versprachen. Bedrohungen wurden durch Superhelden mit dem schlichtesten aller Mittel gelöst: körperlicher Gewalt. Solche Superhelden-Comics ähnelten somit oft der strukturellen Logik des klassischen Kriminalromans, in dem der Verbrecher die Ausnahme zur Regel darstellt und nur einen kurzen Moment der Unsicherheit in die Gesellschaft einbringt, welche nach seiner Bestrafung wieder zur Normalität zurückkehren kann. Die oben angesprochene Identitätskrise wird also genau dadurch ausgelöst, dass es eine solche Normalität, die Stabilität und Sicherheit verspricht, nicht mehr gibt. Die Krise des Superhelden repräsentiert die generelle Krise der Institutionen und Ideologien, für die er einsteht: die Krise der starken Nation, stabiler moralischer und politischer Werte und generell vermeintlich einfacher Antworten auf komplexe Probleme.

Eine ähnliche Kritik des Superhelden-Genres als Konsequenz von 9/11 wird in Brian K. Vaughans *graphic novel Ex Machina* deutlich.[5] Schon der Titel der *graphic novel*, welcher an ein Element des klassischen griechischen Dramas erinnert, in dem oft ein *deus ex machina* eine »göttliche« Auflösung eines ansonsten unlösbaren Problems in das Stück einbrachte, deutet auf das Verschwinden von einfachen oder universellen Lösungen hin. In *Ex Machina* versucht der neue Bürgermeister von New York City, der vor seiner politischen Amtszeit eine nur bedingt erfolgreiche Karriere als Superheld hatte, das Chaos, welches die Stadt regiert, im Zaum zu halten. Jedoch ist auch Vaughans Superheld alles andere als allmächtig. Bürgermeister Mitchell Hundreds Nachname, sowie der Titel des ersten Bandes »Die Ersten Hundert Tage« sind als Anspielung auf F. D. Roosevelt zu verstehen, dessen erste hundert Tage im Amt zusammen mit dem Beginn des New Deal als Beginn der Bewältigung der Großen Depression gehandelt werden. Es wird aber relativ schnell klar, dass Bürgermeister Hundred bei weitem kein Roosevelt ist und dass auf eine ähnliche Krisenbewältigung nicht zu hoffen ist. Hundred ist geplagt von Selbstzweifeln, da er es am 11. September 2001 nur schaffte, das zweite, nicht aber das erste Flugzeug, das die Twin Towers attackieren sollte, abzufangen. Zu seinen Selbstzweifeln kommt noch der Zweifel der Bürger New Yorks hinzu, welche nur wenig Respekt vor Hundreds Funktion als Superheld haben, da er nicht in der Lage ist, die Stadt so effektiv zu beschützen, wie man es von einem Superhelden der alten Comic-Schule erwartet hätte.

Das größte Problem, das Hundred sowohl als Bürgermeister als auch als Superheld bewältigen muss, ist aber nicht etwa die Bedrohung durch den Terrorismus, sondern das Chaos, welches im Inneren der US-Gesellschaft wächst. Ein wiederkehrendes Moment in *Ex Machina* ist die Tendenz, das Problem des Terrorismus so weit zu vereinfachen, dass es zu einer der so dringend erwünschten universellen Erklärungen für alle Gegenwartsprobleme wird. Dieser Versuch, zu einfachen Antworten zurückzukehren, indem man versucht, alle Probleme auf den Terrorismus zurückzuführen, kreiert, wie Hundred feststellen muss, gefährliche blinde Punkte. Die Mordserie, die die Handlung des ersten Bandes bestimmt, scheint für lange Zeit nicht aufklärbar, da der Effekt von 9/11 die Aufmerksamkeit zusehends von den Problemen ablenkt, die in der Mitte der Gesellschaft fortbestehen. Die Morde im ersten Band von *Ex Machina*, so stellt der Leser sowie Bürgermeister Hundred schließlich erstaunt fest, wurden nicht von Terroristen begangen, sondern von einem jungen, frustrierten, ausgegrenzten und depressiven New Yorker Schüler. Die folgenden Bände von *Ex Machina* befassen sich entsprechend auch mit Themen wie Rassismus, Homophobie oder dem mangelnden Engagement für die Jugend, allesamt Probleme, die Vaughans Meinung nach als Konsequenz von 9/11 vernachlässigt wurden. Um diesen Eindruck zu verstärken, beinhaltet Hundreds Superhelden-Name sowohl eine Kritik an der Figur des Superhelden, als auch eine Kritik an der US-Gegenwartsgesellschaft. Hundred nennt sich, »The Great Machine«, was, wie er im ersten Band selber erklärt, eine Anlehnung an Thomas Jefferson ist, der so die US-Gesellschaft bezeichnete. Wie schon Meltzer, so argumentiert auch Vaughan, dass die Figur des Superhelden dicht verknüpft ist mit der traditionellen Vorstellung einer starken US-Gesellschaft. In einer Zeit, in der diese eine ihrer größten Krisen durchläuft, muss folglich auch die Figur des Superhelden neu durchdacht werden.

Diese Verbindung zwischen 9/11 und den sich immer mehr ausweitenden Krisen im Inneren der USA ist eines der meist verbreiteten Themen in den *graphic novels* der letzten sechs Jahre. Auch die Mordserie in *Identity Crisis* findet eine überraschende Erklärung. Die Morde wurden nicht von einem der traditionellen Feinde der Superhelden begangen, sondern von der sich vernachlässigt gefühlten, ehemaligen Ehefrau von Atom, eines der Mitglieder der *Justice League of America* (so der Name der Superhelden-Gruppe). Ihr fanatisches Bestreben, zu einer schöneren und stabileren Vergangenheit zurückzukehren, veranlasst diese Frau, Familienmitglieder anderer Superhelden zu töten, da sie hofft, dass dieser Schock die Familien aller Superhelden, nicht zuletzt auch ihre eigene, wieder näher zusammenbringen wird. Der Einfluss von 9/11 zeigt sich hier also wieder als eine potentielle Ablenkung von Problemen, die in der Gesellschaft als »Familie« heranwachsen und die zu ignorieren fatale Folgen haben kann. Zugleich zeigen aber die *graphic novels*, die diese Gefühlsstruktur nach 9/11 behandeln, die generell von einem Eindruck des Verlustes gekennzeichnet ist, die Probleme einer zu starken Verbindung mit der Vergangenheit und deren Romantisierung auf. Die Antwort auf die Probleme der Gegenwart kann auf keinen Fall in dem nostalgischen Idealisieren einer vermeintlich besseren Vergangenheit gefunden werden.

Ein ähnliches Argument bringt auch Brian Woods *graphic novel DMZ* vor. Der Titel der *graphic novel* ist ein Akronym für »De-militarized Zone«, entmilitarisierte Zone. Die hier gemeinte entmilitarisierte Zone ist Manhattan, welches als Pufferzone zwischen den zwei sich im Krieg befindenden Teilen der USA liegt. Diese *graphic novel* ist ein Versuch, die möglicherweise dramatischen Folgen der Vernachlässigung innenpolitischer Probleme in den USA darzustellen. Nachdem die US-Regierung nahezu alle verfügbaren Ressourcen dem Krieg gegen den Terrorismus zukommen ließ und ihr Augenmerk ausschließlich auf den Terrorismus und den Irak gerichtet hatte, war es ihr entgangen, dass die Spannungen und der Verdruss innerhalb des eigenen Landes unaufhaltsam wuchsen. In Woods Szenario sind die Konsequenzen radikal: Der Mittlere Westen der USA, der sich nun »The Free States« nennt, erhebt sich gegen die USA in einem Bürgerkrieg. Die Frontlinien erstarren immer mehr, konsolidieren den Bürgerkrieg als Normalzustand und Manhattan als entmilitarisierte Zone, in der 400 000 Zivilisten, gefangen zwischen den Fronten und in enger Anlehnung an das Leben zwischen extremistischen Parteien gefangener irakischer Zivilisten, ihr Leben fortsetzen müssen.

Besonders interessant in Woods *graphic novel* sind die Versuche seitens der Bewohner der DMZ, wieder einen geordneten Alltagsablauf herzustellen. Der Protagonist Matthew Roth, ein Fotojournalist, der eher zufällig ein Bewohner der DMZ wurde und seitdem von dort berichtet, dokumentiert diese verschiedenen Versuche in der DMZ, ein geregeltes Leben zu führen. So sehen wir in den ersten Bänden, wie sich in Teilen der Stadt das Leben »normalisiert«. Restaurants entstehen in sicherer Höhe vor Autobomben auf den Dächern der Hochhäuser, und verschiedenste kulturelle Einrichtungen wie Galerien oder eine lebhafte Musikszene werden unter dem Schutz der respektiven Nachbarschaften die Hauptmittel der Gegenwartsbewältigung. Während jedoch diese Wiederkehr eines kulturellen und sozialen Lebens zweifelsohne hilft, die Realität des Bürgerkriegs zu ertragen, präsentiert Wood diese Bewältigungsmechanismen auf keinen Fall als adäquate Antwort auf die sozialen Probleme, die das Land zerrütten. Diese »Rückkehr des Lebens« in der DMZ ist nicht die Basis für eine positive Entwicklung, die Besserung für die Zukunft verspricht. Vielmehr sind diese Aktivitäten der Bewohner klar gekennzeichnet als Formen von Realitätsflucht, welche eine kurze Alternative zu einer Gegenwart bieten, die im gleichen Maße stillsteht wie die verfeindeten Parteien auf beiden Seiten der DMZ. Diese Rückkehr des Lebens ist somit genau dies: eine Rückkehr des alten Lebens und somit keine Formulierung einer neuen Lebens- und Identitätsauffassung, die einen Ausweg aus der momentanen Situation oder neue Impulse für eine bessere Zukunft aufzeigen könnte.

Das Problem der Gegenwartsbewältigung, das, wie von Meltzer, Vaughan und Wood geschildert, oft zu einer politisch kontraproduktiven Abwendung von dem Projekt führt, die Zukunft stetig neu zu erfinden, und hinführt zu einer nostalgisch idealisierten, verlorenen Vergangenheit, findet vielleicht nirgends einen so starken Ausdruck wie in Art Spiegelmans Comic *In the Shadow of No Towers* (dt.: Im Schatten von Keinen Türmen). Dieser Comic, der, beginnend mit seiner ersten Veröffentlichung als eine Serie von ganzseitigen »strips« in Zeitungen, heftig umstritten war, ist ein Dokument von Spiegelmans persönlicher Gegenwartsbewältigung. Bemerkenswert hier ist, dass *In the Shadow of No Towers* von beiden Seiten des politischen Spektrums heftig kritisiert wurde. Teile des Comics, in denen Spiegelman sich als eine sowohl von Al-Qaida als auch von seiner eigenen Regierung terrorisierte Maus darstellt (in Anlehnung an *Maus*, seine berühmteste *graphic novel*, die unter anderem mit dem Pulitzer-Preis ausgezeichnet wurde), wurden von konservativen Amerikanern als antiamerikanisch verschrien. Die liberale oder politisch linksgerichtete (oft akademische) Kritik hingegen richtete sich hauptsächlich gegen Spiegelmans oft problematisch übertriebene Darstellung von 9/11 als Trauma für die US-Gesellschaft, ein Trauma, das bei Spiegelman selbst, so schreibt er im Comic, dazu führte, dass er sich von einem »entwurzelten« zu einem »verwurzelten Kosmopoliten« entwickelte.[6] Während man Spiegelman also durchaus der gleichen Idealisierung von traditionellen, Stabilität und Sicherheit versprechenden Ideen beschuldigen kann, die Wood oder Meltzer bestenfalls als nicht zeitgemäß oder nicht politisch produktiv und schlimmstenfalls als reaktionär einstufen (wie zum Beispiel die Idee einer Heimat, an die man sich stark gebunden fühlt, als Reaktion auf die weitreichende Verunsicherung durch die Anschläge), so zeigt In the Shadow of No Towers doch klar, dass sich Spiegelman seines Interessenkonfliktes durchaus bewusst ist. Er lässt keinen Zweifel daran, dass sein Bezug zu den zerstörten Twin Towers, die er als Symbole einer einfacheren Zeit darstellt, den wahren historischen Hintergrund dieser Türme und der Zeit vor den Anschlägen verzerren und somit keine stimmige Reaktion auf die Anschläge sein kann. Spiegelmans frustrierte Feststellung bezüglich dieses Problems ist letztendlich, dass sein Leben vor den Anschlägen immer davon gekennzeichnet war, das Ende der Welt zu befürchten. Sein Leben nach den Anschlägen scheint im Gegensatz dazu von dem Fehlen dieser Paranoia gezeichnet zu sein, von einer Situation, in der die Welt »einfach aufgehört hat zu enden«.[7]

Wie genau aber hat man diesen Ausspruch Spiegelmans zu verstehen? Eine mögliche Interpretation wäre, Spiegelmans Unterscheidung dem momentan weit verbreiteten Eindruck einer fehlenden Zukunft und einer lähmenden Gegenwart zuzuordnen, welcher besonders in Comic und *graphic novel* eine kreative Krise ausgelöst hat. Als ein Genre, das tief in der Vergangenheit und den Traditionen verwurzelt ist, die nun als verloren gelten, zeigt sich der Comic und die *graphic novel*, wie auch Spiegelman selber, überraschend selbstkritisch. Die Gegenwart, in die die US-Gesellschaft durch die Anschläge so plötzlich versetzt wurde, eine Gegenwart, die ein radikales Hinterfragen vergangener Praxen verlangt, erscheint derartig komplex, dass es praktisch unmöglich scheint, einen Ausweg oder eine Verbesserung zu denken. In Astra Taylors Dokumentarfilm Žižek! (2005), welcher sich mit dem slowenischen Kulturtheoretiker und Philosophen Slavoj Žižek befasst, macht Žižek selber eine anfangs simpel scheinende, doch ungemein fundamentale Bemerkung über den Status der kontemporären westlichen und insbesondere US-amerikanischen kulturellen Imagination. Unsere kulturellen Repräsentationen der Zukunft stellen für Žižek eine eher seltsame Form der Durcharbeitung der Gegenwart dar. Während wir keine Probleme haben, uns die komplette Zerstörung der Welt durch Zombies, Kometen oder Naturkatastrophen vorzustellen, so Žižek, scheint es fast unmöglich, uns auch nur kleinere Innovationen vorzustellen, die einen winzigen Teil der Gesellschaftsprobleme der Gegenwart lösen könnten.[8] Wie wir also auch bei Spiegelman sehen, bedingt das Trauma 9/11 nicht nur ein Problem in der Gegenwart, sondern führt zu einem fast kompletten Verlust der Zukunftsvorstellungen, zu dem Verschwinden von utopischem sowie dystopischem Denken und ihren entsprechenden kulturellen Repräsentationen.

Während andere populäre Genres Darstellungen der Zukunft produzieren, in denen die Rückkehr zu den Strukturen und Ideologien der Vergangenheit als Lösung für die Probleme der Gegenwart angepriesen wird (Beispiele wären hier die Fernsehserie *Lost* sowie der vierte Teil der *Stirb-Langsam*-Filme, der in seinem so offensichtlichen Reaktionismus fast humoristisch erscheint), so bemühen sich Comic und *graphic novel* in bemerkenswerter Weise, die politisch notwendige logische Unterscheidung zwischen utopischem oder dystopischem Denken und dieser Rückkehr zur Vergangenheit aufzuzeigen. Selbst dystopisches Denken wie Spiegelmans permanente Erwartung des Weltendes ist essentiell auf die Zukunft gerichtet und produziert Versionen einer möglichen Realität, die sich von der Gegenwart unterscheidet. Die kulturellen Formen der Gegenwart, so könnte man Žižek interpretieren, sind hingegen nicht Ausdruck eines Denkens, welches positive oder negative Alternativen für die Zukunft produziert. Vielmehr sind die Zerstörungsphantasien der von Žižek beschriebenen, so populären postapokalyptischen Szenarien weniger eine Vorstellung der Zukunft als eine verzweifelte Ablösung vom lähmenden Einfluss der Gegenwart. Gegen diesen scheint nur komplette Zerstörung und ein Wiederaufbau nach traditionellen Richtlinien eine Alternative zu bieten. In einer Gegenwart, in der die strukturellen Determinismen unübersichtlich komplex und somit politisch und ideologisch paralysierend geworden sind, scheint der wünschenswerteste Ausweg derjenige zu sein, der Vereinfachung verspricht.

Betrachtet man die gegenwärtige kulturelle Produktion der USA, so ist dieser Trend zur Vereinfachung klar festzustellen. Vereinfachung bedeutet in diesem Sinne die Rückkehr zu traditionellen Identitätsmodellen, die sich auf herkömmlichen, relativ gesehen stärker gefestigten Ideologiestrukturen gründen. Beispiele wären hier die Rückkehr des Patriotismus, die Zuwendung zur klassischen Familienstruktur oder auch das Wiederaufkeimen althergebrachter Geschlechterrollen. All diese Strukturen versprechen Stabilität und Sicherheit, Werte, die in einem Maße idealisiert werden, dass die historische, repressive Altlast dieser Kategorien oft ausgelöscht wird. Viele *graphic novels* haben es sich zum Ziel gesetzt, genau diese Entwicklung zu kritisieren. Zwei bemerkenswerte Beispiele sind hier Brian K. Vaughans erste, vielfach ausgezeichnete und hoch gepriesene *graphic novel* Serie *Y: The Last Man* sowie Robert Kirkmans *The Walking Dead*.[9] Beide *graphic novels* greifen eine Kombination der oben genannten Themen auf, entlarven aber zugleich die reaktionären, politischen Konsequenzen einer Idealisierung der Vergangenheit. In *Y: The Last Man* erlebt der Protagonist Yorick Brown zusammen mit seinem Kapuzineräffchen Ampersand den bislang unerklärlichen, weltweiten Tod aller Säugetiere mit einem Y-Chromosom. Yorick und sein Affe sind infolgedessen die letzten männlichen Bewohner der Erde und reisen durch eine postapokalyptische Welt, die versucht, sich neu zu ordnen.

Vaughan beschreibt in dieser *graphic novel* genau die oben aufgeführten Gefühlsstrukturen und versucht somit, die politischen Konsequenzen aufzuzeigen, die unweigerlich an den Versuch geknüpft sind, die Zukunft in einer idealisierten Vergangenheit zu suchen. Die paternalistischen Strukturen, denen, so Vaughan, selbst eine Welt ohne Männer kaum entfliehen kann, da der Paternalismus nicht nur an Geschlechterrollen, sondern besonders an althergebrachte Vorstellungen von Sicherheit und Ordnung geknüpft ist, sind deswegen ein Fokus der Kritik vieler *graphic novels*. Ob es die Familie, die Nation, ein stabiles moralisches Gefüge oder die ökonomische Struktur ist, fast alle diese Kategorien basieren traditionell auf paternalistischer, zentral organisierter Logik. In einer gesellschaftlichen Situation, in der sich der Eindruck des Verlustes dieser Kategorien weiter verschärft, bindet sich natürlicherweise der nostalgische Impuls oft an genau diese Vergangenheit, die Vaughan treffend als den Verlust paternalistischer Strukturen allegorisiert. Der Verlust des Mannes, oder noch treffender: der Verlust des schützenden und regulierenden Vaters (in all seinen Manifestationen: der Vater der Nation, der Vater der Familie, der göttliche Vater usw.) wird deswegen nicht nur zum Symbol der Gefühlsstruktur nach dem 11. September, sondern ist auch oft die politisch reaktionäre Antwort auf die Probleme einer Gesellschaft, die den Vater und dessen Schutz und Ordnung als Ausweg aus dem gefühlten Chaos sieht. Vaughans Kritik dieses soziopolitischen Trends verbindet die für ihn verwandten Strukturen des Paternalismus mit Phantasien der Zerstörung, welche den Weg für eine Rückkehr »des Vaters« und damit verbunden für eine radikale Vereinfachung der Komplexität der Gegenwart ebnen.

Wie auch Vaughan, so sieht Kirkman die größte Gefahr der Gegenwart in der Abwendung von dem Versuch, neue Identitätsformen zu denken, die den Problemen der Gegenwart entsprechen könnten, und in der Rückkehr zu ödipalen Identitätsformen. In *The Walking Dead* versucht sich Kirkman an einer Re-Interpretation des Zombie-Genres und beschreibt den Alltag einiger weniger Überlebender einer Zombie-Epidemie. Während Kirkmans Kritik auch auf den Zusammenhang zwischen Nostalgie und der problematischen Idealisierung paternalistischer Strukturen verweist (welche in *The Walking Dead* eine klare Abkehr von den Errungenschaften des Feminismus beinhaltet, die man so oft in der US-Gegenwartsgesellschaft spüren kann), so gilt sein Hauptaugenmerk dem Verlangen nach einem starken Führer, der der Gruppe einen Weg aus der Gefahr und dem Chaos weisen kann. Wie man am politischen Gefüge der USA nach den Anschlägen des 11. September leicht erkennen kann, ziehen Perioden weitgreifender gesellschaftlicher Unsicherheit oft Perioden der Idealisierung von autoritären Strukturen nach sich, von denen man sich Sicherheit und Ordnung erhofft. Dieser Wunsch nach einem starken Führer ist aber zugleich auch ein Ausdruck des Wunsches nach Vereinfachung, da der Führer nicht nur die Kontrolle, sondern auch die Verantwortung übernimmt, was das Individuum von der Notwendigkeit zur Eigenverantwortung entbindet. In Kirkmans *The Walking Dead* wird die politische und gesellschaftliche Gefahr dieser Denkweise und dieses nostalgischen Wunsches ironisch aufgezeigt. Die Gruppe Überlebender wird angeführt von einem ehemaligen Polizisten, der sich nach und nach in Situationen befindet, in denen er notwendigerweise althergebrachte, repressive Mechanismen wiederbeleben muss, da er unausweichlich in die Logik des Paternalismus verstrickt ist. Um ihre eigene Sicherheit und Ordnung zu gewährleisten, zieht die Gruppe in ein verlassenes Gefängnis, und es dauert nicht lange, bis sie sich gezwungen sieht, die Todesstrafe einzuführen. In einer Welt, in der die Gegenwart furchterregend und die Zukunft undenkbar ist, so muss man

Kirkman lesen, kann sogar die Rückkehr zu repressiven paternalistischen Institutionen und zu Führerfiguren als eine wünschenswerte Alternative erscheinen.

Während also viele populäre Kulturformen der USA die Nostalgie für eine bessere Vergangenheit zelebrieren, scheint eines der uramerikanischsten Genres der Zeit etwas voraus zu sein und den Weg in eine Zukunft zu weisen, die nicht nur aus einer wiederauferstandenen Version der Vergangenheit besteht. *Graphic novels* und Comics, willens ihr Selbstverständnis als Genre zu hinterfragen und im Rahmen des radikal veränderten soziopolitischen Umfeldes neu zu definieren, helfen uns nicht nur, die Ursachen für die momentan dominante, von Trauma und Verlust geprägte Gefühlsstruktur der US-Gesellschaft zu ergründen, sondern machen es sich auch zum Auftrag, die potentiellen Gefahren dieser Gefühlsstruktur aufzuzeigen. Die nostalgische Idealisierung einer Rückkehr zu einer einfacheren, stabileren Vergangenheit ist, wie in den oben genannten *graphic novels* beschrieben, nicht nur kontraproduktiv, was die progressive Formulierung von zukünftigen Gesellschafts- und Identitätsformen anbelangt, sondern beinhaltet auch die Gefahr, repressive Strukturen der Vergangenheit wiederauferstehen zu lassen. Dieses wichtige Moment findet vielleicht nirgends besser Ausdruck als in einer Passage in Kirkmans *The Walking Dead*, in der die Gruppe endlich realisieren muss, dass ihre Bestrebungen, die alte Welt auferstehen zu lassen, nicht von Erfolg gekrönt sein werden. Im Gegenteil, all ihre Bestrebungen enden in Tragödien, und so muss die Gruppe, im Angesicht der Zombies, die am Zaun stehen, der ihre neue »Heimat« von der Außenwelt abschneidet, zu einer unausweichlichen Schlussfolgerung kommen: »nicht sie, sondern wir sind die wandelnden Toten«.[10]

---

[1] Art Spiegelman: *In the Shadow of No Towers*, New York: Pantheon 2004, S. 4.
[2] Brian Wood: *DMZ Vols. 1–3*. New York: DC Comics 2006–2007.
[3] Siehe »structures of feeling« in Raymond Williams: *Marxism and Literature*, Oxford: Oxford UP, 1978, S. 128–135.
[4] Brad Meltzer: *Identity Crisis*. New York: DC Comics 2005.
[5] Brian K. Vaughan: *Ex Machina Vols. 1–4*. La Jolla: Wildstorm 2005–2007.
[6] Spiegelman: *In the Shadow* (siehe Anm. 1), S. 8.
[7] Ebd., S. 9.
[8] *Zizek!* Regisseur: Astra Taylor. Hidden driver Productions 2005.
[9] Brian K. Vaughan: *Y: The Last Man Vols. 1–9*. New York: DC Comics 2002–2007; Robert Kirkman: *The Walking Dead Vols. 1–5*. Berkeley: Image Comics 2006–2007.
[10] Vgl. Kirkman: *The Walking Dead Vol. 4* (siehe Anm. 9).

BRUNO ARICH-GERZ

»When the first tower collapsed, I told them it was like *Pearl Harbor* and *Titanic* combined.«

Film als Deutungsmuster in Augenzeugenberichten von Überlebenden des 11. September

Schockartig hereinbrechende Ereignisse affizieren das Vermögen des Individuums, das Erlebte bewusst zu registrieren, es zu versprachlichen, als solches im Nachhinein wiederzugeben und in einen Sinnzusammenhang zu stellen. So lautet grob eine der wesentlichen Grundannahmen der kulturwissenschaftlichen Trauma-Theorie, mit der sich scheinbar universell die radikale Andersartigkeit von – narratologisch formuliert – intern fokalisierten Schilderungen von selbst (üb)erlebten traumatischen Ereignissen aufzeigen lässt. Die wohl detaillierteste Verifizierung dieser These anhand von Augenzeugenschilderungen traumatischer Erlebnisse unternahm 1991 Lawrence L. Langer, der statt der herkömmlichen Struktureigenschaften erinnernden Erzählens und der gängigen Sinnstiftungsmuster zur Bewältigung des Erlebten in den Berichten von Überlebenden der Shoah deren oftmals genaues Gegenteil vorfindet.[1] Vor dem Hintergrund dieses Befunds und methodisch vergleichbar mit Langers Herangehensweise werden in den folgenden Ausführungen die Berichte von unmittelbaren Augenzeugen des Geschehens am 11. September untersucht. Die (Erzähl-)Stimmen der Anschläge auf das *World Trade Center* und das *Pentagon* messen das Erlebte spürbar häufig unter Bezugnahme auf das Deutungsmuster des Films bzw. Filmischen aus: ein offenbar der Medienentwicklung und -verbreitung sowie möglicherweise dem US-amerikanischen Kontext geschuldetes Phänomen, das eine Ergänzung der Analyseresultate Langers nahelegt und vor allem Jean Baudrillards kultur- und medientheoretischen Ansatz zu rehabilitieren scheint, der gerade in Folge der Anschläge einiger, teils heftiger Kritik ausgesetzt war.

»Wir müssen den Schock und das Entsetzen so hinnehmen, wie sie sind«, formuliert in einer der ersten Reaktionen von publizistischer Seite auch Don DeLillo das gerade per Massenmedien Erlebte im Vokabular des Traumas – denn darin bestehe das *sine qua non* für die eigene Arbeit im Zeichen der Nachträglichkeit: »Der Schriftsteller will verstehen, was uns dieser Tag angetan hat«.[2] Um dieses Begreifen in Gang zu setzen, nähert sich DeLillo dem Problem über die Kategorie der Wirklichkeit angesichts ihres exzessiven Einbruchs in die US-amerikanische Gegenwart – »unwirklich«, weil »zu wirklich« (DeLillo) sei der Tag gewesen, »an dem ein Übermaß an Wirklichkeit auf uns einstürzte«,[3] wie Susan Sontag bereits am 15. September 2001 assistiert. Der hierbei offensichtlich mitschwingenden Auffassung von Wirklichkeit als zwar akkumulier- und negierbar, aber auch als selbstevident, irreduzibel und damit gegenbegriffsfrei steht das Theoriegebäude des Kulturkritikers, Medientheoretikers und Soziologen Jean Baudrillard entgegen, der unter anderem in seiner 1986 erschienenen Abhandlung mit dem schlichten Titel *Amerika* über die US-amerikanische Gesellschaft verlautbart hatte, dass hier seine andernorts ausbuchstabierten Annahmen und Theoreme des Hyperrealen, Simulierten und der Simulakren exemplarisch vorzufinden seien bzw. schlicht: zu sich gekommen sind. Die Realität im herkömmlichen – und das heißt bei ihm auch: europäischen – Verständnis als unmittelbar lebensweltliches Geschehen jenseits (oder besser diesseits) von überdeckenden Repräsentationen, Visualisierungen, Virtualisierungen und, nicht zuletzt, fiktional-imaginären Überformungen gäbe es in den USA nicht; stattdessen – und dies ist der Kern seines Hyperrealitäts-Begriffs – verwiesen diese Bilder und Abbilder nur noch rekurrent aufeinander. »Amerika«, so heißt es, »ist weder Traum noch Realität, es ist Hyperrealität. Eine Hyperrealität, weil eine Utopie, die von Anfang an als schon verwirklicht gelebt wurde«.[4] Baudrillards Reaktion auf das Geschehen in Lower Manhattan, am Pentagon und in Shanksville ließ ebenfalls nicht lange auf sich warten; in einem Essay in *Le Monde* vom 2. November 2001 lässt er den Leser die Stimmen seiner Kritiker mithören, die ihm wie Diedrich Diederichsen den Totalschaden seiner Theorie angesichts des gewaltsamen Einbrechens des Realen in die US-amerikanische Hyperrealität vorhalten. Diese Stimmen meinen, in den Anschlägen »eine Wiederkehr des Realen und der Gewalt in einem angeblich virtuellen Universum zu erkennen. ›Schluss mit dem ganzen Gerede von der Virtualität – das da ist real!‹ Man sprach auch von einer Wiederauferstehung der Geschichte nach ihrem angekündigten Ende«. Baudrillard begegnet diesen Vorhaltungen mit der rhetorischen Frage, ob denn die Realität tatsächlich über die Fiktion obsiegt habe, und antwortet: »wenn dies der Fall zu sein scheint, dann nur deshalb, weil die Realität die Energie der Fiktion absorbiert hat und selbst zur Fiktion geworden ist«.[5]

Wie DeLillo geht es auch Baudrillard um die Anschlussfähigkeit seines eigenen Schaffens an die Ereignisse vom 11. September.[6] Das Verhältnis von Realität und Fiktion, das Baudrillard hier konstatiert, bleibt allerdings angesichts des Geschehenen auch umgekehrt auslegbar, stellt eine Kippfigur dar: Die Fiktion habe sich, ließe sich andersherum argumentieren, vom Primat der Realität gelöst, indem sie dessen Kraft absorbiert habe, um im Sinn des Werbespruchs aus der *consumer culture* – »Make it real!« – Wirklichkeit zu werden. Eine solche Position legt etwa Frédéric Beigbeder in seinem Roman *Windows on the World* von 2004 nahe: »The fact is, nobody believed that the towers could collapse. Too much faith in technology. Singular lack of imagination. Confidence in the supremacy of reality over fiction«.[7] Und auch jenseits der Kulturkritik, Medientheorie oder Literatur sowie im Rahmen anderer, gänzlich unterschiedlicher Textsorten ist das offensichtlich neu zu definierende Verhältnis von imaginärer und realer Welt ein Thema. Etwa bei der politischen Aufarbeitung der Geschehnisse und ihrer Vorgeschichte, mit der gegenwärtiges und zukünftiges Regierungshandeln wesentlich mitgestaltet wird. So schlussfolgert der *9/11 Commission Report* von 2004, dass ein gravierender Fehler seitens der US-Behörden darin bestanden habe, bei der Terrorabwehr nicht ausreichend auf die Potentiale der Vorstellungskraft zurückgegriffen zu haben. Eine der Empfehlungen an den US-Präsidenten lautet entsprechend: »It is therefore crucial to find a way of routinizing, even bureaucratizing, the exercise of imagination. Doing so requires more than finding an expert who can imagine that aircraft could be used as weapons«.[8] Man müsse sich zukünftig, wie jeder halbwegs versierte Thriller-Autor auch, in die Köpfe des Gegner hineinimaginieren, was etwa das *Counterterrorist Center* des CIA vor den Anschlägen zu tun versäumt habe: »It did not perform this kind of analysis from the enemy's perspective (›red team‹ analysis), even though suicide terrorism had become a principal tactic of Middle East terrorists«. Lediglich der Koordinator für Terrorismusabwehr beim *National Security Council* habe da mal eine kurze Anwandlung gehabt – und zwar, weil er von der Lektüre eines *popular thriller* inspiriert war: »Richard Clarke told us that he was concerned about the danger posed by aircraft in the context of protecting the Atlanta

Olympics of 1996, the White House complex, and the 2001 G-8 summit in Genoa. But he attributed his awareness more to Tom Clancy novels than to warnings from the intelligence community«.[9]

Nicht nur die Kulturkritik in Person Baudrillards, die Literatur durch Frédéric Beigbeder, Jonathan Safran Foer, John Updike oder mittlerweile auch Don DeLillo sowie die Mitglieder der von Präsident und Kongress eingesetzten Untersuchungskommission haben nach den Anschlägen den Elementen Imagination und Fiktion[10] einen neuen Stellenwert beigemessen. Auch für die überlebenden Augenzeugen der Ereignisse im und am World Trade Center sowie in der US-Hauptstadt trifft dies zu, die sich im Rahmen von *Oral-History*-Projekten an den Geschehensablauf sowie ihre eigenen Handlungen, ihr Verhalten und ihre Gefühle währenddessen erinnert haben und deren Aussagen in schriftlicher Form dokumentiert vorliegen.

Oral History wird in der Geschichtswissenschaft seit den frühen 1980er Jahren verstärkt als Methode zur Eruierung und Schilderung von Alltagsgeschichte betrieben. Die dabei mit Methoden aus der soziologischen Feldforschung geführten narrativen Interviews wollen Quellendefizite beheben und die Veränderbarkeit von Selbstdeutung von Menschen in der Historie untersuchen. Bedeutende Vertreter sind im deutschen Sprachraum Lutz Niethammer sowie in den USA als eine Art theoretischer Wegbereiter Walter Ong. Dabei entstehen Anthologien, die als historische Quellen auf Grund der notorischen Unzuverlässigkeit und Fehlbarkeit des menschlichen Gedächtnisses nur in Ergänzung und nach Überprüfung durch andere Formen des Wissens ihren Wert erlangen, hier interessieren sie *als Texte* und werden aus einer kulturwissenschaftlichen Perspektive auf den Grad und die Art der Bezugnahme auf fiktionale Parameter und die medialen Erscheinungsformen von Fiktion analysiert. Das Untersuchungskorpus rekrutiert sich aus den insgesamt ca. 120 Zeit- bzw. Augenzeugenaussagen in den beiden 2002 erschienenen Sammlungen *Never Forget. An Oral History of September 11, 2001*, herausgegeben von den beiden Journalisten Mitchell Fink und Lois Mathias, und *September 11: An Oral History*, herausgegeben von Dean Murphy.[11] Diese werden in den folgenden Ausführungen nicht nur isoliert betrachtet, sondern in jeweils kurzen Exkursen zudem in einen Vergleich zur dokumentierten *Oral history* von anderen Ereignissen gesetzt, die gleichfalls einen gewaltsamen Einbruch in das Alltagsleben der Augenzeugen markieren. Der Einfluss medialer Erscheinungsformen von »Fiktion« auf die US-amerikanische Erinnerungskultur soll auf diese Weise herausgearbeitet werden.

Mit »medialen Erscheinungsformen von Fiktion« sind zum einen printbasierte literarische Texte gemeint, etwa Populärliteratur vom Schlag der oben erwähnten »Tom Clancy novels«. Zum anderen fungiert der Film, genauer der Spielfilm, als medialer Träger fiktionaler Inhalte. Die Augenzeugenberichte von Feuerwehrmännern und Angehörigen der New Yorker Polizei, von Angestellten, Beamten und Brokern, die sich zum Zeitpunkt der Einschläge der Flugzeuge in den angegriffenen Gebäuden befanden, von in unmittelbarer Nachbarschaft wohnenden Einwohnern Manhattans und Touristen bzw. Passanten nehmen dabei *an keiner Stelle* vergleichenden Bezug auf literarische Texte, um das Erlebte – in der Regel besondere, besonders kritische Momente – zur Darstellung zu bringen bzw. zu veranschaulichen und damit für sich und die Rezipienten ihrer Berichte begreifbar zu machen. Dagegen legt ungefähr jeder fünfte Augenzeugenbericht an der einen oder anderen Stelle das Erlebte unter Rückgriff auf das Deutungsmuster[12] Film dar.

Nicht nur ein Charakteristikum, sondern offenbar auch ein Alleinstellungsmerkmal der Erinnerungsnarrative der Augenzeugen des 11. Septembers ist die zugleich erfolgende Bezugnahme auf »Film« als stereotype Beschreibungsformel analog zum »Traum« (»it was like a movie«) *und* auf »Film« im Sinn von konkreten Sequenzen, ganzen *storylines* oder Figuren aus diversen Hollywood-Blockbustern. Exemplarisch für den ersten Typus, bei denen das reale Durchleben der unmittelbaren Situation im Akt des Erinnerns mit dem technisch vermittelten Erleben eines Films verglichen wird, sind insbesondere diejenigen Passagen, in denen der Einsturz von World Trade Center 1 beschrieben wird:

> I turn and I look up. I had to look almost straight up, and the thing explodes and it starts coming down at me, literally. It couldn't have been more than fifty feet over my head when I realized what was happening. It was like in the movies. It was like slow motion. It was big. And it was incredible. Your brain couldn't adjust to the concept of the World Trade Center coming down on you.[13]

Ein anderer Ausschnitt von einem Überlebenden des Anschlags auf das Pentagon nimmt konkret auf die wirklichkeitssimulierenden Techniken bei der Produktion eines Spielfilms Bezug:

> The fireball lifted me off the floor. It was incredible. It felt like a big set of hands pushing me. People facing the window said it turned orange outside in an instant. I saw a bright white flash out of the corner of my eye, and then felt the tremendous overpressure of the explosion. It was like a make-believe scene out of a movie. I probably moved three feet in the air – though it could have been even double that, when I think about it – before I was sent crashing down to the floor.[14]

Schließlich nochmal Manhattan, wieder der Einsturz des Nordturmes und wiederum mit konkreterem Bezug, hier auf ein typisches Spannungselement eines bestimmten Filmgenres:

> This time I thought I was really safe. I walked up Nassau street, found a phone, and called my wife again. But just like in those B horror movies, when the seemingly dead monster has one last rush of life, this nightmare wasn't over either. As I was holding the phone, there was that awful roar again and I saw a blur of blue racing past me. It was a swarm of police officers running for their lives. Another building was coming down. The North Tower.[15]

Aussagen wie diese belegen nicht nur, dass und wie textuelle Fiktionen als Referenzrahmen zur Schilderung des Erinnerten komplett ersetzt werden, sie stehen zugleich quantitativ in etwa ausgewogenem Verhältnis zu anderen, hier vielleicht eher erwartbaren Deutungsmustern. Ein geläufig(er)es Deutungsmuster dieser Art ist der Traum bzw. Albtraum, der gleichsam in plastisch-bildhafter Gestalt auftritt und auch sonst gewisse Struktureigenschaften mit dem Film teilt, aber kein technisch-mediales Substrat aufweist; das letzte Beispiel weist beide Deutungsmuster zugleich auf (»B horror movies«, »nightmare«) und ist insofern repräsentativ für die Gesamtheit der *Oral-History*-Aufzeichnungen vom 11. September.

Die strukturelle Artverwandtschaft von Traum und Film gilt es wiederaufzugreifen, nachdem in einem weiteren Schritt (und als Exkurs) ein Vergleich mit Augenzeugenberichten von anderen historischen und zeitgenössischen Katastrophenereignissen erfolgt. Denn so lässt sich zeigen, dass die Verwendung des Deutungsmusters Film offenkundig ein durch Medienentwicklung und zunehmende -verbreitung bedingtes Phänomen der jüngeren Vergangenheit ist.

Für den diachronen Aufriss herangezogen werden können die Augenzeugenberichte von Überlebenden des japanischen Angriffs auf Pearl Harbor, die der amerikanische Historiker Paul Joseph Travers zwischen 1979 und 1981 gesammelt und eine Auswahl 1991 in der Anthologie *Eyewitness to Infamy. An Oral History of Pearl Harbor December 7, 1941* veröffentlicht hat.[16] Zwar weist der Herausgeber in einer der den Augenzeugenberichten vorangestellten Einleitungen auf das für die japanische Bombardierung von Pearl Harbor charakteristische Moment der Überraschung und des Angriffs aus dem Hinterhalt hin und hebt dabei das Deutungsmuster Film hervor, indem er auf das Hollywoodkino der 1930er und 1940er Jahre Bezug nimmt:

> Throughout World War II, combat veterans echoed the saying ›It's the one you don't see or hear that will kill you.‹ The cliché was prevalent in early war movies. Such movies often depicted a battle-worn and -weary foot soldier passing on a piece of survival philosophy to the untested replacements who have just joined the unit and are awaiting their baptism by fire. [...] The cliché came to life when the first Japanese attack planes arrived over Pearl Harbor.[17]

In den Augenzeugenberichten selbst dagegen, die größtenteils von ehemaligem Navy-Personal stammen, erinnert sich kein einziger der Veteranen (die jüngsten waren zum Zeitpunkt des Angriffs noch Teenager, der Älteste ist Jahrgang 1897) an die beiden morgendlichen Angriffswellen in der Semantik des Films: kein »es war wie im Film« und erst recht keine Beschreibung unter Bezug auf konkrete Spielfilme, auch wenn einer von ihnen, der Matrose John Kuzma, nach dem Krieg zwei Jahre lang in der *pre-production*-Phase von *Tora, Tora, Tora*, einer japanisch-amerikanischen Koproduktion aus dem Jahr 1970 mitgewirkt hat.[18] Bemerkenswert ist außerdem die geringe Anzahl von Bezugnahmen auf buchliterarische Muster – immerhin, im Unterschied zur *Oral History* über den 11. September gibt es welche. So schildert Nicholas Gaynos den Moment, als er in einem Bombenkrater an Land einen toten Kameraden vorfindet, unter Rückgriff auf das Deutungsmuster Literatur (wahrscheinlich populäre): »I arrived at my transmitters and dove into a hole caused by an exploded bomb. One young fellow was dead, and his legs stuck out of the hole. It reminded me of a book I once read back home«.[19]

Ansonsten greifen viele – fast die Hälfte – auf den Traum bzw. Albtraum als Referenzmuster zurück; interessant ist in diesem Zusammenhang die Begriffsassoziation von Bill Steedly von der *USS Vestal*, der »slow motion« mit dem Traumerleben in Zusammenhang bringt (und nicht mit Filmtechnik): »Most of us were like ducks on the pond. When we tried to move away from where we thought the bullets were going to strike, it was like we were moving in slow motion in a dream.

At one time, I was thinking what would happen to me if I got hit by one of the Jap torpedoes«.[20]

Somit steht dem kompletten Fehlen des Deutungsmusters Film bei den sich erinnernden Pearl-Harbor-Überlebenden dessen signifikant häufige Verwendung in der *Oral History* zum 11. September gegenüber. Dass es sich hierbei um einen Wandel handelt, der sich im Zeitraum von kaum mehr als einer Generation vollzogen hat, zeigt der Hinweis des heute knapp über 50 Jahre alten Herausgebers (und Sohns eines der berichtenden Pearl-Harbor-Augenzeugen) auf die Schablone der US-Kriegsfilme, derer es auch 1941 schon einige gab und die Travers im Unterschied zu den Veteranen in seinem Kommentar bemüht.

Die zunehmende Verbreitung des Deutungsmusters Film bei der erinnernden Wiedergabe vergangenen Gewaltgeschehens scheint durch Augenzeugenberichte von anderen Ereignissen bestätigt zu werden und darüber hinaus zu belegen, dass dieses Phänomen keineswegs ein Spezifikum der US-amerikanischen Erinnerungskultur ist. Als Ergänzung und Abschluss des Exkurses deswegen der kurze Blick auf ein anderes solches Geschehen aus der jüngsten Vergangenheit – und aus Deutschland. »Es liefen viele aufgeregte Schüler und Eltern herum, und es war alles etwas chaotisch. Die ganze Situation kam mir so unwirklich vor wie in einem Film. Aber es war doch die Realität«,[21] schildert Detlef Baer die Momente nach seinem Eintreffen am Erfurter Johannes-Gutenberg-Gymnasium, in dem im April 2002 der Amokläufer Robert Steinhäuser 16 Menschen, darunter Baers Ehefrau, und schließlich sich selbst tötete. Dieses und das nächste Beispiel eines Schülers, der in einem der Klassenräume auf das Eintreffen des Sondereinsatzkommandos der Polizei wartet, setzen das Deutungsmuster des Films – hier genauer das Kinematographische als Bedingung der Möglichkeit von audiovisuellen Inhalten – in Bezug zur damals erlebten Realität:

> Man erfasst das Ganze dann nicht so einfach, man denkt, man ist in einem Film. Man will das ja auch gar nicht real haben. Wir haben dann plötzlich Stimmen auf dem Gang gehört und mitgekriegt, daß es mehrere Stimmen gewesen sind. Nach einiger Zeit kamen Leute vom SEK, haben draußen an die Tür geklopft und gesagt, hier ist die Polizei, und gefragt, wer da drin ist. Da hat unser Lehrer geantwortet, hier ist Herr Koch mit so und so vielen Schülern, mit der und der Klasse.[22]

Beiden Aussagen – es sind nicht die einzigen in der vorliegenden Quelle, einer Sammlung von Augenzeugenberichten von Jens Becker – sind wie das amerikanische Äquivalent des Typs »It was like in the movies« so gehalten, dass bei genauerem Hinschauen unklar bleibt, ob der durch die Redefigur der *simile* eingeleitete Vergleich im (vergangenen) Augenblick des Erlebens angestellt wurde *und als solcher erinnert wird*, oder ob er zum (späteren) Zeitpunkt des erinnernden Berichtens *als Rückprojektion im Akt des Reflektierens* auf das Erlebte erfolgt. »Man denkt, man ist in einem Film« lässt sich lesen als authentischer Gedankengang am Morgen des 26. April 2002 (dann wäre das verwendete Tempus eine Art historisches Präsens), oder als nachträgliches Besinnen auf das, was einem generell in solchen Situationen durch den Kopf geht.[23] Zugleich scheint bei diesem Vergleich des Typs »wie im Film« durch, dass und wie in den traumatischen Momenten ein Abgleich mit der Wirklichkeit des sich abspielenden Geschehens erschwert wird, verunmöglicht scheint oder gar nicht erwünscht ist: »Man will das ja auch gar nicht real haben«.

Die Psychoanalyse kennt und benennt dieses Phänomen für das Traum(er)leben, in dem ein solcher Abgleich mit der Wirklichkeit gleichfalls nicht in Frage kommt, mit dem Begriff »Realitätsprüfung« (oder im Traum eben: die verunmöglichte Realitätsprüfung); Jean Louis Baudry überträgt diesen Begriff auf die Wahrnehmung von Filmzuschauern, die im Kinosaal Teil einer besonderen Anordnung – des sogenannten »kinematographischen Dispositivs« – seien: »Um den besonderen Status der Wahrnehmung im Kino zu erfassen, muß die relative Aufhebung der Realitätsprüfung betont werden«. Ein solcher »Kino-Effekt« klingt in diesen Aussagen auf zweifache Weise mit: erstens, indem und dass man sich in der damaligen Situation außer Stande sah, das Geschehen mit der Wirklichkeit rückzukoppeln, weil man sich dagegen sträubt und sich damit gewissermaßen schützt. Und zweitens dadurch, dass es zwar »doch die Realität war«, diese aber in den Augenblicken des Geschehens verkannt wird, weil sie mit Blick auf die normalerweise in ihr gegebene Handlungsfreiheit hier in kinematographischem Gewand einbricht. Dem Film bzw. dem Kinoerlebnis ist man als Zuschauer ebenso passiv ausgesetzt und ausgeliefert wie die Augenzeugen hier dem realen Gewaltgeschehen; es fehlt die Option »auf den Gegenstand seiner Wahrnehmung handelnd einzuwirken und den eigenen Gesichtspunkt willkürlich zu wechseln. [Der Zuschauer im Kino] hat es natürlich mit Bildern zu tun, und der Ablauf dieser Bilder, der Rhythmus des Sehens sowie die Bewegung werden ihm ebenso wie Traumvorstellungen und Halluzinationen auferlegt«.[24]

Baudrys theoretischer Brückenschlag vom Traumleben zum Kinoerleben macht es anschaulich: Sucht man nach Erklärungen für die Konjunktur des Deutungsmusters Film in Augenzeugenberichten von Gewalt- und Katastrophenereignissen, sind die formalen Eigenschaften des Films wesentlich. In letzter Konsequenz ließe sich damit wohl ausführlicher, als es hier geschehen kann, eine kognitions- und filmwissenschaftlich informierte, jedoch in erster Linie erinnerungskulturell ausgelegte »Deutungsmustergeschichte« schreiben. Dabei wäre auch zu berücksichtigen, dass und wie die *Oral-History*-Texte zum 11. September in außergewöhnlich intensiver Weise auf konkrete Spielfilme rekurrieren: ein Symptom, das seinerseits zu dem eingangs erwähnten Verhältnis von Realität zu Fiktion und Imagination zurückführt. In den meisten Fällen wieder im Modus des Vergleichs gehalten, nehmen die Augenzeugenberichte Bezug auf Hollywood-*blockbuster* oder populäre TV-Serien wie *The Twilight Zone*. So fühlt sich die Künstlerin Michelle Wiley, die das Geschehen von ihrer Wohnung in Lower Manhattan aus verfolgte, an einen Hollywood-*thriller* von 1974 erinnert, der von einem Brand in den oberen Stockwerken eines fiktiven Hochhauses am Ort des realen *World Trade Centers* handelt:

> I got a couple of phone calls from friends, you know, ›Are you all right?‹ ›We heard that the plane hit the Trade Center.‹ And I said, ›Yeah, I'm fine. People are panicked and running around. I'm not going to go outside.‹ So I'm watching and I can't believe it. It reminded me of the movie *Towering Inferno*. There's a building and the top of it is burning, like a huge candle.[25]

Aus dem Nachhinein betrachtet, stellt dieser Film mit Steve McQueen und Paul Newman in den Hauptrollen die wohl verblüffendste filmisch-fiktionale Antizipation der realen Ereignisse vom 11. September dar. Andere assoziieren das er- und durchlebte Geschehen mit Atmosphären, die sie aus Spielfilmen – und nicht aus der Erfahrung mit ähnlichen Ereignissen aus dem wirklichen Leben – kennen. Die Serie *The Twilight Zone* scheint sich mit der in ihr transportierten Stimmung des Unheimlichen und Paranormalen besonders anzubieten: »And then we saw a police harbor boat and firemen crawling, and people just injured and shocked and walking around like it was *The Twilight Zone*. From there, we assisted people on the boat«.[26] Andere New Yorker Augenzeugen ziehen bei den Beschreibungen von Details des Durchlebten Vergleiche mit Spielfilmen heran, die weder von der Atmosphäre noch von der konkreten *storyline* in Verbindung zu den Ereignissen des 11. September stehen.

> I grabbed Betty's hand. ›We've got to get out of here!‹ We mistakenly headed toward the closed doors on Liberty Street. When we realized our error and turned back, what we confronted reminded me of a film clip from *The Blob*. Everybody was running right at us, screaming. We didn't know where to go. Nine years working at the World Trade Center and I had always used the Liberty Street exit.[27]

Der hier erwähnte Film *The Blob* handelt von der Bedrohung, die von außerirdischen Wesen ausgeht. Und ein weiteres Beispiel lautet wie folgt: »We got protection from our two cars that were parked in front of the pillars, and the pillars that we hid behind. It was almost like in the movie *Twister*«[28] – ein Spielfilm über die Verwüstungen eines Tornados.

Die hier zum Ausdruck gelangende Sozialisation mit und vielleicht sogar Prägung durch das Hollywoodkino schlägt durch bis auf die Beschreibung des subjektiven Erlebens, wenn etwa bestimmte Episoden des Erlebens mit dem von einzelnen Filmfiguren gleichgesetzt und dargelegt werden. Im Krankenwagen fühlte sich einer der Überlebenden wie die Figur eines Wissenschaftlers im Film *Outbreak*, dem eine Injektionsnadel in den Arm gejagt wird: »I felt like Morgan Freeman in that movie about the monkey that had a virus. He was an Army specialist who went down into the infected area and when they pulled him out, he was whisked into isolation. I was placed in an ambulance and I was conscious when a guy put a needle into my arm«.[29] Und abschließend erneut die Aussage eines New Yorker Polizisten, die unter Rückgriff auf einen speziellen *Action*-Film zum Ausdruck bringt, wie ihm exakt das durch den Kopf geht, was später, nach der Anschlagsserie, die *9/11-Commission* von den zuständigen Behörden einfordert: nämlich die Vorstellungskraft bzw. Imaginationsfähigkeit zu aktivieren: »My gut reaction was that they had taken control of the plane, almost like in *Die Hard 2*, when the pilots had no control and computers overrode what the automatic pilot was doing, which made them crash. As we found out later, that was incorrect. The planes were hijacked«.[30]

Welche Schlüsse lassen sich aus der signifikant häufigen Verwendung des Deutungsmusters Film bzw. hier: *Spiel*film in der *Oral His-*

tory zum 11. September ziehen? Zum einen bleibt festzuhalten, dass hier offensichtlich zwei Faktoren konvergieren: einmal, sozusagen anlassbezogen bzw. vom Ereignis her gedacht, das abrupte Einbrechen einer Begebenheit, die bis dahin allenfalls im fiktionalen Rahmen oder in imaginären Szenarien ihren Ort hatte, in die US-amerikanische Wirklichkeit. Zum anderen steht der im diachronen Aufriss der *Oral History* von Gewaltereignissen deutlich werdende, zunehmende Rekurs auf eine spezielle mediale Erscheinungsform von Fiktion – eben den Film – im Raum, der zu belegen scheint, dass die Zeitdiagnose einer bildmediengeprägten Gesellschaft auch für den erinnerungskulturellen Diskurs gilt bzw. auch dort seinen Niederschlag findet. Vor allem jedoch kommen in und mit den Vergleichen des Erlebten mit *storylines*, Atmosphären, Szenen oder Figuren aus Hollywood-Spielfilmen Baudrillards Ausführungen zum Hyperrealen bzw. zur hyperrealen Gesellschaft *par excellence* wieder ins Spiel und, trotz der Kritik, die ihnen unmittelbar nach den Attacken von publizistischer Seite entgegengeschlagen war, ein Stück weit zu ihrem Recht. Denn mit der signifikant häufigen Verwendung des Deutungsmusters Spielfilm zur Veranschaulichung realen Geschehens wird auf einen Referenten verwiesen, der seinerseits auf Techniken des Simulierens basiert und anders als bei Dokumentarfilmen nicht die Wirklichkeit abbildet. In *Twister* wird das Naturereignis eines Tornados artifiziell simuliert und ist ebenso lediglich Anlass und Kulisse für eine rein fiktionale Filmstory wie der faktische Angriff auf Pearl Harbor den Hintergrund abgibt für eine verzwickte, jedoch nicht authentische Dreiecksbeziehung zwischen einer Krankenschwester und zwei Piloten der Air Force in Michael Bays Spielfilm von 2001 – oder wie der faktische Untergang der »Titanic« in James Camerons Hollywoodproduktion u. a. mit den visuellen Effekten des US-Unternehmens *Digital Domain* nachgestellt wurde. Dementsprechend ist es vielleicht symptomatisch – und auf jeden Fall vielsagend –, wenn der Augenzeuge Richard Brown schildert, wie er das Geschehen vor Ort seinen beiden sieben- und zehnjährigen Söhnen zu erklären versuchte: »After the planes had hit the buildings and we were waiting in Battery Park, I had told them it was like Pearl Harbor. They understand these things sometimes in terms of recent blockbuster movies. When the first tower collapsed, I told them it was like *Pearl Harbor* and *Titanic* combined«.[31]

Es liegt eine bemerkenswerte Paradoxie in der Tatsache, dass die mit den Anschlägen zu Kritikern des »Baudrillardismus« gewandelten Publizisten (die selbst die Angriffe meist in medial vermittelter Echtzeit an anderen Orten verfolgt haben) zwar dessen Theoriegebäude verwerfen, diejenigen, die sie vor Ort verfolgt und überlebt haben und nunmehr in ein Erinnerungsnarrativ fassen, jedoch eben diese Annahmen nachträglich zu rehabilitieren scheinen. Auf eine sehr vertrackte Weise erlebte Baudrillards Modell im Augenblick des Angriffs »seinen« traumatischen Moment: Es drohte mit den Terrorattacken dem Vergessen anheimzufallen, tauchte dann aber im Bemühen der Augenzeugen, zu berichten und zu verstehen, was ihnen dieser Tag angetan hat, durch deren Rekurs auf die Simulationen und Hyperrealitäten der Hollywood-Spielfilme wieder auf. »This interpretation of reference through trauma does not deny or eliminate the possibility of reference but insists, precisely, on the inescapability of its belated impact.«[32]

---

[1] Lawrence L. Langer: *Holocaust Testimonies. The Ruins of Memory*, New Haven, London: Yale University Press 1991, S. xi.
[2] Don DeLillo: *In den Ruinen der Zukunft. Gedanken über Terror, Verlust und Zeit im Schatten des 11. September*, Köln: Kiepenheuer & Witsch 2001, S. 13.
[3] Susan Sontag: »Feige waren die Mörder nicht. Amerika unter Schock: Die falsche Einstimmigkeit der Kommentare,« übers. v. Julika Griem, in: *Frankfurter Allgemeine Zeitung*, 15. 9. 2001.
[4] Jean Baudrillard: *Amerika*, München: Matthes & Seitz 1995, S. 44.
[5] Jean Baudrillard: *Der Geist des Terrorismus*, Wien: Passagen, 2003, S. 30. Vgl. Diederichsen dazu: »Dieser Tag war das überfällige Ende der seit über zwei Jahrzehnten kursierenden Überzeugung, dass ›die Medien‹ eine einzige, andere und geschlossene Welt wären. Eine, die man zwar immer gerne kritisierte und beschrieb, ja gerne auch für die realere hielt, deren Diskurse und Produktionen aber ihre Abbildfunktion verloren hatten. [...] Mit dem Baudrillardismus müsste man jetzt aufhören können«. Diedrich Diederichsen: »Das WTC hat es gegeben«, in: *die tageszeitung*, 6. 10. 2001.
[6] Die Ablehnung Baudrillards ist jedoch nicht durchgängig. Eine Woche nach Diederichsens Komplettverdammung nahm beispielsweise Jochen Förster Baudrillards medientheoretischen Ansatz gegen seine Kritiker in Schutz (Förster: »Bilderterror. Krieg ohne Bilder« in: *Die Welt*, 12. 10. 2001).
[7] Frédéric Beigbeder: *Windows on the World*, London, New York, Toronto, Sydney: Harper 2005, S. 148.
[8] *The 9/11 Commission Report. Final Report of the National Commission on Terrorist Attacks upon the United States*, New York, London: W. W. Norton 2004, S. 344.
[9] Ebd., S. 347.
[10] Oder dem Fiktiven und Imaginären, die Wolfgang Iser als Kernkomponenten des fiktionalen Textes beschreibt, der Reales nicht nur be-zeichnet, sondern überschreitet, vgl. Wolfgang Iser: *Das Fiktive und das Imaginäre*, Frankfurt/Main: Suhrkamp 1991, S. 18–23.

[11] Mitchell Fink / Lois Mathias (Hg.): *Never Forget. An Oral History of September 11, 2001*, New York: Harper Collins 2002; Dean Murphy (Hg.): *September 11: An Oral History*, New York, London, Toronto, Sydney, Auckland: Doubleday 2002.

[12] Der Begriff stammt aus der Wissenssoziologie, wo er 1932 von Alfred Schütz eingeführt wurde und im individuellen Wissensvorrat abgelagerte Sinnschemata bezeichnet, die als solche die Wahrnehmung (vor)prägen. Die Wahrnehmung der Umwelt wird mithin so reduziert und strukturiert, dass Orientierung, Handlungsfreiheit und Identität erhalten bleiben – oder im Fall der memorialen Vergegenwärtigung vergangener Ereignisse durch die Verwendung solcher Muster restituiert werden.

[13] Gregory Fried (55, Executive Chief Surgeon, NYPD) in: Fink / Mathias (Hg.): *Never Forget* (siehe Anm. 11), S. 96. Vgl. stellvertretend für weitere Passagen dieses Typs bei der Schilderung des Einsturzes: »When I reached Vesey Street, I heard the noise of the North Tower beginning to fall. The already panicked crowd began to ran in all directions. I got knocked down on the sidewalk and lost a shoe. The fear on the faces of the people was amazing. It was like a Hollywood movie. These people were just plain scared«. Michael Currid in: Murphy (Hg.): *September 11* (siehe Anm. 11), S. 173.

[14] Karl van Deusen, ebd., S. 223 f.

[15] Louis G. Lesce, ebd., S. 30.

[16] Paul Joseph Travers (Hg.): *Eyewitness to Infamy. An Oral History of Pearl Harbor December 7, 1941*, Lanham, New York, London: Madison 1991. Der Vollständigkeit halber sind neben der Sammlung von Travers zu erwähnen: Hans Louis Trefousses' *What Happened at Pearl Harbor?* (1958) und K. D. Richardsons *Reflections of Pearl Harbor: An oral History of December 7, 1941* (2005).

[17] Travers (Hg.): *Eyewitness* (siehe Anm. 16), S. 95.

[18] Vgl. ebd., S. 90.

[19] Ebd., S. 49.

[20] Ebd., S. 147.

[21] Detlef Baer: »Es klingt banal, aber es stimmt: das Leben geht weiter«, in: Jens Becker (Hg.): *Kurzschluß. Der Amoklauf von Erfurt und die Zeit danach*, Berlin: Schwartzkopff 2005, S. 69–77, hier S. 71.

[22] Pascal Mauf: »Ich glaube, daß ich das Schlimmste jetzt einigermaßen überstanden habe«, in: Becker (Hg.): *Kurzschluß* (wie Anm. 21), S. 135–45, hier S. 137.

[23] Eine dritte Variante, die bei den Aussagen an dieser Stelle allerdings weniger deutlich durchscheint, besteht darin, dass man noch im Augenblick des erinnernden Erzählens glaubt, »in einem Film« zu stecken. Brisant ist diese Variante, weil sie Langers kursorischen Ausführungen zum Film und dessen (Nicht-)Relevanz für die *Oral History* von traumatischen Erlebnissen wie denen in den NS-Konzentrations- und Vernichtungslagern diametral gegenübersteht: »oral testimony of this kind is no film which is a cultural form from the normal world«, führt Langer aus und ergänzt unter Bezugnahme auf eine Schrift von Carlos Fuentes, dass der Film dem Betrachter wesentliche Freiheitsgrade zugesteht, die der erinnernde Überlebende bei seinen Schilderungen des Erlebten nicht besitze (Langer: *Ruins of Memory* (siehe Anm. 1), S. 55). Der flottierende und freie Blick auf das Geschehen auf der Leinwand, der damit zur Norm erhoben wird (und *mutatis mutandis* die Nicht-Norm des durch die vergangenen Ereignisse unfrei, weil zwanghaft und schmerzvoll gewordenen Blicks der Shoah-Zeitzeugen markiert), rekurriert auf u. a. die Filmtheorien André Bazins, während andere cineastische Konzepte – im gleich Folgenden etwa Baudry – gerade die technisch be-

dingte Linearität und Vor-Gegebenheit von Filmen hervorheben, die das Betrachten von Filmen zu einem Akt passiven Konsumierens machen.
24 Jean Louis Baudry: »Das Dispositiv: Metapsychologische Betrachtungen des Realitätseindrucks«, in: *Psyche* 48 (1994), S. 1047–74, hier S. 1069.
25 Michelle Wiley (52, Musician) in: Fink / Mathias (Hg.): *Never Forget* (siehe Anm. 11), S. 10.
26 Edward J. Aswad (46, NYPD) in: ebd., S. 94. Vgl. auch: »I started checking lists and filling out forms. I put Jimmy's name on the list, anything I could do. I was walking back to the firehouse when I hear a plane. Everyone in the street stops and looks up. It was like *The Twilight Zone*. At the firehouse, the firemen had no better news«. Michael McAvoy (43, Associate Director Bear Stearns) in: ebd., S. 212.
27 Jennifer Doyna in: Murphy (Hg.): *September 11* (siehe Anm. 11), S. 97 f.
28 Sean Crowley (36, Captain NYPD) in: Fink / Mathias (Hg.): *Never Forget* (siehe Anm. 11), S. 90.
29 Ernest Armstead in: Murphy (Hg.): *September 11* (siehe Anm. 11), S. 154 f.
30 Sean Crowley (36, Captain NYPD) in: Fink / Mathias (Hg.): *Never Forget* (siehe Anm. 11), S. 88.
31 Richard Brown in: Murphy (Hg.): *September 11* (siehe Anm. 11), S. 173.
32 Cathy Caruth: *Unclaimed Experience. Trauma, Narrative, and History*, Baltimore: Johns Hopkins University Press 1996, S. 7.

STEFANIE FRICKE

Erzählstimmen aus dem Terror

Warblogs amerikanischer Soldaten

0300. It is dark. The moon is high and bright, but filtered through the camo netting, it provides an eerie white glow on the warriors who are preparing for a mission.
The smell of diesel exhaust wafts through the motor pool. Radios beep, crackle and hiss ... »Animal Base, this is Renegade 3B, radio check, over.« »Roger, out« comes the reply.
Clink. Clank. Piink. The sound of .50cal headspace and timing gauges being tested in machine guns. Orange-red cherries from the tips of cigarettes dot the motor pool. Light-hearted banter between the men fills the air, recounting humorous movie lines, laughing about funny occurences on previous missions. [...]
All is ready. Armor is on, ammo ready to be loaded into clean weapons, radios constantly chattering.
»Renegades, this is Renegade 6, follow my move.« The truck lurches forward as we pull out of our spot and into line. The dust fills my nostrils as we move; I grip the handles of Mama Deuce for stability ... I am back, and it is time to ride. I love this stuff.[1]

War es im ersten Krieg der USA gegen Saddam Hussein 1990/91 vor allem das Fernsehen unter Führung des Senders CNN, das das Geschehen in einem zuvor nie da gewesenen Ausmaß rund um die Uhr dokumentierte und den Menschen weltweit vermittelte, so wurde für die US-Feldzüge in Afghanistan ab 2001 und im Irak ab 2003 das Internet immer mehr zur entscheidenden Plattform für die Informationsvergabe und den öffentlichen Diskurs.[2] Neben den Internetangeboten der traditionellen Medien spielen dabei sogenannte Blogs (kurz für *Web Logs*) eine herausragende Rolle.[3]

Blogs sind wahrscheinlich so alt wie das Internet selbst, doch erst ab 1999, als zunehmend kostenlose Software zur Verfügung stand, mit der auch Menschen ohne Programmierkenntnisse Weblogs erstellen konnten, begann deren weltweite Verbreitung.[4] Das Genre der Blogs ermöglicht es jedem Nutzer mit Zugang zum Internet und der nötigen Software, seine Gedanken der Weltöffentlichkeit mitzuteilen. Weblogs definieren sich dabei vor allem über ihre Form, sie bestehen aus immer neuen, datierten Einträgen, wobei der aktuellste Beitrag stets an erster Stelle steht.[5] Inhaltlich sind den Blogs keine Grenzen gesetzt, sie können mit Auflistungen interessanter Internet-Links, Schilderungen des Alltags der Autoren in einer Art öffentlichem Tagebuch, politischen Kommentaren oder Gedanken aller Art gefüllt sein.[6]

Einen Popularitätsschub erhielten Blogs durch die Ereignisse des 11. September und dessen Folgen:

> Schneller und persönlicher als andere berichteten die Autoren oder sogenannten Blogger über das Geschehen rund um das World Trade Center und stellten damit eine bessere Informationsquelle als die großen Medien dar, deren Server zudem noch durch die hohe Anzahl von Aufrufen nicht verfügbar waren. [...] In der Zeit nach dem 11. September führten Blogger heftige Diskussionen über Ursachen und Folgen des Attentats.[7]

Auch für den öffentlichen Diskurs über die politischen Folgen des 11. September, die US-Feldzüge in Afghanistan und später im Irak, boten Blogs ein Forum. Es bildete sich die Untergattung der sogenannten *Warblogs*, also Blogs, die sich inhaltlich vor allem mit kriegerischen Konflikten auseinandersetzen. Diese können wiederum in drei Untergruppen unterteilt werden:
- Blogs mit oft politischer Ausrichtung, die sich mit militärischen Konflikten beschäftigen, deren Autoren jedoch nicht direkt im Kampfgebiet anwesend sind.
- Blogs betroffener Einheimischer, die ihren Alltag in Konfliktgebieten und ihre Sicht der Dinge schildern (eines der berühmtesten Blogs ist das eines Irakers unter dem Pseudonym Salam Pax unter http://dear_raed.blogspot.com/, später http://justzipit.blogspot. com/).[8]
- Blogs von Soldaten, auch als *Milblogs*[9] bezeichnet.

Gegenstand dieser Untersuchung ist letztere Art von *Warblogs* und dabei speziell die Berichte amerikanischer Soldaten direkt aus den Kampfgebieten in Afghanistan und dem Irak.

Eine Analyse dieser neuen Art der Kriegsberichterstattung im Rahmen eines Bandes über das amerikanische Erzählen nach 2000 ist deshalb wichtig, weil hier nicht nur eine äußerst erfolgreiche neuartige Gattung vorliegt, die einer neuen Art von Autoren eine breite Öffentlichkeit bietet, sondern auch da das Genre des Blogs immer stärker von traditionellen Medienformen übernommen wird und diese zunehmend beeinflusst.

In der erzählerischen Verhandlung von Kriegen durch Soldaten stellen Milblogs ein völlig neues Genre dar. Bisher waren Berichte von Soldaten in Briefen, Tagebüchern oder retrospektiven Erinnerungen meist entweder nur einem kleinen Kreis an Verwandten und Freunden zugänglich oder wurden erst teilweise lange nach den geschilderten Ereignissen veröffentlicht. In Blogs werden diese Beschränkungen aufgehoben, nahezu in Echtzeit kann ein weltweites Publikum individuelle Berichte direkt von den beteiligten Soldaten lesen:

> Never before has a war been so immediately documented, never before have sentiments from the front scurried their way to the home front with such ease and precision. Here I sit, in the desert, staring daily at the electric fence, the deep trenches and the concertina wire that separates the border of Iraq and Kuwait, and write home and upload my daily reflections and opinions on the war and my circumstances here, as well as some of the pictures I have taken along the way. It is amazing, and empowering, and yet the question remains, should I as a lower enlisted soldier have such power to express my opinion and broadcast to the world a singular soldier's point of view?[10]

Der allgemeine Zugang zu modernen Kommunikationstechnologien und die einfache Handhabung der Blog-Software erzeugt zudem eine neue Art von Autoren. Militärangehörige, die sonst vielleicht nie geschrieben hätten, schildern nun nicht nur ihre Erlebnisse und Gedanken, sondern können diese auch direkt, ohne den Umweg über einen Verlag oder eine Redaktion, veröffentlichen.

Für Leser, die eine Alternative zur Kriegsberichterstattung der traditionellen Medien suchen, ermöglichen die Blogs der beteiligten Soldaten eine andere Perspektive auf die Konflikte. Sie nehmen für sich einen direkten, authentischen Zugang zum Geschehen in Anspruch, neben den offiziellen Verlautbarungen und der potenziell beeinflussten Presse, sodass die Leser die Realität des Krieges quasi ungeschönt miterleben können:[11]

> [...] blogs offer readers a soldier's-eye report that seems more credible – straight from the trenches, complete with interesting anecdotes and colorful descriptions – a perspective that is clearly unsanitized by Army leadership.[12]

Nach einer Untersuchung der auf *Milblogs* abgegebenen Kommentare von Lesern ist deren angeblich authentischere Sichtweise ihr Hauptreiz:

The common thread among almost a thousand comments was that blogs are an alternative source of news and information that is not filtered by traditional mass media. Blog readers commented that blogs provided more accurate, in-depth, and often first-hand accounts of the war from those who are more knowledgeable and more in touch with realities of war than traditional media reporters who may not be schooled in military matters or who may be reporting second-hand or news wire information.[13]

Milblogs geben den Lesern durch Augenzeugenberichte einen höchst personalisierten und teilweise schonungslosen Blick auf das Kriegsgeschehen, die abstrakten Gefallenenzahlen aus den Nachrichten erhalten durch die narrative Beschreibung ein individuelles Gesicht.[14] Die Blogs der Soldaten stellen dadurch einen Gegensatz zur traditionellen Berichterstattung dar, in der das Geschehen neutral berichtet und in einen größeren Kontext eingegliedert wird. Eine derart objektiv-sachliche Darstellung und weltpolitische Analyse können und wollen *Milblogs* nicht leisten. Ihre Berichte sind teilweise höchst emotional, die Konflikte werden hier weniger in ihrer internationalen Bedeutung, als in ihren Konsequenzen für das eigene Leben und den eigenen Alltag beschrieben:

> Weblogs are the anti-newspaper in some ways. Where the editorial process can filter out errors and polish a piece of copy to a fine sheen, too often the machinery turns even the best prose limp, lifeless, sterile and homogenized. A huge part of blogs' appeal lies in their unmediated quality. Blogs tend to be impressionistic, telegraphic, raw, honest, individualistic, highly opinionated and passionate, often striking an emotional chord.
> Sometimes they veer toward immediacy and conjecture at the expense of accuracy and thoughtful reflection. But the best news blogs offer a personal prism that combines pointers to trusted sources of information with a subjective, passion-based journalism.[15]

Jenseits der Berichte aus den aktuellen Krisengebieten liefern *Milblogs* zudem Informationen über den militärischen Alltag und befriedigen damit das Interesse von Lesern, Familienmitgliedern und Freunden von Soldaten sowie von Soldaten, die vor einem eigenen Einsatz in den Krisengebieten stehen.[16]

Wie groß das öffentliche Interesse an derartigen Schilderungen ist, zeigen die Abrufzahlen der *Milblogs*. So hat eines der erfolgreichsten, www.blackfive.net, nach Angaben des Betreibers inzwischen drei Millionen Abrufe pro Jahr.[17] Während zu Beginn des Irakkrieges 2003 nur ein paar *Milblogs* existierten, sind es heute Tausende.[18]

Die Autoren der *Milblogs* motiviert eine Reihe von Aspekten zum Schreiben. Elizabeth L. Robbins, selbst Offizierin und Autorin des Aufsatzes »Muddy Boots IO: The Rise of Soldier Blogs«, mit dem sie 2006 die *United States Army Information Operations Writing Competition* gewann, beschreibt die Motivation der Soldaten folgendermaßen:

> Soldiers create blogs because they are an effective and efficient way to communicate. [...] During deployments or other geographic separations, milbloggers communicate with friends and family in a way that is easier (many people type more quickly and clearly than they write), faster (traditional mail does not meet modern expectations of timeliness), and less presumptuous than email distribution lists. [...] An equally important motivation is to communicate the soldier experience to outsiders. Soldiers understand that the public has become increasingly distrustful of mainstream news, and milblogs are a way to circumvent the media's power to select news content. [...] Milblogs seize back some of this power, and many soldiers relish the opportunity to share compelling descriptions of their reconstruction and warfighting experiences as well as man-on-the-scene coverage of daily life.[19]

Viele *Milblogger* haben das Gefühl, dass die traditionellen Medien (oft als *Mainstream Media* bezeichnet) ein verzerrtes Bild der Konflikte zeichnen und das heldenhafte Verhalten der Soldaten und die kleinen Fortschritte in den Krisengebieten nicht genug publizieren und würdigen. Dieses Ungleichgewicht wollen die *Milblogger* durch ihre eigene Berichterstattung ausgleichen, sei es, dass sie auf Fehler oder Ungenauigkeiten in Medienberichten hinweisen, oder dass sie das, was sie als die Wahrheit ansehen, durch eigene Berichte und Kommentare vertreten.[20] Durch die in vielen *Milblogs* entworfene alternative Sicht auf die Konflikte wird das US-Engagement und somit die eigene Anwesenheit und die eigenen Taten in den Krisengebieten gerechtfertigt:

> It kind of transformed itself from a desire to convey my personal experience into letting people know the real story. I think the main coverage that you'll see at home is this car bomb blew up; this amount of people died. I think my main effort now is more toward showing that this is a good thing that we've done, regardless of, of what political decisions were made to get us here. We're here. We have done a good thing. [...] This is a just cause, and that it is – it's a righteous endeavor. That's part of why I write. If I'm given an opportunity to say it, by God, I will.[21]

Eine Möglichkeit, das US-Engagement zu rechtfertigen, sind die in vielen *Milblogs* enthaltenen Schilderungen positiver Interaktionen der Soldaten mit der einheimischen Bevölkerung, beispielsweise durch medizinische Hilfe oder das Verteilen von Süßigkeiten an Kinder.[22] Durch diese Berichte wollen die Autoren verdeutlichen, dass auf einer beschränkten, persönlichen Ebene durchaus Fortschritte erzielt werden und die Anwesenheit der Amerikaner von den Irakern und Afghanen als Segen empfunden werde. Die Soldaten selbst fühlen sich in ihrer Mission durch diese Begegnungen immer wieder motiviert, wie dieses Fazit nach dem Bericht über die lebensrettende medizinische Versorgung eines kleinen Mädchens zeigt:

> Ten years from now our unit will have long since passed out of local memory, the desert swallowing any physical trace of our year in the Land of the Two Rivers. But there will be one living, beating heart that will bear testament to our company's mission and the good we tried to do. And right now that somehow seems enough.[23]

Die erzählerische Rekonstruktion des Erlebten kann für die Soldaten außerdem zu ihrer Verarbeitung beitragen.[24] So meint Colby Buzzel, Autor des Blogs *My War: Killing Time in Iraq* (www.cbftw.blogspot.com/):

> You go out on a mission or patrol, come back and sit down at a computer, and it was kind of a release, [...] I wasn't writing for a book deal, I was writing for myself. It was a way to deal with the madness and made the days go by a little faster.[25]

Die Blogs fungieren zudem als Erinnerungsorte für gefallene Kameraden. Das Schreiben bietet die Möglichkeit, den Tod von Kameraden zu verarbeiten und den Gefallenen in einem persönlicheren und individuelleren Rahmen zu gedenken, als dies die anonymen Opfermeldungen der Nachrichten können. Durch die Veröffentlichung von Texten und Bildern im Internet kann den Toten eine gewisse Art von Unsterblichkeit gegeben werden.[26] Dabei wird häufig das heroische, pflichtbewusste und patriotische Verhalten der Gefallenen betont:[27]

> CPL Marcelino »Ronnie« Corniel was a warrior prince. He cut his teeth in the United States Marine Corps, then after a short return to the civilian world he joined the »Hard Guard« as he affectionately called it. Shortly after his enlistment he was once again on point for his country.[28]

Für viele *Milblogger* spielt auch das Bedürfnis, sich literarisch mitzuteilen, eine große Rolle. So beschreibt der Soldat Michael Bautista, Autor des Blogs *Ma Deuce Gunner* (www.MaDeuceGunners.blogspot.com), seine Motivation in einem Interview:

> You know, I started the blog because I felt bad that I didn't write enough letters and emails to my family, and they can see what I'm doing, they can hear some of my experiences. I immediately was recognized by some other bloggers. They linked to me, encouraged me, and it's now become a, a hobby that I really enjoy. I enjoy the feedback. I get a lot of people that tell me that I write well. I guess I'm kind of a budding writer.[29]

Formal kann ein Blog, sofern es das Leben und die Gedanken des Autors wiedergibt, viel mit einem Tagebuch gemein haben.[30] Der Autor ist identisch mit dem Erzähler und der Hauptfigur seiner Erzählung, die dargestellte Welt und die geschilderten Ereignisse sollen die Realität widerspiegeln, das Datum des Eintrags ist auch das Datum des Verfassens.[31] Im Unterschied zur Autobiographie, in der der Autor das »Ende« der Geschichte kennt, sein Leben im Rückblick betrachtet und dieses in der Erzählung einer retrospektiven Sinnstiftung hin zu einem bestimmten Zeit- und Zielpunkt unterwirft, ist das Tagebuch und das Blog offener und je nach Häufigkeit und Zusammenhang der Einträge fragmentarischer. Solange der Autor lebt und weiterschreibt, sind Tagebuch und Blog nie abgeschlossen, und Viviane Serfaty sieht gerade darin eine der großen Attraktionen von tagebuchartigem Erzählen im Internet:

> It is precisely this open-endedness which gives online self-representational writing its fascinating, sometimes even addictive quality. The reader's interest is kept up by the discontinuity and the irregularity inherent in daily entries, as well as by the constantly deferred promise of an ending, of closure. Open-endedness is both a defining feature of online diaries and one of the reasons for their success.[32]

Durch die technischen Möglichkeiten des Internets unterscheiden sich Blogs jedoch in einer Reihe von Aspekten vom traditionellen autobiographischen Erzählen wie es in Tagebüchern praktiziert wird. Diese Unterschiede, die mit Schlagwörtern wie Unmittelbarkeit, Öffentlichkeit, Interaktivität, Multimedialität und Vernetzung beschrieben werden können, sollen hier anhand der *Milblogs* erläutert werden.

Während Tagebucheinträge und retrospektive Kriegserinnerungen von Soldaten durch mehr oder weniger große zeitliche Distanzen zwischen Erleben, Erzählen und Rezeption durch die Leser gekennzeichnet sind, hat der Zugang der US-Soldaten zu moderner Kommunikationstechnologie an fast allen Einsatzorten diese Distanzen nahezu aufgehoben. Nun können Soldaten ihre Erlebnisse und Gedanken bereits kurz nach oder sogar während bestimmter Einsätze und Ereignisse textuell verarbeitet der Weltöffentlichkeit unmittelbar zugänglich machen.

Anders als die meisten Tagebuchautoren schreiben Blogger explizit für ein Publikum. Weltweit hat jeder, der Zugang zum Internet hat, die Adresse kennt und die jeweilige Sprache versteht, sofort problemlos Zugriff auf *Milblogs*. Anders als in traditionellen Texten findet hier keine einseitige Kommunikation statt, sondern das Feedback der Leser ist erwünscht und kann direkt unter den Texten der *Milblogger* veröffentlicht werden. Die Leser sind nicht mehr nur passive Rezipienten, sondern tragen aktiv zur Gestaltung des Blogs bei. Die Leserkommentare zu den Einträgen der Soldaten drücken häufig Bewunderung für deren Arbeit oder Zustimmung zu deren Ansichten aus und geben den Autoren somit Bestätigung und Motivation. Die Interaktion von Autor und Lesern bzw. Lesern untereinander kann schließlich zur Bildung von *communities* führen, die auch auf anderen Ebenen untereinander in Kontakt treten können.[33]

Während traditionelle Soldatenerinnerungen und -tagebücher auf den geschriebenen Text und vielleicht noch Bilder beschränkt sind, ist das Erzählen im Internet multimedial. Der technische Fortschritt erleichtert es den Soldaten, Bilder, Tondokumente und Videos sofort online zu stellen oder dem Leser durch *Webcams* eine direkte Verbindung in die Krisenregion zu ermöglichen.

Doch nicht nur die Einbindung anderer Medien trägt zur multimedialen Wirkung und Rezeption von *Milblogs* bei, sondern schon die graphische Präsentation der Webseite an sich, die mit dem Text interagiert. Hier ist der Autor je nach Software (außer er verfügt selbst über Programmierkenntnisse) bestimmten technischen Vorgaben und Internetkonventionen unterworfen. So verfügen beispielsweise fast alle *Milblogs* über einen Link zu einer kurzen Biographie des Autors sowie über Links zu im »Archiv« abgelegten alten Einträgen.

Die graphische Gestaltung und Professionalität der Seiten ist sehr unterschiedlich, fast allen *Milblogs* zu eigen sind jedoch – passend zum Thema – mehr oder weniger patriotische und militärische Bilder und Symbole sowie Fotos des Autors in Uniform.[34]

Die Autoren von *Milblogs* sind in ihrer erzählerischen Darstellung nicht nur auf Inhalte der eigenen Seite beschränkt, sondern können Links zu anderen Internetseiten setzen. In Blogs ist es außerdem üblich, eine Liste derjenigen Blogs, die man selbst liest (die sogenannte *Blogroll*), anzugeben. Teilweise wird außerdem Werbung für Internetshops und Produkte, die in irgendeiner Verbindung zum Militär stehen, gesetzt. Häufig finden sich auch Links zu Spendenaufrufen von Hilfsorganisationen, die die Armee unterstützen.[35]

Aufgrund der inzwischen unübersehbaren Anzahl an *Milblogs* aus verschiedenen Krisenregionen und von so unterschiedlichen Militärangehörigen wie Infanteristen, Ärzten und Militärpriestern kann eine inhaltliche und sprachliche Analyse hier nur eine stark verallgemeinernde sein.[36] Da sich diese Untersuchung allerdings unter anderem mit einigen der populärsten *Milblogs* beschäftigt,[37] können die getroffenen Aussagen durchaus als für weite Teile der *Milblogs*zene geltend angesehen werden.

Die Länge der jeweiligen Einträge in *Milblogs* ist sehr unterschiedlich und kann von einigen Zeilen bis hin zu langen Berichten reichen. Blogs können einen oder eine Vielzahl von Autoren haben, die nicht nur eigene Texte online stellen, sondern teilweise auch Nachrichtenmeldungen oder Zitate anderer Quellen in ihre Berichte einbauen.[38]

Da viele *Milblogs* in erster Linie aus der Motivation entstanden, mit Familie und Freunden in den USA Kontakt zu halten und ihnen über den Alltag im Krisengebiet zu berichten, besteht ein Großteil der Einträge aus Schilderungen des alltäglichen Lebens. Neben der täglichen Routine wird in derartigen Einträgen auch immer wieder die Langeweile der Soldaten geschildert:

> Thomas and I were pulling guard on top of a tank that stands at the entrance to our FOB. We were tired, bored, and busy complaining about the endless hours we spend guarding something. Didn't we come over here to fight bad guys? It's as if we came over here for the sole reason to guard ourselves. Why can't we go on more wild rides on the Iraqi highways, letting adrenaline and chaos fuel our souls? At least the time would go by quicker.[39]

Die Hinwendung an Leser, die mit dem Militär oft nichts zu tun haben, wird in der Erklärung militärischer Prozeduren und Spezialausdrücke, sowie in Leseranreden deutlich. Eine der Hauptattraktivitäten von Milblogs für Leser stellen sicher die detaillierten Kampfschilderungen dar, die oft spannend und packend »reale Action« beschreiben, wobei auch drastische Szenen im Kampf geschildert werden:

»Roger. 20 rounds. Observe effects.«
»Holy shit. 20 rounds? That's gonna be bigger than the barrage.«
K-k-r-r-BOOM. K-k-r-r-BOOM. K-k-r-r-BOOM.
»Oh SHIT! Look at that! No WAY that just happened.« I was in shock. Explosions went up 5 to 10 stories. Huge grey clouds shot upwards. It looked like volcanoes were erupting. But that wasn't what shocked me. On top of the explosions, bodies were thrown straight up into the sky. It wasn't like the movies at all, where the explosion goes off and the guy is airborne, flailing his arms and legs. It looked like a child threw some action figures straight up in the sky. They didn't flail at all. They just went straight up end over end and bloomed outwards like the petals of a flower blooming in fast-forward on the Discovery Channel. It was unreal. Each explosion sent up 3, 4, or 5 terrorists up into the sky.
K-k-r-r-BOOM. K-k-r-r-BOOM. K-k-r-r-BOOM. It was the funniest thing we had ever seen. It was also unreal. You never expect to see bodies do that. So when you see it, it feels surreal.[40]

Wie in diesen Beispielen deutlich wird, sind die meisten *Milblogs* durch einen einfachen, unmittelbaren, an die Alltagssprache angelehnten sprachlichen Stil gekennzeichnet. Literarischere Beschreibungen, die unter anderem auch mit Metaphern arbeiten, kommen seltener vor und erscheinen teilweise unfreiwillig komisch. Der unliterarische, teilweise umgangssprachliche Stil, der nicht nur diverse Schimpfwörter, sondern auch orthographische Fehler enthält, trägt jedoch zum Authentizitätseindruck der Einträge bei und kreiert lebendige Schilderungen.

Wichtige Elemente sind auch ein teilweise derber Humor oder bitter-ironische Untertreibungen. So schreibt ein *Milblogger* nachdem sein Camp unter Beschuss geraten ist:

> Regardless, it was an interesting start to the day; and the convoy I was scheduled to go on that night would make the day's close just as eventful. Our main supply routes are very interesting places, full of suspense and adventure. Damn insurgents love sending us little bombs to keep us on our toes.[41]

Obwohl die *Milblogs* amerikanischer Soldaten durch die Stellung der Autoren und die realistische Sprache einen unmittelbaren, authentischen und unzensierten Blick auf das Geschehen in Afghanistan und im Irak suggerieren, muss dieser Eindruck von den Lesern in Frage gestellt werden. So sollte nie aus den Augen verloren werden, dass *Milblogger*, anders als Journalisten, keinen redaktionellen Routinen unterworfen sind. Sie müssen keine Quellen nennen und können unter Pseudonym *posten*. Den Wahrheitsgehalt ihrer Geschichten garantieren in erster Linie sie selbst sowie das Kontrollsystem der sogenannten Blogosphäre, der Gemeinschaft aller Blogs mit ihren Vernetzungen, die ihre Inhalte gegenseitig kontrollieren:[42] »Bloggers themselves exert a significant control on fellow bloggers, and the blogging community is to a large degree, self-policing«.[43]

Anders als journalistische Berichte, die die Ereignisse objektiv in größere Zusammenhänge stellen, bieten *Milblogs* überwiegend nur eine beschränkte, sehr persönliche und subjektive Sicht der Ereignisse.

Potenziell problematisch ist außerdem die Ausrichtung auf das Lesepublikum. Blogs werden generell mit Blick auf eine weltweite Leserschaft geführt und dienen somit immer auch zur Selbstdarstellung der Autoren im Internet. So geben viele Blogger trotz der häufigen Verwendung von Pseudonymen biographische Informationen, beispielsweise auch durch Bildmaterial, über sich preis, um dadurch ihren Erzählungen Hintergrund zu verleihen und die Authentizität des eigenen Schreibens zu betonen.

Die Gewissheit einer weltweiten Öffentlichkeit hat jedoch auch Auswirkungen auf die Art der Darstellung. So kann das Internet einerseits beispielsweise durch die Wahl von Pseudonymen einen gewissen Grad an Anonymität garantieren, der ein potenziell zensurloses Erzählen ermöglicht, andererseits besteht jedoch immer auch die Möglichkeit, dass Verwandte und Freunde das Blog lesen und der Blogger daher seine Einträge anpasst und zensiert. Es stellt sich die Frage, inwiefern der Autor bewusst oder unbewusst bestimmte Lesererwartungen oder Normen bedienen will und daher auf eine bestimmte Art und Weise schreibt. Generell ist zu diskutieren, inwiefern das Erzählen in Blogs überhaupt als Wiedergabe der Realität angesehen werden kann, und wie stark sich die Autoren in ihren Schilderungen als fiktionale Figuren konstruieren.[44]

Diese Überlegungen gelten auch für *Milblogs*. Zum einen werden diese häufig für Familienangehörige und Freunde geschrieben, was zur Folge haben kann, dass besonders verstörende Details beispielsweise von Kampfeinsätzen verschwiegen werden, um die Angehörigen zu Hause nicht zu beunruhigen.[45] Zum anderen wollen auch die schreibenden Soldaten ein bestimmtes Bild von sich selbst und der Armee erzeugen, das nicht unbedingt der Realität entsprechen muss. So teilen die Autoren von *Milblogs* als aktive oder ehemalige Soldaten zum Großteil ein patriotisches und militärisches Ethos:

> Most milblogs contain extensive explanations about why the author decided to join the service, the personal growth and benefits gained from military service, and language that is surprisingly pro-Army, pro-chain-of-command, and pro-mission.[46]

Dazu gehört, dass Krieg zwar als nicht erstrebenswert angesehen wird, die Einsätze im Irak und in Afghanistan jedoch nur von einer kleinen Minderheit in Frage gestellt werden. Die meisten *Milblogger*, die tendentiell eher dem konservativen politischen Spektrum zugerechnet werden können, glauben offensichtlich an die Notwendigkeit von Kampfeinsätzen zur Wahrung der Sicherheit der USA.[47] Von großer Bedeutung sind hierbei Konzepte von Pflicht und Dienst am Vaterland. Auch ein geradezu religiöses Sendungsbewusstsein wird in einigen Blogs deutlich:

> No matter what happens to me, I am doing what I believe is my destiny, I come from a family of warriors, your family and Dad's were all warriors, it's what they knew. I am a product of their collective service to nation [sic!], this isn't about adventure or money or some deathwish, it's about doing the right thing. [...] We are the last hope for this planet to realize its potential, the europeans are too weak to do it, what kind of world do we want for our children to live in? I made my choice, and now I leave to do what I believe is my duty. God bless my family, God bless our brave men and women in uniform, God bless all Americans and God bless America.[48]

Das Bild, das die Texte der *Milblogs* von der US-Armee konstruieren, ist überwiegend sehr positiv. Die Blogger präsentieren sich und ihre Kameraden als pflichtbewusste Soldaten, die unter teilweise sehr gefährlichen Umständen ihre Pflicht in oft geradezu heroischer Art und Weise erfüllen und dabei auch ihre Menschlichkeit nicht verlieren, sondern immer bereit sind, der Zivilbevölkerung und vor allem Kindern zu helfen.

Diese sehr positive Darstellung wirft die Frage auf, inwiefern die Soldaten überhaupt in der Lage wären, Kritik zu üben. So ist es für die Autoren gerade als aktive Soldaten schwierig, ihre eigene Gruppe zu kritisieren:

> Milbloggers who constantly refer to their unit and who act as de facto cyber spokesmen for that unit should be thought of as acting under the social constraints that occur during military unit bonding. It would be incon-

sistent if a member of the milblogger group were to express significant opposition to the war and his or her unit's mission.[49]

Die *Milblogs* stellen die Armee und den Krieg also nicht in Frage,[50] sondern können ganz im Gegenteil als positives Aushängeschild der US-Armee gesehen werden.[51]

Hier darf auch nicht vergessen werden, dass die *Milblog*-Gemeinde eine eng verknüpfte virtuelle *community* darstellt. Blogger verlinken auf andere Blogs, die ihre eigenen Erlebnisse und Meinungen reflektieren, sodass eine gewisse Homogenität entsteht. Abweichende Meinungen können aus dieser *community* ausgeschlossen werden und verschwinden, wenn nicht auf sie verlinkt wird, in der Bedeutungslosigkeit.[52]

Zusätzlich zu diesen Gruppenzwängen wird die freie Meinungsäußerung in *Milblogs* auch durch die Kontrolle des *Department of Defence* immer mehr eingeschränkt. Während es den *Milblogs* zu Beginn der Kampfeinsätze ab 2001 kaum Aufmerksamkeit geschenkt hatte, da damals das Phänomen des Blogging kaum bekannt war und es nur eine geringe Anzahl an *Milblogs* gab, gerieten diese in den folgenden Jahren immer stärker ins Blickfeld der Militärführung.

So müssen seit April 2005 alle Blogs von Soldaten, die im Irak im Einsatz sind, bei ihren Vorgesetzten registriert werden. Das *Department of Defence* fürchtet vor allem die Preisgabe geheimer und strategisch wichtiger Informationen durch Beschreibungen oder Bildmaterial.[53] Im August 2006 wurde eine neue Bestimmung erlassen, nach der Blogs

> [...] may not contain information on military activities that is not available to the general public. Such information includes comments on daily military activities and operations, unit morale, results of operations, status of equipment, and other information that may be beneficial to adversaries.[54]

Um die Preisgabe sensibler Informationen zu vermeiden, werden *Milblogs* seit 2006 außerdem von einem zehnköpfigen Team der *Virginia National Guard* nach sensiblen Informationen in Text-, Bild- oder Videoform durchforstet. Die bereits bestehenden Regeln wurden im April 2007 noch einmal verschärft, insgesamt liegt es jedoch immer noch stark im Ermessensspielraum des jeweiligen Vorgesetzten, welche Inhalte als Sicherheitsrisiko angesehen werden.[55]

Das Bedürfnis des *Department of Defence*, militärische Informationen zu kontrollieren, kollidiert hier mit den Gewohnheiten der oft sehr jungen Soldaten, die in einer digitalen Welt aufgewachsen sind, in der

Informationen überall jederzeit verfügbar sind. Obwohl die Notwendigkeit der Geheimhaltung sensibler Informationen von den *Milbloggern* eingesehen wird, wurde und wird die offizielle Zensur sehr negativ aufgenommen. Eine Reihe von *Milbloggern* stellte ihre Berichterstattung sogar ganz ein:[56]

> I've already been talked to once about my content and had to »edit« it. Today we had a briefing on Blogs »do's and don't« for the Army. It appears to be very subjective as to what is and isn't allowed, so to keep from violating some Army reg, policy, or wish of the commander, I will have this as my last post.[57]

Der Soldat Jason Hartley, der wegen seines Blogs *Just Another Soldier* (www.justanother-soldier.com; 2005 auch in Buchform unter dem Titel *Just Another Soldier: A Year on the Ground in Iraq* erschienen) in einen Konflikt mit seinem Vorgesetzten geriet und schließlich einen Rang degradiert wurde,[58] meint in einem Interview:

> The only way for a soldier to not get into trouble is to write nothing but insipidly agreeable and conspicuously patriotic content that is reviewed by his or her leadership before posting. So, yes, I do feel as though my first Amendment rights were violated. [...] There are a lot of soldiers who have kept blogs. There are soldiers who keep blogs now. Not all of these blogs have been taken down. Coincidentally, the blogs that remain up are the ones, in my humble opinion, that are very insipid. I mean the Judge Advocate General for the Brigade that I was a part of, he keeps a blog. It's still up. But he writes about putting up Christmas lights, and we gave clothes to these cute kids today, etc, etc. There's nothing offensive about it. No one's going to harp on him for violating OPSEC, because they like it.[59]

Da die Blogeinträge der Soldaten von Vorgesetzten kontrolliert werden können, ist zu bezweifeln, ob die Autoren Gedanken und Einschätzungen, die der offiziellen Linie zuwiderlaufen, überhaupt äußern würden. So schreibt auch die Soldatin Robbins in ihrem Artikel:

> While many civilian bloggers post political content, the clear majority of current milbloggers tend to avoid postings that might be construed as disrespectful to the chain-of-command. Most soldiers understand that by donning a uniform, they have voluntarily agreed to limit their free speech and political activity – a point that milbloggers advise amongst themselves.[60]

Leser, die auf kritische Berichte bezüglich des US-Engagements im Irak und Afghanistan hoffen, werden in den meisten *Milblogs* enttäuscht werden.

Milblogs sind inzwischen ein etablierter Teil der Informationsvergabe und -rezeption zu militärischen Konflikten im Internet. Seit 2006 gibt es eine jährliche Konferenz von *Milbloggern*[61] und die Metaseite www.milblogging.com vergibt jährlich Preise für die besten Blogs, die sogenannten *Milbloggies*.[62]

Auch außerhalb der Blogosphäre spielt das Genre der *Milblogs* eine wichtige Rolle in der Berichterstattung über militärische Konflikte. So übernehmen traditionelle Medien zum einen Auszüge aus Milblogs, verlinken auf sie oder engagieren *Milblogger* als Autoren, zum anderen führen inzwischen auch in Krisengebieten anwesende Journalisten Blogs und lassen somit die Grenze zwischen objektivem Kriegsbericht und der Darstellung subjektiver Gedanken und Erlebnisse verschwimmen.[63]

Diese Entwicklung verdeutlicht, wie sehr das Genre des Blogs zu einem festen Bestandteil des Onlinejournalismus geworden ist. Während die traditionellen Nachrichtenmedien zunächst teilweise skeptisch bis ablehnend auf Blogs reagierten und beispielsweise CNN.com sich 2003 explizit gegen die Verwendung dieses Genres aussprach,[64] finden sich heute sowohl dort wie auch auf den Internetseiten der traditionellen Tageszeitungen und Wochenmagazine Blogs zu einer Vielzahl unterschiedlicher Themen.[65]

Diese Einbindung von Blogs in traditionelle Medienformen und -strukturen bedeutet jedoch auch gewisse Einschränkungen. So reizen viele der im Rahmen von Zeitungen oder Magazinen erscheinenden Blogs die Möglichkeiten dieses Genres besonders bezüglich der Multimedialität, Interaktivität und Vernetzung mit anderen Seiten nicht immer aus. Und während einer der größten Vorteile des Blogs und damit auch des Untergenres der *Milblogs* die Möglichkeit ist, Autoren außerhalb der traditionellen Medien eine Stimme und eine öffentliche Plattform zu geben, in der auch alternative Meinungen zum Ausdruck kommen können, wird dies durch die Einbettung in die Internetangebote und die redaktionellen Mechanismen der traditionellen Medien wiederum zurückgenommen.

Was jedoch auch im Rahmen traditioneller Medienformen erhalten bleibt ist die Unmittelbarkeit und Subjektivität der persönlichen Stellungnahmen der Autoren sowie häufig ein der Alltagssprache nahestehender Sprachstil. Hinzu kommt, selbst wenn dies nicht von allen Blogs im gleichen Maße genutzt wird, die Möglichkeit der Verknüpfung mit multimedialen Inhalten, die »Unabgeschlossenheit« der Texte durch die offene Form und die immer weiter auffächernden Verweise auf andere Seiten und Inhalte, sowie die Interaktivität, durch die die Leser direkt Kontakt zu den Autoren aufnehmen und selbst Kommentare veröffentlichen können.

Diese Besonderheiten, die das Erzählen in Blogform erst attraktiv machen, sind jedoch weitestgehend auf das Medium des Internets beschränkt, sodass noch offen ist, welche Auswirkungen das Genre letztendlich auf traditionellere Erzählformen außerhalb des Internets haben wird. Zwar wurden inzwischen eine Reihe von populären Blogs und auch *Milblogs* in Buchform veröffentlicht, doch sind diese als Buch häufig weit weniger erfolgreich als in ihrer ursprünglichen Form.[66]

Durch die Transformation in das traditionelle Medium geht ein Großteil dessen, was das Erzählen im Rahmen von Blogs auszeichnet, verloren, da die Unmittelbarkeit, Interaktivität und Multimedialität des Internetformats nicht auf ein normales Buch übertragen werden kann. So bleiben beispielsweise von den *Milblogs* in der Buchform lediglich die Texteinträge und vielleicht noch Fotos erhalten, sodass sich die Soldatenberichte hier letztendlich wieder den Texten annähern, wie sie von Soldaten aus früheren Konflikten überliefert sind.

---

1   <http://madeucegunners.blogspot.com/2005_08_01_archive.html> (31.7.2007).
2   Vgl. Janet Kornblum: »War brings a surge of traffic on the Net«, in: *USA Today Online*, 26.3.2003, <http://www.usatoday.com/tech/world/iraq/2003-03-26-war web_x.htm> (1.8.2007), Florian Klenk: »Elektronische Feldpost, Kassiber aus Saddams Folterstaat, digitale Palastrevolten und dazu auch noch russische Geheimdienstberichte«, in: *Die Zeit Online* 15/2003, <http://www.zeit.de/politik/klenk _030404> (27.7.2007), Carol B. Schwalbe: »Remembering our shared past. Visually framing the Iraq war on U.S. news websites«, in: *Journal of Computer-Mediated Communication* Nr. 12 (2006), H. 1, article 14, <http://jcmc.indiana.edu/vol12/issue 1/schwalbe.html> (13.7.2007), Giles Hewitt: »The War on the Web«, in: *GlobalSecurity.org* 25.3.2003, <http://www.globalsecurity.org/org/news/2003/030325-war web01.htm> (13.7.2007), Ralph D. Berenger: »Introduction. War in Cyberspace«, in: *Journal of Computer-Mediated Communication* Nr. 12 (2006), H. 1, article 9, <http://jcmc.indiana.edu/vol12/issue1/berenger.html> (13.7.2007). Zur Rolle des Internets vgl. auch die Studie *The Internet and the Iraq War: How online Americans have used the Internet to learn war news, understand events, and promote their views* von Lee Rainie, Susannah Fox und Deborah Fallows von 2003 (Pew Internet & American Life Project, <http://www.pewinternet.org/pdfs/PIP_Iraq_War_Report.pdf> [14.7.2007]) sowie die Aufsätze in dem von Ralph D. Berenger herausgegebenen Band *Global Media go to War. Role of News and Entertainment Media During the 2003 Iraq War*, Spokane, WA: Marquette Books 2004.

³ Zur Gattung der Blogs vgl. die Aufsatzsammlung *We've Got Blog. How Weblogs are Changing our Culture*, hg. von John Rodzvilla, Cambridge, MA: Perseus Publishing 2002. Außerdem Markus Christian Koch / Astrid Haarland: *Generation Blogger*, Bonn: mitp-Verlag 2004 und Jan Schmidt: *Weblogs. Eine kommunikationssoziologische Studie*, Konstanz: UVK, 2006.

⁴ Zur Geschichte der Blogs vgl. Rebecca Blood: »Weblogs. A History and Perspective«, in: *We've Got Blog. How Weblogs are Changing our Culture*, hg. von John Rodzvilla, Cambridge: Perseus Publishing 2002, S. 7–16.

⁵ Vgl. Koch / Haarland: *Generation Blogger* (siehe Anm. 3), S. 21.

⁶ Vgl. Viviane Serfaty: *The Mirror and the Veil. An Overview of American Online Diaries and Blogs*, Amsterdam, New York: Rodopi 2004, S. 22.

⁷ Koch / Haarland: *Generation Blogger* (siehe Anm. 3), S. 75, auch S. 97. Vgl. auch die Studie *One year later: September 11 and the Internet*. von Lee Rainie, Susannah Fox und Deborah Fallows von 2002 (Pew Internet & American Life Project, <http://www.pewinternet.org/pdfs/PIP_9–11_Report.pdf> [14.7.2007], S. 27–29).

⁸ Zu Salam Pax vgl. o. A.: »Salam's story«, in: *The Guardian Online*, 30.5.2003, <http://media.guardian.co.uk/newmedia/story/0,7496,966935,00.html> (11.7.2007), Salam Pax: »Baghdad Blogger Salam Pax«, in: *CNN.com* 11.4.2007, <http://www.cnn.com/CNNI/Programs/untoldstories/blog/archive/2007_04_08_index.html> (11.7.2007), Melissa Wall: »Blogs as Black market journalism. A new paradigm for news«, in: *Interface* Jg. 4 (2004), H. 2, <http://bcis.pacificu.edu/journal/2004/02/wall.php> (24.7.2007). Salam Paxs Blogeinträge erschienen 2003 auch in Buchform.

⁹ Dieser Begriff wurde angeblich von dem *Milblogger* Grayhawk, der seit 2003 sein Blog *The Mudville Gazette* (http://www.mudvillegazette.com/) führt, erfunden (vgl. Thomas Conroy / Jarice Handon: »Soldiers' Views of War. Military Bloggers«, in: *Communication Currents* Nr. 2 [2007], H. 3, <http://www.communicationcurrents.com/index.asp?sid=1&issuepage=27> [17.7.2007]). *Milblogs* ist allerdings ebenfalls ein dehnbarer Begriff, da dazu neben den Blogs von Soldaten an der Front auch die von Soldaten, die nicht in Krisengebieten stationiert sind, sowie Blogs von Veteranen oder sogar von Angehörigen wie Ehepartnern oder Eltern gezählt werden.

¹⁰ Chris Missick, Autor des Blogs *A Line in the Sand* (http://www.missick.com/warblog.htm), zitiert in John Hockenberry: »The Blogs of War«, in: *Wired* August 2005, <http://www.wired.com/wired/archive/13.08/milblogs.html> (23.7.2007).

¹¹ Eine 2003 durchgeführte Studie ergab, dass dem Internet bzgl. der Berichterstattung über den Irak-Krieg eine größere Glaubwürdigkeit als den übrigen, traditionellen Medien zugesprochen wurde (vgl. Junho H. Choi / James H. Watt / Michael Lynch: »Perceptions of News Credibility about the War in Iraq. Why War Opponents Perceived the Internet as the Most Credible Medium«, in: *Journal of Computer-Mediated Communication* Nr. 12 [2006], H. 1, article 11, <http://jcmc.indiana.edu/vol12/issue1/choi.html> [13.7.2007]). Vgl. auch Barbara K. Kaye / Thomas J. Johnson: »Weblogs as a Source of Information about the 2003 Iraq War«, in: *Global Media go to War. Role of News and Entertainment Media During the 2003 Iraq War*, hg. von Ralph D. Berenger, Spokane, WA: Marquette Books 2004, S. 291–301, hier S. 295.

¹² Elizabeth L. Robbins: »Muddy Boots IO. The Rise of Soldier Blogs«, <http://usacac.army.mil/CAC/Staff/g7/InformationOperations-RobbinsMuddyBoots.pdf> (25.7.2007), S. 7f.

¹³ Kaye / Johnson: »Weblogs as a Source of Information« (siehe Anm. 11), S. 293.

¹⁴ Vgl. Ebd., S. 292f.

15 J. D. Lasica: »Weblogs. A New Source of News«, in: *Online Journalism Review* 18.4.2002, <http://www.ojr.org/ ojr/lasica/1019165278.php> (20.7.2007).
16 Vgl. Robbins: »Muddy Boots IO« (siehe Anm. 12), S. 4, 7f.
17 Vgl. Robert Weller: »New rule may inhibit military bloggers«, in: *ArmyTimes.com* 14.5.2007, <http://www.armytimes.com/news/2007/05/ap_army_blogger_070513/> (22.7.2007).
18 Die Metaseite <http://www.milblogging.com/index.php> (24.7.2007) listet im Juli 2007 1770 *Milblogs* aus 31 Ländern.
19 Robbins: »Muddy Boots IO« (siehe Anm. 12), S. 1f.
20 Vgl. Michael Lawhorn: ›Milblogs‹ Present Iraq War From Military Point of View«, in: *FoxNews.com* 24.5.2006, <http://www.foxnews.com/story/0,2933,196519,00. html> (21.7.2007), Jesse Hyde: »Other Sides of the Story«, in: *Dallas Observer Online* 3.8.2006, <http://www.dallasobserver.com/2006-08-03/news/other-sides-of-the-story/> (21.7.2007), Kevin Anderson: »Blogs offer taste of war in Iraq«, in: *BBC Online* 30.12.2005, <http://news.bbc.co.uk/1/hi/technology/4555590.stm> (18.7.2007), Mike Spector: »Cry Bias, and Let Slip the Blogs of War«, in: *The Wall Street Journal Online* 26.7.2006, <http://online.wsj.com/public/article/SB115388005 621517421-aUkyLNH7wZhRTEtrBXsZaIdCgbE_20070726.ht ml?mod=blogs> (21.7.2007).
21 o. A.: »I Wanna Be a Soldier Blogger«, in: *On the Media* 29.4.2005, <http://www.on themedia.org/yore/transcripts/transcripts_042905_blogger.html> (14.7.2007).
22 Vgl. <http://madeucegunners.blogspot.com/2005_09_01_archive.html> (29.7.2007).
23 <http://thunder6.typepad.com/365_arabian_nights/forging_a_nation/index.html> (27.7.2007).
24 Vgl. Robbins: »Muddy Boots IO« (siehe Anm. 12), S. 4, Anderson: »Blogs offer taste of war« (siehe Anm. 20).
25 Jonathan Finer, »The New Ernie Pyles: Sgtlizzie and 67cshdocs. On Internet Blogs, Soldiers in Iraq Offer Up Inside Story on the War«, *The Washington Post Online* 12.8.2005, <http://www.washingtonpost.com/wp-dyn/content/article/2005/08/ 11/AR2005081102168.html> (17.7.2007).
26 Vgl. <http://thunder6.typepad.com/365_arabian_nights/deployment_blues/index. html> (27.7.2007) und die Bilder auf <http://tankerbrothers.com/> (27.7.2007).
27 Vgl. Conroy / Handon: »Soldiers' Views of War« (siehe Anm. 9).
28 <http://thunder6.typepad.com/365_arabian_nights/2006/01/in_memory.html#co mments> (27.7.2007).
29 o. A.: »I Wanna Be a Soldier Blogger« (siehe Anm. 21). Zur politischen Macht von Blogs vgl. auch Robbins: »Muddy Boots IO« (siehe Anm. 12), S. 16, Lawhorn: »›Milblogs‹ Present Iraq War« (siehe Anm. 20), Hyde: »Other Sides of the Story« (siehe Anm. 20), Anderson: »Blogs offer taste of war« (siehe Anm. 20), Spector: »Cry Bias« (siehe Anm. 20).
30 Zum Verhältnis von Blog und Tagebuch vgl. Serfaty, *The Mirror and the Veil* (siehe Anm. 6) und Sylvia Ainetter: *Blogs – Literarische Aspekte eines neuen Mediums. Eine Analyse am Beispiel des Weblogs Miagolare*, Wien, Berlin: Lit Verlag 2006, S. 85–88.
31 Vgl. Serfaty: *The Mirror and the Veil* (siehe Anm. 6), S. 6.
32 Ebd., S. 30.
33 Vgl. Kaye / Johnson: »Weblogs as a Source of Information« (siehe Anm. 11), S. 292f.
34 Vgl. <http://www.mudvillegazette.com/> (26.7.2007), <http://blog.justanothersol dier.com/> (26.7.2007), <http://www.missick.com/warblog.htm> (28.7.2007),

	<http://thunder6.typepad.com/> (27.7.2007), <http://www.blackfive.net/main/> (25.7.2007), <http://www.soldiersperspective.us/> (27.7.2007).
35	Vgl. beispielsweise die Startseiten von <http://www.soldiersperspective.us/> (27.7.2007) und <http://www.blackfive.net> (25.7.2007).
36	Eine nach bestimmten Kriterien durchsuchbare Aufstellung von Milblogs findet sich auf der Seite <http://www.milblogging.com> (24.7.2007) (zu www.milblogging.com vgl. auch Spector: »Cry Bias« [siehe Anm. 20]).
37	Vgl. dazu die Liste der 100 beliebtesten Milblogs auf <http://www.milblogging.com/about.php> (24.7.2007).
38	Vgl. Beiträge auf einem der beliebtesten Milblogs <http://www.blackfive.net> (25.7.2007).
39	<http://adayiniraq.blogspot.com/2005/03/ahmed.html> (28.7.2007).
40	<http://avengerredsix.blogspot.com/2004/12/9-novemberd1-fire-for-effect.html> (26.7.2007).
41	<http://talkingsalmons.wordpress.com/2005/10/23/well-good-morning-to-you-too/> (26.7.2007).
42	Vgl. Wall: »Blogs as Black market journalism« (siehe Anm. 8).
43	Robbins: »Muddy Boots IO« (siehe Anm. 12), S. 8.
44	Vgl. Serfaty: The Mirror and the Veil (siehe Anm. 6), S. 29, Ainetter: Blogs (siehe Anm. 30), S. 31–34.
45	Vgl. Robert Weller: »Army rules on blogs, e-mail not being enforced«, in: Army Times.com 4.6.2007, <http://www.armytimes.com/news/2007/06/ap_militaryblogs_070602/> (22.7.2007).
46	Robbins: »Muddy Boots IO« (siehe Anm. 12), S. 8.
47	Vgl. Hyde: »Other Sides of the Story« (siehe Anm. 20), Hockenberry: »The Blogs of War« (siehe Anm. 10), <http://midnight.hushedcasket.com/2006/03/20/to-lisa-in-italy/> (27.7.2007).
48	<http://www.inblogs.net/themakahasurfreport/2005/07/today-i-leave-for-war.html> (28.7.2007).
49	Vgl. Conroy / Handon: »Soldiers' Views of War« (siehe Anm. 9).
50	Ungewöhnlich kritische Einträge finden sich in dem Blog Eighty Deuce On the Loose in Iraq (<http://airborneparainf82.blogspot.com> [29.7.2007], vgl. den Eintrag vom 3.8.2007), dessen Autor deswegen bereits Probleme mit der Militärführung hatte (vgl. den Eintrag vom 5.6.2007 und o.A.: »US-Militär zensiert Irak-Blog«, in: Spiegel Online 5.6.2007, <http://www.spiegel.de/netzwelt/web/0,1518,486686,00.html> [5.6.2007]). Die Anwesenheit der US-Truppen im Irak hält jedoch auch er für notwendig (vgl. Eintrag vom 3.8.2007).
51	Siehe Robbins: »Muddy Boots IO« (siehe Anm. 12), S. 8.
52	Zur Vernetzung von Blogs vgl. Mark Tremayne / Nan Zheng / Jae Kook Lee / Jaekwan Jeong: »Issue Publics on the Web. Applying Network Theory to the War Blogosphere«, in: Journal of Computer-Mediated Communication Nr. 12 (2006), H. 1, article 15, <http://jcmc.indiana.edu/vol12/issue1/tremayne.html> (13.7.2007).
53	Vgl. Joseph R. Chenelly, »Bloggers in Iraq must register sites«, in: ArmyTimes.com 4.6.2005, <http://www.armytimes.com/legacy/new/0-ARMYPAPER-932393.php> (22.7.2007), Lawhorn: »›Milblogs‹ Present Iraq War« (siehe Anm. 20).
54	o.A.: »Information Security/Website Alert«, in: United States Department of Defense 6.8.2006, <http://www.defenselink.mil/webmasters/policy/infosec20060806.html> (26.7.2007).
55	Vgl. Weller: »New rule« (siehe Anm. 17), Weller: »Army rules on blogs« (siehe Anm. 51), Michelle Tan: »Bloggers beware. Army tightens regulations«, in: Army Times.com 4.5.2007, <http://www.armytimes.com/news/2007/05/Army_blog_070504w/>

(22.7.2007), Lolita C. Baldor: »Soldiers warned about sensitive info in blogs«, in: *ArmyTimes.com* 3.5.2007, <http://www.armytimes.com/news/2007/05/ap_blogs_070502/> (22.7.2007), Pam Newborn: »Virginia National Guard eyes Web sites, blogs«, in: *Army.Mil* 12.10.2006, <http://www.army.mil/-news/2006/10/12/315-virginia-national-guard-eyes-web-sites-blogs/> (23.7.2007).

56 Vgl. Xen Jardin, »Under Fire, Soldiers Kill Blogs«, in: *Wired* 29.10.2006, <http://www.wired.com/politics/law/news/2006/10/72026> (23.7.2007), o. A.: »Blog, and get Busted«, in: *DefenseTech.org* 10.9.2004, <http://www.defensetech.org/archives/ 001100.html> (24.7.2007), Hockenberry: »The Blogs of War« (siehe Anm. 10).

57 <http://davesdoldrums.blogspot.com/> (25.7.2007).

58 Zu Hartley vgl. o. A.: »I Wanna Be a Soldier Blogger« (siehe Anm. 21), Spector: »Cry Bias« (siehe Anm. 20), Hockenberry: »The Blogs of War« (siehe Anm. 10).

59 o. A.: »I Wanna Be a Soldier Blogger« (siehe Anm. 21).

60 Robbins: »Muddy Boots IO« (siehe Anm. 12), S. 15 f. (vgl. auch S. 11).

61 Vgl. <http://www.militarywebcom.org/MilBlogConference/2/Purpose.html> (27.7.2007), Lawhorn: »›Milblogs‹ Present Iraq War« (siehe Anm. 20).

62 Vgl. <http://milblogging.com/milbloggies.php> (27.7.2007).

63 Vgl. Wall: »Blogs as Black market journalism« (siehe Anm. 8), Dan Fost: »Web logs offer stream of consciousness from the front«, in: *San Francisco Chronicle Online* 21.3.2003, <http://sfgate.com/cgi-bin/article.cgi?f=/c/a/2003/03/21/ BU272657.DTL> (28.7.2007), Finer: »The New Ernie Pyles« (siehe Anm. 25), <http://midnight.hushedcasket.com/2006/03/04/midnight-in-new-york-times> (27.7.2007), Koch / Haarland: *Generation Blogger* (siehe Anm. 3), S. 96. Zum Verhältnis zwischen traditionellem Journalismus und Blogs und der Übernahme des Blog-Formats durch Journalisten vgl. auch Donald Matheson: »Weblogs and the Epistemology of the News. Some Trends in Online Journalism«, *New Media & Society* Nr. 6 (2004), H. 4, S. 443–468, Susan Robinson: »The mission of the j-blog. Recapturing journalistic authority online«, *Journalism* Nr. 7 (2006), H. 1, S. 65–83, Wilson Lowrey: »Mapping the journalism-blogging relationship«, *Journalism* Nr. 7 (2006), H. 4, S. 477–500, Jane Singer: »The political j-blogger. ›Normalizing‹ a new media form to fit old norms and practices«, *Journalism* Nr. 6 (2005), H. 2, S. 173–198.

64 Vgl. Susan Mernit: »Kevin Sites and the Blogging Controversy«, in: Online Journalism Review 3.4.2003, <http://www.ojr.org/ojr/workplace/1049381758.php> (28.7.2007).

65 Vgl. beispielsweise http://www.cnn.com; http://www.washingtonpost.com/; http://www.nytimes.com/ref/topnews/blog-index.html; http://www.newsweek.com/; http://www.time.com/time/blogs; http://www.newyorker.com/; http://www.bbc.co.uk/blogs/; http://blogs.guardian.co.uk/index.html; http://www.timesonline.co.uk/tol/comment/blogs/.

66 Vgl. Finer: »The New Ernie Pyles« (siehe Anm. 25). Beispiele hierfür sind Colby Buzzells *My War: Killing Time in Iraq* (Berkley Books 2005), Jason Christopher Hartleys *Just Another Soldier: A Year on the Ground in Iraq* (HarperCollins 2005) und Matthew Currier Burdens Zusammenstellung von Blogeinträgen in *The Blog of War: Front-Line Dispatches from Soldiers in Iraq and Afghanistan* (Simon & Schuster 2006). Zu den im Allgemeinen eher enttäuschenden Verkaufszahlen von Büchern die auf Blogs basieren vgl. Kara Warner, »The sharp rise (and quick fall) of the bloggers' books«, in: AM New York Online, 11.12.2007, <http://www.amny.com/entertainment/am-blogbook1211,0,5596105,full.story> (15.01.2008).

III Geschichte wiedererzählen:
   Looking Back at Europe

DOROTHEE WIESE

Durch die Spur des Anderen sich selbst verlieren

Effekte des Übersetzens bei Nicole Krauss
und Jonathan Safran Foer

Unübersehbar ist Liebe ein zentrales Thema in Nicole Krauss' *The History of Love*[1] und Jonathan Safran Foers *Everything is illuminated*.[2] Behauptet ersterer Roman bereits im Titel, »die« Geschichte der Liebe zu schreiben, treibt letzterer das Thema in unzähligen Variationen auf die Spitze. »*All about love*« sind mitnichten nur die über 700 Erzählungen, die von den Trachimbrodern – Hauptfiguren in Foers Roman – zwischen 1850 und 1853 geschrieben wurden:[3] Der Roman selbst behandelt ausgiebig das Liebesleben jener Einwohner eines jüdischen Schtetls, das auf der Grenze zwischen Polen und der Ukraine liegt. Die Trachimbroder verlieben sich oder auch nicht, sie suchen nach jemandem, der ihrer Liebe wert ist, sie lieben ihre eigene Liebe, ihre Geliebten und Ehegatten, ihre liebenden Väter und Mütter, Zigaretten, Bücher und leidenschaftliche Diskussionen. Die Auswirkungen ihres Liebeslebens können sogar vom ersten Mann auf dem Mond wahrgenommen werden: »*I see something*«, lässt er verlautbaren, als er von der koitalen Strahlung geblendet wird, die von den Trachimbrodern während ihres alljährlichen Festtages, dem *Trachimsday,* hervorgebracht wurde: »There is definitely something out there«.[4] In Krauss' Roman hingegen konzentriert sich die Liebe vorgeblich auf ein einziges Objekt, das nicht nur vielfältig beschrieben wird, sondern gleichzeitig die Adressatin jener *History of Love* ist, deren Entstehungs- und Wirkungsgeschichte metaleptisch[5] innerhalb der *History of Love* beschrieben wird: jene Alma, die Hauptfigur Leo Gurski immer lieben wird – »He couldn't help it«[6] – und die innerhalb von Gurskis im Roman dargestellter *History of Love* »always returns, no matter how often she leaves or how far she goes«[7].

Die überbordende Behandlung, die das Thema Liebe sowohl in *Everything is illuminated* als auch in *The History of Love* erfährt, sollte jedoch nicht darüber hinwegtäuschen, dass es auch auf einer sehr viel abstrakteren und unscheinbareren Ebene um ein Ausloten dieses Ge-

genstandes geht: Beide Romane werden von einer Liebe zum Wort getrieben, sie erkunden über ihre sprachlichen und literarischen Eigenschaften hinaus die Wirkungsmacht von Sprache und Literatur.[8] Im Zusammenhang mit der Thematik der Shoah, auf die beide Romane unausweichlich zustreben, geht es darum, einen Umgang mit Sprache zu erfinden, der gleichfalls reflektiert, dass diese jenen »entschlief«,[9] die in den Konzentrations- und Vernichtungslagern ihr Leben ließen oder es dem Vernichtungswillen der Nazis zum Trotz überlebten.[10] Das *univers concentrationaire*, wie der Überlebende Primo Levi es nannte, überstieg die Verstehensmöglichkeiten der Häftlingsfrauen und -männer in seinen Dimensionen und Mechanismen und durch die Anforderungen seines ›Alltags‹ bei Weitem:[11] »Die Welt, in die man hineinstürzte, war nicht nur grauenvoll, sondern darüber hinaus auch noch unentzifferbar ...«.[12] Die Ereignisstruktur der Shoah entzieht sich demnach einem Verstehen; kein noch so genaues Hinschauen, kein einfühlendes Lesen ermöglicht es, seine Unentzifferbarkeit aufzuheben.

Mit der Shoah ist somit das Ausdrucksvermögen von Sprache und ihr Referenzcharakter angefochten worden; keine der in Anzahl wachsenden[13] Darstellungen wird der Shoah in ihren Ausmaßen entsprechen können. Trotzdem möchte ich Efraim Sichers Argumentation folgen, dass diese Versuche – so unzureichend sie teilweise sein mögen und welche Risiken sie auch bergen[14] – für einen Brückenschlag in eine erinnernde Zukunft unumgänglich sind.[15] Zum einen wirken sie dem Vergessen und somit der von den Nazis angestrebten Auslöschung des Gedächtnisses an ihre Opfer entgegen;[16] zum anderen leistet die (fiktionale) Erforschung der Vergangenheit nicht nur eine notwendige Trauerarbeit, sondern bricht ebenfalls das *Schweigegebot*, das viele Überlebende beklagten.[17] Sinnvoll ist es daher, eine *Ethik* der Darstellung zu entwerfen, die dem Undarstellbarkeitsparadigma ebenso gerecht wird wie der Notwendigkeit, es *trotzdem* mit einem Ereignis aufzunehmen, das in seinen Ausmaßen und seiner Struktur weder erschöpfend noch entsprechend erinnert werden kann.[18]

Die beiden Romane *Everything is illuminated* und *The History of Love* stellen sich dieser Aufgabe; sie wählen ihre sprachlichen und literarischen Mittel so aus, dass sie sich einerseits der Undarstellbarkeit der Shoah und den daraus folgenden Konsequenzen für das Erinnern, Eingedenken, Sprechen, Schreiben und Zeigen annähern und andererseits unterstreichen, dass sie über eine Erfahrung sprechen, die nicht die ihre, sondern eine räumlich und zeitlich entfernte ist.[19] Sie entwerfen somit eine Haltung der *postmemory*, die sich einer Erinnerung verpflichtet, die nicht selbst erfahren wurde, und sich dadurch auszeichnet, dass sie vom Trauma der Überlebenden weiß, sich dieser dem Verstehen entziehenden Vergangenheit stellt und über deren Auswirkungen reflektiert.[20] Der kreative Umgang mit einer ›unfassbaren‹ Vergangenheit, der durch die *postmemory* geleistet wird, ist wesentlich mehr als ein hilfloser Umgang mit einer traumatischen Geschichte: »It is a question of conceiving oneself as multiply interconnected with other of the same, of previous, and of subsequent generations, of the same and of other – proximate or distant – cultures and subcultures«.[21] Durch die *postmemory* wird eine Verbindung zu Geschichte(n) geschaffen, die weder die eigenen sind noch angeeignet werden können, die also in ihrer Alterität bestehen bleiben müssen. In *Everything is illuminated* und *The History of Love* wird diese ›unerreichbare‹ Verbindung durch eine besondere Form der (metaleptischen) Übersetzung geschaffen, der sich beide Romane bedienen und die ich hier als eine Methode verstehe, »to transgress from the trace of the other – before memory – in the closest places of the self«.[22] Denn wie Gayatri Chakravorty Spivak in »The Politics of Translation« darlegt, beinhaltet das Übersetzen, sich einer gänzlich anderen Sprache auszuliefern, deren Logik und Rhetorik notwendigerweise von der Zielsprache abweichen. Im Vorgang des Übersetzens zeigt sich somit die Kontingenz von Sprache, die Möglichkeit, dass etwas keine Bedeutung innehaben könnte.[23] Sprache weist im Augenblick des Übersetzens auf ihr eigenes Außen und auf ein mögliches Schweigen, eine Sprachlosigkeit, hin. Liefert sich die Übersetzerin als innigste Leserin[24] aus, handelt sie mit und in Liebe[25]; eine Liebe des Übersetzens, die vorbildhaft für eine respektvolle Beziehung zu Anderen sein kann, wenngleich – oder weil – es für sie um Handlungen und nicht um Subjektpositionen geht: »I surrender to you in your writing, not you as intending subject«.[26] Wie diese ethische Haltung durch den Einsatz sprachlicher und literarischer Mittel in beiden Romanen eingenommen wird, möchte ich im Folgenden darlegen.

In *Everything is illuminated* ist das Thema der Übersetzung unmittelbar vorgegeben, denn eine der Hauptfiguren des Romans, der Ukrainer Alex, wird von seinem ›schlagfertigen‹ Vater dazu ausersehen, dem jüdischen Amerikaner Jonathan als Übersetzer zur Seite zu stehen. Jonathan war mit wenig mehr als einem Foto in der Tasche in die Ukraine gekommen, auf dessen Rückseite sich der Eintrag »This is me with Augustine, February 21, 1943« befindet;[27] mit Hilfe von *Heritage Tours* will er damit jene abgebildete Frau ausfindig machen, die es seinem jüdischen Großvater ermöglichte, als einziger Bewohner seines Dorfes den Vernichtungskommandos der Nazis zu entfliehen. Doch Alex' englische Sprachfertigkeit scheint der Aufgabe nicht gewachsen zu sein; seine nachträglichen Berichte, die er brieflich an Jonathan schreibt, um die Geschehnisse während dessen Reise in die Ukraine zu erklären, zeugen von einer ganz eigenen Sprache. Es scheint, als habe er beständig ein Wörterbuch zu Rate gezogen, um ukrainische Wendungen ins Englische zu übertragen: Ein Sprachgebrauch, der verfehlend und verrenkend seinen ganz eigenen Witz entwickelt und temporeich bisweilen ins Schwarze trifft: etwa, wenn ukrainische Häuser nicht etwa klein, sondern verkleinert und Züge nicht verspätet, sondern verzögert sind, und somit sozioökonomische Realitäten zur Darstellung gelangen. Jenseits des Witzes, den diese Sprache hat, verweist der Text jedoch auf die Eigentümlichkeit des *Übersetzens* selbst: Denn der Übersetzer kann, wie Spivak dargelegt hat, zum Zeugen für den Zusammenbruch von Sinn werden, den die Rhetorizität und die Sprachfiguren des Ausgangstextes im Übertragen veranlassen.[28] Da Alex' Briefe einen Großteil von *Everything is illuminated* ausmachen, ist sein Sprachgebrauch konstitutiv für den Roman selbst: Schließlich handelt es sich bei diesem um so etwas wie einen Briefroman, der Beiträge von Alex und Jonathan umfasst. Bestehen die – in heterodiegetischer Erzählperspektive – von Jonathan verfassten Teile jedoch ausschließlich aus Erzählungen über und aus dem Schtetl Trachimbrod, ist Alex gleichzeitig als Erzähler und als Figur in seinen Berichten verankert; auch in jenen persönlichen Briefen, in denen er Jonathan Ereignisse aus seinem Leben erzählt, Meinungen abgibt oder über seine Gefühle reflektiert, tritt er einerseits als Erzählstimme auf und andererseits als sich entwickelnde Figur. Alex ist somit eine Identifikationsfigur innerhalb des Romans, während er gleichzeitig das Gegenüber der Lesenden ist: Durch das Fehlen persönlicher Briefe von Jonathan sind sie diejenigen, die seine Briefe erhalten, sie sind also dazu angehalten, seine Leerstelle auszufüllen. Diese Einbindung der Lesenden in den Roman wird dadurch auf die Spitze getrieben, dass sie durch Alex' eigentümlichen

Sprachgebrauch zu *seinen* Übersetzern und Übersetzerinnen werden. Alex' Idiom verleitet somit die Lesenden dazu, selbst in den Text zu investieren und auf die Suche nach einem möglichen Sinn zu gehen; sie sind dazu angehalten, sich einer Sprachlichkeit auszusetzen, die ihnen nicht ›gehört‹ und deren ursprünglicher Sinn durch den Akt der Übersetzung verloren gehen wird. Denn wie Paul de Man in seiner Lektüre von Walter Benjamins »Die Aufgabe des Übersetzers«[29] anmerkt, versagt letzterer Berufsstand per Definition: »The translator can never do what the orginal text did. Any translation is always second in relation to the original, and the translator as such is lost from the very beginning«.[30] Daher umfasst die »Aufgabe« des Übersetzers nicht nur den Auftrag der sprachlichen Übertragung, sondern ebenfalls den Rückzug und das Versagen der Übersetzenden durch die Preisgabe des Originals.

Im Hinblick auf die Thematik der Shoah und die von mir postulierte post-memoriale Erzählperspektive wird durch die Einbindung der Lesenden in die sprachliche Übersetzungsarbeit somit eine Distanz zu einer originären Erfahrung erreicht, die niemals einzuholen ist. Diese Unnahbarkeit des Erfahrenen wird des Weiteren unterstrichen, indem die ›ursprüngliche Erfahrung‹ eine mehrfach verschobene Spiegelung erfährt: Dafür spricht einerseits die Nachträglichkeit von Alex' Erzählung, ihre Schriftlichkeit sowie die Tatsache, dass er der Erzähler einer komplexen Geschichte ist, in deren Verlauf nicht nur seine Erlebnisse wiedergegeben werden, sondern ebenso die Geschichte seines – für die Suche zum Fremdenführer ernannten – Großvaters während der deutschen Besatzung. Diese metaleptische Erzählform erzielt eine Verdoppelung von Welten: Zu nennen wären hier der Übersetzer, der von den Lesenden übersetzt wird, die Lesenden, die für den Empfänger des Briefverkehrs einstehen, der Name des Autors Jonathan Safran Foer, der dem seiner Figur Jonathan gleicht, der Ort Trachimbrod, der geschichtlich existiert hat, der Enkel, der während der Reise mit Jonathan seinen Großvater (nicht) übersetzt und anschließend die Geschichte peinlich genau, mit allen Auslassungen, brieflich für Jonathan niederlegt. All diese narrativen Verdoppelungen haben zur Folge, dass die Grenzen zwischen intradiegetischer Welt des Romans und extradiegetischer Welt der Lesenden verwischen. Die Metalepse führt so zu »einer Beunruhigung oder Verunsicherung über die Grenzen von Fiktion und Wirklichkeit und deren Lokalisierbarkeit«.[31]

The *History of Love* bedient sich desselben Spiels, ist doch ein Manuskript gleichen Titels, das einerseits verloren gegangen ist, andererseits in zahlreichen ›Übersetzungen‹ – durch einen Plagiator, eine Übersetzerin, eine sich erinnernde Leserin, in Fragmenten, unter falschen Vorzeichen – gelesen wird, der erzählerische Ausgangspunkt; und da diese Akte des Lesens nicht nur als Handlung kommentiert werden, sondern es übergangslos zu einer bruchstückhaften Wiedergabe des Romans im Roman kommt, verschwimmen auch hier die Grenzen unterschiedlicher Erzählebenen durch eine *mise en abyme*.[32] Der metaleptische Grenzverstoß gegen die Unterscheidung zwischen darstellender und dargestellter Welt, der in beiden Romanen immer auf dem Entzug des Originals beruht, führt jedoch nicht nur jenes Spiel der Glaubwürdigkeit[33] in die Handlung ein, von dem Genette sagt, dass sie die freiwillige Suspension des Unglaubens ablöst;[34] die Imagination der Lesenden wird zudem angeregt, eine Erfahrung unterschiedlicher, inkompossibler Welten[35] zu machen, die eine »*Gegenwart unerklärbarer Differenzen*«[36] in die Erzählhandlung einführen. Durch den Einsatz der Metalepse wird in beiden Romanen eine Alterität hergestellt, die jene Form der *heteropathic identification* ermöglicht, die laut Marianne Hirsch Folgendes ausdrücke: »»It could have been me; it was me, also‹, and, at the same time, ›but it was not me‹«.[37]

Diese Form der respektvollen, distanzierten Identifikation, die von der Alterität des Anderen weiß, deckt sich auch mit jener Beschreibung, die Spivak dem Übersetzen zukommen lässt:

> Paradoxically, it is not possible for us as ethical agents to imagine otherness or alterity maximally. We have to turn the other into something like the self in order to be ethical. To surrender in translation is more erotic than ethical. In that situation the good-willing attitude ›she is just like me‹ is not very helpful. In so far as Michèle Barrett is not like Gayatri Spivak, their friendship is more effective as a translation. In order to earn that right of friendship or surrender of identity, of knowing that the rhetoric of the text indicates the limits of language for you as long as you are with the text, you have to be in a different relationship with language, not even only with the specific text.[38]

Übersetzen ist eine besondere Form des Lesens/Schreibens/In-Bezug-Tretens: Sie ist ein freundschaftliches Ausliefern der eigenen Identität, die man sich ›verdienen‹ muss.

Wie kann es jedoch zu dieser übersetzenden Freundschaft zum Text kommen? Ich möchte vorschlagen, dass *Everything is illuminated* noch eine andere Möglichkeit des Umgangs mit Sprache eröffnet: einen Umgang, der auf jenem Verständnis des Aufgebens beruht, das Paul de Man in seiner Lektüre von Benjamin unterbreitet hat. Denn neben dem beständigen Übersetzen in das eigene Idiom steht es den Lesenden offen, Alex' Sprache zu akzeptieren und sich ihr ›auszuliefern‹. Durch diese zweite Möglichkeit der Lektüre, durch die Wahl, eine verschobene und merkwürdige Sprache *nicht* zu übersetzen – sie wirken und entfalten zu lassen – wachsen ihr neue Bedeutungen zu. Die ›Aufgabe des Übersetzers‹ – die Wahl, Sprache ›sein‹ zu lassen – erlaubt es somit einerseits, zu jener ahistorischen und apriorischen Qualität eines »Seins der Sprache«[39] vorzudringen, in der ihre Fähigkeit, neu zu bedeuten, wahrgenommen werden kann. Gleichzeitig weist sie durch ihre unbekannten Neuschöpfungen auf ihr eigenes, unerfasstes Außen hin und zeigt so auf, dass jene *Sicht- und Sagbarkeiten* einer Zeit eigen und somit veränderbar sind. Durch andere Formen des Ausdrucks erlaubt sie es ferner, den Zusammenbruch von Sinnhaftigkeit sowie Sprachlosigkeit und Schweigen als unerfasste Bereiche eines »Seins der Sprache« zu begreifen. Wenn wir Sprache geschehen lassen, eine fremdartige, unheimliche Sprache, die wir nicht in unseren Verständnishorizont integrieren können, der wir jedoch Einlass bieten, kommen wir jener Beschreibung des Denkens nahe, die Gilles Deleuze und Felix Guattari in *Was ist Philosophie* beschrieben haben: Bricht in die eigene Welt der Diskurs des Anderen ein, eröffnet sich dem eigenen Denken eine neue, fremde Welt – ein neues Plateau.[40] Sprache wird so zu einem Virus, der die Grenzen des Vorstellbaren angreift.[41] Dass diese Möglichkeit eines Zusammentreffens mit dem ganz Anderen in der Sprache möglich geblieben ist, hoff(t)en viele jener Überlebenden, die das Wort ergriffen, um zu berichten. Denn das Adressieren an den oder die Andere bleibt im Schreiben nicht aus. In den Worten Paul Celans ist ein solches Zusammentreffen »mit einem nicht allzu fernen, einem ganz nahen ›anderen‹ denkbar – immer wieder denkbar. Das Gedicht verweilt oder verhofft – ein auf die Kreatur zu beziehendes Wort – bei solchen Gedanken«.[42] Dass dieses *Verhoffen* datiert bleiben muss – dass es seiner Daten eingedenk bleibt –, ist vielleicht das Paradox eines Schreibens nach der Shoah,[43] dem sowohl *Everything is illuminated* als auch *The History of Love* durch den Entzug einer ›ursprünglichen‹ Rede treu bleiben. Im Gegensatz dazu findet ein Gedenken an sie durch die metaleptische Erzählweise in der Gegenwart der Lesenden statt.

Everything is illuminated und *The History of Love* erschaffen somit inkompossible Welten: Die Welt der Vergangenheit, die uns nur in Teilaspekten und in entrückenden Spiegelungen zugänglich ist – beispielsweise im erinnernden Bericht durch Alex überbracht oder durch die Augen einer der vielen Leser der *History of Love* vermittelt –, und die Gegenwart der Lesenden, die in das Spiel der Zeichen eingelassen sind. Von hier aus erklärt sich auch Alex' Feststellung über Jonathans Geschichten: »Everything is one world in distance from the real world. Does this manifacture sense? If I am sounding like a thinker, this is an homage to your writing«.⁴⁴ Nichtsdestoweniger sucht *Everything is illuminated* eine Perspektive auf, durch die jene unerreichbare Welt der Shoah gesehen werden kann: Als Erzählanweisung innerhalb des Romans steht der Mann auf dem Mond für die Bedingung ein, unter der man etwas wahrnehmen kann. Die Distanz zwischen der Erde und seinem Satelliten erlaubt es ihm, über seinen eigenen Horizont hinaus zu sehen: »And neither of them hears the astronaut whisper, *I see something*, while gazing over the lunar horizon at the tiny village of Trachimbrod. There is definitely something out there«.⁴⁵ Diese Distanz der Welten, die ein Übersetzen möglich macht – »a friendly learning by taking a distance«⁴⁶ – wird in *The History of Love* durch ein Verfahren der strukturellen Wiederholung in ihr Gegenteil verkehrt. Als ineinander verschachteltes Spiel, das russischen Puppen gleicht, nimmt dieses Experiment seinen Ausgangspunkt im Titel des schriftstellerischen Alterswerks der Figur Leo Gursky: Vollmundig als *Words for Everything* betitelt, nimmt der intradiegetische Roman etwas für sich in Anspruch, was der Figur Leo Gursky fehlt, besteht doch seine Tragik darin, dass er immerzu die Gelegenheit verpasst, sich im entscheidenden Moment mitzuteilen. Diese Eigenschaft seiner Figur wird jedoch dadurch angefochten, dass die als Ich-Erzählung wiedergegebenen Teile des Romans, die ihm zugeschrieben sind, eine weitere Figur enthalten, die von ihm erfunden wurde – und die von den Lesenden bis zur narrativen Auflösung einzig als ›reale‹ Figur innerhalb von Gurskys Welt wahrgenommen werden kann. Insofern ersetzt Gursky ›everything‹ tatsächlich durch ›words‹, wird der Referenzcharakter von Sprache auf Welt zugunsten einer rein sprachlichen Welt abgeschafft: etwas, das sich im Akt des Lesens wiederholt, besteht Literatur doch ausschließlich aus sprachlichen Zeichen. Wenn, wie Genette sagt, das Lesen einer fiktionalen Erzählung immer einen freiwilligen Aufschub des Unglaubens beinhaltet, wird an dieser Stelle jedoch der grundsätzliche Pakt der Lesenden mit dem Roman aufgehoben: Der Erzähler, der eine fiktive Figur als real ausgibt, erweist sich als unglaubwürdig und erlaubt es somit, seine Erzählung in Zweifel zu ziehen. Der Moment der Aufdeckung beinhaltet es dergestalt, die Aussage einer rein sprachlichen Welt in ihr Gegenteil zu verkehren: Sprache kann die Welt nicht erfinden, sondern allein suspendieren. Damit weist der Roman durch die Metalepse über sich hinaus auf eine unbestimmte und unbestimmbare Welt, in der die Lesenden zu entscheiden haben, wie glaubwürdig sie die inhaltlich und strukturell nahegelegte Darstellung finden. Die strukturelle Wiederholung – die vorgebliche ›Nähe‹ zwischen Gursky und den Lesenden – wird also dadurch aufgehoben, dass sie letztendlich zum Widerspruch anregt und so ebenjene »Gegenwart unerklärbarer Differenzen« herstellt, die Deleuze als Eigenschaft inkompossibler – also gleichzeitig möglicher, wenn auch unterschiedlicher – Welten ansieht und die jene heteropathische Identifikation erlauben, die ich vorhin mit Hirsch erläuterte. Die Paradoxie, die durch die merkwürdige Schachtelstruktur des Romans hervorgerufen wird, sollte jedoch nicht darüber hinwegtäuschen, dass sie – gleichgültig ob sie als glaubwürdig oder als unglaubwürdig angesehen wird – eine andere Konstruktion von Welt wahrnehmbar macht. Sind die Lesenden dieser Erfahrung offen, können sie zu einem neuen Ufer ›übersetzen‹.

Wenn die Lesenden qua Lesehaltung eine unbekannte Welt ›erfahren‹, welche Auswirkungen hat dann diese ›Übersetzung‹? Ich möchte diese Frage in einem letzten Schritt mit jener übersetzenden Metalepse in *Everything is illuminated* beleuchten, die den Titel widerspiegelt und darüber hinaus in mehrfacher Weise aufscheinen lässt, wie die Lesenden in die Thematik der Shoah einbezogen sein könnten. Denn der Ursprung der *illumination* des gleichnamigen Kapitels ist ein Funken sprühendes Streichholz, das die Synagoge des Schtetls Kolki anzündet, indem seine jüdischen Bewohner eingepfercht sind: »[...] it illuminated those who where not in the synagogue those who were not going to die [...]«;[47] ein Funken, der durch die von Alex übersetzte Sprache seines Großvaters auf die Lesenden überspringen könnte, so dass sie gleichfalls in das Licht der Shoah eingetaucht sind. Denn Alex' Großvater wird durch eine unmögliche Wahl zum Mörder seines besten Freundes; als er von den Nazis mit dem Tod bedroht wird, falls er keinen Juden denunziert, zeigt er auf seinen besten Freund Herschel und übergibt ihn damit dem sicheren Tod. An dieser Textstelle verlieren die bereits angeschlagene Syntax und die überbordenden Worte des Berichts von Alex' Großvater endgültig ihre Grenze und erzählen in einer unerbittlich fortschreitenden Erzählgegenwart vom »no no nonono« des Rabbiners, von Herrschels »Iamsoafraidofdying Iamsoafraidofdying« und von »the cryingofthebabies and the cryingoftheadults«;[48] der Zusammenbruch graphologischer Konventionen lässt die entgrenzte Sprache aufschreien und erzittern, rückt sie näher an die Stimme und das Verstummen heran, während das Licht der Untat möglicherweise erklärt, warum der Großvater mit einer metaphorischen Blindheit geschlagen ist: Geblendet vom Licht der Synagoge ist er mit dem Makel seiner eigenen Tat gezeichnet, die sich bis in die Gegenwart auf sein Leben auswirkt. Am Ende des Romans ist er es daher, der im Dunkeln wandern wird: »I will walk without noise, and I will open the door in darkness, and I will«,[49] heißt es in seinem Abschiedsbrief, den sein Enkel Alex für Jonathan übersetzt. Trotzdem geht er nicht allein, sondern mit einem Wunsch für die Zukunft in den Tod. »All is for Sasha and Iggy«, schreibt er. »Do you understand? I would give everything for them to live without violence. Peace. This is all that I would ever want them. Not money and not even love. It is still possible.«[50] Und es ist diese Möglichkeit, die der Roman über seine Grenzen hinaus in die Gegenwart der Lesenden ausstrahlt. Gleich Alex, der in seinem letzten Brief an Jonathan schreibt, er wolle »the kind of person who chooses for more than chooses against«[51] sein, und ein einziges, hervorgehobenes Mal den Brief mit »Love« unterzeichnet, steht uns, den Gegenwärtigen, möglicherweise mehr als eine Wahl zwischen Leben und Tod offen. Alex und Jonathan repräsentieren die dritte Generation nach der Shoah; und so wie sie können wir, die Nachgeborenen, möglicherweise einer Zukunft entgegengehen, in der unsere Wahl zwischen Liebe und Nicht-Liebe liegt und in der das Leben zählt. *Everything is illuminated* und *The History of Love* sind diesem Wunsch verpflichtet; der Vergangenheit zugewandt, die den Lesenden in letzter Konsequenz entzogen bleibt und die sich nur in den Drehungen und Wendungen der Sprache und der literarischen Konstruktion als metaleptisch gespiegeltes Bild verfängt, entlassen sie die Lesenden in eine Gegenwart der Übersetzung: Eine Übersetzung, deren Aufgabe es sein könnte, die entfaltete Geschichte auf sich wirken zu lassen und sie, bei aller Distanz, als mögliche Geschichte zu erfahren, die auch in die Zukunft hineinstrahlt. »It is still possible.«

Ich danke an dieser Stelle Rosemarie Buikema, Jeannie Moser und Sven Rheinberg für ihre Hilfe, Zeit und Zuwendung beim Schreiben dieses Textes.

[1] Nicole Krauss: *The History of Love*, London, New York: Penguin 2005.
[2] Jonathan Safran Foer: *Everything is illuminated*, London, New York: Penguin 2003.
[3] Ebd., S. 202.
[4] Ebd., S. 99.
[5] Die *Metalepse* bezeichnet eine rethorische Figur, durch die eine Erzählebene durch eine Überlagerung, Spiegelung oder andere Verfahren überschritten wird (vgl. Gérard Genette: *Figures III*, Paris: Seuil 1972, S. 243–246).
[6] Krauss: *History* (s. Anm. 1), S. 20.
[7] Ebd., S. 89.
[8] In gewisser Weise agieren sie somit analog zum Titel von Foers Roman, denn auch Licht ist nur in seinen Effekten wahrnehmbar und stellt somit den *grundlosen* bzw. *unerreichbaren Grund* für das *Erleuchten* dar, das in Foers Titel seinen Eingang gefunden hat. Zum grundlosen bzw. unerreichbaren Grund, einer Beschreibung für Derridas *différance*, vgl. Gayatri Chakravorty Spivak: »Displacement and the Discourse of Woman«, in: *Displacement. Derrida and After*, hg. von Mark Krupnick, Bloomington: Indiana University Press 1983, S. 169–195.
[9] Karl Kraus in der Fackel Nr. 888 vom Oktober 1933 (S. 4). Zu finden in der Online Version: »Die Fackel. Herausgeber: Karl Kraus, Wien 1899–1936«. http://corpus1.aac.ac.at/fackel/ (17.7.2007). Vgl. auch: Jean Améry: »An den Grenzen des Geistes«, in: *Jenseits von Schuld und Sühne. Bewältigungsversuche eines Überwältigten*, München: DTV 1988, S. 15–37.
[10] Vgl. Victor Klemperer: *LTI – Notizbuch eines Philologen*, Leipzig: Reclam, 1990; Heinrich Mann / Arnold Zweig: *Das Führer Prinzip. Der Typus Hitler: Texte zur Kritik der NS-Diktatur*, Berlin: Aufbau Taschenbuch Verlag 1993; Elie Wiesel: »Why I Write«, in: *Confronting the Holocaust: The Impact of Elie Wiesel*, hg. von Alvin Rosenfeld / Irving Greenberg, Bloomington, London: Indiana University Press 1978, S. 199–203.
[11] Primo Levi: *Die Untergegangenen und Geretteten*, München: DTV 1995, S. 7–18, hier S. 11.
[12] Ebd., S. 35.
[13] Vgl. Geoffrey Hartman: »Holocaust and Hope«, in: *Catastrophe and Meaning. The Holocaust and the Twentieth Century*, hg. von Moishe Postone / Eric L. Santner, Chicago: University of Chicago Press 2003, S. 232–249.
[14] Vgl. Zygmunt Bauman: »The Holocaust's Life as a Ghost«, in: *Tikkun* 13 (1998), H. 4, S. 33–38; Efraim Sicher: »The Future of the Past: Countermemory and Postmemory in Contemporary American Post-Holocaust Narratives«, in: *History & Memory* 12 (Herbst/Winter 2000), H. 2, S. 56–91.
[15] Sicher: »The Future of the Past« (siehe Anm. 14), S. 84.
[16] Vgl. Elie Wiesel: *From the Kingdom of Memory*, New York: Summit Books 1990, S. 20.

17 Vgl. z. B. Jean Améry: »Jenseits« (siehe Anm. 9); Ruth Klüger: weiter leben. Eine Jugend, Göttingen: Wallstein 1992.
18 Vgl. Ernst van Alphen: »Symptoms of Discursivity: Experience, Memory, and Trauma«, in: *Acts of Memory. Cultural Recall in The Past*, hg. von Mieke Bal u. a., Hanover / London: University Press of New England 1998, S. 24–39.
19 Vgl. die Formulierung »[...] one galaxy removed on planet Auschwitz«. Sicher: »The Future of the Past« (siehe Anm. 14), S. 66.
20 Wie Marianne Hirsch in *Family Frames* ausführt, ist die *postmemory* eine machtvolle Form der Erinnerung, weil sie sich mit Imagination und Kreativität jenem *Loch in der Erinnerung* annähert, das Nadine Fresco in ihrer Arbeit mit Kindern von Überlebenden diagnostizierte; es handelt sich somit um eine besondere Perspektive, die den Nachfahren von Überlebenden kultureller und kollektiver Traumata eigen ist, deren eigene Erinnerungen von Erinnerungen anderer überschattet werden. Die *postmemory* unterscheidet sich somit durch den Generationenabstand von der Erinnerung, während sie durch eine persönliche Verbindung zum Geschehen von der Geschichte getrennt ist. Siehe: Nadine Fresco: »Remembering the Unknown«, in: *International Review of Psycho-Analysis* 11 (1984), S. 417–427; Marianne Hirsch: *Family Frames: Photography, Narrative, and Postmemory*, Cambridge: Harvard University Press 1997; Marianne Hirsch: »Projected Memory«, in: *Acts of Memory. Cultural Recall in The Past*, hg. von Mieke Bal u. a., Hanover / London: University Press of New England, S. 3–24, hier S. 8.
21 Marianne Hirsch: »Projected Memory« (siehe Anm. 20), S. 9.
22 Gayatri Chakravorty Spivak: »The Politics of Translation«, in: *Destabilizing Theory: Contemporary Feminist Debates*, hg. von Michèle Barrett / Anne Phillips, Stanford: Stanford University Press 1992, S. 177–200, hier S. 178.
23 »The simple possibility that something might not be meaningful«. Ebd., S. 179.
24 »[...] the most intimate reader«, ebd., S. 178.
25 Vgl. ebd., S. 178.
26 Ebd., S. 187.
27 Vgl. Foer: »Illuminated« (siehe Anm. 2), S. 60–61.
28 Spivak: »The Politics of Translation« (siehe Anm. 22).
29 Walter Benjamin: »Die Aufgabe des Übersetzers«, in: *Illuminationen. Ausgewählte Schriften 1*, Frankfurt am Main: Suhrkamp 1977, S. 50–63.
30 Paul de Man: *The Resistance to Theory*, Minneapolis: UP of Minnesota Press 1986, hier S. 80.
31 Bernd Häsner: *Metalepsen: Zur Genese, Systematik und Funktion transgressiver Erzählweisen*. <http://www.diss.fu-berlin.de/2005/239/kap1.pdf> (17.7.2007), hier S. 8.
32 Mise-en-abyme [wörtlich: in den Abgrund setzen] bezeichnet die identische Spiegelung eines Motivs, Themas etc. innerhalb der Darstellung.
33 Wörtlich heißt es bei Genette, dass es sich um »une simulation ludique de crédulité« handelt. Gérard Genette: *Nouveau discours du récit*, Paris: Seuil 1983, S. 25.
34 Das heißt, es handelt sich um »la suspension volontaire d'incrédulité«, ebd.: S. 23.
35 *Inkompossible Welten* sind Leibniz' Anwort auf das Problem des Möglichen; mit ihnen wird vorgeschlagen, dass zwei sich ausschließende Ereignisse sich nicht antithetisch gegenüber stehen, sondern in verschiedenen, unvereinbaren Welten stattfinden. Vgl. Gilles Deleuze: *Das Zeit-Bild. Kino 2*, Frankfurt/Main: Suhrkamp 1997, S. 174–175.
36 Ebd., S. 175.
37 Hirsch: »Projected Memory« (siehe Anm. 20), S. 9.
38 Spivak: »The Politics of Translation« (siehe Anm. 22), S. 181.

39 Der Begriff stammt von Gilles Deleuze in seiner Umschreibung von Foucaults »Les Mots et les Choses«. In: Gilles Deleuze: *Foucault*, Frankfurt/Main: Suhrkamp, 1987, S. 69–99.
40 Vgl: Gilles Deleuze / Felix Guattari: *Was ist Philosophie*, Frankfurt/Main: Suhrkamp 1996, S. 22–24.
41 Vgl. Maren Möhring / Petra Sabisch / Doro Wiese: »»Nur war es ihr manchmal unangenehm, dass sie nicht auf dem Kopf gehen konnte«. Szenarien zur Textur des Körpers«, in: *Jenseits der Geschlechtergrenzen*, hg. von Ulf Heidel u. a., Hamburg: Männerschwarmskript 2001, S. 311–330.
42 Paul Celan: »Der Meridian«, in: *Der Meridian und andere Prosa*, Frankfurt/Main: Suhrkamp 1990, S. 40–62, hier S. 53.
43 »[Das Gedicht] bleibt seiner Daten eingedenk, aber – es spricht.« Ebd.: S. 50. Zu der Datierung bei Celan vgl. Jacques Derrida: *Schibboleth. Für Paul Celan*, Wien: Passagen Verlag 2002.
44 Foer: »Illuminated« (siehe Anm. 2), S. 103.
45 Ebd., S. 99.
46 Spivak: »The Politics of Translation« (siehe Anm. 22), S. 196.
47 Ebd., S. 251.
48 Ebd., S. 248–251.
49 Ebd., S. 276.
50 Ebd., S. 275.
51 Ebd., S. 241.

Bettina Hofmann

»A Blessing, not an Affliction«

Jüdisch-amerikanische Schriftsteller eröffnen neue Perspektiven auf Osteuropa

Mit der Masseneinwanderung osteuropäischer Juden in die Neue Welt zu Anfang des 20. Jahrhunderts erlebte die jüdisch-amerikanische Literatur ihre erste Blütezeit.[1] Mary Antin, Abraham Cahan und Anzia Yezierska sind die herausragenden Vertreter dieser Epoche, die ihren Blick nach Westen richteten. Wenn sie überhaupt zurück nach Europa schauten, dann mit gewisser Erleichterung darüber, dass sie es für immer zurückgelassen hatten. Nach dem Zweiten Weltkrieg waren erst Saul Bellow und Bernard Malamud, danach E. L. Doctorow und Philip Roth die jüdischen Schriftsteller, deren Einfluss weit in die amerikanische Literatur und darüber hinaus reichte. Der relativ schnelle sozioökonomische Aufstieg der jüdischen Minderheit und die generelle Akzeptanz, die sie von der amerikanischen Gesellschaft erfuhr, gab in der zweiten Hälfte des 20. Jahrhunderts Anlass zu der Befürchtung, dass das Ende einer spezifisch jüdisch-amerikanischen Literaturtradition nur eine Frage der Zeit sei.[2] Berichte vom Ableben der jüdischamerikanischen Literatur haben sich aber als stark übertrieben erwiesen. Einige Kritiker sprechen inzwischen sogar vom Anbruch einer neuen Blütezeit.[3] Es sind mehrere ernsthafte Versuche zu erkennen, *die* »great Jewish American Novel« zu schreiben. Zu erklären ist diese Entwicklung unter anderem mit dem Ende des Kalten Krieges. Eine neue Generation von Autoren, mehrheitlich in den späten 1960er oder frühen 1970er Jahren geboren, ist herangewachsen, die die Öffnung des Eisernen Vorhangs genutzt und auch der jüdisch-amerikanischen Literatur neue Impulse gegeben hat. Die neue physische Mobilität ermöglichte auch eine geistige, wobei der Austausch in beide Richtungen erfolgt, dieses Mal also auch von West nach Ost.

Drei Themenbereiche der zeitgenössischen jüdisch-amerikanischen Literatur können im Wesentlichen identifiziert werden, die im Folgenden anhand ausgewählter Texte analysiert werden sollen. Zum einen erlebt die Einwandererliteratur eine Renaissance. Damit einher geht die (Wieder)Entdeckung Osteuropas. Der schriftstellerische Diskurs beschränkt sich dabei nicht nur auf die USA, sondern findet in einem internationalen und multilingualen Kontext statt. Hier sind besonders die Impulse für den deutschen Sprachraum zu nennen, die von jüdisch-russischen Autoren wie Wladimir Kaminer und Vladimir Vertlib ausgehen. Daneben wird auch die hebräische Literatur Israels, stellvertretend sei hier Dina Rubina genannt, durch Auswanderer aus den Sowjetnachfolgestaaten bereichert. Auch russische Autoren beteiligen sich an dem Diskurs. Die Moskowiterin Ljudmila Ulitzkaja beispielsweise schreibt in ihrem Roman *Ein fröhliches Begräbnis* über russisch-jüdische Einwanderer in New York. Osteuropäisches *setting* und osteuropäische Thematik sind nicht nur bei den Autoren mit Migrationshintergrund zu finden, sondern werden auch von Schriftstellern aufgegriffen, die in Amerika geboren sind, wie Jonathan Safran Foer und Nicole Krauss.

Die Hinwendung nach Osteuropa schließt für die Autoren die Beschäftigung mit dem Holocaust ein. Ohne den Verfolgungen durch den Nationalsozialismus ihre Singularität abzusprechen, werden sie nun in einem breiteren historischen Kontext untersucht. Dadurch erscheinen die Perioden vor und nach dem Holocaust fast gleichrangig in ihrer Bedeutung für die Identitätsstiftung. Mit dieser Gewichtsverschiebung ist als weiteres Phänomen die Umschreibung bzw. Umdeutung jüdischer, insbesondere jüdisch-amerikanischer Geschichte verbunden. Die interessantesten Ideen in diesem Zusammenhang stammen von Michael Chabon und Philip Roth.

Die Wiederbelebung der Einwandererliteratur ergibt sich aus verschiedenen Einwanderungswellen aus der früheren Sowjetunion. Nach Jahrzehnten, in denen Auswanderung aus der Sowjetunion unmöglich war, wurde in den 1970er Jahren etwa 250000 Juden die Ausreise genehmigt. Nach einem erneuten generellen Ausreisestopp entwickelte sich die Auswanderungsbewegung in den 1990er Jahren zu einem Massenphänomen, und neben Israel und den USA wurden nun insbesondere Kanada und Deutschland zu Zielen der russischsprachigen Auswanderer.[4] Schriftsteller wie David Bezmozgis, Gary Shteyngart, Anya Ulinich und Lara Vapnyar migrierten als Kinder und wechselten mit der Heimat auch die Muttersprache. Während Lara Vapnyar zur zweiten Welle zu rechnen ist – sie wanderte 1994 im Alter von 23 Jahren in die USA aus – gehört David Bezmozgis zur ersten Migrationswelle –

er siedelte 1980 im Alter von sieben Jahren von Riga nach Toronto um.[5] In seinem autobiographisch gefärbten Bildungsroman *Natasha* schildert der Ich-Erzähler Mark Berman in sieben Kurzgeschichten seine Entwicklung in Kanada vom Siebenjährigen zum Erwachsenen.[6] Die fiktive Familie Berman aus Riga ist in vielerlei Hinsicht typisch für die jüdischen Einwanderer: Sie gehört zur russischsprachigen Mittelschicht, legt Wert auf gute Bildung, die Familienmitglieder sind säkular geprägt, wissen wenig über Religion, identifizieren sich aber nichtsdestoweniger sehr stark als Juden und wandern in Mehrgenerationenfamilien aus.[7]

Im Gegensatz zu den Autoren der Wende zum 20. Jahrhundert, die den Neuanfang in Amerika als Fortschritt begrüßten, wird in *Natasha* thematisiert, was bei der Einwanderung in die neue Welt aufgegeben werden muss. So bestimmt gleich in der ersten Geschichte »Tapka« der Tod des gleichnamigen Hundes die Atmosphäre von Verlust, die den ganzen Text durchzieht. Die Nahumovskys, Freunde der Bermans, haben ihren Hund trotz großer bürokratischer und finanzieller Hindernisse nach Toronto mitgebracht. Sein Status als Familienmitglied erklärt sich nicht allein durch ihre Tierliebe, sondern dadurch, dass Tapka das Letzte ist, was sie noch mit ihrem alten Leben in Lettland verbindet, wie Frau Nahumovsky erklärt: »Everything we have now is new«.[8] Eines Tages nimmt Mark Tapka beim Ausführen nicht an die Leine. Da jagt die Hündin einem Vogel hinterher und wird vom Auto überfahren. Die Episode illustriert, wie gefährlich die Freiheit im neuen Land letztlich ist. Als Tapka vom Tierarzt eingeschläfert wird, setzen sich beide Familien auf den Boden und schaukeln mit den Oberkörpern hin und her. Während der Junge diese Handlung als einen Tadel für sein Fehlverhalten deutet, erkennen die Leser, dass die Familien *schiwa* sitzen. Mit diesem jüdischen Trauerritual markieren sie symbolisch das Ende ihrer letzten lebendigen Bindung an ihr vergangenes Leben in Lettland.

Nicht so sehr Sprachbarrieren und ökonomische Unsicherheit als vielmehr subtile Unterschiede im Gesellschaftssystem und fremde soziale Codes erschweren den Neueinwanderern das Zurechtfinden in der neuen Gesellschaft. Wie die nordamerikanische Gesellschaft funktioniert, erscheint undurchsichtig, wenn beispielsweise nach dem Tod der Großmutter die Familie Platz für den Großvater im Altersheim sucht: »The system was inscrutable. At least in Russia you knew who to bribe«.⁹ Dabei fällt auf, dass Konflikte mit der Einwanderungsgesellschaft in erster Linie im innerjüdischen Umfeld, mit Vertretern vorheriger Einwandererwellen, ausgetragen werden. In ironischer Umkehrung blicken jetzt die Nachfahren der ostjüdischen Einwanderung um 1900 auf die Neueinwanderer herab. Hatten beispielsweise bei Yezierska die deutschstämmigen Juden, die Mitte des 19. Jahrhunderts eingewandert waren, auf die armen Brüder und Schwestern aus Osteuropa, die nur »Jargon« sprachen, herabgeschaut, so werden jetzt die Neueinwanderer aus der Sowjetunion von den arrivierten amerikanischen Juden herablassend behandelt. Und während Anfang des 20. Jahrhunderts die traditionelle Orthodoxie der Ostjuden ein Stein des Anstoßes für die religiös liberalen, deutschstämmigen Juden gewesen war, gilt nun der Mangel an Religiosität der Neueinwanderer als Makel, für den sie sich rechtfertigen müssen. Dadurch wird implizit ihr Jüdischsein, ihre primäre Identität, gerade von anderen Juden in Frage gestellt. Diese Dynamik wird in einer Szene deutlich, in der Marks Vater den Rabbiner um Unterstützung bittet. Um die jüdische Identität der Familie zu demonstrieren, drängt er seinen Sohn dazu, »Jerusalem aus Gold« zu singen, ein sehr bekanntes zionistisches (und sentimentales) Lied von Naomi Shemer aus den 1960er Jahren. Der Appell an die zionistische Ideologie entbehrt nicht einer gewissen Heuchelei, da weder die Bermans noch der Rabbiner Ambitionen haben, nach Israel auszuwandern.

Ein weiteres Mal wird dieser Konflikt zwischen den beiden jüdischen Gruppen sichtbar, als die Familie Berman von den arrivierten Kornblums eingeladen wird. Die Kornblums sind religiös, halten die Feiertage und beachten die Speisegesetze. Essen ist ja ein klassisches Kriterium von Ethnizität.¹⁰ Hier entzündet sich der Konflikt am Apfelkuchen, den Marks Mutter extra zum feierlichen Anlass gebacken und wofür sie die Zutaten ausnahmsweise im teuren Supermarkt gekauft hat:

> Before Stalin, my great-grandmother lit the candles and made an apple cake every Friday night. In my grandfather's recollections of prewar Jewish Latvia, the candles and apple cakes feature prominently. When my mother was a girl, Stalin was already in charge, and although there was still apple cake, there were no more candles. By the time I was born, there were neither candles nor apple cake, though in my mother's mind, apple cake still meant Jewish.¹¹

Diese Passage enthält einen intertextuellen Bezug zu einer Legende, die über den Begründer des Chassidismus, den Baal Schem Tow (1698–1760), erzählt wird. Ihr zufolge ging der Baal Schem Tow, um die Gemeinde vor einem Pogrom zu schützen, an einen bestimmten Ort im Wald, machte dort ein Feuer, sprach ein Gebet, und das Wunder geschah: Die Juden wurden verschont. In der folgenden Generation hatte der nächste Rabbiner vergessen, wie man das Feuer anzündet, beherrschte aber noch die anderen Rituale. Die nächste Generation hatte auch das Gebet vergessen, und in der darauf folgenden war sogar der Ort in Vergessenheit geraten, bis schließlich Rabbi Israel aus Rizhyn sich an Gott wandte und zugab, alle Details vergessen zu haben: »›I am unable to light the fire and I do not know the prayer; I cannot even find the place in the forest. All I can do is to tell the story, and this must be sufficient.‹ And it was sufficient«.[12] Hier wird eine Grundeinstellung des Chassidismus artikuliert: Letztlich kommt es auf den Glauben an und nicht auf das gelehrte Wissen der Rabbinen. Es entbehrt nicht einer gewissen Ironie, dass gerade von einem säkularen russischen Juden, der angeblich der Tradition entfremdet ist, auf einen religiösen Text Bezug genommen wird. Die Parallelen zwischen der Legende über den Baal Schem Tow und der Apfelkuchenepisode sind offensichtlich. Auch wenn die Bermans die Gebote nicht befolgen, so sind sie doch keine schlechteren Juden. Die Kornblums jedoch, die den Apfelkuchen nicht annehmen, weil sie ihn als *treife* ansehen, stellen die jüdische Identität der Bermans in Frage und verletzen so die Würde ihrer Gäste. Dabei verstoßen sie gegen das Prinzip von *Klal Jisrael*, der Verpflichtung zur Solidarität gegenüber anderen Juden. Auch in der jüdischen Privatschule, die Mark besucht, entzündet sich der Konflikt am Essen. Die Kinder der russischen Neueinwanderer bekommen unkoschere Wurst von zu Hause mit, die für ihre Mütter den Reichtum Amerikas verkörpert, was wiederum von den amerikanischen Juden als Indiz fehlenden Jüdischseins gewertet wird.

Für die Kornblums, exemplarisch für die nordamerikanischen Juden, ist der Holocaust identitätsstiftend.[13] Eine Schlüsselszene findet am Holocaustgedenktag in Marks Schule statt, an dem der Direktor den Schülern seinen Vater, einen Überlebenden, vorstellt. »We were all encouraged to buy the book«,[14] bemerkt der Ich-Erzähler lakonisch und weist so auf das Phänomen der Verquickung von Zeitzeugenschaft und kommerziellem Interesse hin, das unter dem Begriff »shoa-business«

bekannt ist.¹⁵ Bei einer Rangelei mit einem Mitschüler wirft Mark dann eine Gedenkkerze um, was eine Assoziation an die Reichspogromnacht von 1938 in Deutschland hervorruft. Marks Rolle ist hier die des Nazi, der das Andenken an die Verstorbenen mutwillig verletzt. Zur Strafe lässt der Direktor den Jungen mitten im Raum stehen und laut sagen, dass er Jude sei, »so that my uncles hear you in Treblinka«.¹⁶ Der Direktor instrumentalisiert also die Toten, um Mark zu beschämen. Das Eingeständnis, Jude zu sein, geht mit einer Demütigung einher. Gegenbild zum passiven, beschämten Opfer sind die Kämpfer des Warschauer Gettos, auf deren Fotos Marks Augen gerichtet sind.

Lara Vapnyars *Memoirs of a Muse* (2006) ist wie Bezmozgis' Text ein Bildungsroman. Die Ich-Erzählerin ist eine Frau, deren Kindheit sich in Moskau, ihr Erwachsenwerden in New York abspielt. Sie sieht sich als moderne Version der Geliebten Fjodor Dostojewskis, Apollinaria Suslova, als Muse und Geliebte für einen jüdisch-amerikanischen Schriftsteller, bis sie zum Schluss überrascht feststellt, dass sie inspirierend auf eine andere Frau, eine bildende Künstlerin, gewirkt hat. Der Roman überzeugt jedoch nicht so sehr wie manche ihrer Kurzgeschichten in *There are Jews in My House* (2003), die teilweise in Russland vor und nach der Perestrojka spielen und teilweise ebenfalls in New York City angesiedelt sind. Auch in diesen Geschichten sind autobiographische Elemente identifizierbar. So basiert »A Question for Vera«, in der Katja im Kindergarten zum ersten Mal mit antisemitischen Stereotypen konfrontiert wird und so mit dem Phänomen der »double consciousness«, offensichtlich auf eigenem Erleben.¹⁷ Das Kind ist Fokalisierer in der Geschichte, in der die Erwachsenen keine Orientierung bieten. Auch »Mistress« wird durch ein Kind fokalisiert, hier durch den neun Jahre alten Misha. Aus seinen Augen erscheint die Einwanderung als ein Generationen- sowie Geschlechterkonflikt. Waren bei Yezierska und auch Antin Wut auf die patriarchalischen Strukturen, die in der neuen Welt von den Männern der älteren Generation perpetuiert werden, ersichtlich und die Ausbruchversuche der Protagonistinnen positiv bewertet, sind hier die Männer in erster Linie Opfer der Veränderung. Während Mutter und Großmutter zu Hause unablässig Russisch reden, wird die Machtlosigkeit des Großvaters durch Sprachverlust markiert; er hat im Frauenhaushalt nichts zu sagen. Erst als er im Englischsprachkurs seine Sprachkompetenz wiedererlangt, gewinnt er auch seine Autonomie zurück. Auch Misha ist anfangs stumm in der Geschichte. Nur als Übersetzer für Mutter und Großmutter, also fremdbestimmt, öffnet er den Mund. Als er am Geheimnis des Großvaters teilhaben darf, der sich beim Sprachunterricht mit einer anderen jüdisch-russischen Einwanderin anfreundet, entsteht zwischen den beiden so etwas wie eine Männerfreundschaft. In dieser männlichen Solidarität kann Misha endlich in einem langen Monolog auch seinen eigenen Gefühlen Ausdruck verleihen.

In beiden Geschichten wird Gesagtes Ungesagtem gegenübergestellt, was das Thema Vertrauen und Vertrauensverlust berührt. Diese Motive erscheinen auch in der ersten und längsten Geschichte »There are Jews in My House«, die zur Zeit der deutschen Besatzung in der Sowjetunion spielt. Darin geht es um zwei Freundinnen, die einander sehr ähnlich sind. Beide sind Bibliothekarinnen, ihre Ehemänner sind Ingenieure, beide haben Töchter im selben Alter. Ein bedeutsamer Unterschied in diesen Zeiten aber besteht darin, dass Raya Jüdin ist und Galina nicht. Den Stereotypen entsprechend ist Galinas Mann oft betrunken; Raya zieht mehr Aufmerksamkeit auf sich, ist nervös, nicht auf den Mund gefallen und die Überlegenere. Das Verhältnis zwischen den beiden Frauen kehrt sich während des Krieges um. Galina setzt die Sicherheit der eigenen Familie aufs Spiel und versteckt Raya und deren Tochter. Doch das neue asymmetrische Verhältnis belastet die Freundschaft. Der Druck wird so groß, dass Galina mit dem Gedanken spielt, ihre Freundin zu verraten. Sie übt die Worte, die auch im Text auf Deutsch erscheinen: »Es gibt Juden in mein Haus [sic]«.[18] Durch die Verwendung der deutschen Sprache wird der eigentliche Ursprung der Gewalt sichtbar. Der Vernichtung geht das gesprochene Wort voraus. In diesem Zusammenhang ist es wichtig zu erwähnen, dass Deutsche in der ganzen Geschichte gar nicht auftauchen; die moralische Entscheidung liegt bei den nichtjüdischen Nachbarn. Schließlich entscheidet sich Galina gegen den Verrat. Bei ihrer Rückkehr aber findet sie Freundin und Tochter nicht mehr vor. Raya hatte offenbar bereits Zweifel an Galinas Vertrauenswürdigkeit und hat ihr die Entscheidung abgenommen.

Petropolis (2007), ebenfalls ein Debütroman, stammt von Anya Ulinich, die im Alter von 17 Jahren in die USA einwanderte. Der Roman spielt sowohl in Russland als auch in den USA. In weiten Teilen wird die Handlung durch Sasha fokalisiert, ein äußerlich unattraktives Mädchen, das in Asbestos 2 aufwächst, einer tristen Stadt in Sibirien, die in der Sowjetzeit stehen geblieben ist. Sashas Großvater väterlicherseits war ein afrikanischer Student, der beim internationalen Jugendfestival 1957 ihren Vater Victor zeugte. Das Baby wurde im Waisenhaus abgegeben und von den Goldbergs adoptiert. Die Adoptiveltern kommen dann bei einem Autounfall ums Leben, als Victor 14 Jahre alt ist. Sasha wird also die jüdische Identität nur von außen, aufgrund ihres Nachnamens, zugeschrieben. Eines Tages erhält Victor wegen seines Vaters, der ein berühmter Wissenschaftler war, eine Einladung von einer amerikanischen Wissenschaftshistorikerin nach New York, woraufhin er die Familie verlässt. Seine Tochter Sasha wird mit 15 Jahren schwanger, ihre Tochter wird jedoch von der Mutter als eigenes Kind großgezogen. Über eine Heiratsvermittlung gerät Sasha nach Phoenix, Arizona, was klimatisch und gesellschaftlich den Gegenpol zu Sibirien darstellt und wo ihre Identität ausgelöscht erscheint.[19] Doch Sasha flieht vor ihrem Ehemann und gerät in Chicago in eine andere Art von Gefangenschaft. Bei einer reichen, dysfunktionalen jüdischen Familie hat sie eine ambivalente Position sowohl als Putzfrau als auch als scheinbares Familienmitglied, wenn sie am Schabbat mit der Familie, die ihre jüdische Wohltätigkeit zur Schau stellt, zusammen am Tisch sitzt. Auch aus dieser Situation gelingt ihr die Flucht mit Hilfe des an den Rollstuhl gefesselten Sohnes der Familie zu ihrem Vater nach Brooklyn, der inzwischen eine neue Familie gegründet hat. Sasha holt dann ihre Tochter nach Amerika, nicht ohne vorher Abschied von ihrer Jugendliebe, dem Vater des Kindes, genommen zu haben, der eine hoffnungslose Existenz in Moskau führt. Zurück in New York trifft sie wieder auf den behinderten Sohn, der ebenfalls aus Chicago geflohen ist. Der Roman endet mit dem Beginn eines neuen Familienlebens an der Upper West Side. Bei der knappen Zusammenfassung der wichtigsten Handlungsstränge ist unschwer zu erkennen, wie kolportagehaft einiges in dem Roman ist. Zudem wird *showing* oft durch *telling* ersetzt. Der Roman hat jedoch auch viele Stärken, besonders in den Anfangskapiteln in Sibirien. Dass Victor und Sasha in den USA aufgrund ihrer afrikanischen Herkunft als schwarz angesehen werden, gibt dem Thema »jüdisch-schwarze Beziehungen in der Literatur« eine neue Facette.[20] Kulturell unterschiedliche Spielarten von Rassismus werden aufgezeigt. Dass unter den russischen Einwanderern Gruppenzugehörigkeit aufgrund gemeinsamer Sprache höher bewertet wird als abweichendes Aussehen, wird postuliert, wenn russische Bekannte in Coney Island, die erst unverhohlen rassistisch auf Sashas Äußeres reagieren, sie jedoch ohne zu zögern als ihresgleichen annehmen, sobald sie in ihrer Muttersprache kommuniziert, »their problem with her race apparently solved by her language«.[21]

Weitere Unterschiede zwischen der russischen und der amerikanischen Kultur werden vor allem im Privaten sichtbar, das bekanntlich ja auch das Politische ist. In Sibirien hat Sasha die Geburt ihrer Tochter als traumatisch erlebt, fixiert auf einem gynäkologischen Stuhl und indifferentem medizinischem Personal ausgeliefert. Sofort nach der Geburt wird ihr das Kind weggenommen. Schicksalsergeben fügt sie sich ins Unvermeidliche. Im Gegensatz dazu erleidet Heidi, die amerikanische Frau des Vaters, die Geburt von Sashas Halbbruder Ben als traumatisch, weil bei ihr ein Kaiserschnitt notwendig war und sie so die Geburt nicht »natürlich« erlebt hat. Die Gegenüberstellung der beiden Szenen verdeutlicht, dass auch scheinbar natürliche Vorgänge in verschiedenen Gesellschaften kulturell determiniert sind. Der Verlust von Autonomie, eines uramerikanischen Wertes, erzeugt bei der Amerikanerin Schuldgefühle, während passives Dulden in der sowjetisch geprägten Kultur erwartet wird. Im Gegensatz zu früherer Einwandererliteratur, in der alles Nicht-Amerikanische abgewertet wurde, wird hier, begünstigt durch die gewachsene Wertschätzung multikultureller Modelle, die subjektive Differenz selbstbewusst bestätigt: »You think it was awful, but to me it was just normal«.[22]

Doch auch in der multikulturellen Gesellschaft findet ein Assimilationsprozess statt. Heidi, die Sashas Vater Victor in die USA eingeladen hat, amerikanisiert ihn mit Hilfe der Hebrew Immigrant Aid Society (HIAS).[23] Hierzu gehört vor allem das Ändern des hygienischen Verhaltens: »She discreetly asked Mrs Volk [Angestellte bei HIAS] to take Victor to the dentist, eliminating the last obstacle that stood in the way of *true love*«.[24] Hier handelt es sich natürlich um einen ironischen Kommentar, da »wahre Liebe« sich ja gerade durch Bedingungslosigkeit auszeichnen soll. Dieses Konzept ist aber eine Illusion, und auch die Liebe erscheint als kulturell bedingt. Die gelungene Amerikanisierung Viktors ist schließlich nicht so sehr daran sichtbar, dass er das *Wall Street Journal* und den *Economist* liest, sondern dass er Zahntechniker wird.

Begonnen hatte die Liebe zwischen Sashas Eltern im Krankenhaus, als ihre Mutter Victor nach dessen Selbstmordversuch bei der Armee

Verse von Ossip Mandelstam vorgetragen hatte. Am Ende des Romans stirbt die Mutter in der Bibliothek von Asbestos 2 über genau diesem Gedicht, »In ungeheurer Höhe«, in dem Petropolis, der Titel des Romans, jeweils in der letzten Zeile der vier Strophen erwähnt wird. Mandelstam hatte das Gedicht 1918 in Reaktion auf die Russische Revolution geschrieben und stellt darin Petersburg in apokalyptischen Bildern als Totenstadt dar, in denen alle Schönheit, die er geschätzt hatte, vernichtet wird. Wie Petersburg ist auch Asbestos 2 eine künstlich erschaffene Stadt. Innerhalb des Romans verweist das Mandelstam-Zitat auf die Sehnsucht der Mutter, durch Kunst ihrem Leben eine höhere Bedeutung zu geben, was allerdings scheitert. Das Gedicht findet sich in dem Band *Tristia*, in dem Mandelstam auf Ovid als Begründer der Exilliteratur anspielt. Ulinich entwickelt hier also eine weitere Parallele: Wie Mandelstam und Ovid beschreibt sie den Untergang eines bestimmten Milieus aus einer besonderen Art des Exils.

Gary Shteyngart, der als Kind von Leningrad nach New York kam, hat mit Ulinich einen Blick für das Absurde gemein. Seine beiden bisherigen Romane zeichnen sich durch Groteske und Humor aus. In seinem literarischen Erstling *The Russian Debutante's Handbook* (2002) geht ein amerikanischer Jude russischer Herkunft, in Umkehrung der typischen Einwanderergeschichte, nach Osteuropa. Dort lässt er sich, in einer Parodie auf das Stereotyp der jüdischen Mamme, die auch ihre erwachsenen Söhne uneingeschränkt beherrscht, mit den härtesten Mafiosi ein, um seine Mutter zu beeindrucken und ihr seine Männlichkeit zu beweisen. Zu Beginn des Romans erscheint die Parodie einer Einwandererhilfsorganisation, die »Emma Lazarus Immigrant Absorption Society«, für die als historisches Vorbild ebenfalls HIAS gedient haben mag. Die Namensgeberin ist die jüdisch-amerikanische Dichterin Emma Lazarus, ein Spross sefardischer und deutscher Juden, die durch »The New Colossus« (1883) bekannt wurde, ein Gedicht, das sie zur Einweihung der Freiheitsstatue schrieb. Lazarus engagierte sich maßgeblich für die Integration der ostjüdischen Einwanderer, die von den in der Mitte des 19. Jahrhunderts eingewanderten deutschen Juden misstrauisch beäugt wurden. Dieses traditionelle Anliegen des Einwandererromans, die Bedenken der Alteingesessenen zu zerstreuen, wird von Gary Shteyngart parodiert.[25]

In Shteyngarts zweitem Roman *Absurdistan* (2006) werden verschiedene Motive aus dem ersten Roman aufgegriffen. Da ist der Erzähler

Misha, der Sohn eines jüdisch-russischen Oligarchen, der nach der Perestrojka zu Geld gekommen ist. Die politische Satire ist noch beißender als in *The Debutante's Handbook*. Misha sitzt erst in St. Leninsburg (sic) fest und später, genauer im Jahr 2001, in Absurdistan, einem fiktiven Nachfolgestaat der Sowjetunion am Kaspischen Meer. Wie Vapnyars *Memoirs of a Muse* ist auch dieser Roman gleichzeitig ein Text über das Schreiben, und wie bei Vapnyar sind die Vorbilder vor allem in der russischen Literatur zu finden. Kapitel 9, »One Day in the Life of Misha Borisovich« enthält einen offensichtlichen Bezug zu Alexander Solschenizyn, kann aber gleichzeitig als Umschreiben von Fjodor Dostojewskis *Aufzeichnungen aus dem Kellerloch* gelesen werden. Andere intertextuelle Bezüge finden sich zu Isaak Babel, Nikolai Gogol, Iwan Gontscharow, Michail Lermontow, Ossip Mandelstam, Vladimir Nabokov, Iwan Turgenjew und Leo Tolstoj. Darüber hinaus wird explizit und auch implizit auf Autoren der Weltliteratur Bezug genommen, wie auf Alexandre Dumas, Joseph Heller, Primo Levi, Sinclair Lewis, Herman Melville und Jonathan Swift. Diese Verweise haben mehrere Funktionen. Zum einen artikuliert sich darin der selbstbewusste Wunsch des Autors, ebenfalls zur Weltliteratur zu gehören. Zum anderen wird sein durchaus ernstes Anliegen deutlich. Auch dienen die Verweise auf russische Vorbilder dazu, die Kontinuität zwischen dem zaristischen, dem sowjetischen und dem heutigen Russland aufzuzeigen.

Neben der Kritik an postsowjetischen Verhältnissen werden auch die amerikanischen Zustände kritisch beleuchtet. Die Rückblenden auf Mishas Zeit am »Accidental College« im Mittleren Westen der USA parodieren das Genre des College-Romans. Diejenigen, die den Tod des einzigen Demokraten in Absurdistan zu verantworten haben, arbeiten für Golly Burton, eine durch russischen Akzent offensichtliche Verballhornung des Halliburton Konzerns. Obwohl die Amerikaner nicht halten, was sie versprochen haben, nämlich für Demokratie und bessere Lebensumstände auch für die einfachen Bürger zu sorgen, sehnen sich nichtsdestoweniger Russen wie Absurdis nach Amerika. In einer globalisierten Welt fühlen sich alle wie Amerikaner, »cruelly trapped in a foreigner's body«.[26] Die Anspielung auf das Filmgenre der *body snatchers* zeigt die weltweite Wirkung der amerikanischen Popkultur. Der Topos der *American innocence* gegenüber der *European experience* wird durch dieses Motiv ebenfalls aufgegriffen. Erkennbar ist das Bedürfnis, der Geschichte zu entkommen. Alles, was in Russland und Absurdistan unerreichbar ist, wird auf Amerika projiziert. Das Projizieren aller Wünsche auf die Neue Welt ist kein neues Phänomen in der europäisch-amerikanischen Geschichte. Bedeutsam in diesem Zusammenhang ist, dass der Roman kurz vor dem 11. September 2001 spielt, worin man einen Hinweis auf das Ende des amerikanischen Exzeptionalismus erkennen kann. Die noch stehenden Twin Towers werden so beschrieben: »they looked to me like the promise of socialist realism fulfilled, boyhood science fiction extended into near-infinity«.[27] Dem Erzähler erscheinen Amerika und Russland nicht als Gegensätze zweier unversöhnlicher Systeme, wie es die Ideologie des sogenannten Kalten Krieges suggerierte, sondern als aufs Engste verwandt: Größenwahnsinnige Jungenträume, die zum Scheitern verurteilt sind, bestimmen das Handeln dies- und jenseits des Atlantik.

Zu der zweiten Gruppe von jüdischen Schriftstellern, die in Amerika geboren sind, gehört Jonathan Safran Foer. Auch sein von der Kritik vielgelobter Roman *Everything Is Illuminated* (2002) ist in einem Nachfolgestaat der Sowjetunion, der Ukraine, in den späten 1990ern angesiedelt. Ein junger jüdisch-amerikanischer Tourist, der auch Jonathan Safran Foer heißt, ist dort auf der Suche nach »Augustine«, die für die Rettung seines Großvaters während des Zweiten Weltkrieges verantwortlich gewesen sein soll. Er trifft auf eine Familie, bestehend aus dem gleichaltrigen Alex, der als Übersetzer fungiert und in einigen Briefen an Jonathan auch Erzähler ist, dessen Vater, dem Fremdenführer und dem fast blinden Großvater als Chauffeur. Zu viert durchqueren sie von Odessa aus die Ukraine auf dem Weg zu einem Dorf in der Nähe von Polen.

Komik zeichnet die interkulturelle Kommunikation aus, da der Amerikaner weder Russisch noch Ukrainisch spricht. Das Englisch des Übersetzers Alex ist ein gebildetes, schriftliches, anachronistisch britisches Englisch. Allein dadurch wird schon ein komischer Effekt erzielt. Doch genau wie bei Mark Twain, der durch Huck und Jims Umgangssprache die Aufrichtigkeit und die moralische Integrität seiner Charaktere deutlich machte, so erlauben auch hier ungewöhnliche Formulierungen tiefere Einsicht in die menschliche Natur. Foer benutzt das Mittel der Verfremdung, wenn er nicht den Amerikaner, sondern den jungen Ukrainer als Fokalisierer und Erzähler bei der Schilderung der Ukraine benutzt. Wenn Alex beispielsweise Odessa mit Miami vergleicht, ermöglicht der Autor seinen Lesern auch eine neue Außenperspektive auf die USA. Beide Städte sind südlich gelegene Hafenstädte, die sich durch einen relativ entspannten Lebensstil auszeichnen und sind multi-ethnisch geprägt.

Der dem westlichen Außenseiter monolithisch erscheinende Staat ist im Inneren gespalten und vielfältig. Dem russischsprachigen Erzähler, der aus der Großstadt Odessa kommt, wird von den Bauern in der westlichen Ukraine misstraut. Antisemitismus ist überall anzutreffen. Als eine Servierein erfährt, dass Jonathan amerikanischer Jude ist, möchte sie seine Hörner sehen. Auch in diesem Roman erscheint Essen als Unterscheidungskriterium. Allerdings sind es nicht die jüdischen Speisegesetze, die bei den Ukrainern Anstoß erregen, sondern dass Jonathan Vegetarier ist. Auch wenn vegetarische Ernährung oft als Alternative zu Kaschrut von observanten Juden in einem nicht-jüdischen Umfeld gewählt wird, scheint Jonathans Wahl jedoch eher den westlichen Lebensstil zu reflektieren, da Fleisch in einer Überflussgesellschaft nicht unbedingt zu einem guten Leben gebraucht wird. In der ukrainischen Kultur, die noch von der sowjetischen Mangelgesellschaft geprägt ist, erscheint diese Haltung (noch) sehr fremd. Alex muss hier nicht nur als sprachlicher, sondern auch als kultureller Übersetzer fungieren. Sein hilfloses Bemühen, Jonathan entgegenzukommen, ohne ihn vor seinen Landsleuten als Idioten dastehen zu lassen, machen den russischen Erzähler dem Leser gegenüber sympathisch. Die Szene zeigt, wie schwer interkulturelle Verständigung praktisch ist.

Die amerikanische Vorliebe, sich auf die Suche nach Vorfahren in die Alte Welt zu begeben, bekommt durch die Geschichte des Holocaust notwendigerweise einen tragischen Zug. Wie bei Vapnyar stehen bei Foer nicht die Grausamkeiten, die die Deutschen verübten, im Vordergrund, sondern die moralischen Entscheidungen, die die nichtjüdischen Nachbarn treffen mussten. Wie es für Holocaustliteratur typisch ist, wird die Art der Darstellung mit ethischen Fragen verknüpft.[28] Die Schilderungen, die sich dem Holocaust widmen, sind realistisch; fantastische Elemente werden hingegen bei den Passagen verwendet, in denen die Geschichte des Shtetls ab dem 18. Jahrhundert erzählt wird. In diesen Episoden soll offensichtlich ein Gegenbild zu dem verbreiteten Stereotyp des Shtetl-Idylls entworfen werden. Mit den Mitteln der Groteske werden sexuelle Repression und Perversion dem Bild der frommen Dorfgemeinschaft entgegengesetzt. Die Schilderung erscheint allerdings öfter sehr bemüht und läuft Gefahr, ein Klischee mit einem anderen zu ersetzen.

Eine ähnlich nostalgische Hinwendung zum Shtetl wie auch der Gebrauch metafiktionaler und postmoderner Elemente finden sich im ersten Roman von Foers Frau, in Nicole Krauss' *The History of Love* (2005). Drei Handlungsstränge, die am Ende zusammengenommen werden, werden von drei Erzählern erzählt. Die zeitgenössische Ebene ist in New York im Jahr 2000 angesiedelt, wo Leon Gursky, ein alter Mann, vom Tod seines Sohnes, des bekannten Schriftstellers Isaac Moritz, erfährt. Gursky ist selbst Schriftsteller, dem das Manuskript seines Romans *History of Love*, den er vor dem Zweiten Weltkrieg auf Jiddisch verfasst hat, verlorengegangen ist. Ein Israeli schenkte eine spanische Übersetzung davon seiner englischen Frau, und die beiden nannten ihre Tochter dann nach der Protagonistin Alma. Dies ist die zweite Erzählerin, ein 15-jähriges Mädchen, das versucht, der verwitweten Mutter einen neuen Mann zu vermitteln. Dazu hat Alma den Mann erkoren, der ihrer Mutter den Auftrag gegeben hat, den Roman vom Spanischen ins Englische zu übersetzen. Das Schicksal des Buches, der Verlust des Textes in der Originalsprache bei verschiedenen Versionen in bedeutenden jüdischen Exilsprachen, illustriert die jüdische Migrationsgeschichte. Wie Alma richtig vermutet, verbirgt sich hinter dem angegebenen Pseudonym Isaak Moritz der Sohn des Autors, der seinen Vater aber nicht kennt. Bevor es zu einem Treffen und Aufdecken der Verwicklungen kommen kann, stirbt Moritz jedoch.

History of Love bezeichnet nicht nur den Titel des Romans sowie ein Buch im Buch, sondern taucht einmal auch in einem Satz auf, wenn Gursky sich am Ende des Romans erinnert, wie er die Nazizeit überlebt hat. Ein SS-Mann hatte sein Versteck nicht gefunden, weil er von der Suche durch die Untreue seiner Frau abgelenkt war, wovon er einem anderen SS-Mann erzählte. Das veranlasst Gurky zu sinnieren: »and she never knew, and how that, too, is part of the history of love«.[29] Zu einfach und versöhnlich erscheint mir diese Geschichtsklitterung, mit der sich in der Stimme des alten Mannes auch die Schriftstellerin auf sentimentale Weise äußert. Diese Attitüde ist dem Roman eher vorzuwerfen als faktische Irrtümer, wenn beispielsweise von Kindertransporten aus Polen die Rede ist, die es tatsächlich nur aus Deutschland gegeben hat. Am überzeugendsten im Roman sind einige

New Yorker Szenen. Viele andere Episoden erscheinen hingegen verworren, die Motivationen der Charaktere weit hergeholt und die Bezüge zu Autoren wie Franz Kafka und Bruno Schulz prätentiös.

Nicht osteuropäische, sondern amerikanische Geschichte wird von Philip Roth in *The Plot against America* (2004) umgeschrieben. In diesem kontrafaktischen historischen Roman, in dem historische Figuren wie der Kriegsreporter Walter Winchell oder der aus Deutschland emigrierte Rabbiner Joachim Prinz erscheinen, schildert Roth anhand einer jüdisch-amerikanischen Familie in Newark, die deutliche Parallelen zu seiner eigenen aufweist, die Zeit von 1940 bis 1942. Nicht Franklin Delano Roosevelt, sondern Charles Lindbergh ist aufgrund seines antisemitischen Programms, »Keep America out of the Jewish War«[30] zum Präsidenten der USA gewählt worden. Erzähler ist der Erwachsene, Fokalisierer der beim Einsetzen der Handlung sieben Jahre alte Philip. Diese Figurenwahl ermöglicht sowohl die differenzierte Reflexion eines erfahrenen Erwachsenen wie auch eine kindlich-naive Sichtweise auf die Geschehnisse. Verschiedene Spielarten von Opportunismus, Pragmatismus, Propaganda und Widerstand werden sowohl im persönlichen Umfeld wie auch auf der allgemein-politischen Ebene geschildert. Das Motiv der Mutter als *jiddische Mamme* taucht wieder auf, ist hier aber positiv konnotiert. Sie hält in ihrem resoluten Pragmatismus die Familie zusammen. Als jemand, der sich von den Mächtigen instrumentalisieren lässt, erscheint der Verlobte der Schwester der Mutter, Rabbiner »Bengelsdorf«, dessen Name des Deutschen kundige Leser schmunzeln lässt. Antisemitische Maßnahmen wie die Verschickung der städtischen jüdischen Bevölkerung aufs Land werden in die amerikanische Tradition des *homesteading* gesetzt, dienen aber in Wirklichkeit zur Auflösung der Gruppenstrukturen und der jüdischen Identität. Die euphemistische Wortwahl der Verordnung, »to strike roots in an inspiring region of America previously inaccessible to them«,[31] rekurriert auf den Topos des heimatlosen, nicht der Scholle verbundenen, städtischen Juden. Der Sprachduktus erscheint jedoch nicht als antiquiert, sondern durch die Anlehnung an Werbe- und Propagandasprache als durchaus zeitgenössisch. So erscheint das Gedankenspiel Roths plausibel.

Neben der Darstellungsweise ist die Frage der Authentizität bei Holocaustliteratur traditionell entscheidend. Roth begegnet präventiv dem Vorwurf der Geschichtsfälschung, indem er im Anhang biographische Abrisse verschiedener historischer Figuren inklusive Quellenangaben liefert. Vielleicht hat auch Pietät vor den Ermordeten den Autor davon abgehalten, fiktiv den Holocaust auch auf amerikanischem Boden stattfinden zu lassen. Denn am Ende ist alles so, als wäre nichts gewesen: Das amerikanische Volk besinnt sich in letzter Minute und wählt Roosevelt doch wieder, Lindbergh verschwindet spurlos; Gerüchte besagen, dass sein entführtes Baby von Hitler als Geisel genommen wurde, um so den Vater zu erpressen. Noch problematischer als dieser *deus-ex-machina*-Schluss ist aber der ideologische Gehalt dieser Fiktion.

So wendet Walter Benn Michaels zu Recht ein, dass hier in erster Linie nicht die jüdische, sondern die amerikanische Geschichte umgeschrieben wird, und zwar auf Kosten der Afroamerikaner. Als Beispiel führt er an, dass Philips Familie bei einem Ausflug nach Washington durch Antisemiten des Hotels verwiesen und dass von Lynchmorden an Juden berichtet wird. Auch die Fluchtpläne der Mutter nach Kanada verweisen eher auf die afroamerikanische Geschichte. Michaels betont jedoch, dass diese Art von Diskriminierung in den USA nicht nur den Juden *nicht* passiert ist, sondern tatsächlich den Afroamerikanern. Roths Umschreiben der Geschichte provoziert, so Michaels, eine bequeme, katharische Haltung der Leser: »it's [...] pleasurably scary because its history is counterfactual – it didn't happen here. And both these facts – the fact that it could have happened here and the fact that it didn't – are given additional power by a third fact, the fact that, of course, it did happen here, only not to the Jews«.[32] Daher ist der *Plot against America* ein exemplarisch amerikanischer Roman (Michaels 298). Michaels kommt also zum genau gegenteiligen Schluss wie Safer, die meint, dass dieser Roman der jüdischste von Roths Romanen sei.[33]

Michael Chabons *The Yiddish Policemen's Union* (2007) schließlich ist ein Detektivroman, der in Sitka, Alaska, im Jahr 2007 angesiedelt ist. Für die jüdische Enklave gibt es ein historisches Vorbild, nämlich das jüdisch-autonome Gebiet Birobidschan, das 1934 den Status einer »jüdisch autonomen Region« erhielt. In eine ähnlich unwirtliche Gegend der USA sind die »frozen Chosen«[34] aufgrund des fiktiven Alaskan Settlement Act von 1940 gekommen, mit dem die US-Regierung unter dem Innenminister von Franklin D. Roosevelt, Harold Ickes, einer historischen Figur, auf die Judenverfolgung in Europa reagiert, ohne die Einwanderungsquoten in den USA erhöhen zu müssen. Weitere Details, die sich der Leser gleichsam ebenfalls als Detektiv nach und nach zusammensetzen muss, ergeben, dass die in Europa zurückgebliebenen Juden ermordet wurden, 1946 eine Atombombe auf Berlin abgeworfen wurde und Israel den Unabhängigkeitskrieg 1948 verloren hat, sodass eine beachtliche Anzahl von Juden jetzt am Polarkreis lebt. Nach nunmehr 60 Jahren soll dieses autonome Gebiet der Juden, das *interim status* hatte, aufgelöst werden. Das offizielle Regierungsmotto dazu lautet: »Alaska for Alaskans: wild and clean«.[35] Der Slogan appelliert an zwei antisemitische Stereotype, das des dreckigen Juden und das des von der Natur entfremdeten Städters.

In dieser Situation wird Meyer Landsman, der Fokalisierer im Roman, mit einem Mordfall konfrontiert, dessen Lösung durch die offizielle Direktive der »effective resolution«, der schnellen Aktenschließung aller ausstehenden Fälle, behindert wird, ein Euphemismus der US-Behörden, in deren Staatsgebiet die Autonome Region Sitka bald einverleibt werden soll. Auf der persönlichen Ebene werden Landsmans Untersuchungen dadurch erschwert, dass seine geschiedene Frau Bina Gelbfish – das Paar hatte sich nach einer Abtreibung scheiden lassen – seine Vorgesetzte wird.

Landsman ist ein klassischer *hard-boiled* Detektiv, den Roman kann man als Hommage an Dashiell Hammett betrachten; ein expliziter Hinweis darauf ist, dass ein Sam Spade auftritt, ein allerdings unsympathischer amerikanischer Agent. Chabon benutzt das Genre des Detektivromans, um seinerseits jüdische Geschichte umzuschreiben. Als Grundidee nimmt er einen Gedanken Chaim Nachman Bialiks (1873–1934) auf, des Begründers der modernen hebräischen Literatur, dem das apokryphe Zitat zugeschrieben wird, dass die Juden dann erst ein Volk wie jedes andere sein werden, wenn ein jüdischer Krimineller von einem jüdischen Polizisten festgenommen und im Gefängnis von einem jüdischen Wärter bewacht wird. Chabon entwickelt hier also die fiktive Welt eines nicht-zionistischen jüdischen Staates. Allerdings weicht dieser Gegenentwurf zum Staate Israel gar nicht so weit von ihm ab. Nur machen hier die Juden das Eis fruchtbar, nicht die Wüste. Weitere Parallelen zum zionistischem Experiment sind, dass es auch innerhalb der jüdischen Gemeinschaft Sitkas religiöse und extremistische Gruppen gibt, die ihre Eigeninteressen verfolgen und dem jüdischen Gesamtinteresse schaden. Der Konflikt mit den Arabern wird ersetzt durch den Konflikt mit den Tlingit, den indianischen Ureinwohnern. Die Vereinigten Staaten bestimmen letztlich als entscheidender Machtfaktor das Schicksal der Menschen und setzen mit mehr als fragwürdigen Methoden ihre Interessen durch.

Die Spekulation über kulturelle Alternativen erscheint mir noch interessanter als die politische Dimension. Durch seinen Roman beantwortet Chabon eine Frage, die er sich selbst in einem Essay von 1997 gestellt hatte, als er auf einen Sprachführer stieß, in dem jiddische Phrasen für Dialoge in der Autowerkstatt und am Flughafen zu finden sind: »In what postwar, let alone current-day, locale [...] could such a book be helpful?«[36] Dadurch, dass die Mehrzahl der Jiddischsprecher im Holocaust ermordet wurden und in Israel Hebräisch zur Staatssprache wurde, fristet die einstmals jüdische Weltsprache ein marginalisiertes Dasein. Chabon imaginiert eine Welt, in der Jiddisch eine von vielen Sprechern benutzte lebendige Muttersprache ist. Interessant ist, wie es ihm gelingt, dies aufzuzeigen, denn letztlich ist die Romansprache ja Englisch. Zum einen ersinnt er für die Kolonie identitätsstiftende Ortsnamen wie »Shvarts-Yam«, ein jiddisch-hebräisches Kompositum für »Schwarzes Meer«, »Oysshtelung Island«, ein jiddisch-englisches Kompositum, oder »Untershtat« und »Nachtasyl«, Ausdrücke, in denen die deutschen Wurzeln der Sprache hörbar sind, wie auch bei »Indianer-Land,« wie das Reservat der Tlingit genannt wird. Ebenfalls werden unschwer von Deutschsprechern Straßennamen erschlossen, die nach bedeutenden jüdischen Persönlichkeiten benannt sind wie der »Korczak-Platz« (Pädagoge und Märtyrer, der seine Zöglinge ins Gas begleitete), die »Max-Nordau Street« (Zionist und Weggefährte Herzls) oder die »South Ansky-Street« (jiddischer Dichter und Ethnograph). Des Weiteren gibt es verdeckte jiddische Lehnübersetzungen. Der für die Judenvernichtung inzwischen gebräuchliche Ausdruck »Shoah« wird ersetzt durch »Destruction«, das Äquivalent zum jiddischen »Churbn«. Auf hebräische Einflüsse wird nicht ganz verzichtet, wie an der Bezeichnung »Mizmor Boulevard« – Psalmboulevard – zu erkennen ist. Darüber hinaus zeigen sich im Vokabular Jiddischismen. So wird das ›Handy‹ in jiddischer Aussprache ›Shoyfer‹, also Shofar, genannt, in Anlehnung an das Widderhorn, das unter anderem an Jom Kippur geblasen wird. Komisch wirkt die Lehnübersetzung »Sholem«, abgeleitet vom Englischen »peacemaker«, für eine Handfeuerwaffe. Auch ganze syntaktische Einheiten werden übersetzt, die in englischer Version unidiomatisch, rückübersetzt ins Jiddische aber ganz natürlich wirken, wie z. B. die öfter gebrauchte Interjektion, »Come on, sweetness«, wohinter der Ausdruck »daj, motek« steht. Bei dem Motto »Nokh amol« glaubt man sich allerdings in einer orwellschen Welt. Der Ausdruck invertiert den Schwur »Never again«, ein wie ein Mantra wiederholter Slogan aus der Nachkriegszeit, mit dem der Schwur geleistet wird, nie wieder etwas dem Holocaust Vergleichbares zuzulassen. Des Weiteren sind manche Dialoge jiddisch flektiert. Auf der semantischen Ebene werden Metaphern aus einem jüdischem Kontext entnommen, so wird beispielsweise der in Alaska beheimatete Lachs als »aquatic Zionist« bezeichnet, »forever dreaming of its fatal home«.[37]

Seine Recherche führt Landsman zur fiktiven chassidischen Sekte der Verbover,[38] da sich der Tote Mendel Shpilman als Sohn des chassidischen Rebbe herausstellt, den die Gemeinde als Zaddik-ha-Dor, als charismatischen Wunderrabbiner und Heiligen verehrt. Kurz vor der eigenen Hochzeit verlässt er allerdings die ultraorthodoxe Gemeinschaft. Er wird jedoch gebraucht, um bei der bevorstehenden Ausweisung die Gemeinde nach Israel zu führen. Um dem messianischen Geist nachzuhelfen, verüben chassidische Extremisten in Zusammenarbeit mit der amerikanischen Regierung ein Attentat auf den Felsendom in Jerusalem. Als Verbindungsglied zwischen den beiden Gruppen fungiert ein Mann namens Litvak. Dies ist ebenfalls ein sprechender Name, der »Litauer« bedeutet und auf die rationale, im Gegensatz zu den Chassidim, nicht-mystische Tradition des Ostjudentums verweist. Eine weitere entscheidende Figur ist Zimbalist, der die Welt in *Reschuth HaRabbim* und *Reschuth Jachid* einteilt, in private und öffentliche Räume.[39] Im Talmud ist ein Bemühen zu erkennen, diese Konzepte des Privaten und Politischen, die im Leben wie im Roman sich oft antagonistisch gegenüberstehen, zu versöhnen. Mit dem Konflikt zwischen diesen beiden Polen ist auch Shpilman konfrontiert gewesen, der nicht zufällig zu dem Bibelabschnitt *Chayei Sara*[40] predigte, kurz bevor er verschwand. Auch in *Chayei* geht es um die Frage, welche Lebensbereiche öffentlich und welche privat sind. Dabei stellt Chabon die Frage nach dem Wesen jüdischer Literatur. Indirekt wird auf Micha Josef Berdyczewski (1865–1921) Bezug genommen, einen Autor aus einer frommen chassidischen Familie, der jüdische Mythen und Legenden sammelte und auf Deutsch, Hebräisch und Jiddisch veröffentlichte. Sein Aufsatz »Reschut haJachid beAd haRabim« (1892) verteidigt die Freiheit des Einzelnen gegen normative Ansprüche, die Religion, Ideologie oder Tradition an das Individuum stellen. Ein weiterer intertextueller Bezug zu Berdyczewski liegt im Motiv der roten Kuh, die bei der Lösung des Mordes in *The Yiddish Policemen's Union* eine Rolle spielt und über die Berdyczewski ebenfalls eine Geschichte gleichen Namens geschrieben hat.[41] Eine weitere Parallele findet sich in der Konzeption der Helden, die bei Berdyczewski oft »lonely, rebellious, ostracized« sind, ganz wie Meyer Landsman.[42] Berdyczewski stand zudem dem kulturzionistischen Literaturkonzept Ahad Ha'Ams kritisch gegenüber (1856–1927). Im Gegensatz zu den Zionisten sah Berdyczewski in der Diaspora einen positiven Wert, den es zu bewahren gelte. Aufmerksame Leser, die all diese Anspielungen dechiffrieren, erkennen hier Chabons eigenes programmatisches Literaturverständnis. Wie Berdyczewski lehnt auch Chabon alle Zwänge von Religion oder einer anderen Gruppenideologie ab und verteidigt das Individuum. Wie Berdyczewski plädiert Chabon für eine auf der jüdischen Tradition beruhende, jedoch nicht unbedingt zionistische oder hebräische Tradition. Und wie Berdyczewski bejaht Chabon die Diaspora als Chance für das jüdische Volk, anstatt sie zu beklagen.

Die Bedeutung des gängigen Epithetons der Juden als »people of the book« ist im Roman zweideutig. Neben der zentralen Bedeutung der Bibel für die Juden bedeutet es für Landsman auch, die Vorschriften des Polizeicodes zu befolgen. Wie bei Hammett ist aber nur derjenige ein guter Verteidiger des Rechts, der die Regeln auch einmal bricht, um Moral und Gesetz auf einer höheren Ebene zu bewahren. Landsman als positiver Held erteilt dem Authentizitäts- und Führungsanspruch der Orthodoxie damit eine klare Absage. Ebenso wird das messianische Ideal verworfen. Und auch die USA mit Alaska als Außenposten sind nicht das gelobte Land, sondern nur eine weitere Station in der Geschichte des Exils. »My homeland is in my ex-wife's tote bag«[43] bekräftigt Landsman. Er weist die Leere patriotischer Parolen zurück und setzt an deren Stelle menschliche Beziehungen, die an keinen geographischen Ort gebunden sind. Die Tasche seiner Ex-Frau beinhaltet den Schlüssel zur Wohnung, ein Handy zur Kommunikation, Taschentücher und andere praktische Dinge des Alltags.

Innerjüdische Konflikte gibt es nicht nur zwischen den Gruppen, zwischen säkularen und traditionell lebenden Juden auf der einen Seite und ultraorthodoxen auf der anderen, sondern sind auch zwischen Individuen zu beobachten. Landsman empfindet »pleasurable anger«, eine Mischung aus »envy, condescension, resentment and pity«,[44] wenn er mit Ultraorthodoxen in Kontakt kommt. Diese Kombination von Ablehnung und Affirmation eines religiösen Lebensstils trifft das Lebensgefühl vieler moderner Juden.

Nicht nur bei Chabon ist das Grundgefühl Nostalgie, Sehnsucht vermischt mit Trauer um die verlorene jiddische Welt, die er durch Literatur zumindest in der Fiktion wiederherstellen will. Nostalgie ist auch als Grundgefühl bei anderen Autoren identifiziert worden. Natalie Friedman erkennt bei Shteyngart die Sehnsucht nach einer Sowjetunion, die es nie gab, während Adam Rovner den Blick zurück nach Europa bei Bezmozgis und Vapnyar als verfehlt kritisiert. Eine fragwürdige Rückwendung erkenne ich jedoch eher bei Foer und Krauss. Tatsächlich ist aber ein verbreitetes Bedürfnis bei russisch- wie amerikanischstämmigen Autoren zu beobachten, bisherige Leerstellen zu füllen. Die Vorgänger hatten die Vergangenheit mutwillig hinter sich gelassen, um ganze Amerikaner zu werden. Im Gegensatz zu ihnen erscheint heute Amerika nicht mehr bedingungslos als das Gelobte Land und Gegenentwurf zu Europa. Es ist einfach eine weitere Station in der Exilgeschichte des jüdischen Volkes. Philip Roth, wohl weil er zu einer älteren Generation als die anderen analysierten Autoren gehört, weicht allerdings von diesem Muster ab und knüpft an den Einwanderungsroman zur Jahrhundertwende in dem Sinne an, dass er die herausragende Rolle Amerikas für die jüdische Geschichte durch eine fiktive Negativprobe bestätigt. Bei den jüngeren Autoren bedeutet die Geschichte des Holocaust weiterhin eine Zäsur, wird aber in einem größeren Kontext wie etwa dem Stalinismus und der Sowjetzeit behandelt.

Metafiktionale und postmoderne Elemente machen die widersprüchlichen Tendenzen, das Fehlen eines *master narrative*, auf formaler Ebene in vielen Texten sichtbar. Der Einfluss russischer Literatur auf mehrere Autoren verweist nicht nur darauf, dass sie zur gebildeten, russisch geprägten jüdischen Mittelschicht gehörten, sondern zeigt ihr selbstbewusstes Eintreten für eine europäische Kultur, die sie sich zu eigen gemacht haben. Diese Entwicklungen können natürlich nur in einem Umfeld gewürdigt werden, das die Pluralität von Ethnien und kulturellen Ausdrucksformen begrüßt. So sind viele der Texte der neuen jüdisch-amerikanischen Literatur, die Marginalität und Exil preisen »a blessing ... and not an affliction«.[45]

Neue Perspektiven auf Osteuropa | 231

1   Zu jüdisch-amerikanischen Autoren im 19. Jahrhundert s. Louis Harap: *The Image of the Jew in American Literature*, Philadelphia: Jewish Publication Society of America 1978.
2   Adam Rovner: »So Easily Assimilated. The New Immigrant Chic.« in: *AJS Review* 30 (2006), H. 2, S. 313–324 zeichnet die Genese dieser sogenannten Howe-Doktrin und den Diskurs, den sie ausgelöst hat, nach. Donald Weber: »Permutations of New World Experiences Rejuvenate Jewish-American Literature« in: *Chronicle of Higher Education* Sep 17 (2007), B8. argumentiert gegen sie.
3   Sander L Gilman: »There Ain't No There There. Reimagining Eastern European Jewish Culture in the 21st Century« in: *Shofar* 25 (2006), H. 1, S. 1–4, hier S. 3.
4   Siehe insbesondere Eliezer Ben-Rafael: *Building a Diaspora. Russian Jews in Israel, Germany, and USA*, Leiden: Brill 2006; Stephen Gold: »Jews, Soviet« in: *American Immigrant Cultures: Builders of a Nation*, hg. von. David Levinson / Melvin Ember, New York: Macmillan 1997, S. 529–535 und Annelise Orleck: *The Soviet Jewish Americans*, Westport: Greenwood 1999 zu soziologisch-historischen Aspekten der jüdisch-russischen Einwanderung in die verschiedenen Länder.
5   Zur Einbeziehung kanadischer Autoren in die jüdisch-amerikanische Tradition siehe Michael Greenstein: *Third Solitudes. Tradition and Discontinuity in Jewish-Canadian Literature*, Kingston: McGill-Queen's University Press 1989.
6   Zur Rolle der Religion in *Natasha* siehe Bettina Hofmann: »David Bezmozgis. Muscles, Minyan and Menorah« in: *Studies in American Jewish Literature* 25 (2006), S. 101–111.
7   Gold: »Jews, Soviet« (siehe Anm. 4), S. 529–535.
8   David Bezmozgis: *Natasha and Other Stories*. New York: Farrar, Straus and Giroux 2004, S. 17.
9   Ebd., S. 130.
10 Zur Verknüpfung von Essen und Ethnizität im Allgemeinen siehe Mary Waters: *Ethnic Options. Choosing Identities in America*, Berkeley: University of California Press 1990 und Hasia Diner: *Hungering for America. Italian, Irish and Jewish Foodways in the Age of Migration*, Cambridge: Harvard University Press 2001.
11 Bezmozgis: »Natasha« (siehe Anm. 8), S. 30.
12 <http://www.mishkan.com/haggadah.html> (29.7.2007).
13 Siehe Peter Novick: *The Holocaust in American Life*, Boston: Houghton Mifflin 1999.
14 Bezmozgis: »Natasha« (siehe Anm. 8), S. 72.
15 Die Prägung dieses Begriffs wird Abba Eban zugeschrieben; Norman G. Finkelstein: *The Holocaust Industry. The Abuse of Jewish Victim*, London: Verso 2000 geht diesem Phänomen in seiner umstrittenen Publikation nach.
16 Bezmozgis: »Natasha« (siehe Anm. 8), S. 77.
17 Siehe Lara Vapnyar: »The Great Jewish Beauty« in: *Guilt and Pleasure* 2 (2006), S. 140–145.
18 Ebd., S. 47.
19 Siehe Anya Ulinich: *Petropolis*. New York: Viking 2007, S. 117.
20 Siehe dazu insbesondere Emily Budick: *Blacks and Jews in Literary Conversation*, Cambridge: Cambridge University Press 1998 und Marianne Adams / John Bracey (Hg.): *Strangers and Neighbors. Relations between Blacks and Jews in the United States*, Amherst: University of Massachusetts Press 1999.
21 Ulinich: *Petropolis* (siehe Anm. 19), S. 233.
22 Ebd., S. 310.
23 Zur Geschichte der Hebrew Immigrant Aid Society, die bis heute tätig ist, s. Mark Wishnitzer: *The History of HIAS*, Cleveland: The World Publishing Company 1957.

24 Ulinich: *Petropolis* (siehe Anm. 19), S. 212; Hervorhebung im Text.
25 Rovner: »So Easily Assimilated« (siehe Anm. 2), S. 317.
26 Gary Shteyngart: *Absurdistan*, New York: Random 2006, S. 187.
27 Ebd. S. 27.
28 Siehe Christoph Ribbat: »Nomadic with the Truth. Holocaust Representations in Michael Chabon, James McBride, and Jonathan Safran Foer« in: *Twenty-First Century Fiction. Readings, Essays, Conversations*, hg. von Christoph Ribbat, Heidelberg: Winter 2005, S. 199–218.
29 Nicole Krauss: *The History of Love*, New York: Viking 2005, S. 240.
30 Philip Roth: *The Plot against America*, London: Jonathan Cape 2004, S. 177.
31 Ebd. 204.
32 Walter Benn Michaels: »Plots against America. Neoliberalism and Antiracism«, in: *American Literary History* 18 (2006), H. 2, S. 288–302, hier S. 288.
33 Siehe Elaine B. Safer: *Mocking the Age. The Later Novels of Philip Roth*, Albany: State University of New York Press 2006, S. 148.
34 Michael Chabon: *The Yiddish Policemen's Union*, New York: Harper Collins 2007, S. 238.
35 Ebd. S. 77.
36 Zitiert nach Shelley Salamensky: »Artifacts from New Ashkenaz. Image, Performance, Post-Post-Modern Sublime«, in: *Interlitteraria* (2004), S. 278–87, hier S. 279.
37 Chabon: *Yiddish* (siehe Anm. 34), S. 238.
38 Andere Sekten, die erwähnt werden, wie die der Bobover, Gerer Lubavitcher und Satmarer existieren durchaus.
39 Diese Kategorien sind entscheidend für Gesetzesvorschriften am Schabbat, die das Tragen von Gegenständen betreffen. Im Talmud beschäftigt sich insbesondere das Traktat *Eruvin* in der Ordnung *Moed* mit diesen Fragen.
40 Es handelt sich um den Bibelabschnitt *Genesis* 23,1–25,18.
41 Beide beziehen sich auf die Bibel, *Numeri* 19:2, der zufolge eine fehlerlose rote Kuh das messianische Zeitalter ankündigt. Zu Berdyczewskis Geschichte s. Alan Mintz: *Reading Hebrew Literature: A Critical Discussion of Six Modern Texts*, Hanover, NH: Brandeis UP 2003.
42 Dan Almagor und Arnold Band sind die Verfasser eines guten einführenden Artikels zu Berdyczewski in der *Encyclopaedia Judaica* (siehe Dan Almagor / Arnold Band: »Berdyczewski, Micha Yosef« in: *Encyclopaedia Judaica*, Jerusalem 1971).
43 Chabon: *Yiddish* (siehe Anm. 34), S. 368.
44 Ebd., S. 102.
45 Ebd., S. 383.

Florian Schwieger

Geschichte am Scheideweg

Entwicklungslinien des historischen amerikanischen Romans im 21. Jahrhundert

> The might of the state has constructed a new past. It had made the Red cavalry charge a second time. It had dismissed the genuine heroes of longpast events and appointed new ones. The state had the power to replay events, to transform figure of granite and bronze, to alter speeches long since delivered, to change the faces in a news photograph.
> (Vasily Grossman)

William Vollmanns Roman *Europe Central* (2005) gewann den National Book Award 2005 zurecht. Vollmann, der seit den 1980er Jahren als Wunderkind der amerikanischen Postmoderne gilt und zusammen mit David Foster Wallace als Thronfolger der alternden Platzhirsche Thomas Pynchon und Don DeLillo gehandelt wird, hat mit *Europe Central* nun den bisherigen Höhepunkt seines literarischen Schaffens vorgelegt.[1] Der Roman, in typischer Vollmann-Manier, ergründet die ethischen Grundlagen historischen Wirkens durch die Gegenüberstellung der beiden dominanten totalitären Systeme des 20. Jahrhunderts: Stalinismus und Faschismus. Aus der alternierenden Perspektive fiktionalisierter historischer Charaktere aus Kunst, Politik und Militär beleuchtet die Erzählung sowohl Ähnlichkeiten als auch Differenzen zwischen den beiden Ideologien und deren eventuelle Kollision.[2] Hierbei erweckt Vollmann eine Topographie radikalen hegelischen Denkens, die sich am Wendepunkt des Zweiten Weltkriegs entlädt, der Schlacht von Stalingrad. In Mitten des scheinbar unabwendbaren historischen Determinismus, den sowohl Faschismus als auch Stalinismus einfordern, lokalisiert Vollmann die Frage nach ethischer und moralischer Verpflichtung des historischen Individuums. Die Konzentration auf den individuellen Aktionsradius des historischen Subjekts inmitten einer von Terror und Tod regierten Welt eröffnet einen intimen Einblick in das Epizentrum der Urkatastrophe des 20. Jahrhunderts. Des Weiteren beleuchten Vollmanns historiographische Charakterstudien die minimale Differenz zwischen totalitären Systemen und dekonstruieren die Sehnsucht nach historischem Determinismus als Werkzeug für realpolitischen und historiographischen Opportunismus.

Europe Central, wie auch Norman Mailers kürzlich erschienener Roman The Castle in the Forest (2007), etabliert eine Rückkehr zur *grand history*, zu den großen historischen Zäsuren, und eine Abkehr von den *petite histoires* der postmodernen Autoren der ersten Generation, die sich die Aufarbeitung jener marginalisierten historischen Narrative zur Aufgabe gemacht hatten, die in der imperialen Ideologiedominanz der westlichen Welt weder Anerkennung noch Existenzberechtigung fanden.

Norman Mailer hat wie kaum ein anderer Autor die Entwicklung des amerikanischen Romans in der zweiten Hälfte des 20. Jahrhunderts geprägt. Als einer seiner signifikantesten Beiträge zum literarischen Diskurs der Postmoderne muss jedoch die unablässige Kritik am politischen Entscheidungsprozess und historischen Denken betrachtet werden. Seit der Veröffentlichung seines Kriegsopus *The Naked and the Dead* (1948) hat sich Mailer immer wieder, oftmals mit ebenso innovativen wie kontroversen stilistischen Mitteln, der schonungslosen Dekonstruktion des amerikanischen Geschichtsbewusstseins gewidmet und dabei weder eine Revision seiner eigenen Maxime noch die Kritik des literarischen Establishments gescheut (als herausragende Beispiele sind hierbei der 1967 erschienene Roman *Why Are We in Vietnam?* und der autobiographische Text *The Armies of the Night* (1968) zu nennen). Mailers neuester Roman, *The Castle in the Forest*, markiert seine Rückkehr zum wohl gleichsam faszinierendsten wie auch verstörendsten Individuum des 20. Jahrhunderts, Adolf Hitler. Der Roman positioniert ihn, neben William Vollmann, im Zentrum eines Paradigmenwechsels innerhalb der metafiktionalen Geschichtsliteratur. *The Castle in the Forest* beschreibt Hitlers Kindheit und Adoleszenz aus der Perspektive eines Teufels, der im Auftrag Satans die Entwicklung des jungen Hitler überwacht und in die »richtige« Richtung steuert. Mailers Roman verbindet magisch-realistische Elemente mit einer eindringlichen Charakterstudie und lokalisiert die Entstehung des historischen Subjekts an der Schnittstelle zwischen dieser Welt und der nächsten. Eine vollständige Aufarbeitung des »Hitler-Phänomens« ist daher, so suggeriert die Erzählung, nur möglich, wenn die rationalen, scheinbar aufgeklärten, in Wirklichkeit aber limitierten Denkmuster des postmodernen Individuums temporär außer Kraft gesetzt werden:

> Given the present authority of the scientific world, most well-educated people are ready to bridle at the notion of such an entity as the Devil [...] The modern tendency is to believe that such speculation is a medieval nonsense happily extirpated centuries ago by the Enlightenment [...]. There need be no surprise, then, that the world has an impoverished understanding of Adolf Hitler's personality.[3]

Der sowohl von Vollmann als auch Mailer exemplifizierte Paradigmenwechsel zielt jedoch weder auf die Kompromittierung des bestehenden historiographischen Diskurses, der spätestens seit der Intervention von theoretischen Brückenköpfen wie Michel Foucault, Gilles Deleuze, Hayden White oder Fredric Jameson die Bedeutung von literarischen Texten für geschichtliches Denken anerkennt, noch auf eine Wiederbelebung allumfassender *masternarratives*. Stattdessen signalisiert »the return of totalitarianism« in der amerikanischen Gegenwartsliteratur das Sinnbildungspotential historischer Zäsuren für eine globale Gesellschaft, deren Geschichtsbewusstsein ebenso rapide wie gründlich verfällt. Ob jener Prozess fortschreitender Geschichtsapathie einzig auf die von hedonistischen Individualinteressen geprägten Ideale der postmodernen Konsumgesellschaft zurückgeführt werden kann, muss an dieser Stelle dahingestellt bleiben, fest steht allerdings, dass sich das Geschichtsbewusstsein zum wiederholten Male auf dem Rückzug befindet. Es überrascht daher kaum, dass *Europe Central* und *The Castle in the Forest* die Perspektive des historischen Individuums als Ausgangspunkt für die Analyse moralisch-ethischer Grundwerte und deren Beständigkeit im Angesicht einer geschichtlichen Ausnahmesituation wählen. Als angemessenes Versuchsgelände für diese post-metafiktionale Intervention dient die zentrale Katastrophe des 20. Jahrhunderts, der Zweite Weltkrieg. Sowohl Vollmann als auch Mailer, aber auch DeLillo und Jonathan Littell, verorten die Frage nach individuellem historischem Wirken und gesellschaftlicher historischer Sinnbildung in der Faszination für oder der Reaktion gegen die ideologischen Grundfeste von Stalinismus und Faschismus.[4]

Die Schlacht von Stalingrad hat, laut Slavoj Žižek, drei dominante, mythifizierte Erinerungsmodelle generiert. In Deutschland wurde Stalingrad lange als die Tragödie des gewöhnlichen Soldaten gesehen.[5] *Europe Central* dokumentiert diese sinnschaffende Geschichtsverzerrung durch eine penible Dekonstruktion der verschiedenen mythifizierten Erklärungsstrategien der deutschen Niederlage, wie zum Beispiel der Mythos der »verratenen Armee«[6]: »Their corpses were often found clad in clumsy overshoes, for the Fascist high command had not issued them any winter supplies«.[7] Vollmanns fiktionale Aufarbeitung des Prozesses historischer Mythenbildung gipfelt im Porträt des Oberbefehlshabers der 6. Armee, Friedrich Paulus. Das Kapitel »The Last Field-Marshal« zeigt das historische Subjekt Paulus und dessen verzweifeltes Ringen nach ethisch und moralisch eindeutiger Entscheidungskraft als Spielball von zwei rivalisierenden, ideologisch verklärten Erklärungsmustern. Einerseits thematisiert *Europe Central* den Versuch, überwiegend von Paulus selbst propagiert, den Befehlshaber der 6. Armee als philantropischen, moralisch und ethisch treu gebliebenen Kommandeur zu erfinden, der bei dem Versuch, seine Truppen vor dem Schlimmsten zu bewahren, von den unkontrollierbaren Kräften des Schicksals übermannt wurde. Dieser Mythos zielt vor allem auf die Wiederherstellung von Paulus' Reputation und der Entkräftung der Anschuldigung, dass »the downfall of our Reich can be blamed on Colonel-General Paulus. After all, it would never have happened, had everything been left up to the sunblown, tousleheaded, adorable Luftwaffe boys in *Signal* magazine«.[8] Andererseits verdeutlicht Vollmanns Erzählung die Komplexität von sowohl historischer Sinnbildung als auch historischer Handlungsgewalt durch die Entwicklung eines Anti-Mythos, eines dialektischen Gegenentwurfes, der Paulus als gefügigen Opportunisten rekonstruiert, dessen Weigerung, einen Ausbruchsversuch zu wagen, das Schicksal seiner Truppen besiegelt. Damit wird der narrative Charakter historischer Sinnbildung unterstrichen.

Vollmanns Roman begnügt sich jedoch keineswegs mit einer einseitigen Analyse der Katastrophe von Stalingrad, sondern erweitert seine historiographische Ideologiekritik auf das Netzwerk stalinistischer Mythologie. Stalins Regime stilisierte die Schlacht von Stalingrad als antifaschistische Entscheidungsschlacht, in welcher der gewöhnliche Arbeiter/Soldat durch übermenschliche Opferbereitschaft die deutsche Kriegsmaschinerie zum Stillstand brachte. Dieser Mythos der heiligen Schlacht stützt sich auf die propagandistische Überhöhung des Scharfschützen, in welcher sich die stalinistische Wende vom Egalitarismus zum Wettbewerb und zur Lobpreisung individueller Leistungen[9] widerspiegelt. *Europe Central* behandelt die mythologische Bedeutung des Scharfschützen für die stalinistische Historiographie durch die Beschreibung der ästhetischen, fast schon spirituellen Qualität dieser Tötungsform: »A soldier screamed, and blood came beautifully from his heart. The rubble clinked faintly. It was useless trying to find the sniper«.[10] Diese individualisierte Form der Heldenverehrung, die Vollmann am eindringlichsten in der Darstellung der Widerstandskämpferin Zoya entwickelt, signalisiert eine Verherrlichung von Märtyrertum, in welcher das geopferte Individuum als partikulare Manifestation des kommunalen, in diesem Fall kommunistischen, Systems verstanden wird. Gesellschaft und Subjekt werden zu austauschbaren Einheiten, da der Wille des Einzelnen sowohl den Willen der Gemeinschaft ausdrückt als auch im kollektiven Ziel der Gesellschaft aufgeht.

Vollmanns Analyse totalitärer Verherrlichungsstrategien unterscheidet jedoch deutlich zwischen den beiden antagonistischen Systemen. Die nationalsozialistische Propaganda eines pan-germanischen Heldenkultes verspricht die Aufnahme des gefallenen Soldaten in den elitären Pantheon transhistorischer, großdeutscher Helden wie Siegfried, Barbarossa, Hindenburg und Bismarck. In seiner Rede vom 30. Januar 1943 verglich Hermann Göring die Schlacht von Stalingrad mit dem Kampf der Nibelungen und setzte die Soldaten der 6. Armee mit den Spartanern an den Thermopylen gleich.[11] Der deutsche Soldat stirbt für sein Land, sein Volk und seinen Führer. Im Gegensatz zu diesem rein nationalistischen Heldenmodell opfert sich der stalinistische Märtyrer nicht für seine Nation, sondern für eine Idee, die Revolution.[12] Die Opferbereitschaft des russischen Soldaten

> draws its grandeur from the degree to which it is felt to be something fundamentally pure. Ironically enough, it may be that to the extent that Marxist interpretations of history are felt (rather than intellected) as representations of ineluctable necessity, they also acquire an aura of purity and disinterestedness.[13]

Das Zentrum von William Vollmanns fiktionalem Angriff auf die Erinnerung an und Repräsentation von Stalingrad bilden die Kapitel »Breakout« und »The Last Field-Marshal«. Im Gleichklang mit dem dialektischen Aufbau des Romans ist »Breakout« dem legendären Kommandeur der zweiten russischen Stoßarmee, General Andrey Andreyevich Vlasov, gewidmet. Die fiktionale Historiographie der beiden »great generals« thematisiert die komplexe Beziehung zwischen persönlicher Freiheit, individuellem Verdienst und Verantwortung gegenüber einem totalitären System in einer Serie von dialektischen Begegnungen, die sich als Teil des individuellen Entwicklungsprozesses für den jeweiligen Protagonisten erweisen. Es sind diese subjektiven Entscheidungsmomente die, für Vollmann, sowohl den Verlauf als auch die Aufarbeitung eines historischen Ereignisses prägen. In beiden Fällen führt die Erfahrung von militärischer Überwältigung und anschließender Gefangennahme zu einem kompletten Zusammenbruch der ideologischen Gefolgsamkeit. Der Verlust seiner Truppen ist eine ebenso bedeutsame Zäsur in Vlasovs »dialektischer Umerziehung« wie die Entdeckung eines Massengrabes oder seine Heirat mit Heidi.

Vlasovs Geschichte ist eingerahmt von der deutschen Belagerung Leningrads im vorhergehenden Kapitel und der Schlacht von Stalingrad im nachfolgenden. »Breakout«, ähnlich wie der Angriff der 6. Armee auf Stalingrad, thematisiert den deutschen »Angriff« auf Vlasovs Charakter. Unmittelbar nach seiner Gefangennahme erwartet dieser Verhöre, Folter und letztendlich seine Hinrichtung. Entgegen Vlasovs düsteren Erwartungen findet er sich jedoch als privilegierter Kriegsgefangener wieder. Schon bei seinem ersten Gespräch mit General Lindemann, seinem Aufseher, ist Vlasov, der sich selbst als Verfechter einer rationalen Weltanschauung versteht, beeindruckt von der absoluten Logik seines Gegenübers und dem System, welches dieser repräsentiert. Vlasov erweist sich schnell als gefügiger Kollaborateur. Das nationalsozialistische Deutschland mag zwar totalitär und grausam sein – Eigenschaften, die Vlasov aus seinem eigenen Staat bestens vertraut sind – dennoch scheint es aber, zum Gefallen Vlasovs, den rationalen Grundsätzen der modernen Welt zu gehorchen; einer Welt, in der individueller Verdienst und nicht kollektive Unterordnung registriert, gefördert und belohnt wird: »I've heard you admire general Guderian. Well, we Germans also give credit where credit is due. Some of us don't mind calling your Tukhachevsky a genius«.[14] Faschismus erkennt und kultiviert Lindemanns Theorie zufolge wahre Begabung, wohingegen das stalinistische Regime dazu verpflichtet ist, jede Form von individuellem Genie auszuschalten, um nicht jene absolute Gleichheit zu gefährden, deren vermeintliche Existenz die ideologische Lebensader des Systems bildet. Die rationale Illusion, der Vlasov zum Opfer fällt und die letztendlich seine historische Handlungsgewalt zunichte macht, manifestiert sich nicht nur auf der Ebene individueller Verblendung, sondern spielt eine ebenso bedeutsame Rolle in der Ausübung totalitärer Gewalt.

Im Gegensatz zum »rationalen Terror« des nationalsozialistischen Regimes, der sich sowohl gegen »den Feind« als auch die eigene Bevölkerung richtete, zeichnen sich die Überwachungs- und Verfolgungsmechanismen Stalins vor allem durch die Abwesenheit einer rationalen Strategie aus. Slavoj Žižek argumentiert in seinem jüngsten Werk *The Parallax View*, »Stalinist irrationality pervaded the entire social body«.[15] Während die Gestapo noch immer nach Beweisen für regimekritische Aktivitäten suchte, bestanden sowohl Beweismittel als auch Anklagepunkte zumeist aus vollständigen Erfindungen durch den Geheimdienst. Jener Rationalismus des faschistischen Terrors, den Žižek hier beschreibt, offeriert Vlasov eine persönliche Zukunftsaussicht – die Aufstellung und Befehligung der Russischen Befreiungsarmee – und ist zudem kaum furchteinflößender als sein vorheriges Leben unter »Genosse Stalin«: »In the Reich people do not simply disappear without cause, in Stalinist Russia, now that's a different matter«.[16]

Vlasovs Wandlung zum »rationalen Faschisten« muss zu allererst als misslungener Legitimationsversuch seines eigenen Scheiterns verstanden werden. Ähnlich wie Paulus mangelt es Vlasov an vollkommener Systemtreue, sodass er weder Selbstmord begeht noch sich den Kollaborationsangeboten der Deutschen verweigert. Stattdessen sucht er Zuflucht in einer durch Alkoholmissbrauch errichteten Illusionswelt. Der absolute Zusammenbruch seiner historischen Handlungsgewalt, und somit seiner moralisch-ethischen Dimension, erfolgt allerdings mit Vlasovs bewusster Entscheidung, deutsche Kriegsverbrechen aus seinem Gedächtnis zu verdrängen und stattdessen die perfiden Lügen eines deutschen Offizieres als Substitutionswahrheiten zu akzeptieren. Vlasovs absolute Unterwerfung symbolisiert nicht nur den kompletten Triumph der nationalsozialistischen Propagandamaschine und die Aufgabe jedes moralisch-ethischen Geschichtsbewusstseins. Vielmehr beleuchtet Vollmanns Text die paradoxen Manipulationsstrukturen totalitärer Regime und deren Auswirkungen auf das historische Subjekt in ihrer Mitte. In diesem Zusammenhang erörtert der Roman jene minimale Differenz zwischen Stalinismus und Faschismus, die auf den ersten Blick nebensächlich erscheinen mag. Gleichwohl reflektiert das Schicksal der beiden Generäle die unterschiedlichen Auswirkungen ideologischer Verblendung auf den Einzelnen. Während Vlasov zunehmend in einem Zustand kompletter Wahnvorstellungen untergeht, gelingt es Paulus, seine Faszination für den Faschismus abzulegen, und er realisiert, dass einzig der kommunale Aspekt des Sowjetsystems in der Lage ist, ihn von seinem nationalsozialistischen Führerkult zu befreien: »He wondered how he ever could have believed that anybody could defeat the Soviet Union which stood for the people. He now saw that national questions, if indeed they were not entirely spurious, should always be subordinated to more general social questions«.[17]

Die Darstellung individueller Handlungsspielräume und deren moralische Implikationen im Kontext geschichtlicher Wendepunkte spielt eine zentrale Rolle in der poetischen Historiographie von William Vollmann. In einem Interview aus dem Jahr 1993 beschreibt Vollmann die komplexe Beziehung zwischen persönlicher Verantwortung und Systemhörigkeit mit der folgenden Aussage:

> If Eichmann hadn't happened to have lived in Germany at a certain time, he would have died unknown. He was such a puppet of his setting that what he wound up doing wasn't completely his fault. He wanted somebody to love and then when Hitler came along to fill that need, Eichmann had to do what his puppet master made him do.[18]

Obwohl das Phänomen des Führerkultes ein wichtiges Erklärungsmodell für die Abwesenheit selbstbestimmten Handelns während des NS-Regimes darstellt, erschließt Vollmanns Antwort eine weiterführende psychologische Ebene, in der das Verlangen nach Anerkennung zum Mörder des moralisch-ethischen Individuums heranwächst. Hitler entwickelt sich, in Martin Bormanns Phantasie, zum absoluten »Liebesobjekt«, dessen Anerkennung das historische Subjekt vor geschichtlicher Anonymität bewahrt. Der Akt gegenseitiger Anerkennung zwischen Individuum und totalitärem Diktator ermöglicht somit eine dialektische Aufhebung der individuellen Isolation auf Seiten des Subjekts und vereint dieses mit der Volksgemeinschaft.[19] Vollmanns Aussage, ebenso wie seine Darstellung von sowohl Paulus als auch Vlasov, suggeriert, dass historischer Determinismus schnell als Entschuldigung, wenn nicht sogar Rechtfertigung, für historisches Handeln und die nachfolgende Interpretation jener Taten herangezogen wird. Die offensichtliche Gefahr dieser Denkstruktur ist nicht nur die unmittelbare Ausgrenzung jeder Form von individuellem Widerstand gegen ein totalitäres System, sondern auch die Unterstützung eines Geschichtsbewusstseins, das opportunistische Legitimation und Absolution von Mittätern propagiert, ein Verbrechen, von dem weder Paulus noch Vlasov freigesprochen werden sollte.

Was am Ende von *Europe Central* bleibt, ist nicht nur die Erkenntnis, dass innovative Paradigmenwechsel innerhalb des postmodernen amerikanischen Geschichtsromans sich durchaus den »großen« historischen Zäsuren des 20. Jahrhunderts zuwenden sollten, sondern vielmehr, dass postmoderne Narrative sich aus der Unentscheidbarkeit der baudrillardschen Zeichenfluktuation befreien und einen moralisch-ethischen Geschichtsdiskurs eröffnen können. *Europe Central* muss somit als unvollendete Fortsetzung von Vollmanns übergeordnetem Projekt verstanden werden, das folgendes Anliegen hat: »to examine all the varieties of human experience in an attempt to judge what morality truly is«.[20] Ob der Kurs, den Autoren wie William Vollmann, Norman Mailer oder Don DeLillo und Theoretiker wie Slavoj Žižek vorgeben, Bestand hat, wird sich zeigen müssen, doch die ungebrochene Ausstrahlungskraft jener beiden totalitären Systeme – Stalinismus und Faschismus – lässt annehmen, dass noch der eine oder andere Autor auf der Suche nach neuen historischen Erklärungsmodellen zum Scheideweg des 20. Jahrhunderts zurückkehren wird.

---

[1] Siehe Tom LeClair: »The Prodigious Fiction of Richard Powers, William Vollmann and David Foster Wallace«, in: *Critique* 38 (1996), H. 1, S. 12–37.
Zu Vollmanns weiteren Publikationen zählen die Romane *You Bright and Risen Angels*, *The Royal Family*, *The Ice-Shirt*, *The Rifles*, *Fathers and Crows*, *Whores for Gloria*, *The Atlas*, *Argall* sowie drei Kurzgeschichtensammlungen und ein *Memoir*, das unter dem Titel *Rising Up and Rising Down* erschienen ist.

[2] Vollmanns Kapitelaufbau wie auch das enorme Charakterspektrum orientieren sich an Vasily Grossmans legendärem Stalingrad-Roman *Life and Fate* (Vasily Grossman: *Life and Fate*, New York: Harper&Row 1985).

[3] Norman Mailer: *The Castle in the Forest*, New York: Random House 2007, S. 71.

[4] Slavoj Žižek, in seinem jüngsten Werk *The Parallax View*, sieht Stalinismus und Faschismus als sowohl differente aber auch kongruente totalitäre Systeme. Žižeks Diskussion der philosophisch-moralischen Implikationen von Faschismus und Stalinismus reflektiert das Wiederaufleben der Frage nach historischer Handlungsgewalt im theoretischen Diskurs (Slavoj Žižek: *The Parallax View*, Cambridge: MIT Press 2006). Obwohl sich DeLillos historischer Diskurs stärker auf die Analyse der postmodernen Konsumgesellschaft und die Auswirkungen eines ungehemmten, sinnentleerten Austauschs von Zeichen, Waren und Faszinationen bezieht, so verbergen sich hinter dem auf den ersten Blick befreienden System des transatlantischen Kapitalismus oftmals faschistoide Züge. Besonders die Romane *Running Dog*, *Great Jones Street* und *White Noise* beleuchten die ungebrochene Faszination des Nationalsozialismus und dessen postmodernes Vermächtnis. DeLillos Werk ist ein weiterer Nachweis für die Notwendigkeit, die zentrale Katastrophe des 20. Jahrhunderts wieder ins Rampenlicht der literarischen Analyse zu rücken.

5 Slavoj Žižek: »Hallucination as Ideology in Cinema« in: *Theory and Event* 6 (2002) H. 1.
6 Der Mythos der »verratenen Armee« erklärt die Tragödie der 6. Armee als Folge mangelhafter Unterstützung durch das Oberkommando der Wehrmacht. Demzufolge ist die Kapitulation der deutschen Truppen in Stalingrad auf Hitlers Weigerung, dringend benötigte Nachschublieferungen wie Winterbekleidung, Verpflegung, Munition und Verstärkung bereitzustellen, zurückzuführen.
7 William T. Vollmann: *Europe Central*, New York: Viking 2005, S. 262.
8 Ebd., S. 394.
9 »Stalinist turn from egalitarianism to competition and the praise of individual achievements«, in: Žižek: »Hallucination« (siehe Anm. 5).
10 Vollman: *Europe Central* (siehe Anm. 7), S. 357.
11 Siehe Jay W. Baird: »The Myth of Stalingrad« in: *Journal of Contemporary History* 4 (1969), H. 3, S. 187–204, hier S. 197.
12 Siehe Benedict Anderson: *Imagined Communities. Reflections on the Origin and Spread of Nationalism*, London: Verso 1983.
13 Ebd., S. 144.
14 Vollman: *Europe Central* (siehe Anm. 7), S. 279.
15 Slavoj Žižek: *The Parallax View*, Cambridge, MA: MIT Press 2006, Ebd., S. 286.
16 Ebd., S. 301.
17 Ebd., S. 403.
18 Larry McCaffery: *The Metafictional Muse*, Pittsburgh: University of Pittsburgh Press 1982, S. 20.
19 Falls die dialektische Aufhebung von subjektiver Isolation innerhalb der faschistischen Ideologie auf die Anerkennung des Subjektes durch den Diktator zurückzuführen ist, repräsentiert der Stalinismus bereits die nächste Stufe jenes Prozesses, da sowohl das Individuum als auch der Diktator von vornherein dem kommunistischen System untergeordnet sind.
20 James Crossley: »Europe Central«, (Review) in: *Review of Contemporary Fiction* 25 (2005), H. 2, S. 137.

IV Amerikas Seelenlandschaften

KATHARINA BICK

Localizing Literary Whiteness

Post-kritische Weißseinsdiskurse im zeitgenössischen amerikanischen Roman

In Ernest Hemingways *To Have and Have Not* (1937) ist Eddy, einer der Charaktere, weiß, und wir wissen, dass er weiß ist, da es vom Autor nicht erwähnt wird.[1] Wie in den Werken Hemingways, so wird auch bei anderen weißen amerikanischen Autoren Weißsein bzw. eine weiße Identität nicht bewusst als *racial category* wahrgenommen. Während schwarze Charaktere als solche gekennzeichnet wurden, sind weiße Charaktere in der amerikanischen Literatur bis in die jüngste Vergangenheit hinein nicht explizit als weiß bezeichnet worden. Im Gegensatz dazu durchbrechen die zeitgenössischen Romane, auf die ich mich in diesem Artikel beziehen möchte, diesen unsichtbaren Status des Weißseins und verdeutlichen die weiße Identität ihrer Protagonisten. Außerdem hebt jeder Autor einen bestimmten Aspekt von Weißsein hervor. Dorothy Allison zum Beispiel setzt sich in *Cavedweller* (1999) mit dem Stereotyp des *white trash* auseinander und legt dar, wie die Südstaaten das amerikanische Verständnis von *race* geprägt haben. Danzy Senna bezieht sich in ihrem Roman *Caucasia* (1998) auf das Thema des *racial passing*, das heißt, dass ihre schwarze Protagonistin aufgrund ihrer hellen Hautfarbe auch als Weiße oder Jüdin (als spezifische Art von Weißsein) auftreten kann. Kate Mannings zentrales Thema in *Whitegirl* (2002) ist die gegenseitige Beziehung von Schwarz- und Weißsein, die sie anhand einer Verbindung zwischen einem schwarzen Mann und einer weißen Frau darstellt. Hingegen konzentriert sich Brock Clarke in seinem Roman *The Ordinary White Boy* (2001) auf die Beziehung zwischen Weißsein und Maskulinität. Alle vier Werke behandeln das Thema Weißsein also aus unterschiedlichen identitätsübergreifenden Perspektiven (*race, gender, sexual orientation, nationality, class*).[2] Mit dieser Fokussierung auf Weißsein und unter Berücksichtigung aller Facetten markieren die Autoren ein neues Bewusstsein in der amerikanischen Literatur.

Vorreiter der kritischen Weißseinsforschung in den USA waren afroamerikanische Wissenschaftler, politische Aktivisten und Autoren wie zum Beispiel Harriet Jacobs, W. E. B. Du Bois oder James Baldwin. Seit der Sklaverei haben sie sich mit dem Thema Weißsein auseinandergesetzt und dessen Bedeutung hervorgehoben. Vor allem die *critical race theorists* haben seit den späten 1970er Jahren zur Entstehung der Weißseinsforschung beigetragen, da sie Weißsein in die amerikanische Debatte über *race* miteinbezogen. Als Vertreterin der *critical race theorists* hat Kimberlé W. Crenshaw betont, dass auch andere identitätsformende Kategorien (*gender, class, sexuality*) gleichermaßen berücksichtigt werden müssen, um Weißsein adäquat zu analysieren.[3] Ihr Konzept der *intersectionality* und ihre Auffassung, dass nicht nur *race*, sondern auch *gender, class* und *sexuality* soziale Konstrukte sind, stützen diesen Artikel.

Die *critical race theorists* versuchten, weiße Amerikaner für ihre *racial identity* zu sensibilisieren, indem sie Weißsein nicht nur sichtbar machten, sondern weißen Amerikanern auch die (sozialen, wirtschaftlichen, beruflichen, etc.) Privilegien vor Augen führten, die sie aufgrund ihrer Hautfarbe genossen. Damit trafen die afroamerikanischen Wissenschaftler den zentralen Nerv der Weißseinsdebatte: Weiße Amerikaner nehmen sich selbst häufig nicht als weiß wahr und verleugnen dadurch ihre Privilegien, die an Weißsein gebunden sind. So gilt Weißsein als Norm – vermeintlich neutral – und vermittelt das Gefühl: »that whiteness is nothing in particular, that white culture and identity have, as it were, no content«.[4] Laut George Yancy besteht in der aktuellen afroamerikanischen Weißseinsdebatte – neben der Forderung nach einer kritischen Auseinandersetzung mit Weißsein – auch die Befürchtung, dass die Fokussierung auf Weißsein andere ethnische Gruppen (*African Americans, Asian Americans, Chicanos*) in den Hintergrund drängt.[5]

Im Gegensatz zur afroamerikanischen Forschung haben weiße amerikanische Wissenschaftler erst am Ende des 20. Jahrhunderts damit begonnen, Weißsein in ihre Studien einzubeziehen. Seitdem gibt es jedoch eine Fülle von Beiträgen in den unterschiedlichsten wissenschaftlichen Disziplinen. In juristischen, sozialwissenschaftlichen und historischen Untersuchungen bis hin zu kultur- und literaturwissenschaftlichen Analysen steht Weißsein im Vordergrund und beeinflusst die amerikanischen Diskurse über *racial identification* nachhaltig.[6] Das aktuelle Interesse an der kritischen Weißseinsforschung basiert auf öffentlichen und akademischen Diskussionen über Multikulturalismus, Internationalismus und *racial diversity*. Matthew Frye Jacobson führt die Popularität der Weißseinsforschung nicht zuletzt auf das »ethnic revival«[7] der heutigen Nachkommen europäischer Einwanderer in die USA zurück. Jacobson hat in seinem aktuellen Werk gezeigt, dass sich die jüngste Generation der europäischen Einwanderer zwar mit dem Thema Weißsein auseinandersetzt, aber versucht, die Problematik des *white privilege* zu umgehen, indem sie einen »not-quite-white ethnic background« hervorhebt: »›I'm not white; I'm Italian‹«.[8]

Die gegenwärtigen amerikanischen Weißseinsforscher nähern sich dem Thema auf unterschiedliche Weise. Weißseinshistoriker, wie zum Beispiel Jacobson, Roediger oder Kolchin,[9] widmen sich vor allem der Entstehung amerikanischen Weißseins und untersuchen, welche Rolle Weißsein bei der Bildung einer amerikanischen Nation spielte. Hingegen konzentrieren sich Weißseinssoziologen (Frankenberg, Nakayama, Martin)[10] auf die zentrale Bedeutung von Weißsein bei der Entstehung eines sozialen Subjekts. Darüber hinaus legen Forscher in den Medien- und Kulturwissenschaften (Dyer, McKee)[11] den Schwerpunkt auf die visuelle Repräsentation von Weißsein. Sie zeigen kritisch auf, wie Weiße in den Medien dargestellt werden und wie sie sich selbst gerne sehen.

In den literaturwissenschaftlichen Forschungen geht der Anstoß für eine kritische Auseinandersetzung mit Weißsein erneut von einer Afroamerikanerin aus. Hier gilt Toni Morrisons *Playing in the Dark*[12] (1992) als das bedeutendste und einflussreichste Werk. Morrison ist die Erste unter den gegenwärtigen Wissenschaftlern, die die literarische Darstellung von Weißsein in den Werken weißer amerikanischer Autoren untersucht hat. Dabei konzentriert sie sich vor allem auf die Konstruktion einer weißen Identität und kommt zu dem Schluss, dass die Darstellung weißer Charaktere von Afroamerikanern abhängt.[13] Das würde bedeuten, dass Weißsein nicht ohne Schwarzsein existieren kann: »Whiteness, alone, is mute, meaningless, unfathomable, pointless, frozen, veiled, curtained, dreaded, senseless, implacable«.[14]

Trotz dieses wichtigen Impulses von Toni Morrison sind bisher nur relativ wenige Literaturwissenschaftler dem von ihr aufgezeigten Weg gefolgt (Aanerud, Broeck, Curry, Nelson),[15] verglichen mit den zahlreichen Studien dieser Art in den geisteswissenschaftlichen Nachbardisziplinen. So stellt man fest, dass es kaum literaturwissenschaftliche Analysen gibt, die die Darstellung von Weißsein adäquat berücksichtigen.[16] Das mag an der Schwierigkeit liegen, das universelle Verständnis von Weißsein zu erkennen und zu durchbrechen. Wie zum Beispiel die Entwicklung des Feminismus gezeigt hat, war weißen Feministinnen häufig nicht bewusst, dass ihre Aussagen nur für weiße Frauen Relevanz aufwiesen.

Bei genauerer Betrachtung der aktuellen Forschungslage in der Literaturwissenschaft fällt auf, dass die wenigen Wissenschaftler, die sich überhaupt mit dem Thema Weißsein beschäftigt haben, vor allem Werke weißer amerikanischer Autoren analysierten, die vor der Erscheinung von Morrisons *Playing in the Dark* 1992 und der Entstehung einer weißen Literaturkritik veröffentlicht wurden. Die Untersuchungen früherer amerikanischer Publikationen haben ergeben, dass Weißsein von den Autoren nicht bewusst als *racial category* wahrgenommen wurde, sondern als unbewusste Norm galt. Meines Wissens hat nur Rebecca Aanerud zwei Werke analysiert, deren Autoren Weißsein erwähnen, sich aber dem Thema der *white guilt* widmen.

Im Unterschied zu diesen bisherigen Forschungen beziehe ich mich in meinem Artikel auf zeitgenössische Romane, die sich ganz bewusst mit Weißsein bzw. *race* beschäftigen und deren zentrales Thema die Konstruktion einer weißen Identität ist. Darüber hinaus kennen die vier Autoren nicht nur Morrisons *Playing in the Dark*, sondern sind auch mit der Weißseinsforschung der verschiedenen wissenschaftlichen Disziplinen vertraut,[17] setzen sich damit auf literarischem Niveau auseinander und diskutieren das Thema deshalb aus einer postkritischen Perspektive. Dadurch unterscheiden sie sich erheblich von weißen amerikanischen Autoren, deren Werke früher veröffentlicht wurden.

Von den vier Autoren sind vermutlich nur Allison und Senna einem größeren Publikum bekannt. Allison hat sich vor allem einen Namen als feministische Südstaaten-Autorin gemacht, deren Werke häufig autobiographische Züge tragen. Das trifft auch auf *Cavedweller* zu, da Allison aus der weißen Unterschicht stammt und selbst Höhlenwanderungen unternommen hat. Senna hingegen ist in ihren Publikationen dafür bekannt, den Aspekt der *multiraciality* hervorzuheben, der auch in *Caucasia*, einem Roman, der an die *novel of passing* erinnert, wieder aufgenommen wird. Im Gegensatz zu Allison und Senna haben Clarke und Manning bisher nur einen Roman veröffentlicht. Während Manning in *Whitegirl* darum bemüht ist, ihre Figuren möglichst realistisch erscheinen zu lassen, wird in Clarkes Roman das Verhalten und die Einstellung der weißen Bewohner von Little Falls satirisch kommentiert.

Die vier Romane werden vermutlich von Literaturkritikern als Trivialliteratur abgetan. Das wäre eine Erklärung für die Tatsache, dass die vier Werke bislang selten bzw. nie Gegenstand wissenschaftlicher Untersuchungen waren.[18] Dennoch beschäftigen sich gerade diese Werke explizit mit Weißsein, einem Thema, das bisher nur im akademischen Diskurs verankert war. Es erscheint fast paradox, dass ein Genre, welches von Kritikern als trivial bezeichnet wird, ein wissenschaftliches Thema aufgreift, sich damit kritisch auseinandersetzt und somit maßgeblich zu den akademischen Weißseinsdiskursen beiträgt. Folglich lautet die zentrale Frage meines Artikels, wie die vier Autoren auf die theoretische Weißseinsdebatte in ihren Werken reagieren. Auf welche Art und Weise präsentieren die vier Autoren das – bislang eher akademisch und theoretisch diskutierte – Thema Weißsein einer breiteren Öffentlichkeit?

Schon die Titel der vier Werke lassen erkennen, dass Weißsein klar im Vordergrund steht und auch der Beginn der Romane ist gekennzeichnet durch eine unmittelbare und offensive Einleitung in das Thema. Zum Beispiel lauten die ersten Sätze in *Whitegirl*: »I was not always a white girl. I used to be just Charlotte. [...] But when I met Milo, [...] I became white«.[19] Gleichzeitig deutet sich in diesen ersten Sätzen des Romans die zentrale Problematik der weißen Identitätsbildung an. Das Adverb *always* impliziert zwar den Prozess der Annahme einer weißen Identität, aber die darauf folgenden Sätze zeigen, dass Charlotte zunächst nur über ihren Namen eine Identität erhielt. Erst als sie ihren zukünftigen schwarzen Ehemann Milo kennenlernt und direkt mit dessen Schwarzsein konfrontiert wird, nimmt Charlotte bewusst ihr Weißsein wahr. Damit verweist der Roman gleich zu Beginn auf zwei bedeutende Aspekte der aktuellen Weißseinsdebatte. Zuerst thematisiert Manning die Unsichtbarkeit von Weißsein und den damit verbundenen unmarkierten Status. In einem weiteren Schritt geht sie auf das Verhältnis von Schwarz- und Weißsein ein. Es scheint hier zunächst so, als ob Charlottes Weißsein nicht ohne das Schwarzsein ihres Ehemanns existieren könne. Damit würde Manning Morrisons Aussage in *Playing in the Dark* zustimmen, dass die Darstellung weißer Charaktere von Afroamerikanern abhängt. Würde das folglich bedeuten, dass Weißsein sich nur über Schwarzsein definiert oder entfernt sich Manning von dieser binären Betrachtungsweise und deutet eine Verbindung schwarzer und weißer *racial categories* miteinander an?

Zu Beginn des Romans wird Charlottes Naivität in Bezug auf ihr Weißsein durch die Verwendung zahlreicher schwarz/weißer Klischees und Stereotypen deutlich, wie zum Beispiel: »Have you ever seen a black man ski?«[20] Aber während der Beziehung zu Milo verändert sich ihre Sichtweise zunehmend. Charlotte beginnt nicht nur ihr Weißsein und die damit verbundenen Privilegien wahrzunehmen, sondern sie entwickelt ein Bewusstsein für ihre rassische Identität. Gleichzeitig erkennt sie auch, wie sich Milos *race consciousness* verändert. Wird er in Vermont noch als »white guy«[21] mit britischem Akzent beschrieben, so spricht er in New York einen schwarzen Dialekt. Jedoch lässt das offene Ende des Romans nicht eindeutig erkennen, inwieweit Charlottes weißes Bewusstsein gefestigt ist, ob sie ihr stereotypes Denken tatsächlich abgelegt hat und folglich bewusst mit der Kategorie *race* umgehen kann. So bleibt offen, ob Charlottes Ehemann Milo oder ihr weißer Jugendfreund Jack versucht haben, sie zu ermorden. Sollte Charlotte Milo als Täter verdächtigen, würde damit erneut ein stereotypes Bild, nämlich das des *black murderer*, hervorgerufen.

Clarke hingegen versucht den Dualismus von Schwarz- und Weißsein zu umgehen, indem eine der Hauptfiguren, um deren Ermordung es geht, ein Puertoricaner ist. Aber auch Clarke beschreibt die stereotypen Denkmuster der Bevölkerung von Little Falls, einem kleinen Ort mit überwiegend weißen Einwohnern. So stellt sich bei der weißen Bevölkerung nach der Ermordung des Puertoricaners sofort die Frage, ob der Mord aus rassistischen Motiven erfolgte. Auch die Polizisten, die den Fall untersuchen, gehen zuerst diesem Verdacht nach. Clarke zeigt in einem Gespräch zwischen dem Protagonisten Lamar Kerry und dessen Onkel, einem Polizisten, wie stark die stereotypen Denkungsmuster in der weißen Bevölkerung verankert sind und verdeutlicht dieses mit humoristischen Elementen:

›Mark Ramirez is missing,‹ my uncle says.
›That's one thing I do know,‹ I say. ›Tell me something else.‹
›His wife,‹ he tells me, ›is white.‹
›I know. I went to high school with her,‹ I say. ›She was white then, too.‹[22]

Dieses Zitat zeigt aber auch, dass nur der Protagonist des Romans das stereotype Denken seiner weißen Mitmenschen in Frage stellt und dieses, so hat es hier fast den Anschein, belächelt.

Während die anderen Gemeindemitglieder ihre weiße Identität nicht als solche wahrnehmen, denkt Lamar bewusst über seine eigene nach. Er wirft die Frage auf, wie er mit seinem Status als weißer Mann, der der *middle class* angehört, umgehen soll. Er ist sich unsicher, welche Bedeutung Weißsein eigentlich für seine Identität hat. Außerdem kann er auch die Konsequenzen nicht absehen, die eine Auseinandersetzung mit Weißsein mit sich bringen würde. Er befürchtet zum Beispiel, dass sein *ordinary life* bedroht werden könnte, was bei ihm zu Angst, Desorientierung und Unsicherheit führt: »The truth is, I know less about how the world works than I ever did, and I am scared«.[23]

Das Verhalten der weißen Bevölkerung von Little Falls wird von Lamar mit einem gewissen satirischen Unterton kommentiert. Clarke bezieht sich nämlich auch auf die Geschichte von Weißsein in Amerika und zwar insbesondere auf den Status der Italiener und Iren. Weißseinshistoriker wie Kolchin haben gezeigt, dass irische und italienische Einwanderer zunächst als »variegated white«[24] galten und nicht die gleichen Rechte wie angelsächsische Einwanderer besaßen. Dieser Aspekt wird im Roman aufgenommen und von Lamar offensiv, aber auch mit einem gewissen Spott, dargestellt:

> Sixty years ago, you would have called these women Italian or Irish [...] Sixty years later, these women looked like normal white Americans [...] obviously happy that they were not black and that their houses were not on fire.[25]

Anders als bei den beiden vorangegangenen Romanen, wird in Dorothy Allisons *Cavedweller* Weißsein weder im Titel noch in der Einleitung direkt angesprochen. Dass es sich bei der Protagonisten Cissy um eine junge weiße Frau handelt, kann man nur aufgrund ihrer roten Haarfarbe erschließen. Erst am Ende des Romans wird Weißsein markiert, indem Cissys Schwester Dede als »shameless trash«[26] bezeichnet wird. Obwohl es vielleicht beim ersten Lesen des Romans den Anschein hat, dass Weißsein nicht thematisiert wird, so zeigt doch die Verwendung des *white trash* Stereotyps, dass Weißsein konstant präsent ist. *White trash* ist in diesem Roman »the most visible and clearly marked form of whiteness«.[27]

Dennoch lässt sich hier ein Unterschied in der Beschreibung der weißen Charaktere im Vergleich zu den schwarzen Charakteren ausmachen. Werden weiße Charaktere nie direkt als solche dargestellt, so wird auf *racialized images* zurückgegriffen, wenn es um die Beschreibung schwarzer Charaktere geht. Die Freundin von Cissys Mutter, Rosemary Depau, wird als eine Art »fantasy creature«[28] beschrieben, die aufgrund ihrer ungewöhnlichen Kleidung, des ausgefallenen Schmucks und Make-ups, exotisch und extravagant auf ihre weißen Mitmenschen wirkt. Aber Allison zeigt auch, dass nicht nur die Afroamerikanerin Rosemary die Ablehnung der weißen *middle class* spürt, sondern auch Delia, die als *white trash* bezeichnet wird. Beide Frauen werden von Nadine Reitower, einer Angehörigen der weißen *middle class*, verachtet. Ob diese Anfeindungen tatsächlich zu einer Verbindung der beiden Frauen geführt haben, bleibt offen. Aber die Tatsache, dass beide gemeinsam an einem »new song«[29] arbeiten möchten, könnte auf eine neue Art von *racial consciousness* hindeuten, welche die stereotypen Denkweisen gegenüber Afroamerikanern und Weißen, die als *white trash* bezeichnet werden, ablegt.

Allison bezieht sich in *Cavedweller* auch auf einen bestimmten Aspekt der Weißseinsforschung, nämlich den der Unsichtbarkeit von Weißsein. Um dieses zu illustrieren, verwendet sie die Metapher des Sehens. Ihre Protagonistin Cissy leidet so sehr unter der Verachtung und den Vorurteilen der weißen *middle class*, dass sie versucht, ihrer *white-trash*-Identität zu entfliehen, indem sie zu langen Wanderungen in eine Höhle aufbricht. Aus Angst davor gesehen zu werden, nutzt Cissy diese Höhle nicht nur als Versteck, sondern auch als Zufluchtsort, da sie dort vor der Abneigung anderer sicher ist: »Nothing here would hurt her«.[30] In der Dunkelheit der *cave* ist ihre *white-trash*-Identität nicht sichtbar. Das heißt, die Höhle ist ein Ort, auf den die Außenwelt keinen Einfluss nehmen kann. Nur dort sieht Cissy sich so, wie sie sein möchte, und nur dort spielt es keine Rolle, welcher *race, class* oder welchem *gender* sie angehört.

Auch Senna stellt in *Caucasia* dar, dass die Bildung einer eigenen Identität nicht so sehr von der Person selbst ausgeht, sondern vielmehr von dem, was andere Personen aufgrund von *race, class* oder *gender* wahrnehmen. Besonders deutlich wird dieser Aspekt an Birdies *racial identity*. So wird Birdie im Flugzeug für eine Inderin gehalten, ihre Großmutter hingegen sieht in ihr eine gewisse Ähnlichkeit zu Birdies weißen Vorfahren. Birdies *racial identity* wird also nach dem definiert, was andere Personen in ihr sehen bzw. sehen möchten. Birdie spielt aber auch mit diesen Wahrnehmungen anderer, indem sie an verschiedenen Orten unterschiedliche *racial identities* annimmt. In New Hampshire tritt sie zum Beispiel als Jüdin (eine spezifische Art von Weißsein) auf, aber in Boston – am Ende des Romans – als ein schwarzes Mädchen. Senna verdeutlicht hier, dass *race* eine Konstruktion ist, die je nach Ort und Zeit immer wieder neu entsteht.

Während sich die Protagonisten in der traditionellen *novel of passing* zwischen Schwarz- oder Weißsein entscheiden müssen, ist Weißsein in *Caucasia* keine einheitliche Kategorie. Senna geht hier also auch auf die bisherige binäre Betrachtungsweise von *race* in der amerikanischen Literatur ein. Sie entfernt sich aber von dieser Betrachtungsweise, was besonders am Ende des Romans deutlich wird. Als Birdie nämlich einen Schulbus mit Kindern unterschiedlicher ethnischer Herkunft an sich vorbeifahren sieht, nimmt sie die Kinder als ein »blur of yellow and black«[31] wahr. Das heißt, der schwarz-weiße Dualismus geht in einer neuen *multiracial* Perspektive auf.

Wie die Beispiele aus den einzelnen Romanen zeigen, gehen die vier Autoren – sowohl auf formaler als auch auf inhaltlicher Ebene – offensiv mit dem Thema Weißsein um. Alle vier Werke markieren Weißsein von Beginn an deutlich und leiten unmittelbar in die Thematik ein. Außerdem stellt jeder Roman dar, wie die einzelnen Protagonisten ein eigenes weißes Bewusstsein entwickeln. Der Auslöser für diese Entwicklung und die Konsequenzen, die sie nach sich zieht, sind für jeden der Charaktere unterschiedlich. Entscheidend ist dabei aber, dass in jedem Roman Weißsein in all seinen Facetten beleuchtet wird.

Die vier Romane illustrieren außerdem, dass Weißsein ein weit verbreitetes Thema in der amerikanischen Populärkultur ist. Nicht nur in der gegenwärtigen Literatur, sondern auch im Film oder in der Musik, wird Weißsein direkt angesprochen. Filme wie *Brokeback Mountain* oder auch Musiksendungen wie MTVs *White Rapper Show* deuten auf die aktuelle Präsenz von Weißsein hin. Durch diese mediale Verbreitung erreicht das Thema natürlich ein breites Publikum. Sollte sich Weißsein aber zu einem Modethema entwickeln, besteht die Gefahr, dass man sich nicht mehr kritisch mit Weißsein auseinandersetzt und versucht die Problematik des *white privilege* zu umgehen, wie das *ethnic revival* verdeutlicht. Es wird daher zurecht in Jacobsons Werk die Frage gestellt: »What happened to all the white people who were here just a minute ago?«[32]

1   Zitiert in Toni Morrison: *Playing in the Dark. Whiteness and the Literary Imagination*, Cambridge, London: Harvard University Press 1992, S. 72.
2   In Anlehnung an die angloamerikanische Forschung verwende ich in diesem Artikel ausschließlich die entsprechenden englischsprachigen Termini, da es sich bei den Begriffen um Analysekategorien mit spezifischen Konnotationen handelt.
3   Kimberlé Williams Crenshaw: »Mapping the Margins. Intersectionality, Identity Politics, and Violence Against Women of Color«, in: *Critical Race Theory. The Key Writings That Formed the Movement*, hg. von Kimberlé Williams Crenshaw et al., New York: New Press 1995, S. 357–383, hier S. 358.
4   Richard Dyer: *White*, London, New York: Routledge 1997, S. 9.
5   Zitiert in: Blanche Radford Curry: »Whiteness and Feminism. Déjà Vu Discourses, What's Next?«, in: *What White Looks Like. African-American Philosophers on the Whiteness Question*, hg. von George Yancy, London, New York: Routledge 2004, S. 243–262, hier S. 245.
6   Parker C. Johnson: »Reflections on Critical White(ness) Studies«, in: *Whiteness. The Communication of Social Identity*, hg. von Thomas K. Nakayama / Judith N. Martin, Thousand Oaks: SAGE 1999, S. 87–106, hier S. 1.
7   Matthew Frye Jacobson: *Roots Too. White Ethnic Revival in Post-Civil Rights America*, Cambridge, London: Harvard University Press 2006, S. 2.
8   Ebd.
9   Siehe: Jacobson: »Roots Too« (siehe Anm. 7). David R. Roediger: *The Wages of Whiteness. Race and the Making of the American Working Class*, London, New York: Verso 1971. Peter Kolchin: »Whiteness Studies. The New History of Race in America«, in: *History Cooperative*, <http://www.historycooperative.org/ journals/jah/89.1/ kolchin.html> (31.5.2006).
10 Siehe: Ruth Frankenberg (Hg.): *Displacing Whiteness. Essays in Social and Cultural Criticism*, Durham, London: Duke University Press 1997. Nakayama / Martin: *Whiteness* (siehe Anm. 6).
11 Siehe: Dyer: *White* (siehe Anm. 4). Patricia McKee: *Producing American Races. Henry James, William Faulkner, Toni Morrison*, Durham, London: Duke University Press 1999.
12 Hier entwickelt Morrison Thesen weiter, die sie bereits in einem früheren Artikel entwarf, vgl. Toni Morrison: »Unspeakable Things Unspoken. The Afro-American Presence in American Literature«, in: *Michigan Quarterly Review* 28 (1989), H. 1, S. 1–34.
13 Morrison: »Playing in the Dark« (siehe Anm. 1), S. 25.
14 Ebd., S. 59.
15 Siehe: Rebecca Aanerud: »Fictions of Whiteness. Speaking the Names of Whiteness in U.S. Literature«, in: *Displacing Whiteness. Essays in Social and Cultural Criticism*, hg. von Ruth Frankenberg, Durham, London: Duke University Press 1997, S. 35–59. Sabine Broeck: *White Amnesia – Black Memory? American Women's Writing and History*, Frankfurt/Main: Lang 1999. Renée R. Curry: *White Women Writing White. H. D., Elizabeth Bishop, Sylvia Plath, and Whiteness*, Westport, London: Greenwood 2000. Dana Nelson: *The Word in Black and White. Reading ›Race‹ in American Literature 1638–1867*, New York: Oxford University Press 1993.
16 Johnson: »Reflections on Critical White(ness) Studies« (siehe Anm. 6), S. 3.
17 Wie zum Beispiel der folgende Text belegt: Danzy Senna: »An Interview with Claudia M. Milian Arias«, in: *Callaloo* 25 (2002), H. 5, S. 447–452, hier S. 448.
18 Siehe für Allisons *Cavedweller*: Karen Gaffney: »»Excavated from the Inside.‹ White Trash and Dorothy Allison's *Cavedweller*«, in: *Modern Language Studies* 32 (2002),

H. 1, S. 43–57. Siehe für Sennas *Caucasia*: Brenda Boudreau: »Letting the Body Speak. ›Becoming‹ White in *Caucasia*«, in: *Modern Language Studies* 32 (2002), H. 1, S. 59–70. Lori Harrison-Kahan: »Passing for White, Passing for Jewish. Mixed Race Identity in Danzy Senna, and Rebecca Walker«, in: *MELUS* 30 (2005), H. 1, S. 19–48. Michele Hunter: »Revisiting the Third Space: Reading Danzy Senna's *Caucasia*«, in: *Literature and Racial Ambiguity*, hg. von Teresa Hubel / Neil Brooks, Amsterdam, New York: Rodopi 2002, S. 297–316. Clarkes *The Ordinary White Boy* und Mannings *Whitegirl* wurden bisher von der Forschung nicht berücksichtigt.

[19] Kate Manning: *Whitegirl*, New York: Delta 2002, S. 1.
[20] Ebd., S. 11.
[21] Ebd., S. 37.
[22] Brock Clarke: *The Ordinary White Boy*, San Diego: Harcourt 2001, S. 39.
[23] Ebd., S. 257.
[24] Kolchin: »Whiteness Studies« (siehe Anm. 9), S. 3.
[25] Clarke: *The Ordinary White Boy* (siehe Anm. 22), S. 30.
[26] Dorothy Allison: *Cavedweller*, New York: Plume 1999, S. 303.
[27] Annalee Newitz / Matt Wray: »Introduction«, in: *White Trash. Race and Class in America*, hg. von Annalee Newitz / Matt Wray, London, New York: Routledge 1997, S. 1–12, hier S. 4.
[28] Allison: *Cavedweller* (siehe Anm. 26), S. 154.
[29] Ebd., S. 434.
[30] Ebd., S. 243.
[31] Danzy Senna: *Caucasia*, New York: Riverhead 1998, S. 413.
[32] Zitiert in: Jacobson: »Roots Too« (siehe Anm. 7), S. 2.

Ralph Poole

Southern Gothic Updated

Zerrbilder verstörter Männlichkeit im *white-trash*-Roman

Southern Gothic und *White Trash*:
Literarische Erfolgsgeschichten in Schwarz/Weiß

Die Schriftstellerin Ellen Glasgow prägte in einer Rezension mit dem Titel »Heroes and Monsters« von 1935 den von ihr pejorativ gebrauchten Begriff »Southern Gothic School«. Glasgow attackierte damit eine Gruppe von durchaus erfolgreichen und international renommierten amerikanischen Südstaatenautoren – allen voran William Faulkner –, die sich zunehmend in surrealer Ästhetik der Armut, den sozialen Gepflogenheiten und der Geschichte der Südstaaten widmeten. In, wie Glasgow meint, grotesk komischer und bizarr verzerrter Weise verkehren diese Autoren die Heroen der Vergangenheit aus dem Plantagenroman in Monster der Gegenwart. Das Monströse – und dabei letztlich in der Verzerrung der Wirklichkeit heillos Romantische – liege dabei vor allem in der Betonung von Perversion, Kriminalität, moralischer Korruption und körperlichen Gebrechen. Angesichts der Anhäufung von Stereotypen wie Laszivität, Misogynie, Dummheit und Brutalität in diesen Romanen stellte Glasgow die provokative Frage: »Has southern life – or is it only southern fiction – become one vast, disordered sensibility?«[1]

In der Tat verweisen diese Romane der 1930er bis -50er Jahre von Faulkner, Erskine Caldwell, Flannery O'Connor, Carson McCullers, Eudora Welty und Truman Capote auf einen neuen, fragmentierten Süden, der in krassem Gegensatz zur sentimentalen Vision der Südstaatenromanze aus der Zeit vor dem Bürgerkrieg[2] und deren Wiederaufleben besonders durch Margaret Mitchells Bestseller *Gone With the Wind* (1936) steht. Der von Glasgow abschätzig gemeinte Genrebegriff etablierte sich jedoch und bezeichnet in positiver Wendung eine Ästhetik, die über eine realistische Darstellung von Lokalkolorit hinausgehend den Niedergang des alten Südens und die Trostlosigkeit des materiell und moralisch verarmten neuen Südens in ›schauerromantischer< Weise aufbereitet. Das »gothic element« kursiert hierbei besonders um die hypertrophe Figur des »redneck« und »hillbilly« bzw. deren beider Zuordnung zur klassen- und rassenbedingten Spezies des »white trash«.

In der Profilierung dieser Figur griffen die Autoren dabei auf alte Stereotype zurück, die seit der Kolonialzeit Amerikas in den Südstaaten zirkulierten. Kamen diese aber in älterer Literatur wie dem Plantagenroman lediglich zum Einsatz, um das Negativstereotyp einer *white-trash*-Figur gegen das ›wahre‹ Heldentum des aristokratisch anmutenden Heroen auszuspielen, so setzten die Autoren der »Southern Gothic School« diese marginale Figur ins Zentrum und machten sie zur Leitfigur (Auslöser wie Opfer) des oftmals dramatischen Geschehens. Die amerikanische Variante des »gothic« – im Unterschied zu ihrem europäischen Vorbild – ist hierbei nicht primär auf Schock und Spannung ausgerichtet, sondern zeichnet sich besonders in der Assoziation mit marginalen Gruppen oder abgelegenen Regionen und durch die Aufbereitung historischer Traumata und der daraus resultierenden kulturellen Widersprüche aus.[3]

Der Begriff *white trash* hat eine sprach- und mentalitätsgeschichtliche Tradition, die bis in die frühe koloniale Ära Amerikas zurückreicht. Während man heute generell und regional unspezifisch mit *white trash* die arme, meist ländliche, zuweilen aber auch urbane Bevölkerung Amerikas meint, so hat die Bezeichnung ihre historisch und geographisch spezifischen Wurzeln in den Südstaaten der USA. Es gibt Belege dafür, dass schon Anfang des 19. Jahrhunderts »poor white trash« in der Alltagssprache gebräuchlich war im Kontext der sogenannten Südstaatenaristokratie. Dort fungierte *white trash* einerseits seitens der Plantagenbesitzer als Abgrenzungsterminus, um die gemeinsamen europäischen Wurzeln mit den armen, weißen Arbeitern ohne Besitz zu verwischen. Andererseits wurde *white trash* aber auch als identifikatorische Abgrenzung seitens der schwarzen Sklaven verwendet, die mit *white trash* eine soziale Kategorie meinten, die noch unter ihrer eigenen angesiedelt war.[4] Traditionell verknüpfen sich mit *white trash* Bedeutungen wie Schande, Misserfolg und Selbstverschulden – die Kehrseite des *american dream* also. »In a country so steeped in the myth of classlessness«, schreiben Annalee Newitz und Matt Wray in ihrer Einleitung zu der maßgeblichen Aufsatzsammlung zu *White Trash*, »the white trash stereotype serves as a useful way of blaming the poor for being poor. The term white trash helps solidify for the middle and upper classes a sense of cultural and intellectual superiority«.[5] Im Laufe der Zeit haben sich noch andere Sinngehalte herausgebildet wie Faulheit und schlechter Geschmack, Perversion und Missgestaltung. Das Stereotyp des armen weißen Südstaatlers ist somit einerseits an die Vorstellung von körperlicher Degenerierung gekoppelt, andererseits wird ihm aber auch etwas Anomales, Exzessives zugeschrieben: brachiale Kraft und skandalöse Sexualität.

Es sind gerade diese exzessiven Stereotypen, die ihn für die *southern-gothic*-Tradition auch jüngeren Datums so attraktiv machen. Der jüngste *white-trash*-Roman aus den Südstaaten greift diese Stereotypen besonders bezüglich normverletzender, monströser Männlichkeit erneut auf. Alkoholismus, Kriminalität, gestörtes Sozial- und Sexualverhalten und Rassismus sind einige der Schlagworte, die in aktuelle Debatten um Familien-, Religions-, Rassen- und Geschlechterpolitik eingespeist werden. Besonders Steve Yarbroughs *The Oxygen Man* (2000) reaktiviert hierbei die Tradition der *southern-gothic*-Schule, um den (Anti-)Helden des *white trash* zu profilieren. In diesem Roman spielen obsessive Leidenschaften, Kindesmisshandlung und soziales Außenseitertum eine entscheidende Rolle einerseits im Verhalten des männlichen Protagonisten zu seinem Rechtsempfinden, andererseits in seinem Umgang mit Schwarzen. Besonders die Rassen/Klassen-Stratifizierung wird beinahe exemplarisch ausgespielt, indem der *white-trash*-Held Ned Rose gezielt zwischen die Fronten der weißen geldgierigen Plutokraten (darunter sein eigener Arbeitgeber Mack Bell) und der schwarzen ausgebeuteten Arbeiter (seine Kollegen) gestellt wird.

Mack ist als fieser, korrupter, aber typifizierter Südstaatenabkömmling der Plantagenaristokraten gezeichnet. Mit der durch seinen Vater vollzogenen Umwandlung der alten Baumwollfelder in lukrative Fischfarmen symbolisiert er einerseits den endgültigen Aufbruch des Südens in eine neue Ära, mit seinem Rassismus und Klassenbewusstsein allerdings bleibt er den alten Traditionen seiner Väter verhaftet. So sagt er über seine schwarzen Arbeiter, die er durchweg als »›Nigger‹« diffamiert: »You can take 'em out of the cotton patch, [...] but you can't take the cotton patch out of *them*«.[6] Larry, einer dieser schwarzen Arbeiter, den Ned auf Geheiß von Mack wegen des Verdachts der Sabotage umbringen soll, mit dem sich Ned aber stattdessen allmählich anfreundet, bringt Macks Zusammenschluss von rassen- und klassenbedingter Diskriminierung auf den Punkt: »You ain't nothing, man. You zero. You just a empty blank for Mack Bell to fill in«.[7] Larry legt damit den Finger auf jene unverheilte Wunde alter Kindheitstraumata, die zugleich individueller wie kollektiver Natur sind:

> »You ask me, Mack Bell treat you like a nigger too. Why you let him do you that way, Ned?« [...] Sometimes he [i. e. Ned] thought Larry understood too much. *Why you let him do you that way, Ned?* he'd said. But he was smart enough to know Ned wasn't white in the same way Mack Bell was white. There was a world of difference in their whiteness, and the difference had a lot to do with the fat content of the foods they'd grown up eating, the odor of the toilet bowls they'd grown up using, the number of evenings their daddies had spent at home, the number of evenings the mommas stayed gone, the names the druggist had called out when their mommas picked up prescriptions – *Mrs. Bell, Vonnie May Rose* – and the illnesses those prescriptions were meant to treat.[8]

Soziale Stigmatisierung, so am Beispiel der herablassenden ›Familiarität‹, mit dem Vornamen angesprochen zu werden, wird hier deutlich in den Kontext einer Gruppenerfahrung gestellt: Ned wird nicht persönlich abschätzig behandelt, sondern aufgrund der Herkunft seiner Familie, deren Stigma wie ein Fluch an ihm haftet. Ned stellt sich im Verlauf der Romanhandlung allerdings seinen Traumata und schreibt die traditionelle Geschichte des *white-trash*-Versagers um: Er tötet Mack, seinen Arbeitgeber und vermeintlich ältesten Kumpel, und ›verbrüdert‹ sich mit Larry, der am Ende des Romans seine eigene Aussage von Neds Nichtigkeit selbst aufhebt. »›Every nigger got a heart,‹ he [i. e. Larry] said, ›and every zero got a middle.‹«[9]

Es ist das Verdienst von Romanen wie Yarbroughs *The Oxygen Man*, »weiß« als Rassenkategorie zu diskutieren und dies mit dem Diskurs von Klasse zu verzahnen. Während die ältere *southern-gothic*-Schule überwiegend noch die Negativstereotypen von *white trash* zementierte, bringen die jüngsten Romane die Kategorien ins Rutschen und den Mythos des Alten Südens damit endgültig zu Fall. In den 1990-er Jahren hatte dies bereits Dorothy Allison mit ihren weiblichen Protagonisten vollzogen, die sich in dem Regelwerk südstaatlicher Normen gegen klassengebundene geschlechtliche, sexuelle und religiöse Schranken hinwegsetzten, am deutlichsten in dem autobiographisch begründeten Roman *Bastard Out of Carolina* (1992). In ihrem Essay »A Question of Class« macht Allison das historisch bedingte Dilemma von gleichzeitig selbstzerstörerischer Unsichtbarkeit und fiktionaler Romantisierung der *white-trash*-Kaste, zu der sie sich selbst zählt, deutlich:

> [W]e had been encouraged to destroy ourselves, made invisible because we did not fit the myths of the noble poor generated by the middle class. [...] What was real? The poverty depicted in books and movies was romantic, a backdrop for the story of how it was escaped. [...] The reality of self-hatred and violence was either absent or caricatured. The poverty I knew was dreary, deadening, shameful, the women powerful in ways not generally seen as heroic by the world outside the family.[10]

Allisons Evaluierung einer Romantisierung des »noblen Armen«, wie dies z. T. in den Romanen des *southern gothic* in Abgrenzung zum »poor white trash« betrieben wurde, sowie des bis heute perpetuierten Hegemoniesystems der Südstaaten ist Bestandteil ihrer eigenen fiktionalen und essayistischen Aufarbeitung. Die Verachtung der Weißen der Mittel- und Oberschicht gegenüber den armen Weißen figuriert hier als eine Art klassenbedingter Rassismus.

Wiewohl in seiner Umschreibung von Stereotypen nicht so radikal wie Yarbrough und Allison, so arbeitet doch auch Richard Yanceys Roman *A Burning in Homeland* (2003) an der Devaluierung des *white-trash*-Mythos in der Figur des Antihelden Halley Martin. Der Gelegenheitsarbeiter und autodidaktische Künstler Halley verliebt sich in Mavis, die Tochter des Plantagenbesitzers Lester Howell, für den er arbeitet. Als Lester eine Zeichnung in die Hände fällt, die Halley von Mavis gemacht hat, zitiert er Halley in sein Büro und macht ihm klar, dass es keine Zukunft für Mavis und ihn geben kann aufgrund von Halleys Klassenzugehörigkeit.

Die jugendliche Renitenz von Halley imponiert dem Plantagenbesitzer zwar, und doch greift er auf die darwinsche Ausleseideologie zurück und vergleicht Halley mit dem in der Hierarchie der Raubvögel untergeordneten Bussard und sich selbst mit der Gattung der Adler.[11] Lester Howell artikuliert hier im Wesentlichen die standardisierte Meinung seiner Kaste, indem er Halley herablassend als Gesindel bezeichnet und ihm Geld als Erpressungsmittel mit vorgehaltener Pistole aufdrängt, um seine Tochter in Ruhe zu lassen und aus der Gegend zu verschwinden. Die Bigotterie Lester Howells löst hier, ähnlich wie bei Allison beschrieben und wie es auch im Verhältnis von Mack und Ned aus *The Oxygen Man* der Fall war, den von der Südstaatengesellschaft sanktionierten Mechanismus des ohnmächtigen Selbsthasses aus: »For a second I saw myself as he must see me, and I was filled with disgust«.[12]

Wie diese Beispiele zeigen, wird auch heute noch in der Südstaatenliteratur biologistisches Determinationsdenken zitiert. Der stereotype Mythos des *white trash* kursiert immer noch als Beschwörung eines fortwährenden Schreckgespenstes. Doch die Darstellungen weisen mittlerweile einen selbstreflexiven Gestus auf, der die fortgesetzt negative Konnotation zu brechen und den Konnex von Rasse und Klasse neu zu beleuchten sucht. Stellenweise im Rückgriff auf *gothic* Erzählstrategien werden hier Vorstellungen einer genetischen Müllhalde und der Angst vor Ansteckung und Ausbreitung zwar wieder aufgegriffen, doch nun neu verhandelt. Yanceys Roman ist ein Beispiel der dunklen Romantisierung dieser Erzähltradition: Der Künstler Halley, dessen Name ironischerweise an den Komet Halley erinnern soll, erlebt statt eines ›kometenhaften‹ Aufstiegs nicht nur soziale Ächtung, sondern auch körperliche Zerstörung. Im Gefängnis werden von bösartigen Mithäftlingen seine Hände zerschlagen, sodass er als hilfebedürftiger Krüppel (und endgültig verhinderter Künstler) leben muss. Als er nach 20 Jahren entlassen wird und durch eine vermeintlich glückliche Wendung des Schicksals die mittlerweile bankrotte Plantage von Lester kaufen kann, führt ihn seine unverminderte Liebesobsession dennoch direkt in den Tod.»Homeland«, der Ort des Geschehens, bleibt für Halley immer nur ein unerreichbarer Wunschort, eine symbolische Heimatstätte, die ihn nie willkommen heißt. Am Ende hat ihn der Fluch des *white-trash*-Schicksals eingeholt, und als ›Untoter‹ verabschiedet er sich als Erzähler aus dem Roman: »The lover withdraws himself, and is gone«.[13]

Ganz anders zeigt sich die *southern-gothic*-Atmosphäre in *The Oxygen Man*. In diesem Roman ist es zum einen die desolate Lebenssituation der Geschwister, die realiter jene Mischung aus Schauer und Naturalismus evoziert, die für dieses Genre typisch ist. Neben Neds Albträumen wird dieses düstere Szenario durch nächtliche Visionen der Eltern angereichert oder durch die fortwährenden Andeutungen der Schlangenverseuchung der Gegend. Zum anderen ist es aber auch die übergreifende Symbolik, angefangen bei Namen (so verweist der Name von Neds Schwester, Daze, auf deren katatonischen Seelenzustand) bis hin zur Sauerstoff- bzw. Atemmetaphorik des Titels selbst. Während Halleys ›untoter‹ Zustand auf seinem romantisierten Liebesleiden beruht, ist Neds Dasein als lebender Toter als existenzielles Dilemma beschrieben und damit in den Kontext der unverschuldeten Ausweglosigkeit einer *white-trash*-Wirklichkeit gestellt.

Der Fluch der *white-trash*-Blutsbande

Wiewohl W. J. Cash eine nicht unumstrittene Figur in der amerikanischen Kulturgeschichtsschreibung ist, so hat er doch als einer der ersten die anhaltende Stereotypisierung von *white trash* und die damit zusammenhängende rassen- und klassenbedingte Sozialkontrolle identifiziert und radikal abgelehnt. In seiner mentalitätsgeschichtlichen Analyse der Struktur des »southern mind« geht er zeitenübergreifend vom agrarischen Ideal der Südstaaten aus, das zum einen die Landverbundenheit der Südstaatler auszeichnete, zum anderen aber auch die Plantagenaristokratie stützte. Cash spricht vom legendären Alten Süden als einer geteilten Gesellschaft:

> [T]he great South of the first half of the nineteenth century – the South which fought the Civil War – was the home of a genuine and fully realized aristocracy, coextensive and identical with the ruling class, the planters; and sharply set apart from the common people, still pretty often lumped indiscriminately together as the poor whites, not only by economic condition but also by the far vaster gulf of a different blood and a different (and long and solidly established) heritage.[14]

Entgegen dem vielbezeugten Bruch zwischen Altem und Neuem Süden betont Cash in der Vergangenheitsbezogenheit der Region stärker die fortwährend einende Mentalität, »a fairly definite mental pattern, associated with a fairly definite social pattern. [...] The mind of the section, that is, is continuous with the past«.[15] Kritisch setzt er sich daher mit der fortwährenden Rassifizierung der »poor whites« auseinander als einer klischierten Vorstellung »that they were uniformly shiftless or criminal, and that these characters, being inherent in the germ plans, were handed on to their progeny, with the result that the whole body of them continually sank lower and lower in the social scale«.[16] Diesem Mythos der vererbten Degeneration stellt Cash eine primär wirtschaftlich bedingte Ausgrenzung als Hauptfaktor für das ›Versagen‹ der »non-slaveholding masses of the South« entgegen.

Was hier schon anklingt, macht Cash im Folgenden noch deutlicher, dass nämlich die gesellschaftliche Stratifizierung auf einer (misslungenen) Fraternalitätsbindung beruht, die zum einen die gemeinsamen Wurzeln zu verleugnen und zum anderen das entstandene hierarchische Gefälle zu zementieren sucht. Viele Südstaatenromane erzählen daher auch bis heute vom Generationenkonflikt. Schon Faulkner hat in seiner Snopes-Trilogie die degenerierenden Familienbande als zentralen Konflikt ausgestellt und auch John Dufresne beschreibt den auf Familienclans lastenden Fluch in seinen Romanen, so in *Deep in the Shade of Paradise* (2003). Der »ill-fated Fontana clan« muss eine endlose Kette von Katastrophen erdulden:

> [E]ver since the sudden appearance in the Delta of Peregrine, the first Fontana, in 1840, the family has suffered a magnificent history of mischance, misfortune, miscarriage, misadventure, and ruination in Ouachita Parish. [...] For generations, nothing but illness, depravity, reckless and fatal bravado, improbable accident, all manner of tragedy – natural, manufactured, and, in some contend, divinely inspired, has visited the children of Peregrine. [...] The Fontanas have been the sickest and the most executed white family in the history of Louisiana.[17]

Gezielt gestaltet sich dieser Konflikt meist in patri- oder matrilinearer Form aus, so in den erwähnten Texten Allisons und auch bei Yancey und Yarbrough. Noch bevor sich sein Schicksal zum Bösen wendet, weil er den vermeintlichen Vergewaltiger von Mavis tötet und dafür ins Gefängnis geht, erhält Halley von seinem Vater die unmissverständliche Botschaft der minderwertigen Blutsbande: »You think just because you're young and strong and full of piss you can take on the Lester Howells of this world? Well, let me tell you somethin', boy, you in for some hard lessons [...], because wherever you end up you'll still be what you are right now«.[18] Und in *The Oxygen Man* ist dieser *gender*-Makel auf die Spitze getrieben, indem Neds Schwester sich mit dem an sie weitergereichten Ruf ihrer Mutter als *white-trash*-Schlampe im gleichen Maße auseinandersetzen muss, wie Ned selbst die fatalen Blutsbande fürchtet, die ihn wie seinen Vater zum Versager stempeln: »[H]e couldn't play games anymore and had to face a life like the one his daddy had lived. [...] Living from one motel room to the next, from one drink to the next, then coming home and trying to lose yourself in the flesh that so many others had poured their own absences into«.[19] Diese Furcht vor einer solchen erbärmlichen und schandvollen Existenz kulminiert bei Ned in einer sexuellen Phantasie des Inzests: »Ned wanted to go woman hunting, all right, but the woman he wanted to hunt was his momma«.[20] Wiewohl dies vor allem Zeugnis einer hochgradig labilen Männlichkeit ist, die niemals einen wahren sexuellen Kontakt zulässt, zeigt diese als Kopulation mit der Mutter maskierte Masturbation doch auch den Rekurs auf das Stereotyp einer pervertierten *white-trash*-Sexualität: »At night, alone in his dark room, he poured himself into that same flesh. It never had his momma's face on it, but it was her or someone like her, and what he did to that imagined flesh could not have been called by any name he knew«.[21] Erst am Ende des Romans können sich die Geschwister aus dem Fluch der Blutsbande lösen und jeder für sich versuchen, eine neue Zukunft auf den Ruinen der Vergangenheit aufzubauen. Der Roman hat in der Eliminierung des Bösen (in Gestalt von Mack) zwar, wie Yanceys Roman auch, ein gewaltsames Ende. Doch im Unterschied zur schauerromantischen Klimax bei Yancey handelt es sich hier um ein ›realistischeres‹, weil unsentimental prospektiv gewendetes Ende.

Groteske Komik des Versagens

Eine der hervorstechenden Eigenarten der *southern-gothic*-Romane ist der Rekurs auf das Groteske: Situationen, Orte und vor allem Charaktere werden oftmals grotesk überzeichnet. Die Ausgestaltungen reichen hierbei von krassem Rassismus, Egomanie, Erotomanie und Bigotterie bis hin zu eher sympathischer Trottelhaftigkeit, Tollpatschigkeit und Umstandskrämerei. Gerade aufgrund des Kavaliermythos des Südens eignen sich besonders männliche Charaktere für eine derartige Übertreibung, denn wenn schon die Norm der Noblesse eine nostalgische Fiktion ist, so sind Abweichungen dankbares Spielmaterial, um mit historisch verankerten und kulturell unzeitgemäßen Männlichkeitskonzepten abzurechnen.

Yanceys *A Burning in Homeland* ist in vielerlei Hinsicht ein nostalgischer Roman mit einer restrospektiven Handlungszeit, die zwischen 1940 (Halley verliebt sich in Mavis, tötet seinen Rivalen und kommt ins Gefängnis) und 1960 (Halley wird entlassen, wird Plantagenbesitzer und stirbt bei dem Versuch, seinen zweiten Rivalen, Mavis' Ehemann und Pastor des Ortes, zu töten) wechselt, und einem Handlungsort, der kleinen Stadt Homeland im Landesinneren Floridas, die alle Elemente der *southern gothic* besitzt: dunkle, verwunschene, dschungelartige Wälder, sintflutartige Regenfälle, mysteriöse Brände sowie übersteigerte Religiosität und uneingestandenen Rassismus der Einwohner. Teil dieses Szenarios, es aber auch durchkreuzend, ist die zweite männliche Erzählerinstanz neben Halley: der kleine neugierige, aber dabei völlig ängstliche und rundweg neurotische Shiny. Aus seiner achtjährigen Perspektive wird ein Teil der Handlung erzählt, was den Tonfall der romantisierenden Überhöhung durch den liebesleidenden Halley immer wieder aufbricht und in groteske Komik verkehrt. So ist seine Analyse des Geschehens deshalb so komisch, weil sie die Kette der tragischen Ereignisse zur schieren Absurdität geraten lässt: »Everybody said the fire that night was God's will, but that was hard to think about, God willing Halley Martin to fall in love, so Walter Hughes would die, so Miss Mavis would marry Pastor [...], so their house would burn down«.[22] Besonders aber die Rassentrennung der Südstaaten, hier historisch an der Schwelle der Bürgerrechtsbewegung situiert, wird aus der Sicht der Kinderaugen euphemistisch verniedlicht, was gerade dadurch erst den gruseligen Umkehreffekt der grotesken Überzeichnung erzeugt und damit den impliziten Verweis auf real existierende Grausamkeit umso stärker hervortreten lässt:

> I guess the whole congregation had turned out for Pastor's party, and all Homeland besides. Except the black people. There weren't any black people at our church, and once I asked Momma why that was, and she said because they have their own church. Black people were lucky that way. They had their own church and their own school. They had their own private seats at the diner downtown. They even had their own bathrooms and water fountains. Nobody could use them except other black people. Daddy said they had all been slaves once, but there was a war about it, and then they weren't slaves anymore. Maybe that's why they had all those private things now, to make up for it. I was curious about black people. They all seemed friendly enough, but there was something right behind their yellow-looking eyes and bright teeth that was lost and angry [...].[23]

Diese Sorte von extrem verengter und dadurch grotesk verzerrter Perspektive ist im jüngeren Südstaatenroman ein beliebtes Stilmittel,[24] um zum einen den Beobachter in seiner Naivität (oder auch krassen Dummheit in manchen Fällen) zu charakterisieren und zum anderen auf die realen Gegebenheiten zu verweisen, ohne in einen sentimentalen oder moralisch belehrenden Modus zu verfallen. Die sich aus dieser Kluft speisende Komik ist freilich prekär, weil sie immer ins Nicht-

Gewollte zu kippen droht. Denn wer hindert den entsprechend geneigten Leser daran, Shiny beim Wort und dessen naiven Kinderrassismus für bare Münze zu nehmen?

Es ist die Fokussierung – oder wie hier: Fixierung – auf den unmöglichen Körper, die eine Perspektive wie Shinys immer als verfremdet ausstellt. Shiny ist dermaßen in seiner eigenen neurotischen Irrealität gefangen, dass er – und mit ihm der Leser – die dargebotenen Realitäten nur in grotesker Verzerrung wahrzunehmen vermag. Und in dem Maße, wie sich Shiny darüber Gedanken macht, wie ›privilegiert‹ die Schwarzen in seiner Gemeinde seien, lenkt er auch den Blick zurück auf sich selbst und seine eigene weiße Gestalt, die ihm völlig fremd bleibt und ihn zusehends irritiert.

Weil es bei Rassendarstellungen immer auch um Körperstereotypen geht, dürfen bei einer Fokussierung von *whiteness* Körperbilder nicht vernachlässigt werden. Im Falle von weißen Menschen sind diese Darstellungen zunächst traditionell geprägt von einem Überlegenheitsgestus gegenüber anderen Rassen, besonders was die Repräsentation der Oberschicht betrifft, die sich, wie Ruth Frankenberg zeigt, durch Energie, Wille, Ambition, Rationalität, Geist, Wissenschaft, Wohlstand und die Organisation von Arbeit auszeichnet, die wiederum von Menschen ›minderer‹ Rassenzugehörigkeit ausgeführt wird.[25] Es ist dies die Ideologie des Lamarckismus, wonach die weiße Rasse die Menschheit vorwärts bringt aufgrund ihrer Qualitäten zur Führerschaft.[26] Der *white-trash*-Roman der Südstaaten, besonders in seiner jüngsten Erscheinung, zitiert diese alten Formeln (in Gestalten von Mack oder Lester beispielsweise), er desavouiert sie aber und rückt stattdessen die zuvor als minderwertige Randerscheinung gehandelten *white-trash*-Figuren ins Zentrum der Erzählung und damit auch ins Zentrum des kritischen Interesses. Ihm gelingt damit, was Newitz and Wray als Chance von *white trash* generell sehen: die Sichtbarmachung der unmarkierten Rasse. Da die *white-trash*-Identität sowohl eine partikularisierte wie hybridisierte Form von Weißsein ist, besitzen *white-trash*-Menschen »the potential to perform the work of racial self-recognition and self-consciousness«, die in dominanten Formen von Weißsein fehlen.[27]

Wie Shinys verknappte verstörende Kindheitsperspektive überhaupt erst den Blick von einem potentiellen »othering« von Schwarzen auf die Weißen zurücklenkt, so ist auch die ungewöhnliche kollektive

Sichtweise der männlichen »wir«-Erzählinstanz aus T. R. Pearsons *Polar* (2002) in all ihrer borniert, rassistischen und misogynen Charakterisierung kaum misszuverstehen, wie sie ebenso lüstern wie abschätzig die einzig farbige Figur, Kit, in der Kleinstadt (und im Roman) taxiert. Deputy Ray Tatum, ein in sich gekehrter, von allen geschätzter Außenseiter mit einer gewissen geheimnisvollen Vergangenheit, hat zwei ›Fälle‹ aufzuklären, die beide das schlafende Städtchen in Virginia aufrühren: Ein kleines Mädchen wird vermisst, und ein vergammelter, seniler und sich stets dem lokalen Pornosender widmender Greis wird endgültig zum schrulligen Kauz, als er plötzlich zum Hellseher mutiert. Ray an die Seite gesellt sich die selbstbewusste Kit, die in diesem Setting von allen wahrgenommen wird, weil sie aufgrund ihrer Hautfarbe heraussticht:

> [...] everybody heard her because she was the object of special notice, heard her, that is to say, because Ray was white and she was black which served to subject her to a variety of local scrutiny meant to come off as worldly indifference and open-mindedness. So we tended to study her surreptitiously while pretending that we weren't and cocked an ear whenever she dropped her chin to speak.[28]

Der hier noch geschönte Rassismus – bezogen auf eine einzelne, weibliche Person – tritt kurz darauf unverhohlen hervor in dem unmissverständlichen ›Othering‹ von Schwarzen generell:

> We've black people about in the uplands, no people much of any husky hue. There's a black fellow out by Afton who finishes cement and a little nut-colored woman up by the salvage yard in a trailerhome. Mostly because we don't know how else to go about it, we tend to talk to them like they're simple, or at least not the sorts of people we like to think ourselves to be.[29]

Wiewohl der Roman nur andeutet, dass Ray und Kit ein Liebesverhältnis haben, lastet der Dünkel des Tabubruchs doch in jedem Fall auf Ray. Dass er als weißer Mann eine intime Beziehung mit einer schwarzen Frau haben könnte (und damit selbst in das Feld markierter Sichtbarkeit tritt), gibt Anlass zu pseudo-philosophischen Spekulationen (und erotischen Phantasien) seitens der beobachtenden Männer. Im Duktus der Selbsterniedrigung formiert sich hier dennoch über den Erzählakt eine homogene Männergemeinschaft in Opposition zu Ray und Kit als den Anderen.

Grotesk ist demnach keinesfalls die Beziehung zwischen Ray und Kit, sondern die Beschreibung derselben durch die kleinstädtische Homosozialität. In der Verkehrung der Logik stellt dieser Roman das Groteske als Erzählprinzip aus: Im Gegensatz zu den tatenlosen Männern sind Ray und Kit die Akteure der kriminalistischen Handlung, und doch werden sie stets aus der ironisch-gelangweilten Sicht dieser Männer beschrieben. Das nimmt dem Roman einerseits den Drang zur Aufklärung, wie es für einen Detektivroman typisch wäre, andererseits öffnet sich der Text der Präsentation einer breiten Variation wirklich grotesker Figuren, allen voran Clayton, der vom fortwährend seine Umwelt mit Details seiner einzigen Leidenschaft quälenden Pornosüchtigen zum kryptisch-wortkargen Hellseher, oder auch »redneck oracle«,[30] mutiert. Clayton ist ein grotesker Charakter, der gleichzeitig Ekel und Empathie hervorruft. Sein Sozialverhalten ist dezidiert als gestört beschrieben und dies schon, bevor er visionäre Fähigkeiten entwickelte.

Claytons grotesker *white-trash*-Charakter als »a nasty old upland cracker« und »abject sloth« ist kaum mehr menschlich zu nennen, zu sehr gerät er in die Nähe des Animalischen: »He was musky and greasy and sooty and had the breath of a coyote«.[31] Doch während er in zunehmende Apathie abdriftet, wird durch seine Hellseherei ein dramaturgisches Gegengewicht installiert. Auf eine plötzliche Eingebung hin nennt er sich »Titus«, und ohne dass es Clayton selbst formulieren könnte, stellt sich heraus, dass damit einer der Teilnehmer der Erkundung des Südpols, Lawrence Edward Grace Oates, gemeint ist, der »Titus« gerufen wurde. Oates war Teil der britischen Expeditionsgruppe um Scott, die 1911 die Antarktis auf der Suche nach dem Südpol als erste erkunden wollte und feststellen musste, dass der Norweger Amundsen und seine Truppe ihr zuvorgekommen waren. Auf dem Rückweg verhungerten und erfroren alle Teilnehmer der Scott-Gruppe, so auch Titus. In Pearsons Roman bleibt Claytons plötzliche Gabe ein ungeklärtes Mysterium. Er kann sich nicht artikulieren und erklären, was mit und in ihm vorgeht. Am Ende verschwindet er einfach und verendet – letztlich wie ein verhungertes Tier – irgendwo im Wald. Claytons Tod verdinglicht – und entmenschlicht – ihn damit vollends als

> carcass with bones poking through and teeth and tufts of hair, little bits of flannel and scraps of twill and dried out brogan leather. The thing was facedown in the leaves and so well entwined with brambles that they had

to take Clayton apart before they could get him entirely loose. He was almost out of the county, had apparently walked the full breadth of it before he'd finally laid down on the forest floor to expire.[32]

Das Geheimnis um Clayton als Oates/Titus-Reinkarnation ist deshalb so komisch und grotesk, weil sie zum einen niemals auf eine höhere spirituelle Eben transzendiert,[33] und zum anderen den Anwohnern lediglich als willkommene Bereicherung im lokalen Legendenschatz dient.

Die Südstaaten als »haunted territory« dienen dem *white-trash*-Roman immer dann in besonderem Maße als Lokalkolorit, wenn der Rekurs auf die Schauerromantik gesucht wird. Dies ist wohl das markanteste Unterscheidungskriterium zu jenen *white-trash*-Romanen, die sich im Norden der USA ansiedeln und ansonsten viele Elemente teilen, so besonders das groteske Figurenarsenal.

Sexy Trash: weiche und harte Väter der Nordstaaten

In seinem Aufsatz »Can Whiteness Speak?« stellt Mike Hill, ein Vertreter der *Whiteness Studies*, folgende These auf: »[T]he whitening of critical race studies depends politically on how thoroughly whiteness is ›trashed‹«.[34] Und obwohl eine Klassifizierung von »whiteness« notwendig die Kategorien Rasse und Klasse beinhalten sollte, so ist es doch der Bereich der Sexualität, den Mike Hill hervorhebt.[35] Sexualität kann hierbei in vielerlei Variation kursieren, so in der Pornographiebesessenheit von Clayton, in der als Inzestphantasma vollzogenen Autoerotik Neds oder in der unerfüllten Obsession der ›großen Liebe‹ bei Halley. In jedem Fall werden diese Männer als grotesk dargestellt insofern, als ihre Körperlichkeit nicht den Normen entspricht. Laura Kipnis macht mit Mary Douglas' anthropologischen Thesen von herrschenden Reinheitsgeboten und -tabus darauf aufmerksam, dass »unanständige« Körper immer auch politische Implikationen beinhalten. Körperkontrolle symbolisiert in der Literatur demnach soziale Kontrolle und ein außer Kontrolle geratener Körper, wie der *white-trash*-Körper in vielen Darstellungen gezeichnet wird, dementsprechend die Bedrohung für einen stabilen Status Quo.[36]

Merle Drowns *The Suburbs of Heaven* ist ein in den Nordstaaten spielender *white-trash*-Roman, der um Jim Hutchins und seine Familie aus

New Hampshire kreist und eine Welt zeichnet, die zunehmend aus den Fugen gerät. Während Jim auch nach vielen Ehejahren immer noch sehr an seiner Frau Pauline hängt, ist diese von ihrem »trailer trash«-Dasein allmählich ausgelaugt und entfremdet, und sie sucht deshalb Abwechslung bei ihrem impotenten Schwager Emory, für den sie erotische Tänze darbietet. Von den drei Kindern der Hutchins' kommt ein Sohn, Tommy, wegen seiner ununterdrückbaren hypertrophen Erotomanie permanent in Schwierigkeiten mit der Polizei, der andere sexuell noch völlig unerfahrene Sohn, Gregory, muss wegen seinem Hang zur Misanthropie und Apathie zeitweise in eine psychiatrische Klinik, und die von ihrem Ehemann misshandelte Tochter Lisa wird der Prostitution beschuldigt. Diese erotische Groteske wird aber noch durch einen unbekannten Damenunterwäschedieb überboten, der schließlich gestellt werden kann, als Lisa ihn in ihrer Wohnung erwischt und zusammenschlägt.

Jim ist die tragikomische Hauptfigur, die es immer nur gut meint, immer alles richtig machen will und nicht verstehen kann, warum immer alles schief läuft: »If I could get Pauline to see daylight, get my kids settled, and pay off my debts, why, we could be living in the suburbs of heaven«.[37] Dieser Traum wird ständig von der Realität eingeholt: »Then there were all the offices I've sat in, from principals to banks, from welfare to lawyers. I knew the names they were thinking: *back shacker, stump fucker, lowlife.* [...] There ain't nothing in this town won't blame on a Hutchins«.[38] Wie alle anderen *white-trash-*›Helden‹, so verschreibt sich auch Jim der Genealogiethese des *white-trash*-Fluchs. Im Falle von Gregorys Verfolgungswahn glaubt Jim, es komme von den väterlichen Genen: »If Gregory's crazy, where does it come from and whose fault is it? Either way you figure it – upbringing or birth – it comes right back to the parents. Which is me«. Und Tommys Geilheit leitet er von Pauline ab.[39]

Der »Hutchins clan«[40] hat einen dunklen Punkt in seiner Vergangenheit, der Ursache und ständig reproduzierter Auslöser für viele der anhaltenden Probleme ist: der tragische und unerklärliche Unfalltod durch Ertrinken der jüngsten Tochter Elizabeth. Sie war der Liebling aller, ihr Verlust auch nach Jahren unerträglich für die Mutter und besonders nachhaltig wirksam für Gregory, der sie trotz größter Mühe nicht retten konnte. Die Albträume Gregorys und die Depression Paulines sind direkte Folgen dieses Unfalles und, obwohl immer wieder in den Kontext des *white-trash*-Lebensstils eingebettet, keine Ursache desselben. Aber Jims klägliche Versuche, seinen Alltag zu meistern und für sich und seine Familie das Beste herauszuholen und die schicksalhafte Kette von Unglücken zu durchbrechen, sind offensichtlich auch hier – in New Hampshire – den Erfahrungen des ökonomischen Missstands geschuldet. »Poverty washes the starch right out of my principles«,[41] meint Jim und bereitet sich nur wieder auf eine neue Demütigung beim Geldleihen von Freunden oder beim Kautionstellen für seine inhaftierten Kinder vor. Und immer wieder ist es der erotische Trieb, der den erbärmlichen Rest der Prinzipien zusammenbrechen lässt.

So sehr dieser Roman auch über weite Strecken das *white-trash*-Szenario der ökonomischen wie sozialen Ausweglosigkeit reproduziert, am Ende siegt doch die Liebe – und mit ihr ein romantisierender *plot* – über alle Realitäten. Damit reiht sich dieser Roman wie der von Yarbrough in die Reihe derjenigen *white-trash*-Romane ein, die zwar teils melodramatische (Yarbrough), teils tragikomische (Drown) Elemente der *southern-gothic*-Tradition aufgreifen, in ihrer positiven Schlusswendung entgegen jedweder realen Logik der vorangehenden Geschehnisse die stereotype Kette der Miseren durchbrechen und in einem großen *show down* sich zu einem Happy End aufschwingen. So wie Ned, der »Oxygen Man«, sich aus den Klauen von Mack befreit, nimmt auch Jim hier endlich sein Schicksal in die Hand und ›beweist‹ erst durch diese Aktion die Gültigkeit seiner Liebe zu Pauline: »Now comes Jim. I ain't using lawyers, and I ain't going to court. I ain't even drinking. I've had my head shoved up my ass, and now I've come up for air. Now comes Jim«.[42] Jims plötzlicher Aktionismus entleert sich im abgebrochenen Versuch, seinen vermeintlichen Widersacher Emory zu töten (indem er versucht, sich selbst samt Emory und dessen Haus in die Luft zu sprengen), um dann in die offenen Arme von Pauline zurückzukehren. Trotz der hypertrophen Absurdität dieser letzten Szene ist unleugbar, dass Jim sich vom Schwächling, der sich alles gefallen lässt, zum harten Kerl gemausert hat. So sehr damit ein Klischee das andere abzulösen scheint, handelt es sich dennoch um eine Rekodifizierung der Ohnmacht des *white-trash*-Mannes, die in ein Plädoyer des Aufstandes mündet:

> And I said, Yes, it takes somebody crazy to fix things around here because they're the only ones can see things in their true right. [...] Grief and hatred and shame hunker down. They ain't going to leave peaceful.

> They've got all used to living in me like a comfortable suburban housing development, but it's eviction time. I bulldozer them out with my woodpecker laugh. I squeeze Pauline's hand.[43]

Der *white-trash*-Mann reiht sich mit solchen Männlichkeitsdarstellungen ein in das Spektrum von Repräsentationen weicher und starker Maskulinität entlang fragwürdiger Rassengrenzen. Susan Bardo spricht hierbei von »soft races« als bestimmten rassifizierten Gruppen (besonders Juden nicht nur in der deutschen Geschichte, in der nordamerikanischen Geschichte auch asiatische Männer).[44] Bei den als weich markierten Männern werden traditionelle männliche Körperbilder und erotische Phantasien kurzgeschlossen und als sozial-sexuelles Versagertum in der amerikanischen »culture of hardness« deklariert: »To be exposed as ›soft‹ at the core is one of the worst things a man can suffer in this culture. [...] Our aesthetic ideals, no less than our sexual responses, are never just ›physical.‹ In our culture, the hard body is a ›take no shit‹ body«.[45]

Jim hat in Drowns *white-trash*-Romanze den historisch als unmöglich erklärten Sprung zum harten Kerl, zum Sieger im Szenario widriger Umstände, geschafft. Die Transformation beruht hier auf der unumstößlichen Integrität seiner Person als Vater und Ehemann. Seine Agenda ist und bleibt eine persönliche, ganz im Gegensatz zur Hauptfigur Robert Drummond aus Carolyn Chutes Roman *Snow Man*, wo der Aufstand des *white-trash*-Mannes gezielt in den Dienst politischer Demagogie gestellt wird, der zudem weit über den Romankontext hinausweist. Die Romanautorin Carolyn Chute ist auch politische Aktivistin, so gründete sie die Gruppe »Second Maine Militia«, eine gemischt extrem rechts- und linksgerichtete, umweltorientierte und anti-kapitalistische Organisation, die sich einer ethnisch-regionalen Identität sowie einem national-separatistischen Kurs verschrieben hat. Mit Sitz in Maine, aber einer Ausdehnung von Neuengland bis nach Kanada, befürwortet diese Bewegung Waffenbesitz und ruft kaum verhohlen zum gewaltsamen Widerstand der Arbeiter auf. So äußert Chute in einem Interview von 2000 selbst:

> We are led to believe that the professional middle class are the winners, the working class are the losers. [...] As I see it, class is about values, dependence and ways of communicating. The working class person values place, interdependence, cooperation, the tribe. Rural working class especially values land. Many of us would kill to keep our land, our home,

which for thousands of years was not considered a crazy thing to do. Middle-class professionals are into »success« and they are a dependent people, happily dependent on the consumer system for everything.[46]

Robert Drummond ist Mitglied der Maine-Miliz »Snow Men«, einer offensichtlich nach dem Vorbild der »Second Maine Militia« gezeichneten extremistischen Arbeiterbewegung. In der dem Roman vorangestellten »Author's Note« bestätigt Chute, dass *Snow Man* ein fiktionaler Ableger einer großangelegten, bisher unveröffentlichten Dokumentation der Milizbewegung in Neuengland ist: »So *Snow Man* is actually a kind of DNA of the larger book. I have told many people that I was writing a book that was the ›true story‹ of the ›Militia Movement‹ in New England as I have experienced it. [...] *Snow Man*, though related, is not the true story of the New England Militia Movement. It is a *possible* story«.[47] Diese »mögliche«, aber eigentlich »un-mögliche« Geschichte führt Robert Drummond, nachdem er einen Senator in Boston erschossen hat und dabei selbst verwundet wurde, in das Haus eines weiteren Senators, wo er heimlich von dessen Frau und Tochter verarztet und aufgepäppelt wird. Wie Jim aus Drowns Roman ist Robert ein fürsorglicher Familienvater, der eine schmachvolle Niederlage nach der anderen einstecken muss. Ganz anders als Jim, der seine Misere in der Figur des zum Feind erklärten Schwagers personalisiert, sieht Robert sich als politisches Bauernopfer einer Gesellschaftsform, die sich auf Kosten der armen Unterschicht bereichert, wobei besonders die Männer dieser Klasse ihre Arbeitskraft wie auch ihre Selbstachtung einbüßen müssen.

Wie dies auch schon in Chutes Interview anklang, ist ein Mann wie Robert Teil eines zeittypischen Phänomens, das seit einigen Jahren als »Crisis of Manliness« kursiert und dem zu begegnen besonders in Gestalt der »angry white males« versucht wird.[48] Diese Krise zeichnet sich nicht nur durch ein verstärktes Thematisieren von »Klasse«, sondern auch von »Rasse« – und zwar »weißer Rasse« – aus. Während Eva Boesenberg diese Krise jedoch besonders als eine »›Krise‹ der weißen Mittelklassemännlichkeit« verortet, deren Apologeten dazu neigen, »den Feminismus und ›umgekehrte Diskriminierung‹ für die Nöte weißer Männlichkeit« verantwortlich zu machen,[49] so scheint mir ihre Beobachtung eines »physical turn«, einer »Hinwendung zu physischer Gewalt« sowie einer »Fetischisierung des muskulären männlichen Körpers«,[50] gerade auch auf eine *white-trash*-Figur wie Robert zutreffend zu sein. Susan Bardo spricht gar von einer »Return of the Alpha

Male«-Literatur, wodurch sich das ungezähmte Tier als Teil einer Re-Definition eines potenten Mannes etabliert hat und mit sexuellem Instinkt und animalischem Magnetismus assoziiert wird.⁵¹

Für Robert ist die Bezeichnung »Alpha Male« durchaus zutreffend. Durch den Grad seiner Verletzung ist Robert, dessen Spitzname bedeutsam »Ruff« lautet, anfangs völlig hilflos, wobei er einerseits immer wieder als zunächst verendendes, später aber starkes Tier beschrieben und andererseits als ein besonders attraktives ›Mannsbild‹ tituliert wird. Das ›bildliche‹ Element wird durch seinen vollständig tätowierten Oberkörper (einschließlich Teufel- und Swastika-Darstellung) hervorgehoben. Der zwischen Heldischem und Animalischem oszillierende, monströse Männerkörper wird immer wieder aus der Perspektive der Tochter kritisch beschrieben.⁵²

Während Kristy bei Robert wacht, wird sie, die an der Universität Frauenstudien lehrt, sich immer mehr bewusst, wie zusehends erotisiert ihr Blick wird. Statt einer Krise löst dies aber hauptsächlich tiefes, glorifizierendes Begehren aus, das sie im Verlauf der Handlung auch auslebt und dabei sogar freudig schwanger wird:

> Robert Drummond, colorific. Tattoos in all possible hues of anguish. [...] The turning of the dying afternoon sun places a contemptuous faded gold along the ribs, heaving chest, throat, and arms. She steps closer. Nothing changes. Still he pants. [...] He is beautiful. [...] Is this a kind of rape, to stare at the defenceless? Maybe. Would she object if it were herself sprawled out there, some guy standing over her, staring? Yessss. But there it is, the long uncircumcised penis against his leg.⁵³

Robert wird zum Objekt der Begierde beider Frauen und zementiert dadurch seinen Alphatier-Status. Doch während Kristy mit Robert eine in ihrer expliziten Beschreibung ans Pornographische grenzende sexuelle Erfahrung erlebt, die sie auch in ihrer latenten Persönlichkeitskrise festigt, stellt ihre Mutter, Connie, den weiblichen Konterpart dar. Völlig stabil in ihrem Frausein, weiß sie, dass sie mit diesem Mann eine ungewohnte, wilde Sexualität erleben kann, anders als den ›korrekten‹ ehelichen Sex. Es ist dies eine andere Art der Erotisierung des *white-trash*-Mannes als es Yanceys Inszenierung des schönen, zur hyperromantischen Liebe neigenden Halley war, dessen über-natürliche Schönheit bereits durch den Namensverweis auf den Himmelskörper verbildlicht war. Beide sind Laienkünstler (auch Robert fertigt Zeichnungen an), doch während dieses Künstlertum bei Yancey in seinem

Männlichkeit im *white-trash*-Roman | 275

Scheitern tragisch romantisiert wird, präsentiert sich hier, in der Figur Roberts, ein stärker animalisch-phallisches Männerbild. Kenneth MacKinnon führt ein solches phallisches Bild als eine der bevorzugten Repräsentationen von Männlichkeit an, um Maskulinität über körperliche ›Härte‹ zu definieren.[54] Während diese phallische Maskulinität in der Darstellung oftmals unterstrichen wird durch Accessoires, die dem Helden ›gereicht‹ werden (besonders Waffen, in Roberts Fall außerdem die Tätowierungen), so kann es natürlich auch der Penis bzw. dessen Ausmaße selbst sein, der fokussiert wird.[55] Und doch bleibt Roberts phallische Maskulinität insofern stellenweise ambivalent, als sie über den (doppelten) weiblichen Blick als Spektakel inszeniert wird. Laut Laura Mulvey, auf die sich MacKinnon bezieht, ist dies nahezu eine Unmöglichkeit: »the male figure cannot bear the burden of sexual objectification«.[56] Doch MacKinnon macht darauf aufmerksam, dass es Möglichkeiten gibt, den männlichen Körper als erotisches Schauspiel in Szene zu setzen. Dies ist beispielsweise der Fall in Kontexten von Kampf- und Verwundungsszenen.[57]

Entgegen jedoch der sonstigen »disavowal strategy« seitens der Betrachter eines solchen erotischen Spektakels wird in Chutes Roman der Männerkörper nahezu schamlos in seiner verwundbaren Erotik betrachtet und begehrt. Robert seinerseits lässt sich diese Objektifizierung zwar in sexueller Hinsicht lustvoll gefallen, begegnet ihr aber dadurch, dass er gerade in Szenen größter Intimität seine stärksten politischen Kampfreden führt. Roberts Rhetorik gestaltet sich dabei zusehends zur kämpferischen Schimpfrede. Sein erklärtes Feindbild ist der privilegierte Yuppie als die Inkarnation des »American Dream«, während er selbst und seinesgleichen immer nur auf der dienend-verlierenden Seite verbleiben:

> We don't wanna be yuppies. We can't stand the sight of yuppies. [...] We want to be just ... be just us! And we wanna make it! An' to live where we are ... at home. And to ... see it ... you know ... the American dream ... which says, *Work your ass off, people, and you get what you deserve!* Fuckin' A! We shouldn't have to turn inta disgustin' icy yuppie pig shit to stay alive![58]

Wie auch schon Ned aus *The Oxygen Man* wird Robert in einem doppelten Sinne rassifiziert.[59] Während Kristy seine ungewöhnliche Schönheit durch eine ethnische Abstammung begründet sieht, die aber nirgends verifiziert wird (»She surmises he is part Indian ... some Maine tribe – Penobscot, Passamaquoddy, Micmac – they have them here. Or is he Black Irish? Or both? [...] She sighs. He is beautiful«[60]), ist Roberts ökonomisches Versagen in den Kontext schwarzer Versklavung gestellt. Robert selbst meint zur privilegierten Lebenssituation Kristys: »You ain't never been a niggah«.[61]

Roberts Schicksal ist notwendig besiegelt. Das von ihm begangene Attentat kann nicht ungestraft bleiben. Doch in der Art der Verzögerung, die der Roman inszeniert, wird Robert ein Aufschub gewährt, der ihn nicht nur noch einmal aufgrund von Kristys Schwangerschaft zu einem Vater macht, was symbolisch aufgrund der fortwährenden Rassifizierung seiner *white-trash*-Abstammung einer Rassen- *und* Klassenmisschung gleichkommt. Auch das Ende transzendiert hier das reale Geschehen und überhöht somit Roberts politisches Anliegen. Connie schmuggelt ihn aus dem Haus (und riskiert damit nicht nur ihre Ehe, sondern auch die Karriere ihres Mannes) und fährt ihn in seinen Heimatort, der natürlich scharf bewacht wird. Und doch bietet das Schlussbild nicht das zu erwartende Blutbad, sondern die melodramatisch angereicherte Heimkehr des ›Kriegers‹, geschildert aus Connies Perspektive:

> She thinks [...] this is what you must do when the wild creature is ready. You return it to the woods. It will probably die soon, in some ugly way, but that is not your business. [...] And Connie is thinking that nature sucks, it really does, but you have to trust Mother Nature, that in the long run, she knows what she's doing. And just like you'd expect, Robert turns once and looks back, then turns away again and starts running for home.[62]

Mit diesem Ende wird ein Scheinsieg deklariert, der realiter nicht möglich ist. Doch angesichts der politischen Agenda dieses Romans wird hier nicht so sehr die Vertröstung auf ein Jenseits angestrebt, wie dies zunächst scheinen mag. Die archaisch anmutende Religiosität des letzten Tableaus – die Heimkehr des wilden Tieres in den Schoß von Mutter Natur – verweist vielmehr auf einen erhofften prospektiven Sieg ›der Sache‹: der *white-trash*-Held als märtyrerhafte Siegerfigur.

Trash Rises: Siegergeschichten

Herbert J. Gans prognostizierte 1999 das Schreckgespenst einer dichotomen Zuspitzung in den Vereinigten Staaten. Nicht nur würde sich demnach die »multiracial hierarchy« der 1990er in eine duale Rassenhierarchie von »nonblack« und »black« verschmälern: »More important, this hierarchy may be based not just on color or other visible bodily features, but also on a distinction between undeserving and deserving, or stigmatized and respectable, races«.[63] Es mag nicht überraschen, dass in diesem Szenario die weiße Rasse weiterhin das Land regieren und dominieren wird. Erstaunlich ist hingegen seine Prognose, das werde eine fast ebenso große Rolle in der Veränderung der Rassengrenzen spielen, wenn auch mit wichtigen Ausnahmen. Eine solche Ausnahme könnte das Verbleiben einer signifikanten Zahl armer Weißer als »twenty-first-century equivalent of today's ›white trash‹« sein.[64] Gans' Appell für das verstärkte Aufkommen eines Klassenbewusstseins gibt zu denken. Im Aufzeigen von gängigen Sündenbockmechanismen droht der *white trash* – und zwar mittlerweile sogar regional unspezifiziert – Familienwerte, sexuelle Werte und die moralische Struktur der Gesellschaft zu gefährden.[65] Erst durch einen radikalen »shift from race to class« würden die Amerikaner (und gemeint sind hier die privilegierten weißen Amerikaner der hegemonialen oberen Schichten) ein tieferes Verständnis der Vereinigten Staaten und eine neue Konzeption des amerikanischen Traums und seines Mythos der klassenlosen Gesellschaft bekommen.[66] Die Romane zumal zeigen, dass an der Demontage dieses Mythos gearbeitet wird, inklusive an deren geschlechtsspezifischer Variante des »self-made man«. Hierzu gehört auch die freiwillige Annahme eines *white-trash*-Lifestyles, ein Bejahen einer ansonsten gesamtgesellschaftlich negativ besetzten Lebensform der Unterschicht.

Wiewohl *white trash* nicht nur ein »classist slur«, sondern darüber hinaus ein »racial epithet« bedeutet,[67] so bleibt es doch in der Bedeutung von »subordinate white«[68] ein Oxymoron: unterdrücktes Weißsein in einer von Weißen dominierten Kultur. Diese historisch bedingte Widersprüchlichkeit einer Marginalisierung innerhalb der eigenen Kultur begründet Gael Sweeney durch die skandalöse Wahrnehmung von *white trash* als »acting like Blacks«,

> which in the language of racism is worse than actually being Black because it constitutes a degradation of »racially superior« Whites. Southern writers [...] have portrayed White Trash characters as the lowest of Southern society: labelled lazy, shiftless, no-account, diseased, ignorant, and degenerate, indeed, »worse than« the Poor Blacks whose conditions (and insults) they share, they are seen as degrading to dominant white culture

because they reveal the lie of racism: that the so-called inferiority of the Blacks is embedded racially.[69]

Die jüngsten Romane von Südstaatenautoren (und zum Teil auch von Autoren aus dem Norden) haben diese Stereotypen radikal aufgebrochen und kritisch hinterfragt. Dies kann soweit gehen, dass *white trash* als multikulturelle Lebensweise gewünscht und gefeiert wird. Newitz und Wray sprechen hier jedoch von einer sozialen Viktimisierung, die sich in jüngeren Beispielen wie dem TV-Star Roseanne oder dem verstorbenen Grungerocker Kurt Cobain zu einem »victim chic« stilisieren ließ.[70]

Die Autoren kritisieren hier den authentifizierenden Mechanismus, wonach man erst durch die Annahme einer solchen Opferrolle in die Position rückt, um *white trash* als Trendmarke ›verkaufen‹ und daraus Kapital schlagen zu können. *Whiteness* sollte nicht nur über eine solche Viktimisierungsstrategie in eine multikulturelle Gesellschaft assimilierbar sein. *White trash* stelle daher eine »allegory of identity« zur Beschreibung von Klassengegensätzen in Amerika dar.[71] Im Benennen des Unbenennbaren (»a race (white) which is used to code ›wealth‹ is coupled with an insult (trash) which means, in this instance, economic waste«[72]) kann durch Repräsentationen von *white trash* am klassenlosen Mythos wie auch an der Rassenstratifizierung der Vereinigten Staaten ›gearbeitet‹ werden. Es ist ein langer Weg vom Plantagenroman über die *southern-gothic*-Schule bis hin zu einem Autor wie Rhett Ellis, der in *The Greatest White Trash Love Story Ever Told* (2005) ganz selbstverständlich das Epitheton *white trash* aufgreift und in den Kontext einer ›großen Liebesgeschichte‹ stellt, die, so suggeriert der Titel, auch heldenhaft im Arbeitermilieu angesiedelt sein kann. Das Spiel mit den üblichen Stereotypen wird hier gekoppelt an das Erzählgenre der Romanze und die Juxtaposition ist gewollt:

> The first time Benny Carpenter saw Terra Peoples, he loved her. It happened on the playground. Terra was holding another little girl face down in the sandbox and pulling her hair. Benny took one look at Terra and felt all the love a five year old boy could feel. He loved her then, and he loved her forever after. Profound inner complexity might have been his problem, or maybe it was just plain old white trash craziness.[73]

Das Trailer-Park-Dasein in den US-amerikanischen Südstaaten, sonst ein Garant für soziale Stigmatisierung, wird hier problemlos in den Verlauf der Liebesgeschichte integriert. Beide stammen aus demselben

Milieu und beide identifizieren sich auch durchaus weiterhin damit, selbstbewusst und ohne Drang zur Veränderung. Der *American Dream* ist für Benny, einen stillen, religiösen Mann ohne aggressive Tendenzen, erfüllt, indem er seine große Liebe erobern konnte. Mehr will er nicht, mehr braucht er nicht zum Glücklichsein. Und dies – jenseits aller monströsen Grotesken oder Alphatier-Phantasien – durchbricht auch den Fluch der Genealogie. Die *white-trash*-Siegergeschichte hier zeigt eine glückliche Familie und schreibt damit ein Stück amerikanischer Geschichte und sozialer Realität um. Autoren wie Dorothy Allison oder Carolyn Chute zeigen *white-trash*-Helden, die in der Geste des offenen Widerstands sich gegen die Scham und Unsichtbarkeit der armen weißen Bevölkerung der USA zur Wehr setzen. Rhett Ellis' *white-trash*-Figuren sind demgegenüber unheldenhaft, sie ›sind‹ einfach nur.

1   Ellen Glasgow: »Heroes and Monsters«, in: *Saturday Review of Literature* XII, 4.5.1935, S. 3–4.
2   W. J. Cash spricht vom Alten Süden als von einer Legende, die sich ähnlich wie ein Walter-Scott-Roman präsentiert: Es ist eine Welt der Ehre, der Ritterlichkeit, der Noblesse, und alle Gefühle, Werte, Gepflogenheiten werden dem geborenen Kavalier zugeschrieben. Unterhalb dieser Kaste gibt es eine vage Rasse, die sich unmarkant zusammenklumpt und unter dem Stichwort »white trash« läuft (W. J. Cash: *The Mind of the South*, (1941) New York: Vintage 1991, S. 4, S. 6). William Gilmore Simms ist mit historischen Plantagenromanen wie *The Forayers* (1855) einer der erfolgreichsten Südstaatenautoren des 19. Jahrhunderts. Diese Plantagenromane zeichnen sich dadurch aus, dass der weiße *master* seine natürlich gegebene Autorität über Frauen, Schwarze und Arme geltend macht und dass diese seine Überlegenheit anerkennen. Und genau wie das Kavalier-Ideal des weißen Südstaatenhelden als naturgegeben erscheint, was sich auch in der genetischen Überlegenheit seines Äußeren und seiner Sitten widerspiegelt, so stellt der arme Mann der Unterschicht sein Vexierbild dar: hässlich, degeneriert, faul, pervers, geschmacklos.
3   Siehe zur amerikanischen Variante des »Gothic« und besonders des »Southern Gothic« Teresa A. Goddu: *Gothic America. Narrative, History, and Nation*, New York: Columbia University Press 1997; sowie Eric Sterling: *Voices and Viewpoints. ›Southern Gothic: Distortions of Reality‹*, Gadsden: Gadsden State Community College 1998; David A. Oakes: *Science and Destabilization in the Modern American Gothic*, Westport: Greenwood Press 2000; Karen Halttunen: *Murder Most Foul. The Killer and the American Gothic Imagination*, Cambridge: Harvard University Press 1998; Robert K. Martin / Eric Savoy (Hg.): *American Gothic. New Interventions in a National Narrative*, Iowa City: University of Iowa Press 1998; Louis Gross: *Redefining the American Gothic. From ›Wieland‹ to ›Day of the Dead‹*, Ann Arbor: UMI Research Press 1989.
4   Siehe unter den Stichworten »poor white« und »white trash« Mitford Matthews: *A Dictionary of Americanisms in Historical Principles*, Chicago: University of Chicago Press 1951, S. 1283 und S. 1868.

[5] Annelee Newitz / Matt Wray (Hg.): »Introduction«, in: *White Trash. Race and Class in America*, New York, London: Routledge 1996, S. 1–12, hier S. 1.
[6] Steve Yarbrough: *The Oxygen Man*, San Francisco: Lawson 2006, S. 18; Hervorhebung im Original.
[7] Ebd., S. 45.
[8] Ebd., S. 23–24.
[9] Ebd., S. 267.
[10] Dorothy Allison: »A Question of Class«, in: dies.: *Skin. Talking About Sex, Class & Literature*, Ithaca: Firebrand 1994, 13–36, hier S. 17.
[11] Siehe Richard Yancey: *A Burning in Homeland*, New York et al.: Simon & Schuster 2003, S. 91.
[12] Ebd., S. 94–95.
[13] Ebd., S. 334.
[14] Cash: *Mind of the South* (siehe Anm. 2), S. 4.
[15] Ebd., S. xviii, 1.
[16] Ebd., S. 6
[17] John Dufresne: *Deep in the Shade of Paradise*, New York: Plume 2003, S. 22–23. Der Fontana-Clan, hier im Text durch einen vorangestellten Stammbaum ›dokumentiert‹, trat schon in Dufresnes ersten Roman auf: *Louisiana Power & Light* (1994).
[18] Yancey: *Burning* (siehe Anm. 11), S. 98–99.
[19] Yarbrough: *Oxygen Man* (siehe Anm. 6), S. 203.
[20] Ebd., S. 217.
[21] Ebd., S. 203.
[22] Yancey: *Burning* (siehe Anm. 11), S. 4.
[23] Ebd., S. 59.
[24] Siehe den zwar schon erwachsenen, aber durch seine geistige Zurückgebliebenheit die Welt wie ein Kind wahrnehmenden Erzähler Benjy aus Faulkners *The Sound and the Fury* (1929) oder die beiden jugendlichen, zur Sexualität erwachenden Erzähler Joel in Capotes *Other Voices, Other Rooms* (1948) und das Mädchen Mick in McCullers *The Heart Is a Lonely Hunter* (1940).
[25] Ruth Frankenberg: *White Women, Race Matters. The Social Construction of Whiteness*, London, New York: Routledge 1993, S. 83.
[26] Siehe Léon Poliakov: *The Aryan Myth. A History of Racist and Nationalist Ideas in Europe*, London: Heinemann / Sussex University Press 1974, S. 215.
[27] Newitz / Wray: »Introduction« (siehe Anm. 5), S. 5.
[28] T. R. Pearson: *Polar*, New York: Viking Penguin 2002, S. 103.
[29] Ebd., S. 105.
[30] In seiner Rezension bezeichnet Malcolm Jones sowohl den Protagonisten Clayton als auch den Roman als solchen als »redneck oracle«. Malcolm Jones: »Redneck Oracle«, in: *The New York Times*, 20.1.2002.
[31] Pearson: *Polar* (siehe Anm. 28), S. 104, S. 150, S. 144.
[32] Ebd., S. 243.
[33] Claytons Prophezeiungen sind dergestalt, dass sie erst im Nachhinein dechiffriert werden können. So ist seine Weissagung: ›It's Melissa now. Sometimes Missy [...]. Never Angela. Never Denise‹ (ebd., S. 26) erst in dem Moment verständlich, als sich herausstellt, dass das vermisste Mädchen Angela Denise nach drei Jahren bei einer Trailer-Trash-Familie wiedergefunden wird und dort unter dem Namen Melissa bekannt ist. Während der kriminalistische Handlungsstrang dieses Romans also aufgelöst wird, bleibt Claytons hellseherisches ›Geheimnis‹ ungeklärt.

34 Mike Hill: »Can Whiteness Speak?«, in: *White Trash. Race and Class in America*, hg. Matt Wray / Annalee Newitz, New York, London: Routledge 1997, S. 155–173, hier S. 156.
35 Ebd., S. 167.
36 Siehe Laura Kipnis: »White Trash Girl«, in: *White Trash. Race and Class in America*, hg. von Matt Wray / Annellee Newitz, New York, London: Routledge 1997, 113–130, hier S. 114. Siehe auch Mary Douglas: *Natural Symbols. Explorations in Cosmology*, London: Barrie & Rockcliff 1970, S. 70.
37 Merle Drown: *The Suburbs of Heaven*, New York: Soho Press 2000, S. 2.
38 Ebd., S. 86, S. 147. Hervorhebungen im Original.
39 Siehe ebd., S. 126, S. 220.
40 Ebd., S. 218.
41 Ebd., S. 243.
42 Ebd., S. 286.
43 Ebd., S. 286, S. 295.
44 Siehe Susan Bardo: *The Male Body. A New Look at Men in Public and in Private*, New York: Farrar, Straus and Giroux 1999, S. 57.
45 Ebd., S. 57.
46 Zit. in Will White: »Gun Groups See Steady Bleed Into Militias; Domestic Unrest Still Growing In United States«, in: *Pravda*, 18.10.2001, <http://english.pravda.ru/russia/34978-0> (18.8.2007). Für weitere Informationen zu Chute und der Second Maine Militia siehe »The SALON Features: Carolyn Chute's Wicked Good Militia«, <http://www.salon.com/08/features/maine.html> (18.7.2007).
47 Carolyn Chute: *Snow Man*, New York et al.: Harcourt, Brace & Co. 1999, o. S.
48 Sabine Sielke attestiert dieser aktuellen Krise eine eigene Spezifik, nämlich die Dezentrierung vor allem »normativer, weißer Männlichkeit«. Sabine Sielke: »›Crisis? What Crisis?‹ Männlichkeit, Körper, Transdisziplinarität«, in: *Väter, Soldaten, Liebhaber. Männer und Männlichkeit in der Geschichte Nordamerikas. Ein Reader*, hg. von Jürgen Martschukat / Olaf Stieglitz, Bielefeld: transcript 2007, S. 43–61; hier S. 45, S. 49.
49 Eva Boesenberg: »Ökonomien der Männlichkeit im späten 20. Jahrhundert«, in: ebd., S. 371–388, hier S. 387, 374. Siehe hierzu auch Annelee Newitz / Matthew Wray: »What Is ›White Trash‹? Stereotypes and Economic Conditions of Poor Whites in the United States« in: *Whiteness. A Critical Reader*, hg. von Mike Hill, New York: New York University Press 1997, S. 168–184, hier S. 172.
50 Boesenberg: »Ökonomien der Männlichkeit« (siehe Anm. 49), S. 386.
51 Siehe Bardo: *Male Body* (siehe Anm. 44), S. 251. Bardo steht dieser Literatur eindeutig kritisch gegenüber.
52 Siehe Chute: *Snow Man* (siehe Anm. 47), S. 12.
53 Ebd., S. 22, S. 23, S. 33.
54 Kenneth MacKinnon: *Uneasy Pleasures. The Male as Erotic Object*, London, Cranbury: Cygnus Arts, Fairleigh Dickinson University Press 1997, S. 60.
55 Ebd., S. 61.
56 Laura Mulvey: *Visual and Other Pleasures*, London: Macmillan 1989, S. 20.
57 Siehe MacKinnon: *Uneasy Pleasures* (siehe Anm. 54), S. 20.
58 Chute: *Snow Man* (siehe Anm. 47), S. 120–127.
59 Auch bei Ned wird Sexualität gemeinsam mit der Rassen- und Klassenthematik verhandelt. Siehe Yarbrough: *Oxygen Man* (siehe Anm. 6), S. 266, S. 231).
60 Chute: *Snow Man* (siehe Anm. 47), S. 23.
61 Ebd., S. 193.
62 Ebd., S. 242.

63 Herbert J. Gans: »The Possibility of a New Racial Hierarchy in the Twenty-First-Century United States«, in: *The Cultural Territories of Race. Black and White Boundaries*, hg. von Michèle Lamont, Chicago: University of Chicago Press 1999, S. 371–390, hier S. 371.
64 Ebd., S. 373.
65 Siehe ebd., S. 378.
66 Ebd., S. 385.
67 Newitz / Wray: »Introduction« (siehe Anm. 5), S. 2.
68 Newitz / Wray: »What Is ›White Trash‹?« (siehe Anm. 49), S. 169.
69 Gael Sweeney: »The King of White Trash Culture. Elvis Presley and the Aesthetic of Excess«, in: *White Trash. Race and Class in America*, hg. von Matt Wray / Annellee Newitz, New York, London: Routledge 1997, S. 249–266, hier S. 252.
70 Siehe Newitz / Wray: »Introduction« (siehe Anm. 5), S. 5.
71 Ebd., S. 8.
72 Ebd.
73 Rhett Ellis: *The Greatest White Trash Love Story Ever Told*, Semmes: Sparkling Bay Books 2005, S. 7.

LARS SCHMEINK

Das Ende des Menschen?

Biopolitik im dystopischen Roman

»Biomass?« Da5id says.
»A body of living stuff. It's an ecology term. If you take an acre of rain forest or a cubic mile of ocean or a square block of Compton and strain out all the nonliving stuff – dirt and water – you get the biomass.« [...]
»Industry expression,« Hiro says. »The Industry feeds off the human biomass of America. Like a whale straining krill from the sea.«[1]

Nachdem Francis Fukuyama Ende der 1980er Jahre mit seiner Frage »The End of History?« die politische Entwicklung der Menschheit für beendet erklärt hatte, musste er in *Our Posthuman Future. Consequences of the Biotechnology Revolution* die Frage um den Aspekt der Wissenschaften und ihren weitreichenden Einfluss auf den Menschen erweitern. Dabei stieß er auf Veränderungen unseres sozialen und kulturellen Umfeldes von derart großer Tragweite, dass er in dem Buch die Frage zu klären versuchte, ob der Mensch sich selbst neu definieren muss – wie die deutsche Übersetzung lakonisch titelt: *Das Ende des Menschen?*[2] Der Mensch befindet sich am Anfang des 21. Jahrhunderts in einem Strudel von Veränderungen und Einflüssen, die ihn jenseits dessen transportieren, was ihn als Menschen auszeichnet. Technologie ist in der Lage, den Menschen zu ersetzen, ihn zu verbessern oder zu reparieren. Die Medizin ist fähig, unsere Emotionen, unser Verhalten und unsere Reproduktion zu steuern. Die Genetik ist dabei, die Bausteine des Lebens vollständig zu kartografieren, und durch Manipulation gelingt es uns schon jetzt, neues Leben zu züchten. Doch die größte Bedrohung für den Menschen liegt, wie Fukuyama erklärt, nicht in der konkreten Veränderung durch eine fehlgeleitete Erfindung, sondern in der schleichenden Korrosion des Anspruches an die Konstitution des Menschlichen.

Ich möchte in diesem Artikel nun Fukuyamas Frage nach dem Ende des Menschen in den kulturphilosophischen Kontext stellen, den Michael Hardt und Antonio Negri in ihrem Buch *Empire* aufzeigen.[3] Sie postulieren, dass sich ein neues Netzwerk aus Machtstrukturen etabliert hat, welches das soziopolitische Umfeld, in dem wir leben, maßgeblich verändert. Ein Aspekt dieser Veränderung bezieht sich auf den Begriff des Biopolitischen und dessen Tendenz, jeden Aspekt des Lebens zu beeinflussen und als politisch relevant zu sehen. Da dieser Band sich primär mit dem Narrativen beschäftigt, werde ich klären, wie sich das Biopolitische und somit die Frage nach dem Ende des Menschen im literarischen Ausdruck nordamerikanischen Erzählens nach 2000 niederschlägt. In der zeitgenössischen Dystopie, so meine These, lässt sich eine Kritik am biopolitischen Aspekt von *Empire* feststellen, die Fukuyamas Frage nach dem Ende des Menschen diskutiert. Ich werde daher anhand der Romane *Oryx and Crake* von Margaret Atwood, *Air* von Geoff Ryman und *Feed* von M.T. Anderson aufzeigen, dass die Autoren den wachsenden Einfluss von *Empire* und des Biopolitischen kritisieren.[4] Ihre Auseinandersetzung in Form des dystopischen Romans verweist aber zugleich auf den Versuch, diesem Einfluss einen alternativen Entwurf entgegenzustellen und sich so dem Ende des Menschen zu widersetzen.

In ihrem Buch *Empire* beschäftigen sich Michael Hardt und Antonio Negri mit der Frage, wie sich Macht in Zeiten einer globalisierten Welt neu konstituieren könnte. In der Politik unserer heutigen Zeit zeigt sich deutlich, dass regionale und nationale Herrschaftsgewalt (*sovereignty*) verloren geht und globale oder transnationale Herrschaftsgewalt an ihre Stelle tritt. Anders ausgedrückt: Macht lässt kein Vakuum zu, und so muss eine neue Form, eine neue Weltordnung, den entstehenden Raum füllen. Diese Weltordnung nennen Hardt und Negri *Empire* und sprechen ihr die Kriterien eines Imperiums zu: sie ist allumfassend und ohne Grenzen – »Empire's rule has no limits«.[5] *Empire* ist für Hardt und Negri die sozio-politische Konsequenz eines Wandels, der die Gesellschaft von der Moderne in die Postmoderne transportiert. In ihr spiegeln sich Globalisierung und Vernetzung von Produktionsabläufen, Informationsflüssen und Migrationsbewegungen. Es bleibt jedoch zu bemerken, dass *Empire* nicht mit Imperialismus gleichzusetzen ist und dementsprechend nicht als nationales Bestreben einer Weltmacht gesehen werden kann:

> In contrast to imperialism, Empire establishes no territorial center of power and does not rely on fixed boundaries or barriers. It is a *decentered* and *deterritorializing* apparatus of rule that progressively incorporates the entire global realm within its open, expanding frontiers. Empire manages

hybrid identities, flexible hierarchies, and plural exchanges through modulating networks of command.[6]

Obwohl Hardt und Negri *Empire* nicht als ein nationales Projekt sehen, bemerken sie dennoch eine Bündelung von einzelnen Machtaspekten in den USA, die insbesondere im Sinne einer Polizeigewalt global die Interessen von *Empire* durchsetzen. Ihnen kommt damit die Rolle der Exekutive im System zu, auch wenn Hardt und Negri die Gewalten nicht trennen und sich stattdessen für eine »hybrid constitution« aussprechen, die in einem tief verwurzelten und universellen Kommunikationsnetzwerk begründet liegt.[7] Dieses Netz diverser Machtstrukturen wird zum großen Teil durch den Einfluss von kapitalistischen Firmen bestimmt, die den Bereich von *Empire* darstellen, der für die Artikulation von Direktiven und den Austausch von Informationen verantwortlich ist: »This [part of Empire] is structured primarily by the networks that transnational capitalist corporations have extended throughout the world market – networks of capital flows, technology flows, population flows, and the like«.[8] Es liegt somit innerhalb des Einflussbereiches transnationaler Firmen, die Ziele und Bedürfnisse von *Empire* zu formulieren. Aufgrund der komplexen Natur von *Empire* und seiner miteinander undurchdringlich verwobenen Elemente kann das beschriebene Modell der Machtverhältnisse nur als grobe Orientierungshilfe dienen. Es ist jedoch klar, dass transnationale, kapitalistische Firmen einen zentralen Machtanteil an *Empire* haben und somit zur Konstituierung der neuen Weltordnung beitragen.

Das zur Verfügung stehende Machtpotential ist dabei deutlich höher, da es sich im Gegensatz zur Macht bisheriger Nationalstaaten aufgrund der vernetzten Strukturen bis in alle Facetten des sozialen Lebens hinein erstreckt. Um diese Veränderung konzeptionell zu greifen, wenden sich Hardt und Negri zwei Begriffen von Michel Foucault zu: der Kontrollgesellschaft und dem Biopolitischen. Als Kontrollgesellschaft wird ein soziales Gefüge verstanden, das seine Macht nicht aus der Billigung angemessenen Verhaltens und der Bestrafung abweichender Normen bezieht. Vielmehr wird in der Kontrollgesellschaft Macht durch sozial integrierte Organisation ausgeübt, wie etwa durch direkte Einflussnahme auf Körper und Geist mittels Kommunikation. Werte und Normen werden internalisiert und freiwillig in alle Aspekte des Lebens hineingetragen. In dieser Form von Gesellschaft kann das Biopolitische als allumfassend verstanden werden:

> Biopower is a form of power that regulates social life from its interior, following it, interpreting it, absorbing it, and rearticulating it. [...] The highest function of this power is to invest life through and through, and its primary task is to administer life. Biopower thus refers to a situation in which what is directly at stake in power is the production and reproduction of life itself.[9]

Somit kann der Aspekt der *biopower* als Schlüsselfaktor zu der Frage nach dem Ende des Menschen verstanden werden. In ihm begründet liegt die Macht, den Menschen nachhaltig zu verändern, seine Werte und Normen in Frage zu stellen und somit die menschliche Natur zur Auflösung zu bringen. Wenn nun diese biopolitische Macht unser Leben beeinflusst, dann sollte man in der Lage sein, eine starke kulturelle Auseinandersetzung mit eben diesem Thema festzustellen. Die Position des Menschen in der neuen Weltordnung ist gefährdet und ein Leben, wie wir es kennen, bestenfalls als unsicher zu bezeichnen. Es ist in Zeiten solcher Unsicherheit, dass der US-Politologe und Utopie-Forscher Lyman Tower Sargent eine besonders starke Tendenz zu utopischem Schreiben festgestellt hat, sowohl in seiner hoffnungsvollen, utopischen als auch in seiner kritischen, dystopischen Form.[10]

Es scheint ein Teil der menschlichen Natur zu sein, sich seiner Lebensumstände bewusst zu werden und sie in Gedanken zu erweitern, zu verbessern oder in Angst zu zerstören. Diesen Teil des menschlichen Imaginationsprozesses beschreibt Sargent als *utopianism*. Er benennt utopisches Denken als »result of the human propensity to dream while both asleep and awake«, oder kürzer gefasst als jegliche Form des »social dreaming«.[11] Utopische Literatur ist somit ein literarisches Genre, das eine erdachte Gesellschaft in detailliertem Umfang darstellt. Sargent definiert eine Utopie als »a non-existent society described in considerable detail and normally located in time and space«,[12] unabhängig von der Wertung der präsentierten Gesellschaft als gut oder schlecht. Diese Wertung findet in Form der Unterscheidung zwischen Eutopie und Dystopie Eingang in die Definition, wonach eine Eutopie eine Gesellschaft darstellt, die vom zeitgenössischen Leser als besser als die eigene empfunden wird, während die Dystopie eine schlechtere Gesellschaftsform darstellt.[13]

Wenn wir die Entstehung der Eutopie als Genre im Jahr 1516 mit Thomas Mores *Utopia* zeitlich verankern können, so ist die Dystopie erst, wie Tom Moylan erklärt, mit dem Aufkommen eines expansionistischen und entmenschlichenden Kapitalismus als eigenständiges literarisches Genre zu voller Reife gelangt.[14] Moylan sieht die primäre Funktion der Dystopie folglich, im Gegensatz zur Utopie, in der Fähigkeit, die Ursachen sozialer Übel als im hegemonialen System inhärent aufzuzeigen. Es geht nicht um das Entdecken einzelner, fehlerhafter Aspekte der Gesellschaft, die mittels Korrekturen zu beheben sind und danach zur gewünschten utopischen Gesellschaft führen. Vielmehr bietet die Dystopie die Möglichkeit, sich mit dem Antriebsmotor von Leid und Entfremdung der menschlichen Existenz auseinanderzusetzen und den zerstörerischen Kräften des Systems bis in jeden Winkel der Gesellschaft zu folgen. In der dystopischen Imagination finden wir eine Beschäftigung mit den Problemen des hegemonialen Systems, spezifisch in ihrer historischen Dimension.

Hier schließt sich der Kreis, denn für den spezifischen historischen Moment nach 2000 sieht Sargent in der US-Gesellschaft ein Amalgam aus Unsicherheit, Angst und Hoffnung auf eine bessere Zukunft. Er macht jedoch deutlich, dass er eine stärkere Tendenz zur pessimistischen Sicht in der Literatur aufgefunden hat, die sich in der Produktion von Dystopien zeigt: »hope seems in hiding and fear predominates«.[15] Die literarische Imagination verarbeitet diese Ängste in einer Auseinandersetzung mit den Veränderungen ihrer Zeit. *Empire* hat die Macht übernommen, transnationale Konzerne bestimmen unser Leben und das Biopolitische gewährt ihnen Einfluss auf alle Aspekte der Gesellschaft. Diese Veränderungen finden in der dystopischen Literatur des 21. Jahrhunderts einen Ausdruck und werden dort kritisch verhandelt, wie ich im Folgenden zeigen werde.

Margaret Atwood – *Oryx and Crake*

Margaret Atwood beschreibt in ihrem Roman *Oryx and Crake* (2003) eine solche Welt des *Empire* – eine Welt, die von Konzernen regiert wird. Wer einen für die Konzerne wertvollen Job macht, der lebt in »Compounds«, großen Firmenklaven, die die Elite von den »pleeblands« der Normalbevölkerung abschirmen, und die von den Konzernen bewacht und verwaltet werden.[16] Mitarbeiter gelten als Eigentum, ihre Fähigkeiten als Ressourcen des Konzerns, manche von hohem Wert, andere von eher geringem. Da Landwirtschaft und Viehzucht aufgrund der Umweltzerstörung nicht mehr möglich sind, gelten den Firmen die *life sciences* als besonders wertvoll. Die Entwicklung neuer Spezies zum Zwecke der Ausbeutung und die Forschung nach medizinischen und kosmetischen Produkten sind die Hauptgebiete der führenden »Compounds«. Vor allem Genetiker und andere Naturwissenschaftler haben somit einen besonders hohen Wert, während körperliche Arbeit am unteren Ende der Skala liegt.

In diese Welt wird Atwoods Protagonist Jimmy als Außenseiter geboren. In der Welt des wirtschaftlichen Nutzens gelten seine geisteswissenschaftlichen Fähigkeiten als mehr oder weniger wertlos. Die Geisteswissenschaften werden einzig auf ihre mögliche Anwendung im Bereich der Werbung hin unterrichtet, »Employable Skills«[17] als notwendiges Ergebnis der Ausbildung. Der Bereich des Schaffens und der Kreativität hingegen hat sich verlagert. Atwood schreibt ihn der Naturwissenschaft zu und hier insbesondere den Genetikern. Unter Konzernkontrolle werden bereits Grundschülern die Grundlagen der Genmanipulation beigebracht, und sie erfahren, welche Macht ihnen damit zur Verfügung steht. Der Konzern erschafft so die nächste Generation loyaler Mitarbeiter, eine Elite, die später in den »Compounds« für den Profit von morgen sorgen soll. Diese intensive Beschäftigung mit der Genetik, frei von jedem ethischen Bewusstsein, führt zur Ausbeutung der Natur bis in ihre kleinsten Teilchen.

J. Brooks Bouson sieht in Crake, Atwoods zweiter Hauptfigur, die Verkörperung dieser Erziehung und Ethik und identifiziert in ihm unterschiedliche Charakteristika, die der Wissenschaft in der westlichen Literatur zugeschrieben werden. So sieht Bouson in Crake unter anderem den »alchemist scientist«, der in quasi-magischen Experimenten neue Lebensformen erschafft, versieht ihn aber auch mit Attributen wie »mad«, »evil«, »impersonal« und »amoral«.[18] Er steht symbolisch für den vom Konzern erschaffenen Wissenschaftler, der neue Spezies zum Zweck des Profits entwickelt, wie etwa die »pigoons«, die als Spendertiere für nachwachsendes menschliches Genmaterial dienen. In *Oryx and Crake* wird die Wissenschaft zum Herrscher über die Biomasse – um Neal Stephensons Begriff aus dem Epigraph dieses Essays zu benutzen – und der Konzern wird zum Herrn der Wissenschaft selbst.

Bouson sieht hier Atwoods Kritik und Warnung an die Wissenschaft, nicht blind in eine »catastrophic posthuman future« zu laufen, die von Menschen bestimmt wird, die mit den »building blocks of life« Gott spielen.[19] Ich denke jedoch, dass Atwoods Kritik sich nicht gegen die Wissenschaft verkörpert in Crake richtet, sondern vielmehr gegen die Konzerne, die die Wissenschaft lenken. Sie sind es, die den Schulunterricht bestimmen, der Genetik keine Ethik als Gegengewicht liefern und so durch biopolitische Macht Einfluss auf das soziale Gefüge der Welt nehmen. Meiner Meinung nach muss *Oryx and Crake* als Auseinandersetzung mit dem Biopolitischen gelesen werden. Im Roman wird die Frage verhandelt, wer die Macht über das Leben und seine Reproduktion in den Händen hält. Konzerne haben sich in das Leben der Menschen integriert, sie sorgen für deren Erziehung, Unterhaltung, Information, Kommunikation, ganz zu schweigen von deren Beschäftigung als Mitarbeiter. In dieser Kontrollgesellschaft gelten die Normen und Werte der Firma, sie verbreitet allumfassend ihre Macht, durchdringt jeden Aspekt der Gesellschaft und kontrolliert das Biopolitische. Als Träger einer konzernfeindlichen Einstellung bietet Atwood mit Crake jedoch eine Art Hohlspiegel, der nicht nur dazu dient, die Kritik an Werten und Zielen der konzerneigenen Gesellschaft und Methoden der Wissenschaft zu bündeln – insofern ist Bousons Analyse korrekt –, sondern diese zu transzendieren und somit einen Gegenentwurf zum hegemonialen System zu entwickeln.

Danette DiMarco beschreibt Crake als den modernen *homo faber*, der den ursprünglichen Antrieb, der Menschheit durch die Erschaffung von Instrumenten zu besserem und leichterem Leben zu verhelfen, verloren hat.[20] Stattdessen nutzt Crake seine Ausbildung und die ihm zur Verfügung gestellten Ressourcen, um sein Unsterblichkeitsprojekt voranzutreiben. Er tut dies nicht, um den Menschen in einem harten, konkreten Arbeitsleben zu helfen, sondern, wie DiMarco es ausdrückt, »[so] that those technologies can be marketed and sold to a populace on the premise that they can fulfill emotional needs«.[21] Crake passt sich diesen Zielen an, ist er doch vornehmlich ein Produkt der biopolitischen Beeinflussung durch den Konzern, und entwickelt die BlyssPluss-Pille, mit deren Hilfe sexuelle Frustration sowie diverse Krankheiten eliminiert werden, die aber gleichzeitig die Konsumenten sterilisiert. Durch die Pille ist gewährleistet, dass die Menschen sich nicht mehr in »haphazard reproduction«[22] ergehen können, sondern auf das zweite Produkt angewiesen sind, das Crake erschaffen hat. Als Ersatz für natürlich erzeugte Kinder hat Crake eine verbesserte Menschenversion erschaffen, aus der er alle Defekte entfernt, die er in der menschlichen Spezies sieht, wie etwa Aggression oder sexuelle Frustration. So verbreitet der Konzern zuerst eine Krankheit, die Sterilität, für die die Menschen in ihrem Unwissen bereitwillig zahlen, um sie dann mit der vermeintlichen Heilung (der neuen Spezies) als alternatives Produkt zur Fortpflanzung erneut auszubeuten. Der Mensch ist nur noch im ersten Stadium des Plans, auf seine Libido reduziert, als Konsument der Pille nötig. Im zweiten Stadium des Plans wird er völlig aus der Gleichung genommen, er wird ersetzt durch das verbesserte Modell: den Menschen erschaffen von Menschenhand. Somit hat Crake als *homo faber* ein Werkzeug erschaffen, das dem Menschen die Bürde des Lebens gleich vollständig abnimmt, statt sie ihm nur zu erleichtern.

Aber Atwood belässt es nicht bei diesem dystopischen Ausblick, stattdessen stellt sie dem Pessimismus bezüglich des Menschen als Produkt einen Gegenentwurf entgegen. Ohne Wissen des Konzerns ist es Crake, der die konzernfeindliche Einstellung ausdrückt, indem er die Pille mit einem Virus ausstattet, der die Menschheit komplett eliminiert. Seine extreme Argumentation sieht den Menschen selbst als inhärent fehlerhaft, und um der Natur eine Überlebenschance zu geben, muss der Fehler ausgemerzt werden.»›All it takes,‹ said Crake, ›is the elimination of one generation. One generation of anything. [...] Break the link in time between one generation and the next, and it's game over forever.‹«[23] Sein Plan, den Kreislauf der Zerstörung zu unterbrechen, bietet den von ihm erschaffenen Menschen eine Möglichkeit, eigenständig und nicht als Produkte zu leben. Seine Motivation kommentiert Atwood selbst wie folgt: »[H]e thinks that he's made some essential improvements to the breed, and wants in all benevolence to eliminate the defective model – ourselves«.[24] In seinem mildtätigen Akt unterläuft Crake die Vision des Konzerns und verhindert so das kapitalistische Utopia, in dem jede menschliche Reproduktion zum vermarkteten Produkt mutiert ist. Er verweigert *Empire* die Kontrolle des Biopolitischen und löst damit die Biomasse – inklusive des Menschen – aus dem festen Griff der Konzernmacht. Sein kreativer Akt wird zur Neuschreibung der Zukunft, sein Gegenentwurf zur Herausforderung des hegemonialen *status quo* und seine Schöpfung zum Hoffnungsträger für eine bessere Welt, die das fehlerhafte Modell – uns – ausschließt.

Geoff Ryman – *Air*

So wie Atwood dem Konzern die Macht über das Biopolitische durch die Entwicklung einer neuen humanoiden Spezies zuerst zuschreibt, um sie ihm dann zu entreißen, bedient sich auch Geoff Ryman in seinem Roman *Air* (2004) der Evolution, um dem kapitalistischen Utopia entgegenzuwirken. In seinem Fall ist die Weiterentwicklung des Menschen jedoch eher einer spontanen neurologischen Mutation zu verdanken als dem menschlichen Schöpfungsdrang, wie ihn Crake symbolisiert. Für Rymans Protagonistin Mae ist diese Evolution ein notwendiges Mittel, um der Fehlfunktion in ihrem Kopf zu entgehen, die der Feldtest des neuen Kommunikationsnetzwerkes Air bei ihr verursacht hat. Air ist eine Art Internet des Geistes, das es allen Menschen auf der Welt ermöglicht, mittels einer technischen Frequenz ohne Implantate in ihrem Geist auf universelle Informationsinhalte zuzugreifen. Mae lebt in einem Dorf in dem fiktionalen asiatischen Bergstaat Karzistan und ist nicht auf den Pilotversuch vorbereitet. Das kleine Land wurde von den Kommunikationsfirmen für den nur kurze Zeit dauernden Versuch gekauft, aber niemand hat sich die Mühe gemacht, den Menschen zu erklären, was dabei passieren wird. Um Air nutzen zu können, müssen die Menschen einen Abdruck des Programms in ihrem Gehirn speichern, welcher über eine Art Interface-Software Zugriff auf die Informationen von Air zulassen soll. Da diese *format* genannte Software aber zukünftig den Zugriff eines jeden Menschen auf Air darstellt, ist sie unter Politik und Kommunikationsfirmen hart umkämpft, verspricht sie doch biopolitische Macht in Vollendung. Jeder Mensch wird mit Hilfe seines Abdrucks lokalisierbar und manipulierbar. Jede Information, jede kapitalistische Transaktion, jeder Aspekt des Lebens wird von Air durchdrungen und ist dadurch mit Hilfe des Interface kontrollierbar.

Ryman beschreibt in seinem Roman einen dystopischen Weltentwurf, der alles menschliche Denken der Konzernmacht unterwirft. Am Beispiel des kleinen Dorfes zeigt er auf, was mit den Machtlosen in der Welt passiert, wenn ihnen die Werte und Normen des globalen, kapitalistischen Systems aufgezwungen werden. Die biopolitische Macht liegt bei den Betreibern von Air und der westlichen Welt, die ihre Technologie universell und alles durchdringend erschaffen und ohne Alternative dem Rest der Welt aufwingen. Es entsteht eine Enklave des *Empire* im Kopf eines jeden Menschen. Da die Realität der Dorfbewohner aber nicht dem in Air dargestellten westlichen Konsumleben entspricht, entstehen Wünsche und Sehnsüchte, die unerfüllt bleiben und zu extremen Fluchthandlungen und Konfrontationen im Dorf führen. Das Dorf und seine Lebensweisen sterben aus, die alten Volksweisheiten werden ignoriert, und so würde das Dorf schließlich in einem Erdrutsch symbolisch von der neuen Welt verschluckt werden, wäre da nicht Mae, die sich gegen diese zerstörerische Welt wendet. Ihre Sonderstellung durch einen Unfall ist es, die Mae zum Widerstand befähigt.

Während des Pilotversuchs verbindet sich Maes Air-Abdruck mit dem Geist (also dem Abdruck) der Sterbenden Mrs. Tung, und es entsteht eine Fehlfunktion. Die Konzerne versuchen nun, diese Fehlfunktion für sich zu nutzen und im Monopol-Krieg um das *format* zu instrumentalisieren. Doch Mae widersteht der Manipulation und dreht die Verhältnisse um. Sie nutzt die biopolitische Macht Airs, um die Technologie und Philosophie hinter Air zu verstehen. Dadurch gelingt ihr eine Einsicht in Air, die weit über den utopischen Plan der Konzerne hinausgeht. Sie erkennt, dass Air nicht etwa eine neue Technologie darstellt, sondern eine menschliche Kapazität repräsentiert, die in etwa Carl Gustav Jungs »*kollektive[m] Unbewußten*« entspricht, in dessen »tieferen Schichten gewissermaßen, relativ belebte, kollektive Inhalte« vorhanden sind.[25] Air erlaubt einen bewussten, kontrollierten Zugriff auf diese Inhalte und erweitert diesen noch um den Aspekt der Zeit. Alles, was war und sein wird, ist in Air gespeichert und kann vom Bewusstsein wahrgenommen werden:

> Mae lived, fascinated in Air.
> Air was real life – all of life all at once, for it made all times one time. [...]
> We live and we die in eternity. [...]
> Air has no time.
> Air is everything that has been and will be, waiting its turn to puff out of its tiny dot into our brief world.[26]

Wie hier deutlich wird, ist Air weit mehr als eine technische Errungenschaft. Mae entdeckt durch die Fehlfunktion ihres Abdrucks, dass Air ihr Zugriff auf Vergangenheit und Zukunft bietet, und kann so den Untergang ihres Dorfes verhindern und seine Bewohner vor der Katastrophe retten. Darüber hinaus repräsentiert Maes Entwicklung, ihre Öffnung gegenüber dem kollektiven Unbewussten, einen Widerstand gegen das hegemoniale System biopolitischer Macht. *Empire* hat keinen Zugriff mehr auf die Biomasse des menschlichen Gehirns, da die kollektive Natur von Air die Bindung an ein bestimmtes Software-Interface und die Kontrolle durch die Konzerne verhindert. In Maes persönlichem Widerstand drückt sich also Rymans Gegenentwurf zum kapitalistisch-dystopischen Weltentwurf aus. In ihm beschreibt Ryman die Möglichkeit, sich der biopolitischen Macht zu entziehen und die Kontrolle über das Leben selbst zu übernehmen.

M. T. Anderson – *Feed*

Der Widerstand eines Einzelnen gegen das hegemoniale System bestimmt auch den Gegenentwurf in M. T. Andersons Roman *Feed* (2002), doch hier ist der Versuch, sich zu widersetzen, nicht von offensichtlichem Erfolg gekrönt. Wie schon in *Air* geht es auch in *Feed* um eine Technologie, die es den Menschen ermöglicht, direkt aus ihren Gehirnen heraus Kontakt mit dem Internet aufzunehmen. Doch im Gegensatz zu Air ist der Feed nur durch ein physisches Implantat erreichbar, was in der Gesellschaft zu einer Zweiklassen-Situation führt und Menschen wie Violet ausgrenzt. Ihr Feed wurde ihr erst im Alter von sieben Jahren nachträglich eingesetzt, was ihn in ihrem Körper instabil macht und nach dem Angriff durch einen Hacker zu einer Fehlfunktion führt. Wie auch Mae hat sie somit einen Sonderstatus und hinterfragt die Gesellschaft, in der sie lebt. Ihr sehnlichster Wunsch vor dem Angriff war es, so zu sein wie jeder andere, doch ihre Erziehung zu eigenen, kritischen Gedanken verhinderte dies bereits vor der Attacke. Sie ist eine Dissidentin im hegemonialen System des *Empire*.

Das Leben der anderen, das Violet anstrebt, ist durchdrungen vom bedingungslosen Konsumrausch. Der Feed wird nicht wie Air als Informationsmedium gesehen, sondern dient einzig dem Anpreisen von Gütern, Dienstleistungen und Unterhaltung. Der Feed dringt in jeden Aspekt des Lebens und ist somit ein Instrument biopolitischer Macht, den die Konzerne dazu nutzen, den Menschen zum Konsum zu erziehen. Der glückliche Mensch in Andersons Dystopie ist ein ignoranter Mensch, ein Konsument, der lieber wegschmeißt und neu kauft, der sich zudröhnt und nicht nachfragt. Die Werte und Normen der Gesellschaft werden von *Empire* bestimmt. Der Mensch hat nur die Funktion, das System am Laufen zu halten und so bestimmt sich sein Wert innerhalb des Systems anhand seiner Kaufkraft, kontinuierlich überwacht von den Konzernen durch den Feed, der wie eine Art permanenter Marktforschung Daten über das Kaufverhalten an die Betreiber sendet. Der Feed, und somit das Machtsystem, das dahintersteht, weiß immer, was ein Konsument sieht, denkt und fühlt. Diese Erkenntnis muss Violet nach der Diagnose ihrer Fehlfunktion schmerzlich machen. In einem Versuch sich der demographischen Erfassung durch Irreführung des Feed zu widersetzen, zerstört sie ihr Konsumprofil. Doch diese Handlung führt letztlich zur Ausgrenzung, da die Kostenübernahme für die medizinische Versorgung des Feed abgelehnt wird. Violets Konsumverhalten ist nicht mehr vorhersagbar, und so weigert sich das System, sie als wertvoll anzuerkennen. Somit wird eine Reparatur des Feed unmöglich, eine Heilung ausgeschlossen, und Violet muss langsam und qualvoll sterben, weil der Feed ihr körperliches System Stück für Stück lahmlegt.

Violets Widerstand gegen das System und ihr Gegenentwurf zum kapitalistischen Utopia ihrer Welt sind zum Scheitern verurteilt. Anderson verleiht Violet durch ihren Wissensdurst und ihr kritisches Denken zwar das Potential, die Welt als dystopisch zu erkennen, doch, wie ihre Interessen aufdecken, ist sie letztendlich zum Scheitern verurteilt, wenn es darum geht, die Welt zu verändern: Sie interessiert sich für die untergegangene Kultur der Mayas, für Trauerlieder und ist fasziniert vom Tod. Anderson sieht keine Chance für den Menschen, wie wir ihn heute definieren. Dafür sind die Veränderungen der Welt durch Medien zu gravierend. Wie Marshall McLuhan bereits 1964 feststellte, ist das Medium selbst ein massiver Eingriff in unser Leben, unabhängig von seinem Gehalt: »The medium is the message«.[27] Sein Beispiel des elektrischen Lichts kann ebenso auf die Informationsflut des Feed bezogen werden: »[It's message is] totally radical, pervasive, and decentralized. For electric light and power are separate from their uses, yet they eliminate time and space factors in human association«.[28] Die alles durchdringende Veränderung des Feed lässt für die menschlichen Werte von heute, wie sie in Violet repräsentiert sind, nur noch den Tod als Weg. Doch Anderson beschreibt in Titus einen Träger für die Hoffnung in der neuen Welt des *Empire*. Er repräsentiert den neuen Menschen, post-feed sozusagen, der von Violet sensibilisiert wird. Violet konfrontiert ihn mit seinen Unzulänglichkeiten, beginnt die ihm vom Feed vorgegeben Werte in Frage zu stellen und bringt Titus so schließlich dazu, eine Alternative zu sehen. Sein Besuch bei der sterbenden Violet ist freiwillig – eine menschliche Handlung ohne Konsumwert, die Titus sichtlich schwer fällt. Doch er geht den Weg, erträgt das Leid und bleibt am Ende des Romans als potentieller Multiplikator eines Gegenentwurfes bestehen. Anderson bietet einen Hoffnungsschimmer, der jedoch zweifelbehaftet bleibt. Titus letzte Worte sind keine klare Aussage zur Alternative, stattdessen bleibt der Gegenentwurf vage. Sie repräsentieren jedoch eine Botschaft, die wir als kritische Leser als Aussage gegenüber der biopolitisch kontrollierten Welt von *Empire* verstehen: »Everything must go!«[29]

Alle drei Romane vereint das Anliegen, *Empire* und die damit verbundene biopolitische Macht transnationaler Konzerne aufzudecken und als dystopischen Weltentwurf anzuprangern. Ihnen allen ist eine kritische Tendenz zu Eigen, die ich als konzernfeindliche Einstellung oder auch *anti-corporate sentiment* bezeichne und die mit Sorge eine Entwicklung in der Welt von heute sieht, die es aufzuhalten gilt.[30] Doch ihre Kritik richtet sich nicht gegen die Menschen, die innerhalb des Systems handeln, sondern gegen das System selbst. Sie kritisieren die Macht der Konzerne, die entmenschlichte Entscheidung zugunsten des Profits, die aus der Weltordnung von *Empire* heraus entsteht. In der Veränderung der Welt vom internationalen Staatenbund hin zum transnationalen System von *Empire* liegt auch eine weitreichende Veränderung der soziopolitischen Verhältnisse begründet. Macht ist nicht mehr beschränkt auf die Herrschaft über den Staatsbürger, sie ist biopolitisch und uneingeschränkt, ohne Grenzen. Sie herrscht über das menschliche Wesen in seiner Existenz und Reproduktion. Und sie ist nicht mehr in der Hand gewählter Vertreter des Volkes, sondern wird von abstrakten Institutionen wie Konzernen und Gesellschaften ausgeübt.

Diese geänderten Verhältnisse beschäftigen auch die drei vorgestellten Autoren, und ihre dystopischen Zukunftsvisionen weisen diese Aussicht zurück. Margaret Atwood verweigert durch Crakes gleichzeitig zerstörerischen und schöpferischen Akt den Konzernen den uneingeschränkten Zugang auf die Reproduktion des Menschen. Sie erschafft einen Gegenentwurf, der ebenfalls im Biopolitischen begründet ist und der in seiner Radikalität die menschliche Rasse erneuert, ihr die Möglichkeit zur Neuverhandlung des sozialen Lebens bietet und sie vor die Wahl stellt, sich neu zu definieren. Geoff Ryman folgt diesem Beispiel, erschafft aber keine neue Rasse, sondern lässt die Menschheit durch eine technische Entwicklung einen Evolutionssprung machen, eröffnet ihr einen Aspekt des Lebens, der bis dahin verschlossen war. So werden die Menschen in Air sich vom biopolitischen Einfluss befreien können, ihnen wird die Freiheit geschenkt, sich einer neuen Kollektivität bewusst zu werden und somit einen utopischen Gegenentwurf zum konzern-kapitalistischen System zu entwickeln. Diese positive Grundstimmung teilt M. T. Anderson nicht, sein dystopisches System scheint zu gewinnen. Violets Widerstand ist zwecklos, und einzig in Titus' leisem Zweifel liegt die Hoffnung auf Besserung. Anderson bietet die pessimistische Aussicht, dass die Menschen zu spät erkennen, dass sie nicht mehr existieren. In seinem Roman hat das biopolitische Machtgefüge die Menschen so stark verändert, dass der utopische Hoffnungsschimmer nicht mehr in der dargestellten Gesellschaft liegt, sondern nur noch im Ausbruch daraus, auch wenn dieser dem Tod gleichbedeutend ist. In allen drei Romanen ist jedoch deutlich, dass wir uns am Scheideweg befinden und die Fragen nach dem Ende des Menschen, nach den Werten von Menschlichkeit und Natürlichkeit unseres Selbst, im Hier und Jetzt zu beantworten sind. Somit beantworten alle drei Autoren Fukuyamas Frage mit einer Warnung, dass wir unsere Existenz aufs Spiel setzen, wenn wir dem eingeschlagenen Weg folgen. Jedoch wäre keiner der Romane so vermessen, uns einen alternativen Weg vorzuschreiben, vielmehr eröffnen sie uns Imaginationsräume, wie Frederic Jameson sie nennt: »object[s] of meditation, [...] whose function is [...] to jar the mind into some heightened but unconceptualizable consciousness of its own powers, functions, aims, and structural limits«.[31]

[1] Neal Stephenson: *Snow Crash*, London: Penguin 1992, S. 70.
[2] Francis Fukuyama: *Our Posthuman Future. Consequences of the Biotechnology Revolution*, New York: Picador 2002.
[3] Michael Hardt / Antonio Negri: *Empire*, Cambrigde / London: Harvard University Press 2000.
[4] Margaret Atwood: *Oryx and Crake*, New York: Random House 2003; Geoff Ryman: *Air*, London: Gollancz 2004; M. T. Anderson: *Feed*, Cambridge: Candlewick 2002.
[5] Hardt / Negri: *Empire* (siehe Anm. 3), S. xiv.
[6] Ebd., S. xii–xiii.

Biopolitik im dystopischen Roman | 297

[7] Ebd., S. 316 ff.
[8] Ebd., S. 310.
[9] Ebd., S. 23–24.
[10] Lyman Tower Sargent: »US Utopias in the 21st Century«. Vortrag gehalten auf der Konferenz der Australia / New Zealand American Studies Association, Launceston, Tasmanien, Australien: Juli 9–12, 2006. Bislang unveröffentlicht.
[11] Lyman Tower Sargent: »Three Faces of Utopianism Revisited«, in: *Utopian Studies* 5 (1994), H. 1, S. 4 und S. 9.
[12] Ebd., S. 9.
[13] Ebd.
[14] Siehe Tom Moylan: *Scraps of the Untainted Sky*, Oxford: Westview Press 2000, S. xi–xiii.
[15] Sargent: »US Utopias« (siehe Anm. 10).
[16] Atwood: *Oryx* (siehe Anm. 4), S. 33. Kursiv im Original.
[17] Ebd., S. 229.
[18] J. Brooks Bouson: »›It's Game Over Forever‹. Atwood's Satiric Vision of a Bioengineered Posthuman Future in *Oryx and Crake*«, in: *Journal of Commonwealth Literature* 39 (2004), H. 3, S. 139–156, hier S. 156.
[19] Ebd., S. 154.
[20] Danette DiMarco: »Paradice Lost, Paradise Regained. homo faber and the Makings of a New Beginning in *Oryx and Crake*«, in: *Papers on Language & Literature* 41 (2005), H. 2, S. 170–195.
[21] Ebd., S. 176.
[22] Atwood: *Oryx* (siehe Anm. 4), S. 366.
[23] Ebd.
[24] Margaret Atwood: »My Life in Science Fiction«, in: *Cygnos* 22 (2005), H. 2, S. 155–176, hier S. 163.
[25] Carl Gustav Jung: *Zwei Schriften über Analytische Psychologie*, hg. von Marianne Niehus-Jung [et.al.]. Olten: Walter-Verlag 1971, S. 146. Kursiv im Original
[26] Geoff Ryman: *Air*, London: Gollancz 2005, S. 372 f.
[27] Marshall McLuhan: *Understanding Media. The Extensions of Man*, London: Routledge 1964, S. 15.
[28] Ebd., S. 17.
[29] M. T. Anderson: *Feed*, Cambridge: Candlewick 2002, S. 300.
[30] Siehe Lars Schmeink: »Fears of Globalization. Anti-Corporate Visions in Recent Utopian Texts«, Vortrag gehalten auf der 8. Utopian Studies Conference, Plymouth, England. 12.–14. Juli 2007. Bislang unveröffentlicht.
[31] Frederic Jameson: »Of Islands and Trenches. Neutralization and the Production of Utopian Discourse«, in: *Diacritics* 7 (1977), H. 2, S. 2–21, hier S. 21.

CARSTEN SCHINKO

Das Schreiben des Schalls

sonic fictions aus Amerika

Schon immer hat die Literatur ein besonderes Verhältnis zur Musik gepflegt. Nicht nur die Lyrik, auch narrative Texte üben sich seit langem im intermedialen Spagat, und mag die Bezugnahme in manchen Epochen auch ausgeprägter sein als in anderen, so riss das Interesse am medial Anderen nie komplett ab. Überraschen dürfte dabei vor allem der Funktionswandel, der mit den vielfältigen Hinwendungen einhergeht. Warum nun sucht das amerikanische Erzählen nach 2000 in einigen wenigen, aber zentralen Romanen und Kurzgeschichten den Schulterschluss mit dem Sonischen? Welche Qualitäten der Musik sind es, die diese zum attraktiven Thema und Gestaltungsmerkmal literarischer Texte werden lassen? Anhand von vier ebenso einfluss- wie erfolgreichen Romanen – Jonathan Lethems *The Fortress of Solitude* und *You Don't Love Me Yet*, Richard Powers' *The Time of Our Singing* sowie Ann Patchetts *Bel Canto* – sollen zwei wichtige Kontexte für jene *sonic fictions* hier kurz vorgestellt werden: der eine kulturpolitisch, der andere binnenliterarisch.

Gefährliche Liebschaften

Beginnen wir die Spurensuche an einem populären Nebenschauplatz der Literatur. Im Jahr 2001 fügte Bob Dylan, damals bereits 60 Jahre alt, seinem imposanten Œuvre ein weiteres Werk hinzu. Album Nummer 43 trug den Namen »*Love and Theft*«.[1] In seiner Gegenüberstellung erscheint der Titel nicht weiter bemerkenswert – er eröffnet ein einsilbiges Spiel der Assoziationen, das auf die schlichte Kraft der englischen Sprache vertraut. Wem nun bei *love* und *theft* lediglich bürgerliche Innerlichkeit und romantische Liebe einfällt, wer nur an das Scheitern inniger Zweisamkeit oder an Liebesentzug zu denken vermag, liegt womöglich daneben. Acht Jahre zuvor war unter demselben Titel eine kulturwissenschaftliche Studie des Amerikanisten Eric Lotts erschienen, auf die der Sänger offensichtlich Bezug nimmt. In *Love and Theft* skizziert Lott eine Genealogie US-amerikanischer Populärkultur, die auf dem Motiv des kulturellen Diebstahls beruht.[2] Ausgehend von der *blackface minstrelsy* zeichnet Lott die Enteignung schwarzer Kultur nach. Seit den 1830ern sind Bühnenauftritte bekannt, bei denen sich meist weiße Darsteller das Gesicht einschwärzten, um derart maskiert eine rassistische Revue abzuliefern. Die burleske Bühnenschau und deren Stereotypen erfreuten sich rasch großer Beliebtheit, gerade weil die entstellende Mimikry das *racial unconscious* des 19. Jahrhunderts mitprägte: Zerrbilder, die bestehende Ressentiments und schieres Unwissen bedienten und beförderten. Man hat diese Frühform populärer Kultur, die neben dem visuellen Spektakel des Tanzes und der Sketche auch Lieder beinhaltete, als Paradigma für den weiteren kulturellen Kontakt des schwarzen und weißen Amerika gesehen. Nicht von ungefähr kam dabei der Musik größte Aufmerksamkeit zu, denn im Blues, Jazz, Soul, R&B und Hip Hop war und ist die Stimme der Afroamerikaner am deutlichsten vernehmbar. Jedoch wird genau hier der Vorwurf des kulturellen Diebstahls und seiner »mixed erotic economy of celebration and exploitation« am lautesten erhoben.[3] Es bedurfte eines Elvis, so die Kritik, um den Rock'n'Roll massenkompatibel zu machen, und in seiner Auslotung bürgerlicher Befindlichkeit hat der restlos säkularisierte *White Blues* von Eric Clapton mit dem traditionellen Blues und seinem kollektiven Transzendenzversprechen nur wenig gemein.

Natürlich hat die *black community* – und mit ihr das progressive Amerika – seit Langem gegen Stereotypen und Ausbeutung gekämpft. Nach einer Zeit der Kritik an weißer Repräsentation schwarzen Lebens wurde bald in einer multikulturellen Politik der Anerkennung für die »eigene« Tradition gekämpft; Kämpfe, aus denen sich eine starke Semantik und Ikonographie kollektiver Identität ergab. In der afroamerikanischen Literatur ist es inzwischen keine Seltenheit, die Texte in Analogie zur Musik etwa als *blues texts* und *jazz novels* zu begreifen.[4] Es ist dies eine Art symbolischer Rückeroberung, die oftmals neue Grenzen errichtet. Kulturpolitisch mag man das begrüßen oder nicht; entscheidend ist, dass sich weiße Autoren nur selten explizit mit dem Erbe schwarzer Musik und der eigenen Faszination befasst haben, einer erstaunlich ambivalenten Hinwendung, die meist mehr ist als nur Ausübung von Macht: Man liebt, was man klaut, fühlt sich hingezogen zu dem, was man sich oft genug verzerrend aneignet.[5] Die Songs auf

»*Love and Theft*« zeugen von dieser Ambivalenz, und Bob Dylan reflektiert in seiner Zusammenstellung die eigene Position.

Seine Reflexion findet nicht im luftleeren Raum statt, sondern muss als Symptom für einen größeren Umbau multikultureller Selbstverständigungen angesehen werden. Unter dem Schlagwort *post-soul* hat eine jüngere Generation von Kommentatoren das Wort erhoben, um gegen die allzu beengende kulturelle Selbstbeschreibung einer *black community* die Diversität schwarzer Lebenswelten einzuklagen.[6] Nicht nur die Afroamerikaner, auch andere Gruppierungen sind ans Licht der Öffentlichkeit gedrängt und fordern Anerkennung ein – eine *politics of recognition*, die als Politik der Sichtbarmachung verstanden werden muss: Der Mehrheitskultur gelingt es immer seltener, als unmarkiertes Zentrum zu firmieren, das sich – unbeobachtet – seine Universalität imaginieren kann. Was früher Norm war, wird nun als »weiß« beobachtet und kulturell verortet. Auswirkungen auf jenes *cross-racial desire*, von dem Lotts Arbeit handelt, sind nicht ausgeschlossen, zumal trotz weiterhin bestehender sozialer Ausgrenzung und urbaner Segregation der tagtägliche Kontakt kaum von der Hand zu weisen ist. Das ist insofern von Bedeutung, als Faszination und Aneignungseifer am intensivsten sind so lange ein vollständiger Kontakt vermieden wird, ein Aufeinandertreffen in den diversen Teilbereichen der US-Gesellschaften jedoch etabliert ist – man darf annehmen, dass sich die Figur des »imaginary black interlocutor« im Bewusstsein des weißen Amerika permanent verändert.[7]

Im Schwitzkasten

Aus jener komplexen Dynamik heraus lässt sich Jonathan Lethems *The Fortress of Solitude* verstehen, sein sechster und bislang erfolgreichster Roman.[8] Als dieser im Jahr 2003 erschien, machte er seinen Autor rasch zum legitimen Chronisten der Popkultur und ihrer nicht selten verwirrenden Zeichenvielfalt. Das Buch nimmt das Motiv des kulturellen Diebstahls auf und verhandelt es ganz im Sinne jener spannungsreichen Ökonomie des *blackface*. Der 1964 geborene Lethem allerdings gibt dem Thema in seinem Werk eine ganz eigene Note, indem er den weißen Protagonisten – der nicht ganz zufällig auf den Namen Dylan hört – in einer *all-black neighborhood* im Brooklyn der 1970er aufwachsen lässt. Folkmusik sucht man hier indes vergeblich – es ist die Ära des Soul, in die Lethem eintaucht. Damit ist nicht nur die Perspektive der Mehrheitskultur entscheidend verändert, auch das dem imaginären Begehren des Anderen eingebaute Distanzversprechen muss neu überdacht werden.

Der Roman setzt ein mit einer medialen Ur-Szene: »Like a match struck in a darkened room. Two white girls in flannel nightgowns and red vinyl roller skates with white laces, tracing tentative circles on a cracked blue slate sidewalk at seven o'clock on an evening in July«.[9] Der dunkle Raum, das ist die Erinnerung an die 1970er im New Yorker Stadtbezirk, und angestachelt wird sie, will man das Bild weiter deuten, von der Nadel, die das Rund einer nicht mehr ganz taufrischen Schallplatte abtastet (»circles«; »cracked«; »vinyl«). Der Schall erweckt die Erinnerung, und auch wenn die beiden Mädchen kaum mehr als eine marginale Rolle spielen werden, signalisiert der Autor damit das Maß an Subjektivität der Rückschau. Angst, Lust und Zorn vernebeln das, was war, liefern verklärte, nicht immer vertrauenswürdige Bilder der Vergangenheit. Präzise und stechend scharf sind diese Erinnerungsfetzen paradoxerweise schon, dann nämlich, wenn man sich auf die spezifische Perspektive einlässt. Dylan Ebdus, privilegierter Fokus des Erzählers, wünscht sich die Zwillinge der Eröffnungsszene herbei – aus einem frühpubertären Verlangen heraus, aber auch aus Sehnsucht nach anderen weißen Kindern in seiner Nachbarschaft.

Die knapp 600 eng bedruckten Seiten von *The Fortress of Solitude* selbst sind konstruiert wie eine Schallplatte: Kapitel eins und drei, beide recht lang, werden unterbrochen von einem weitaus kürzeren, der *Liner Note* in der Mitte, und simulieren so den klassischen Tonträger. Natürlich muss der Leser im Gegensatz zum Musikhörer sich nicht erheben, um die Platte nach der Hälfte der Laufzeit umzudrehen, und auch die Lesegeschwindigkeit kann er selbst bestimmen. Eine Analogie findet der Autor, indem er die einzelnen, thematisch eng verflochtenen Teile des Romans signifikant voneinander abweichen lässt. Kapitel eins (oder die A-Seite) taucht ein in die Erinnerungswelt, eine Welt die geprägt ist von Einsamkeit und kindlichen Allmachtsphantasien und von dem Gefühl, nie ganz dazuzugehören. Die Eltern sind meist mit sich selbst beschäftigt: der Vater ein eigenbrötlerischer Künstler, kaum außerhalb des Ateliers im Dachgeschoss zu sehen, die Mutter auf Selbstverwirklichungstrip; sie wird die Familie schon bald verlassen haben. Auf der Straße wiederum wartet ein Universum aus schwarzen Zeichen und Codes, die

Dylan selbst da, wo er sie tastend versteht, noch als Außenstehenden, als *whiteboy* markieren. Da hilft es wenig, dass er die Regeln des Ballspielens beherrscht, und sich mit gekonnten Kreidezeichnungen des Spielfelds erste Anerkennung verschafft. Selbst das wachsende Interesse an Musik schafft keine Abhilfe. Im Gegenteil: »It was entirely possible that one song could destroy your life«.[10] Dylan kommt gerade in die siebte Klasse, als ein solcher Song die Hitparaden stürmte: Wild Cherry's »Play That Funky Music«, dessen gleichlautender Refrain, gesungen »through gritted teeth« im schmerzhaften »WHITE BOY!« endet.[11] Die Pointe, dass hier eine weiße Band äußerst *funky* ihre vermeintliche *unfunkiness* abfeiert, erschließt sich ihm erst später. Es ist dies die Hymne seines Leidens, ein Leid, das seinen Höhepunkt im *yoking* erfährt, einer Art Schwitzkasten, dem stets ein Spiel der Einschüchterung vorausgeht, und das in schöner Regelmäßigkeit darauf hinausläuft, dem Opfer eine symbolische Summe abzuknüpfen. Die immergleichen Fragen leiten das Ritual ein, sie sind mehr auf Belustigung als auf Bereicherung und Verletzung aus. Wehklagen hilft da wenig: »If Dylan choked or whined they were perplexed and slightly disappointed at the white boy's too-ready hysteria. Dylan didn't quite get it, hadn't learned his role«.[12] Als Tanz, als spontane Eruption von sozialer Energie wird dieses Phänomen skizziert, letztlich ist es für den Protagonisten nicht begreifbar. »The logic was insane, except as a polyrhythm of fear and reassurance, a seduction. ›What you afraid of? You a racist, man?‹«[13] Um Rhythmen mag es gehen, allein die Signale sind unlesbar: »Two voices made paradoxical, unanswerable music. Their performance for one another's sake, not his. The pleasure was in counterpoint, no place for a third voice«.[14]

Dylans Leben wäre oft die reine Qual, gäbe es da nicht Mingus Rude, einen schwarzen Nachbarsjungen. Mingus ist ein Jahr älter als Dylan und hält – soweit möglich – seine schützende Hand über ihn. Er ist es, der den weißen Freund als Erster beim Ballspielen in sein Team wählt, und er ist es auch, der dafür sorgt, dass Dylan die schwarzen *styles* nicht nur als Zeichen einer fremden Kultur versteht, sondern sie als die eigenen – wenn auch ihm nicht vollständig zugänglichen – wahrnimmt. Lethem deutet gar die Verschmelzung der beiden an, zum einen symbolisch im gemeinsam gesprühten *tag*, einer Graffiti-Signatur, aber auch köperlich in einigen eher orientierungslosen sexuellen Experimenten während der Pubertät. Die Namen der Protagonisten sind recht offensiv eingesetzte *telling names*: Charles Mingus (1922–1979), der *angry man of jazz*, der sich auch auf europäische Musiktraditionen berief, und eben Bob Dylan, der un(frei)willige Prophet einer weißen Gegenkultur. Doch Lethem belässt es nicht bei diesen konturschwachen Andeutungen. Mingus Vater, Barrett Rude Jr., ist ein alternder Soul-Musiker, dessen Karriere mit dem Aufkommen von Disco und Funk ein jähes Ende gefunden hat. Gemeinsam mit Mingus stöbert Dylan durch die imposante Plattensammlung und lauscht fasziniert dem sonoren Brummen Barretts, der selbst die kleinsten Sentenzen noch in Sounderlebnisse verwandelt. An Aisthesis ist dem Roman indes nicht gelegen; wie andere Ausdrucksformen interessiert Lethem die Musik zuallererst als kultureller Code, als Mittel zu Scheidung von *in-* und *outgroups*.

Dass die Erzählung nicht in soziologische Studien abdriftet, ist Zeichen von Lethems Können, der den poetisch-präzisen Realismus der Brooklyner Straßenschluchten mit einem Element populärer Phantastik anreichert. Mit der Musik konkurriert ein anderes semiotisches System – die Welt der Comics. Bereits der Titel legt dies nahe: *The Fortress of Solitude* war der Rückzugsort von Superman in so mancher Episode. Lethem nutzt diese Konnotationsebene, um das Metaphernfeld der Verlassenheit mit den Allmachtsphantasmen der pubertierenden Jungs zu unterfüttern. Dylan dient der selbst entworfene Superheld *Aeroman* zur Kompensation für die täglich erlittene Schmach. Ein Kostüm hat er schnell kreiert, doch nach zögerlichen Selbstversuchen ist es der schwarze Freund, dem die Rolle auf den Leib geschrieben wird. Ausgestattet mit einem magischen Ring treten die beiden an, die Straßen Brooklyns sicherer zu machen, wobei Dylan stets der Köder ist und sich willentlich in Gefahr bringt. Mingus war für den jüngeren Freund schon immer ein Held, einer, der ihm Zugang verschaffte ins Reich des Coolen (Graffiti) und Verbotenen (Pornos, Drogen). Jetzt aber wird er zur Inkarnation des privaten Superhelden. Unklar bleibt, ob der Ring tatsächlich magische Kräfte verleiht oder sich das Fliegen eher der kindlichen Einbildungskraft verdankt. Dieser Ambivalenz ungeachtet wird er Gegenstand einer schwierigen, schuldbeladenen Transaktion zwischen den beiden, die das Verhältnis auskühlt.

Der Karriereknick von Barrett Jr. war ein erstes Indiz, dass die Überhöhungen schwarzen Lebens Resultat einer weißen Imagination sein könnten. Dylan, der an einem liberalen College in Vermont studiert, findet ihn beim Besuch in der alten Heimat drogensüchtig und vereinsamt vor. Er ist auch anwesend, als es zum Zerwürfnis der Generationen im Hause Rude kommt. Ein letztes Mal hört Dylan eine jener »impromptu melodies« von Jr., der seinen bewaffneten Vater, einen Ex-Sträfling, reizt: »*You got to ad-mit, you an old man*«.[15] Mingus drängt Dylan zu gehen. Der Streit zwischen den Generationen eskaliert, ein Schuss fällt. Es wird Mingus' Großvater, Barrett Sr. sein, der unter dubiosen Umständen erschossen wurde, eine Tat, für die das Enkelkind ins Gefängnis wandert.

In der *Liner Note*, die direkt an diese letzte Szene des ersten Kapitels anschließt, versucht Dylan – inzwischen als Journalist an der Westküste tätig – dem musikalischen Erbe Barretts mit einer eigens zusammengestellten CD-Box gerecht zu werden. »Bothered Blue Once More: The Barrett Rude Jr. and the Distinctions Story« lautet sein musikhistorischer Eintrag. Dass die Arbeit den einstigen Bandnamen – *The Subtle Distinctions* – verkürzt, ist nur eine der Ironien dieses professionellen Einschubs. Journalistisch ist diese Aussparung kein Fehler, im Gegenteil, sie verdeutlicht die einstige Popularität der Band – die *Distinctions*, ein *household name*. Doch als Freund der Familie, der einem nun reichlich gentrifizierten Brooklyn den Rücken gekehrt hat, lässt sich die Geschichte rein musikologisch kaum erschließen. Die Huldigung Barretts gerät aus den Fugen, vermischt eigene Erinnerungen mit kritischer Reflexion des Werks und endet schlussendlich mit einer Selbstüberforderung: das Wissen um das Weiterleben der Songs mit dem schmerzhafteren Wissen um das Dahinsiechen der einst vertrauten Person. Dieses Spiel aus Intimität und Distanzierung zeichnet alle guten *liner notes* aus, als Scharnier zwischen den längeren Kapiteln impliziert es den Überschuss an unbewältigter Emotion, das Nichtverarbeitete an der Vergangenheit. Mit knapp 20 Seiten ist dieses Kapitel, wie es so schön heißt, noch nicht abgeschlossen – die Erinnerung lässt sich nicht selbstmächtig stillstellen, nicht einmal in Form der Ehrerweisung.

Trotz überwiegend positiver Resonanz hat gerade die deutsche Kritik den stilistischen Bruch bemängelt, den »Prisonaires« im Kapitel drei (der B-Seite) inszeniert. In der Tat folgt auf die intensive Erzählung des Heranwachsens in Brooklyn nicht nur der Zeitsprung in die 1990er, auch qualitativ scheint der Roman nicht mehr auf der Höhe des Eingangskapitels zu sein. »Es ist schon unklar«, bemängelt etwa die *Frankfurter Allgemeine Zeitung*, »wieso die bis dahin virtuos gehandhabte multiperspektivische Erzählweise plötzlich der Ich-Form weicht (die doch dann nicht wirklich durchgehalten werden kann)«.[16] Der Rezensent vermutet einen Mangel satirischen Talents, das er in der Überzeichnung von einigen überflüssigen Nebenfiguren erkennt, und vermutet, »dass Lethem kein psychologischer Erzähler ist. Dort, wo er außerdem den autobiographischen Boden verlässt, wird die erzählerische Glaubwürdigkeit dünner«.[17] Das ist treffend beobachtet, könnte aber die Pointe verfehlen. Was, wenn Lethem diesen Bruch intentional herbeigeführt hat, wenn es kein Missgeschick ist, sondern einer heteronomen Programmatik folgt?

Lethem wäre dann an dieser Stelle kein psychologischer Erzähler, weil er es nicht sein kann: Er unterbricht den geschmeidigen Fluss von *memory & desire*, jene Melange aus Angstlust und Hassliebe, um anzudeuten, dass sich aus dieser einen Perspektive das (erinnerte) Leben nicht erzählen lässt. Weder das eigene, noch das der anderen. Und schon gar nicht: das eigene im Leben der anderen. Also gleitet die Nadel ab, ein neues Sprachspiel setzt an. Der Streit mit seiner afroamerikanischen Freundin Abigail eröffnet zunächst eine Reflexion der eigenen Position. Die Sprache gerät schmuckloser als Abigail, Teil einer erstarkten *black bourgeoisie*, Dylan vorwirft, schwarze Kultur nur wegen der schmerzhaften Erfahrungen dahinter zu goutieren. Er schaffe sich einen Schutzraum, um sein Innerstes zu verbergen, sie selbst sei ein Teil dieser perversen Strategie: »I'm just the official mascot for all the shit you won't allow yourself to feel. A featured exhibit in the Ebdus collection of *sad black folks*«.[18] Die introspektive Identitätsfindung, die hier nicht gelingen will, wartet noch auf die (Er-)Lösung. Ein Filmprojekt über eine schwarze Band aus Gefängnisinsassen – *The Prisonairs* – führt Dylan symbolisch an die Realität seines Freundes Mingus heran. Weder eine Niederschrift noch ein stimmiges Ende hat er parat, als er mit Tränen in den Augen seinen Plot – Segregation, Rassismus, Integration – einem begeisterten *Dreamworks*-Manager vorstellt. Erst die Rückkehr in die Vergangenheit, die ihn ins Gefängnis zu Mingus (aber auch zum Ex-Liebhaber seiner Mutter) führen wird, bringt ihn voran.

Dass ausgerechnet hier, nach einer im Vergleich zum ersten Kapitel fast naturalistisch-nüchternen Studie der schwarzen Drogenszene, des Zuchthauses, der Ring wieder auftaucht, mag als »narrative Notlösung [...], als deus ex machina« wirken.[19] Erneut ist das nicht fehlinterpretiert, jedoch sollte man – angemessen paradoxal – von einer zwingenden Notlösung sprechen. Lethems imposantes Erzählprojekt überfordert sich willentlich, macht im eklatanten Bruch evident, dass noch die Hermetisierung der Erinnerungsfestung des weißen liberalen Mittelstands mit einem hohen Preis bezahlt wird. Wahre Vielstimmigkeit ist nur durch radikale Anerkennung der Polyrhythmik zu haben, eine ins Positive gewendete Art des *yoking*, die den Leser in den Schwitzkasten nimmt. Man ist geneigt, von einem ästhetischen Opfer zu sprechen, welches der Autor erbringt. Ließe sich die Entscheidung aus Gründen der Stimmigkeit ablehnen, nach ethischen Kriterien bemessen macht sie letzten Endes Sinn – eine gebrochene Ethik der Selbst-Anerkennung durch den Anderen?

Wenn nun A- und B-Seite nicht recht zueinander passen wollen, wäre das Buch besser in Analogie zur Digitalisierung der Information auf der CD zu verstehen? Wie beim von Lethem thematisierten Übergang von Vinyl auf Silberling – der schon in zeitlicher Hinsicht fast die Verdopplung der durchschnittlichen Spiellänge mit sich brachte – ändern sich auch die Stimmigkeitskriterien der Erinnerung. Kurz: die Dynamik der Nostalgie hat sich verändert, wenn die Daten sich verflüssigen. Schon die Selektion aus der Masse verfügbarer Information wird zum Problem. Was auf den ersten Blick wie ein rein mediales Phänomen aussieht, hat durchaus kulturelle Haftung, und Lethem bringt dies auf den Punkt: für seinen Protagonisten droht jene *black experience*, die sich hinter den Klängen verbirgt, ihre Konkretion zu verlieren. Der Sound seines *borough* wird ihm fremd, als er aufs liberale College geht und sogleich in die nicht untypische Musiksozialisation des weißen Mittelstandes einschwenkt: Punk, New Wave – Schall gewordener Existentialismus, aus der Sicherheit geborene Rebellionsgesten. Später wächst die CD-Sammlung an, weitet sich zum digitalen Archiv. Dylan ist professioneller Musikfan, der die dauerpräsente Verfügbarkeit diverser Genres stilsicher verwaltet. Kann er seine Wahl auch legitimieren, so bleibt es doch eine zunächst ästhetische Stimmigkeit, hinter der die Sehnsucht nach Kontrolle wirkt. Erst als der Kritiker vom Privatmenschen eingeholt wird, lässt ihm die unaufgearbeitete Geschichte – im personalen wie im sozialen Sinne – keine Ruhe.

Temporalität des Rassismus

Einen ganz anderen Bezug auf das Verhältnis von Musik und *racial politics* bietet der ebenfalls 2003 erschienene Roman *The Time of Our Singing* von Richard Powers, der vor allem für seine sorgsam konstruierten und materialreichen Ideenromane bekannt wurde.[20] Werke wie *The Gold Bug Variations* oder *Galatea 2.2.* haben dem Leser oft ein gehöriges Maß an Vorbildung abverlangt. Nicht jeder wird sich heimisch gefühlt haben bei den Abstechern zu Spezialdiskursen über Molekularbiologie oder künstliche Intelligenz. Auch der achte Roman ist nicht frei von diesen voraussetzungsreichen Themen, und doch erscheint der Ansatz eines Ideenromans vielversprechend: Was wäre »Rasse« anderes als eine fixe Idee, eine kulturelle Konstruktion? Dem wäre – zum Beispiel mit Lethem – entgegenzusetzen, dass es nicht nur die Konstruktion der Realität, sondern eben auch die Realität der Konstruktion gibt. Der bloße Verweis auf die Abwegigkeit solcher Konstruktionen greift zu kurz, will man die Nachhaltigkeit jener Problemkategorie und ihrer Effekte verstehen. Würde Powers – dem man einen »patterning urge«, ein fast obsessives Denken in Strukturen nachgesagt hat – das komplexe Thema formalistischen Interessen opfern?[21]

Powers' Roman entfaltet seine Variationen auf gut 600 Seiten, und es dürfte wohl mit Ausnahme von Thomas Manns *Doktor Faustus* kaum ein Buch geben, das so konzentriert die klassische Musik in den Mittelpunkt stellt. Über sechs Dekaden wird die Erzählung gehen und dabei allerhand Zeitgeschichte auflesen – etwa das Konzert von Marian Anderson im Jahre 1939 vor dem Lincoln Memorial in Washington, dem Ausgangspunkt der Handlung. Anderson musste dorthin ausweichen, weil ihr der Auftritt in der ehrwürdigen *Constitution Hall* verwehrt wurde. Dass das historische Konzert dennoch zu einem beeindruckenden Siegeszug der Kunst im Dienste der Freiheit wurde, nutzt Powers, um sein Thema zu etablieren: Es geht um die Möglichkeiten der Musik in einer Gesellschaft, die ihren eigenen Ansprüchen als Demokratie selten gerecht wird, oder abstrakter: um das Verhältnis von Autonomie und Heteronomie. Durch Zufall lernen sich bei diesem Ereignis der deutsch-jüdische Emigrant David Strom und die afroamerikanische Delia Daley, selbst eine begabte Sängerin, kennen. War ihre Karriere noch am Widerstand der Eltern gescheitert, wollen die beiden ihren Sohn Jonah, als Tenor ein Jahrhunderttalent, unterstützen, wo sie nur können.

Nach ihrer ersten Begegnung wollen sie nichts mehr dem Zufall überlassen. Gegen den Willen der Eltern Delias kommt es zur Heirat, gemeinsam zeugen David und Delia neben Jonah noch Joseph, der die Geschichte erzählt, und Tochter Ruth. Den dreien bieten sie ein sicheres Zuhause, und in der Tat scheint diese Schutzzone gegen den grassierenden Rassenhass eine ganze Zeit lang zu funktionieren. Vor allem beim gemeinsamen Gesang stellt sich die Familie als Idyll dar, das das Leben außerhalb der heimischen Wände vergessen macht. Die Zeit steht still im Hause Strom oder kennt doch nur die *Time of Our Singing*, während draußen »echte« Geschichte gemacht, erfahren, gelebt wird: Von Martin Luther King und Malcolm X bis Rodney King, von der Ermordung Emmett Tills bis zum *Million Men March* – gierig holt der Roman die Ereignisse ins Reich der Fiktion und stellt sie gegen die Abschottung der Stroms. Powers nutzt die Hermetisierung als Querverweis auf das Konzept der ästhetischen Autonomie.

Damit kehrt der Autor zu einem seiner Lieblingsthemen zurück. Wie schon in anderen Romanen geht es auch hier um die Reflexion der Zeit, und erneut spielt die wissenschaftliche Perspektive eine wichtige Rolle. David ist ein renommierter Physiker, der im Umfeld Einsteins und Gödels nach dem Wesen der Zeit forscht. Aus seiner theoretischen Weltsicht heraus muss gelten: »race is only real if you freeze time«.[22] Das gilt auch und gerade dann, wenn überhaupt nicht klar ist, was Zeit eigentlich darstellt und wie man sie veranschaulicht: Fluss oder Ozean, eine Simultaneität oder doch etwas, das sich linearisieren lässt? Davids Vertrauen in die Reinheit wissenschaftlichen Welterschließens spiegelt sich im Versprechen der Musik. Auch sie soll jenseits historischer Kontingenz ihre Eigenzeit entwickeln, Strukturen etablieren, Wahrnehmung prägen. Ein solches Potential wäre in der Tat *colorblind*, würde die Zeit des Rassismus außen vor lassen, und als ein solches Refugium setzten die Eltern Musik auch ein. Doch wie schon im Fall der Wissenschaft – David wird später mitwirken beim Bau der Atombombe – ist diese »Reinheit« eine Illusion. Tochter Ruth ist die Einzige, die dies frühzeitig erkennt. Mit ihrer Figur stellt Powers die Frage nach einer weiteren Temporalität: der Zeit der Politik, der Intervention, des intendierten Wandels und schließlich, als Ruth sich den Black Panthers anschließt, die Zeit der Revolution, die die steinigen, langfristigen und ungewissen Reformprozesse ablehnt.

Ruths Brüder machen die Erfahrung der Kluft zwischen Versprechen und Realität langsamer und auf schmerzhaftere Weise. Joseph gibt diesen Prozess behutsam zu erkennen. Er, der seinen Bruder bei Auftritten am Klavier begleitet, wird der Klassik den Rücken kehren und sich dem Jazz und populäreren Musikformen zuwenden. Enerviert von den Vorurteilen – auch den gut gemeinten – meidet schließlich auch Jonah die Bühnen Amerikas und sucht sein Heil in Europa, wo er sich der (Vor-)Renaissance-Musik verschreibt: Auch dies bleibt ein Refugium, nicht jenseits der Geschichte, aber doch vor den desaströsen Effekten des Sklavenhandels.

Wenn auf inhaltlicher Ebene nun die Vorstellungen musikalischer Autonomie problematisiert werden, so muss sich der literarische Text selbst nach seiner Wertung des ästhetischen Potentials befragen lassen. Powers' Erzählstrategie tendiert fast zu einem performativen Selbstwiderspruch, wenn er am Schluss die Fäden recht rasch und etwas zu straff zusammenzieht. Mit diesem Manöver einer *aesthetic closure* vermittelt er den Anschein, die Zeit in der Struktur seines Erzähluniversums aufzuheben. *The Time of Our Singing* wäre dann in ein »Wir« des Lesers überführt, der sich – ungeachtet der soziokulturellen Herkunft – der selbstorganisierten Zeit des Romans hingibt. In der suggerierten Notwendigkeit der ästhetischen Entscheidung relativiert der Roman den Relativismus multikultureller Diskurse, drängt ihn zur verbindlichen, abschließbaren Erzählung.

Obwohl sie beide auf eine kulturelle Politik der Anerkennung Bezug nehmen, um deren Logik an der Musik durchzuspielen, setzen die Romane von Lethem und Powers den intermedialen Bezug auf unterschiedliche Weise ein. Lethem setzt auf Affekt. Er will Augenhöhe mit dem Geschehen beibehalten, um im Verzicht auf Distanz die Verkörperung sozialer Unterschiede zu verdeutlichen. Mit dieser Strategie bleibt er dem multikulturellen Relativismus treu, kehrt aber die Perspektive entscheidend um. *The Fortress of Solitude* liefert ein Psychogramm weißer Befindlichkeit, das dennoch alles andere als neokolonialistisch mit den Opfern, den »Beklauten« umgeht. Vielmehr bietet Lethem eine Selbstbefragung, die sich noch auf formeller Ebene niederschlägt. Powers' Spielart der Literatur operiert anders. Das bringt allein die Hinwendung zur klassischen Musik mit sich, deren soziale Zirkulation andere Arten des Affekts einlädt als das Pop-Universum Lethems.

Vielleicht aber geht die Differenz der Autoren tiefer. Mag Powers die kulturelle Spezifik der Erfahrung des Rassismus auch anerkennen, so ist sein Schreiben generell ohne ästhetische Distanznahme kaum denkbar. Zu sehr interessieren ihn verbindliche Strukturen und allgemeingültige Muster, als dass er einem Relativismus das Wort reden könnte. Um diese *patterns* beobachten zu können, muss eine Bodenhaftung, wie sie Lethem noch hat, aufgegeben werden. In einem Interview aus dem Jahr 1998 beschreibt er seine Motivation zur kognitiv ausgerichteten Schreibstrategie: »There's this sense of wanting to get the big picture. Wanting to really see, get the aerial view. And see the implication and the grandeur and the movements. The huge arcs that we don't see in our own lives. That's a monumental thing that fiction can do and that's the kind of fiction that I often seek out«.²³ In *The Time of Our Singing* ist er diesem Credo treu geblieben und hat damit dem multikulturellen Diskurs eine andere Ausrichtung gegeben. Powers will diesen Diskurs mitsamt seinen Effekten wie von außen beobachtbar machen, wie ein Werk, dessen Strukturen man nach dem Hören »sehen« kann.

Inszeniert Powers mit dem »Kameraschwenk« hin zum *aerial view* einen Schub in Richtung Autonomie, die seine (kultur-)politische Thematik wenn nicht dekontextualisiert, dann doch in einen größeren Rahmen (*big picture*) stellt, so erproben zwei weitere Romane das literatureigene Leistungsvermögens auf anderem Weg. Es geht dann nicht mehr so sehr um konkrete soziale Ereignisse und Probleme; was zur Debatte steht, ist die Kapazität der Literatur selbst, die sich – zum Beispiel im intermedialen Vergleich – ihrer Potentiale vergewissern möchte. Es ist kein Wunder, dass jene Selbstüberprüfungen zu einer Zeit stattfinden, in der Wandel der gesamten Medienökologie dazu drängt, die Buchkultur zu historisieren. Man mag das – mal euphorisch, mal alarmistisch ausgerufene – Ende der Gutenberggalaxis als Erregungsbegriff abtun. Sicher scheint indes, dass die Literatur ihre Konkurrenz mit anderen Medien reflektieren und ihre Programmatiken darauf einstellen wird – ob das nun als *cognitive turn* oder als Affirmation von Präsenzeffekten geschieht.²⁴ Wird das amerikanische Erzählen nach 2000 eher auf Affekt oder auf Kognition setzen? Wie wird es mit dem nach wie vor gewichtigen Erbe der Postmoderne umgehen? In ihrem Interesse am medialen Anderen deuten zwei Romane an, dass sie sich mit Textualismus und Kontingenz allein nicht zufrieden geben.

Im Kraftwerk der Gefühle?

In gewisser Weise könnte man *Bel Canto*, Ann Patchetts vierten Roman von 2001, für eine Vorform der powersschen Ästhetik halten.²⁵ Auch ihr geht es um das Versprechen der Autonomie im Angesicht drastischer Realitäten, auch bei ihr spielen geschlossene Räume eine zentrale Rolle. Holt Powers diese Realitäten jedoch als historische Evidenz in seinen fiktionalen Text hinein, so ist der Ausgangspunkt von Patchett ungleich vager: Im Dezember 1996 überfielen Rebellen der T'pac Amaru Bewegung die japanische Botschaft in Lima und nahmen unzählige Geiseln. Ein Großteil der Gefangenen wurde nach einiger Zeit freigelassen, die gut 70 verbliebenen aber mussten über vier Monate ausharren. Dann erst schickte die peruanische Regierung eine militärische Einsatztruppe, die der Geiselnahme ein blutiges Ende bereitete. Patchett behält diesen Rahmen bei, lässt die Handlung aber in einem unbenannten südamerikanischen Land spielen und gibt der Untergrundorganisation einen anderen Namen. Vor allem aber modifiziert sie die Ereignisse durch die gezielte Integration fingierter Hauptfiguren. Katsumi Hosokawa ist ein japanischer Geschäftsmann und Opernfan, zu dessen Ehren die Regierung eine Geburtstagsparty im Haus des Vizepräsidenten abhält. Man verspricht sich vom internationalen Event wirtschaftliche Beziehungen, an denen der Japaner indes nur wenig interessiert ist. Dass er überhaupt die Reise antritt, verdankt sich allein Roxane Coss, einer berühmten amerikanischen Sopranistin. Hosokawa ist ihr seit Langem treuer und kundiger Fan. Schon mehrfach hat der Familienvater Coss live singen hören, zur persönlichen Begegnung war es aber noch nicht gekommen.

Mit der Hinwendung zur Oper reflektiert der Roman seine Differenz zum Sonischen. Das beginnt bereits beim Titel: *Bel Canto* benennt einen überbordend melodiösen Gesangsstil. Die in Musikschlüsseln gesetzten Kapitelnummern und die Epigraphen tun ihr Übriges, und alle diese Signale drängen das kontaktnehmende Medium der Literatur zum Vergleich des eigenen Vermögens mit dem Potential des kontaktgebenden Mediums der Musik. Dabei ist zu beachten, dass es vor allem die Stimme der Sopranistin ist, auf die sich Patchett im Folgenden konzentriert. Sie reduziert damit die in der Oper, dem »Kraftwerk der Gefühle« (A. Kluge) angelegte Plurimedialität auf das Element des Sonischen.[26] Die anfängliche Irritation darüber, wie wenig die konkreten Umstände der terroristischen Aktion in *Bel Canto* aufgearbeitet werden, legt sich rasch – sobald der Leser merkt, dass der Terror der Autorin nur als extremer Kontrastwert dient: eine totale Situation, die in ihrer Unterscheidung von Rebell und Geisel einen Raum ohne Ambivalenz schafft. Gegen diese Totale muss nun die Stimme der Sopranistin ihre Qualität beweisen. Patchett unterstreicht die Trennung von Innen und Außen, indem sie ihren auktorialen Erzähler zwar recht flexibel in die Gedankengänge der verschiedenen Figuren im Innern der Villa schlüpfen lässt, jedoch den Blick auf die Geschehnisse jenseits der Mauern verweigert. Was von Außen hereindringt, das sind visuelle und akustische Signale, und die Umkehrung jener Asymmetrie der Agression macht deutlich, dass die Ereignisse im Innern einen eher ungewöhnlichen Verlauf nehmen werden: Der hereinbrechende Lichtstrahl ist gleißend, die Polizeisirenen schrill, die Stimmen der versammelten Menge gar aggressiv. Autonomie, so sie denn denkbar ist in diesem geschlossenen Raum, wäre nur in einer aus der Not geborenen Abstoßbewegung zu haben.

Immer wieder nimmt der Roman Bezug auf die Oper. So werden zahlreiche durchweg reale Operntitel erwähnt, die Namen einiger historischer Opernsängerinnen fallen, meist, um die Bedeutung von Roxane Coss herauszustreichen. Ansonsten bleiben diese gepflegten intermedialen Referenzen seltsam ungenutzt: Patchett schildert den ersten Opernbesuch Hosokawas, ein magischer Moment, den er mit seinem Vater teilt; die Fährte jedoch führt ins Leere. Ein Mehrwert durch Abgleich der Figur oder Handlung mit der Oper wird dem Rezipienten verwehrt. Stattdessen verleihen die vielen Musikreferenzen dem Raum eine virtuelle Dimension und plausibilisieren dadurch den Effekt, den die schöne Sopranistin auf die Anwesenden hat. Selbst die Terroristen sind schon bald verzaubert, gefangengenommen von der betörenden Stimme.

Welcher Natur ist aber deren Erfahrung? *Bel Canto* etabliert das Erlebnis der Stimme als Differenz zwischen vorästhetischer Medialität und ästhetischem Genuss. Im Unterschied zu den Rebellen wissen die geladenen Gäste, was sie erwartet. Während die Aggressoren im Versteck auf das Zeichen zum Angriff warten, sind sie informiert über die Anwesenheit und Identität des amerikanischen Gastes. Doch dringt die Stimme hinauf in den Luftschacht, wo sich die Anführer und ihre Truppe verschanzt haben. Hier und an anderen Stellen spielt Patchett die Faszination der Stimme aus, wie sie sich im Moment der Artikulation ergibt. Der Schall hat den Körper verlassen, aber noch nicht soziale Haftung gefunden. Noch wartet die Stimme darauf, zum sinnhaften sprachlichen oder zum ästhetischen Objekt zu werden. Und es ist diese Oszillation zwischen Nicht-Mehr-Körper und Noch-Nicht-Sozialem, die in der jüngeren Medientheorie – zeitgleich mit Patchetts Roman – verhandelt wird.[27] Die Stimme trägt stets die Spur des Körpers, der sie produziert.[28] Es ist eine Spur, die im Roman immer aufs Neue zurückverfolgt wird – eine Bewegung, die die Sopranistin zum Objekt der Begierde macht, zumal sie nach der Freilassung der weiblichen Geiseln die einzig verbliebene Frau ist.

Das Begehren nimmt zum Teil komödiantische Züge an, etwa wenn einzelne Männer sich aus Höflichkeit gegenseitig den Vortritt lassen, um Coss Avancen zu machen. Dass diese letztlich Herrn Hosokawa wählt, kann als Zeichen gelesen werden, dass hier – im hermetisch abgeriegelten Raum – ideale, wenn auch temporäre Verbindungen geschaffen werden. Der Japaner ist nicht nur zurückhaltend, sondern auch ein absoluter Kenner der Oper. Für einen Moment gilt eine andere Zeitrechnung, und es kommt zum idealen *match*. Sopranistin und Musikliebhaber werden während der Haft ein Paar.

Die Kraft der sonischen Verführung erweist sich aber noch in ganz anderer Hinsicht: *Bel Canto* setzt die Sopranistin als Diplomatin in Szene, die letztlich gar nichts von ihrem Verhandlungsgeschick weiß. Patchett gestaltet die Zeit der Gefangenschaft als eine Art Utopie, die sich dreier behutsamer Moderatoren verdankt. Da ist zum einen Joachim Messmer, erfahrener Diplomat, dem als Mitglied des Roten Kreuzes Neutralität gewährt wird. Zur Verständigung trägt ebenso Gen Watanabe bei. Der Assistent von Hosokawa ist ein talentierter Dolmetscher, dessen Kenntnis unzähliger Sprachen ihn für die Rebellen wertvoll macht. Das Geschick, das er in den Gesprächen zunehmend an den Tag legt, wird als fortschreitende Musikalisierung seiner Diktion gefasst. Von der Musikalität der Sopranistin trennt ihn aber nicht nur das unterschiedliche Talent; die Autorin schildert Gens Unaufdringlichkeit als Quasi-Körperlosigkeit des Übersetzens. Nur so ist dieser Art der Vermittlung Erfolg beschert. Demgegenüber werden alle Artikulationen von Coss streng auf ihre Körperlichkeit zurückgeführt, die teils sexualisiert, teils als Quell jener enigmatischen Stimmlichkeit Begehren weckt. Wenn sich Täter und Opfer langsam näher kommen, ist viel ihrer (stimmlichen) Präsenz zu verdanken – einer Präsenz, die in ihrer Unbestimmtheit eine andere Sozialordnung aufscheinen lässt und andere Formen des Guten, Schönen, Wahren denkbar macht.

Tatsächlich bildet die Frage der Präsenz – des Eigentlichen, Ersten – den Subtext von *Bel Canto*. Gibt es dieses Primäre in einer Kultur, die sich spätestens mit der Postmoderne auf die Mittelbarkeit, das Sekundäre eingestellt hat? Auf verschiedenen Ebenen spielt Patchett dieses Thema durch.[29] Die Möglichkeit der Autonomie der Kunst wird demnach zweifach durchleuchtet: zunächst durch die klare Grenze von Innen und Außen, die darüber hinaus durch den Überfall radikal heteronom codiert ist; dann aber, auf der Innenseite dieser Unterscheidung, im Aufscheinen einer Präsenz, die ein Begehren weckt, das über rein kontemplativen Genuss hinausgeht. Wenn am Ende das Militär das seltsame und vage Gemeinschaftsgefühl von Geiseln und Terroristen zerstört, erinnert die Autorin daran, dass die Autonomie der Kunst als momenthaftes Aufscheinen gedacht werden muss. Wie der visuelle Begriff des Aufscheinens aber nahelegt, dürfte eine solche Evidenzerfahrung in Musik und Literatur unterschiedlich sein. Wenn sie in *Bel Canto* das Sonische auf dem diegetischen Level in Ehren hält, so betont Patchett den Schriftcharakter des literarischen Textes durch eine konzentrierte Strukturierung ihres Romans und durch eine fast mathematische Rekonstruktion der Ästhetik der Stimme. Mit dieser Betonung fährt sie die erhebliche Emotionalisierung ihrer Geschichte zurück, setzt auf Distanz und Kognition und unterstreicht somit klassische Qualitäten des Reflexionsmediums Literatur.

Diebstahl, *revisited*

Nun sind Affektivität und Emotionalität, die Patchett mit der Hinwendung zur Oper und Sopran-Stimme für die Literatur gewinnt und in ihrem Text reflektiert, seit jeher Bestandteil populärer Kultur. Als deren Chronist wurde Jonathan Lethem inthronisiert, und als wolle er diesen Ruf festigen, kehrt der Autor in seinem 2007 erschienenen *You Don't Love Me Yet* zur Popmusik zurück.[30] Weniger die kulturellen Codes sind es diesmal, die ihn in seinem recht kurzen, mit leichter Hand geschriebenen Buch interessieren. Als wäre er die Bürde der Erinnerung – *white liberal guilt* – mit dem vorangegangenen Roman losgeworden, nähert sich Lethem hier einer Art amerikanischer Popliteratur, die den Topos des kulturellen Diebstahls in eine Hinterfragung des Copyrights überführt. Im Mittelpunkt des Romans steht Lucinda Hoekke, die mit Ende zwanzig als Bassistin in einer erfolglosen Band spielt. Nebenher jobbt sie für ihren Ex-Freund Falmouth, eine Größe in der lokalen Kunstszene. Dessen letztes Projekt ist eine »complaint line«: Per Anzeige werden Menschen dazu angehalten, ihre Sorgen und Nöte telefonisch loszuwerden. Die anonymen Anrufe lässt der Künstler aufzeichnen, um sie später in einer multimedialen Installation auszustellen. Lethem stellt dieser übertrieben konzeptionellen Kunst die Präsenz einer Stimme gegenüber: Die Anrufe lassen Lucinda kalt, nur einer gewinnt ihre ungeteilte Aufmerksamkeit. Aus den erotischen Eskapaden des Fremden hört sie eine authentische Melancholie heraus, und schon bald hat der Unbekannte sie mit seinen Worten in den Bann gezogen. Er selbst kann nach eigenem Bekunden nichts mehr wirklich fühlen, Lucinda hingegen hängt an seinen noch unsichtbaren Lippen und saugt die eleganten Wortkaskaden auf. Bald schon wird sie Carl treffen, der sie trotz des Altersunterschieds weiterhin magisch anzieht. Als sie einige seiner Sätze in Lyrics für ihre Band umwandelt, stellt sich prompt Erfolg ein. »Monster Eyes« wird ein Hit und bald auch der Name der Band. Carl, dem der Diebstahl und die wachsende Popularität nicht entgangen sind, konfrontiert Lucinda. Als legitimer Autor will er Mitglied der Gruppe werden. Etwas unwillig stimmen die restlichen Mitglieder zu, und das zu erwartende Unheil nimmt seinen Lauf.

Ist das nun Popliteratur? Immerhin schildert Lethem den Alltag einer Indie-Band in all ihren Facetten: reichlich Sex & Drugs & Rock'n'Roll, aber auch jenen seltsamen Zusammenhalt aus Langweile, Fantum und Intimität. Im Interview gibt er darüber hinaus zu erkennen, dass es ihm schmeichelt, wenn sein Schreiben mit Musik verglichen wird, selbst wenn der Umkehrschluss ihm seltsam erscheint, »neutral at best to call any musician's work ›prose‹«.[31] Doch geht es dem Autor nicht so sehr um das blinde Abfeiern von Präsenzeffekten der Literatur. Eher reflektiert sein intensiver Musikbezug das Historischwerden von Pop und dessen Rezeption. Lethem, der sich als »lifelong Dylan fan, but one who [...] doesn't remember the Sixties« bezeichnet, überzieht auch in seinem aktuellen Roman die Geschichte mit einer Patina der Nostalgie: Es ist die Sehnsucht nach einer Zeit, in der es noch keine Dylanologen gab, in der noch nicht zwischen den verschiedenen Phasen des Idols unterschieden werden musste.[32]

Carl ist ein Repräsentant dieser Zeit, und es ist das Versprechen des Authentischen, das ihn für Lucinda verführerisch macht. Dass diese Authentizität dabei ein Produkt der Projektion ist, macht die Attraktivität nicht weniger real. Am Ende jedoch wird die Bassistin wieder mit ihrem Bandkollegen und Sänger Matthew zusammenkommen, das Versprechen Carls ist nach kurzem Aufflackern längst erloschen. Als dieser sich – nicht ganz ernsthaft – über ihre vermeintliche Oberflächlichkeit beklagt, antwortet Lucinda, die sich nun mit fast 30 zum ersten Mal erwachsen fühlt: »You can't be deep without a surface«.[33] Die postmoderne Oberflächen-Affirmation bringt Lethem in die Nähe zu einem anderen Schriftsteller, Bret Easton Ellis. Das Label des Postmodernen, das man diesem immer wieder hat angedeihen lassen, greift jedoch zu kurz, denn Ellis bietet in der Tat eine Art der amerikanischen Popliteratur. Diese ergibt sich allerdings nicht aus der Quantität der Verweise auf die Populärkultur, auch wenn der Autor von *American Psycho* damit sicher nicht geizt. Interessant ist vielmehr, dass die polierte Textoberfläche der *trigger* für das öffentliche Image des einstigen *MTV posterboy* war, ein Image, das Ellis bis heute mit Genuss kultiviert. Genau hier aber findet sich das Geheimnis der Popkommunikation: Als Popphänomen ist Ellis irgendwo zwischen seinen Texten und dem öffentlich zirkulierenden Bild seiner selbst aufzufinden. Eine Einsicht, die von Diedrich Diederichsen für die Popmusik formuliert wurde, lässt sich nun auf das Textmedium Literatur übertragen.[34] Diederichsen betont den inhärent plurimedialen Charakter von Pop, wenn er diese Art der Musik von der Rezeption her erschließt, die akustische und visuellen Informationen vermengt: ein zum Teil hochgradig idiosynkratisches Hörerlebnis von Album oder Konzert einerseits, das öffentliche Image des Stars andererseits. Es ist die Aufgabe des Fans, den Transfer herzustellen; er muss sein privates Hören mit der Persona in Übereinstimmung bringen, will er sich den Star aneignen, ihn »für sich« haben. Gerade weil es die Maskerade der Popstars gibt, wird Authentizität – eher als Verlangen, denn als Aufrichtigkeit des Musikers oder der Lyrics – immer Teil der Popkommunikation sein.

Damit aber wäre das Musikobjekt allein nicht der adäquate Ort für hermeneutische Studien. Kulturelle Bedeutungen wären eher auf Platten- oder CD-Cover, in den *liner notes*, aber auch in Photos von Bands in Magazinen oder in Videoclips zu suchen. Wie aber wäre dann eine literarische Version von Pop zu konzipieren? Wo läge hier die Sinnesdopplung? Eines ist sicher: Der Text als alleinige und geschlossene Sinndomäne müsste entgrenzt werden. Auf seiner Website unternimmt Lethem erste Schritte in diese Richtung: Er zerstückelt sein Buch, schaltet Teile der fiktionalen *song lyrics* online an. Das verlinkte »Promiscuous Materials Project« fordert Besucher auf, sich diese zu eigen zu machen, und stolz werden einige der Hörproben von Bands präsentiert, die sich dieser Aufgabe angenommen haben.[35] Erfüllt dies gegebenenfalls eine der Anforderungen an Popliteratur, so scheitert das Projekt Popliteratur an der Sichtbarkeit. Lethem tritt – im Unterschied zu Ellis – nur äußerst ungern in der Öffentlichkeit auf, und sogar seine Interviews haben Seltenheitswert. Es ist und bleibt die Geste des klassischen Literaten, die hinter seinen Worten verschwinden will, ein Schrift-, kein Darsteller. Allerdings imitiert Lethem Praktiken, die in der populären Musik seit Langem bekannt sind: der verbindliche *riddim*, auf denen unterschiedliche *dubs* aufbauen, oder der Remix, der inzwischen von Techno auch auf die Rock- und Popmusik übergegriffen hat. Es wäre dies ein intermedialer *crossover*, der Taktiken des legitimen Diebstahls für die Literatur sichert und dabei die intertextuellen Verweise, die von Postmoderne bis Hypertext seit Langem bekannt sind, mit neuen, sonischen Energien anreichert.[36]

---

[1] Bob Dylan: »*Love and Theft*«, Columbia 2001. Die Anführungszeichen sind Teil des Titels.
[2] Eric Lott: *Love and Theft. Blackface Minstrelsy and the American Working Class*, New York: Oxford UP, 1993. Laut Lott streitet Dylan die Parallele nicht ab.
[3] Lott: *Love and Theft* (siehe Anm. 2), S. 6.
[4] Houston A. Baker: *Blues, Ideology, and Afro-American Literature. A Vernacular Theory*, Chicago: University of Chicago Press 1985; Toni Morrison: *Jazz*, New York: Knopf 1992.
[5] Die generelle Präsenz des schwarzen Amerika in der weißen Imagination und Literatur (Twain, Melville) wurde hingegen durchaus thematisiert, etwa von Toni Morrison: *Playing in the Dark. Whiteness and the Literary Imagination*, Cambridge: Harvard University Press 1992.
[6] Mark Anthony Neal: *Soul Babies. Black Popular Culture and the Post-Soul Aesthetics*, New York: Routledge 2002.
[7] Lott: *Love and Theft* (siehe Anm. 2), S. 53. Vielleicht, so mag man weiter spekulieren, kommt der Multikulturalismus wie wir ihn bislang kannten, mit den geopolitischen Neustrukturierungen der Weltordnung an sein Ende. Großsemantiken wie George W. Bushs *War on Terror* werden das Feld des (Innen-)Politischen gründlich umpflügen.
[8] Jonathan Lethem: *The Fortress of Solitude*, New York: Doubleday 2003. Zuvor machte sich Lethem einen Namen als literarischer *genre-bender*, der Science Fiction mit *hardboiled crime novels* zu kreuzen weiß, wie in seinem Erstling, *Gun, With Occasional Music* (New York: Harcourt 1994).
[9] Lethem: *Fortress* (siehe Anm. 8), S. 3
[10] Ebd, S. 125.

[11] Ebd., S. 126.
[12] Ebd., S. 95.
[13] Ebd., S. 97.
[14] Ebd.
[15] Ebd., S. 332.
[16] Richard Kämmerlings: »Es war neulich in Amerika« in: *Frankfurter Allgemeine Zeitung*, 4.9.2007.
[17] Ebd.
[18] Lethem: *Fortress* (siehe Anm. 8), S. 361.
[19] Kämmerlings: »Es war« (siehe Anm. 16).
[20] Richard Powers: *The Time of Our Singing*, New York: Farrar, Straus & Giroux 2003.
[21] Sven Birkerts: »Harmonic Convergence« in: *New Yorker*, 13.1.2003.
[22] Powers: *Time* (siehe Anm. 20), S. 94.
[23] <http://www.salon.com/books/int/1998/07/cov_si_23inta.html> (8.8.2007).
[24] Joseph Tabbi: *Cognitive Fictions*, Minneapolis: University of Minnesota Press 2002; K. Ludwig Pfeiffer: *Das Mediale und das Imaginäre. Dimensionen kulturanthropologischer Medientheorie*, Frankfurt/Main: Suhrkamp 1999; Hans Ulrich Gumbrecht: *Diesseits der Hermeneutik. Die Produktion von Präsenz*, Frankfurt/Main: Suhrkamp 2004.
[25] Ann Patchett: *Bel Canto*, New York: Harper Collins 2001.
[26] Der Begriff fällt im Film von Alexander Kluge: *Die Macht der Gefühle*, BRD 1983.
[27] Mladen Dolar: *His Master's Voice. Eine Theorie der Stimme*, Frankfurt/Main: Suhrkamp 2007.
[28] Vgl. Sybille Krämer: »Negative Semiologie der Stimme. Reflexionen über die Stimme als Medium der Sprache«, in: *Medien / Stimme*, hg. von Cornelia Epping-Jäger, Köln: Dumont 2003, S. 65–84.
[29] Die Terroristen bringen lediglich den Vizepräsidenten in ihre Gewalt. Der Präsident, erster Mann des Landes, auf den sie aus sind, sitzt zu Hause und schaut fern. Dort läuft Maria, die fiktionale *soap opera*, die Patchett hier gegen das *live*-Erlebnis der Sopranistin ausspielt. *Bel Canto* bietet noch eine ganze Reihe weiterer Beispiele.
[30] Jonathan Lethem: *You Don't Love Me Yet*, New York: Doubleday 2007.
[31] Im Interview unter: <http://www.laweekly.com/general/features/chapter-and-verse/12765/> (8.8.2007).
[32] <http://www.rollingstone.com/news/story/11216877/the_modern_times_of_bob_dylan_a_legend_comes_to_grips_with_his_iconic_status/print> (8.8.2007).
[33] Lethem: *You Don't Love*, (siehe Anm. 30), S. 224.
[34] Diedrich Diederichsen: »Kommentar« in: *Das Populäre der Gesellschaft. Systemtheorie und Populärkultur*, hg. Christian Huck / Carsten Zorn, Wiesbaden: VS Verlag für Sozialwissenschaften 2007, S. 322–334.
[35] <http://www.jonathanlethem.com/promiscuous_materials.html> (8.8.2007). Zu den Bands, die sich an die Aufgabe gemacht haben, gehört auch der befreundete Schriftsteller Rick Moody mit seinen *Wingdale Community Singers*.
[36] Dass Lethem seine Überlegungen zu Copyright und Kultur durchaus ernst nimmt, wird im Harpers-Artikel »The Ecstacy of Influence: A Plagiarism« ersichtlich: <http://www.harpers.org/archive/2007/02/0081387> (8.8.2007).

CHRISTIAN PISCHEL

Grenzverläufe filmischer Topographien

Gewalt gegen die Gemeinschaftlichkeit
in *Elephant* und *Pearl Harbor*

Alles was in dieser Stadt an Sagen und Liedern entstanden ist, ist erfüllt von der Sehnsucht nach einem prophezeiten Tag, an welchem die Stadt von einer Riesenfaust in fünf kurz aufeinanderfolgenden Schlägen zerschmettert werden wird. Deshalb hat auch die Stadt die Faust im Wappen.[1]

Dem Projekt Babel, dessen Verlauf Kafka in der Erzählung »Das Stadtwappen« schildert, unterliegt eine eigentümliche Verschiebung: über anfängliches Zögern, prinzipiellen Zweifel und aufkeimende Zwietracht verlagert sich der Fokus vom anvisierten Turmbau auf eine widerstreitende, aber gerade darin verbundene Gesellschaft, die wie ein Double ihres himmelstürmenden Projektes die eigene Zerstörung träumt. Die letzten Sätze aus Kafkas Erzählung sollen an dieser Stelle weniger auf eine apokalyptische Verfasstheit der westlichen Kultur, am wenigsten der amerikanischen, verweisen. Vielmehr formulieren sie die Vorstellung, dass das Phantasma von der Aggression gegen die Gemeinschaftlichkeit, bis hin zur endgültigen Vernichtung, einen spezifischen Ort innerhalb ihrer selbst besitzt – gerade wenn sie, wie die himmlische Faust, als eine äußere Gewalt imaginiert wird.

Bestimmte Aspekte dieser Erzählung – kulturelle Topographien und Phantasien der Gewalt gegen die Gemeinschaftlichkeit – sollen die folgenden Überlegungen strukturieren und in den spezifischen Möglichkeiten kinematographischer Raumgestaltung reflektiert werden, die sich exemplarisch an zwei äußerst gegensätzlichen US-amerikanischen Filmen verdeutlichen lassen. Dabei handelt es sich um Michael Bays *Pearl Harbor* von 2001 und Gus Van Sants *Elephant* aus dem Jahr 2003. Beide Filme inszenieren auf ihre Art und Weise eine Aggression gegen eine Gemeinschaftlichkeit mit dezidiertem Bezug auf Ereignisse, die wie nur wenige im kulturellen Gedächtnis Amerikas verankert sind: dieser den Angriff auf den pazifischen Flottenstützpunkt im Jahr 1941, jener das Highschool-Massaker in Littleton von 1999.

Beide Filme, *Elephant* wie auch *Pearl Harbor*, sind auf ihre je eigene Weise einem narrativen »Standart« suspekt: Zwar folgt der Kriegsfilm einer Chronologie, doch wurde ihm als Ereigniskino – wenn nicht dem Schematismus seines Plots, dann insbesondere seinen exzessiven Actionsequenzen – der »Erzählkrisenfall«[2] attestiert. Kaum anders verhält es sich mit Gus Van Sants Film, schließlich scheinen seine sich kreuzenden und überlagernden Plansequenzen sich einer linearen Erzählstruktur zu verweigern. Angesichts der Gewaltakte, auf die sich beide Filme beziehen, läge es nahe, zwischen diesen und den darin als signifikant erachteten Erzählstrategien Verbindungen zu ziehen und in einem traumakulturellen Szenario zu beschreiben, wie es im Rahmen der Screen-Debatte etwa zur selben Zeit diskutierte wurde.[3] Doch um der spekulativen Übertragung des Traumabegriffs auf kollektive Maßstäbe einerseits und der Annahme einer erzählerischen Norm andererseits zu entgehen, halte ich es für aufschlussreicher, die in den Filmen realisierten Raumästhetiken danach zu befragen, ob und wie sie mit kulturellen Topographien korrespondieren.

Noch unter Absehung von den »rhetorischen Ressourcen«,[4] welche die Rede von den Ereignissen speisen, unterscheiden sich diese erheblich in ihren topographischen Grundanlagen: Die japanische Attacke, die Amerika in den Zweiten Weltkrieg führte, wird von außen kommend vorgestellt, insofern sie sich auf die klassische Territorialität des militärischen Übergriffs bezieht. Die Morde an der Columbine High School sind dagegen auf einen Ort im Inneren der Gesellschaft gerichtet – der Schule als Institution kultureller Reproduktion –, auf einen Ort also, der eine solche bipolare Topographie verweigert, insofern die Gemeinschaft dort ihrer eigenen Gewalt ausgesetzt ist. »Innere« und »äußere« Bedrohung des Sozialen – wie, wird im Folgenden zu fragen sein, werden sie in Szene gesetzt?

Kulturelle Topographie

Das Schema räumlicher Unterscheidung von hier und dort, die vermeintliche Beständigkeit des Raums und seine daraus abgeleitete Repräsentierbarkeit in politischen und kulturellen Topographien treten immer wieder in Wechselwirkung mit der Organisation des jeweils historisch Sagbaren. Reflektiert sind solche Verortungsstrategien nicht zuletzt in den Mnemotechniken wie sie die antike Rhetorik lehrt: Zu Gegenständen verdichtete Passagen des Redetextes werden in einem vorgestellten Gebäude abgelegt und in einem imaginierten Weg durch diesen Ort – ähnlich einer Kamerafahrt – sukzessiv memoriert, entfaltet und zu einer strukturierten Rede gefügt.[5] Kulturelle Raumkonzepte, die sich in solchen Praktiken mentaler Topographie bzw. Kartographie konsolidieren, dienen einem bevorzugt positiven Wissen als Matrix seiner Verteilung, strukturieren allerdings in den genannten Punkten zugleich eine pragmatische Vorstellung vom Raum selbst als der Möglichkeit, Orte (oder die in ihm situierten Dinge) wieder aufsuchen zu können. Gleichwohl ist es auch umgekehrt der instrumentelle Anspruch an die jeweiligen Gewissheiten, der eine Vorstellung vom Raum als stabiler Leerform generiert, dessen exponierteste Formulierung die Rede von seinem apriorischen Charakter darstellt. Kursorisch gesprochen kann dieses Konzept als ein »realistisches« gelten, in dem Sinne, dass es Raum als Potential der Präsenz der Dinge denkt. In kulturellen Formationen sind die Wechselwirkung zwischen Sagbarem und Raumvorstellungen vielfältig organisiert, tauschen doch beide ihre jeweiligen Charakteristika, ihre Grenzen und Differenzierungen, ihre Stabilität und Repräsentierbarkeit, damit sie in ihren Konturen wechselseitig für lesbar gehalten werden.[6] In diesem Sinne korreliert jede kulturelle Topographie mit den jeweiligen Gewissheiten. Wie aber verhalten sich kinematographische Raumästhetiken in dieser Hinsicht, noch dazu solche, die unter einem narrativen Standard von wohlgeordneter Informationsvergabe als dysfunktional, ja als »Entgleisung des Wissens«[7] erscheinen?

Welche Bezüge, Einsprüche oder Unterscheidungen artikulieren diese Filme auf jener Ebene, die nicht mit dem Sagbaren (der Narration oder Repräsentation) zusammen fällt, sondern vornehmlich in der Inszenierung des kinematographischen Raums realisiert wird? Insbesondere in den vorliegenden Fällen, die in den politischen, sozialen und kulturellen Diskursen so vielfältig besetzt werden, gilt es der Spezifik der filmischen Erfahrungsform Rechnung zu tragen, in der Raum und Gewalt gemäß der Poetik des jeweiligen Films zum komponierten Erlebnis wird. Erst aus dieser Perspektive gelingt es, die vom Film realisierte Verzahnung von Semioseprozessen mit seinen affektiven und perzeptiven Dimensionen zu den Charakteristika kultureller Topographien in Beziehung zu setzen. Unter diesem Gesichtspunkt bietet sich an, sich am Bildraumkonzept Hermann Kappelhoffs zu orientieren, das den filmischen Raum nicht in erster Linie als Matrix handlungslogischer Verknüpfungen, sondern als artifizielle Raumwahrnehmungsfiguren beschreibt, welche die ästhetische Erfahrung des Zuschauers modulieren.[8] Auf dieser Ebene können vielfältige Formen perzeptiver, kognitiver und affektiver Weltverhältnisse zum Ausdruck kommen; als solche werden sie in der Zuschauerwahrnehmung erst realisiert. Unerlässlich sind daher präzise Sequenzanalysen, in denen Komposition, filmischer Text und Zuschaueraktivität aufeinander bezogen werden, damit die infrage stehenden Filme einander kontrastiert werden können.

Pearl Harbor 1: Initiation über das Vehikel

Die ersten Takte eines sentimentalen Motivs erklingen – Streicher und Piano unisono in einer gezogenen Melodielinie –, während in eine vom Sonnenuntergang warm gefärbte Landschaft aufgeblendet wird, in die von rechts oben die Silhouette eines Doppeldeckers einschwenkt. Das Bild wechselt zu einem fast leinwandfüllenden, frontalen Schattenriss der Maschine, bevor es in die Einstellung einer flirrenden, erdnahen Sonne umschmilzt. Ein Verlauf von Orange ins Gelb kontrastiert einen schwarzbraunen Hintergrund; die Flächenaufteilung erinnert an die japanische Flagge. In den Farbtönen der Sonne leuchtet der Titel: PEARL HARBOR.

In einer gegenläufigen Bewegung aus gebogenem Senkflug und Steigen der Kamera sackt der Doppeldecker mit seinem Dunstschweif unter den Horizont. Bildparallel hängt die Maschine isoliert im Schärfebereich dicht über dem Boden und konturlos wischt die Bewaldung an ihrer Gestalt vorbei. Wir folgen dem Flugzeug. Kein Horizont ist zu sehen, nur die vom Abendlicht gefärbte, wohlgeordnete Kulturlandschaft, auf der eine Linsenreflexion wie ein einzelner Sonnenstrahl liegt. Der Senkflug ist fast völlig von der analogen Bewegung der Kamera absorbiert, während eine Einblendung uns über Ort und Zeit informiert: Tennesse 1923 – inszeniert in den eingängigen Bildern einer nostalgischen Phantasie. Von der gegenüberliegenden Seite gleitet die Kamera dicht über ein Feld einer zusammengeflickten Scheune entgegen, die von einer Windmühle flankiert wird. Das Flugzeug macht einen Bogen über dem Gebäude und zeichnet seine Spur in den flachen Himmel. Die Kamera hebt ihre Perspektive und vor der Scheune wird die Landebahn sichtbar samt freilaufender Gänse und Hühner.

Schon in den ersten Sekunden des Films ist ein wesentlicher Bezugspunkt der filmischen Raumkonstruktion markiert: Die Imagination des amerikanischen Kernlands etabliert weniger eine topographische Ordnung, die auf Richtungsunterscheidungen basiert, als vielmehr einen Stimmungsort, dessen Erlebnis arrangiert ist aus dem leichten Gleiten des Kameravehikels, dem Flug, der sich perspektivisch zum Schweben verkürzt, einer ländlichen Gegend im friedlichen Abendlicht und dem »Wehen« einer sentimentalen Melodie. Mit der penetranten Idylle, gespickt mit den ikonographischen Insignien des Mittleren Westens, setzt der Film einen affektiven Akzent, zu dem die Komposition von mal zu mal in Resonanz tritt, und dabei in die narrative Karte eingeschrieben wird. So sind es die immer wiederkehrenden Sonnenauf- und untergänge, die in satten Farben die Phantasien einer ländlichen Idylle Amerikas, eines dezidierten Traumstrandes auf Hawaii oder die Vorstellung eines schlichten Einfamilienhauses ausmalen und mit der filmischen Inszenierung in spezifisch modulierte Tönungen gesetzt werden. Denn mal ist es der euphorische Flug der Kinder, mal der innige Liebesflug über Pearl Harbor und zum Schluss der stolz-väterliche Rundflug über das, was als doppelter Fixpunkt der kulturellen Topographie gelten muss: »home« als Ort der eigenen Kindheit, der in der Schlusssequenz gleichermaßen als affektive Reminiszenz und korrigierte Wiederholung der angerissenen Vater-Sohn-Beziehung in Szene gesetzt wird.

Es folgt ein Einblick in die bereits überflogene Scheune, in dem uns die Protagonisten Danny und Rafe vorgestellt werden, wie sie als Kinder in einem flügelgestutzten Doppeldeckerwrack einen heroischen Luftkampf spielen. Sie beglückwünschen sich zum erfolgreichen Einsatz und enden mit den Formeln »Land of the free!« – »Home of the brave!« Das Pathos des Dialogs wird an eingängige Muster des amerikanischen Großfilms weitergereicht: Vom Crescendo der Bläserstimme begleitet werden in Untersicht und leichter Zeitlupe die dunklen Gestalten der beiden Jungen, die sich auf das Geländer eines Hochstandes stützen, vom lichten Blau des Himmels abgesetzt. Sie recken ihre Köpfe nach dem Doppeldecker, der seine Bahn in einer Diagonalen über sie hinweg zieht und einen verwirbelten Dunststreifen hinterlässt. Dort ist das Außen markiert, der Fluchtpunkt ihres Spiels, die befreite Perspektive ihrer Imagination. Anschließend sehen wir, wie die Maschine parallel zum Horizont aufsetzt und damit eine Linie vorzeichnet, an der sich die Bewegung der Kamera orientiert. Diese kommt zum Erliegen als der Flieger, dem sie folgt, den Hochstand passiert hat und seinen Schwung in einer eleganten Kehrtwende aufbraucht. Dynamische Verkettungen von Bewegungen sind nun initiiert: Rafes Vater, der Pilot des Doppeldeckers, entsteigt mit einem Sprung seiner Maschine, grüßt kurz in Richtung der Kinder, die im nächsten Bild die Bewegung aufnehmen und vom Hochstand klettern, während im Hintergrund der Vater einen Lieferwagen besteigt. Dieser, nun im Fokus, fährt davon, und die Kinder kreuzen im Vordergrund zum Doppeldecker. Sie besteigen die Pilotenöffnungen. In Groß- und Detailaufnahmen wird das Spiel aus der Scheune wieder aufgenommen. Erst als einer der Hebel und Regler sich als Zündschloss erweist, öffnet sich schrittweise das Bild: erst für den ruckenden Motor, dann den Propeller, für das ungelenk schwenkende Heckruder, schließlich für die Scheune, die klein im Hintergrund zu sehen ist. Die Landschaft, gegen die panischen Mienen der Kinder geschnitten, wird größer, bis das frontale Bild des Doppeldeckers, der auf der Startbahn hoppelt, erreicht ist. Die Sprünge der Maschine werden weiter und die Angst der Kinder schlägt um in Euphorie. »Oh my gosh! We're flying, we're flying!«, rufen sie, den Blick aus der Kabine auf den Boden gerichtet, um nicht zu verpassen, wenn das Fahrwerk für nur eine Sekunden den Bodenkontakt verliert. Das erneute Aufsetzen der Maschine zersplittert in eine Vielzahl von Positionen: nah am Cockpit, links vom Rumpf durch die Flügel, aus der Perspektive des Beisitzers. Der landschaftliche Hintergrund, der zuvor etablierte Raum, hatte sich von der Maschine abgelöst und stabilisiert sich erst wieder als – analog zur Landekehre der Maschine – die Kamera einen umgekehrten Halbkreis beschreibt.

Nur ein dünner Faden von Streichern begleitet die Nahaufnahme des neugeborenen Piloten, der den erlebten Schreck über seine unfreiwillige Initiation in einem vernehmbaren Atemzug nachreicht. Die Kreisbewegung der Kamera um das Flugzeug wird noch einmal auf Augenhöhe wiederholt, während die Kinder aus der Maschine purzeln. Nahtlos zieht die Kamera sich wieder zurück und die Kinder tollen die diagonale Flucht der Landebahn hinunter. Eine sentimentale Klavierstimme und das warme Abendlicht verwandeln die sich öffnende Tiefe des Raums in die erinnernde Distanz einer sanft-kitschigen Nostalgie. »We flew! – We flew!« rufen die Kinder.

Die heraufbeschworene Welt ist nicht nur die, die sich einer »antiquarischen« Geschichtsphantasie facettenreich anähnelt, es ist darüber hinaus die, die mit den Dingen einen spezifischen Umgang, eine signifikante Beziehung realisiert. Einerseits flicht die Eingangssequenz die dinghaften Momente, von den Randständigen zu den Vehikeln, zu einem Parcours sentimentaler Erinnerungstöne. Andererseits sind die eingewobenen Motivlinien, das losgelöste Kinderspiel und ihre Freundschaft, bereits auf ihre erwachsenen Doubles gerichtet: auf den mannhaften Flugkampf und militärische Kameradschaft. Spiel und Kampf besitzen hier eine gemeinsame Konstante, schließlich wird die Welt als eine eigentümlich »Zuhandene«[9] inszeniert, in der die Protagonisten eine Fülle von Gelegenheiten erblicken, sich als handelnde Subjekte zu erfahren. Diese Gelegenheiten sind repräsentiert als Dinge und die Dinge sind funktionalisiert als Vehikel – Initiale der Bewegung, an denen sich die Kontrolle über den Raum erprobt. Das abgestellte Fahrrad, das knatternde Automobil oder der unsicher manövrierte Agrarflieger – dieser Dreischritt des Individualverkehrs, der häufiger noch im Kader vereinigt wird, stellt dabei die sinnbildliche Fluchtlinie dar, auf der das Subjekt seine individuellen Freiheiten entfaltet. Verwiesen sind diese »Dinge« auf die narrative Figur eines Initiationserlebnisses, in dem die kinematographische Wahrnehmung die Grenze zur Orientierungslosigkeit anspielt, aber in einer euphorischen Ermächtigung endet.

Diese Art der Empfindungsfiguren setzt der Film in spezifischer Art und Weise zueinander in Verbindung, schafft damit eine Verlaufsform, die sich immer wieder in kulturelle Topographie einzeichnet, wie auch die Verlaufsform von diesem Raumkonstrukt seine Distinktion und Prägnanz entlehnt. Die Spanne, die der Film dabei aufmacht, hat globale Dimensionen: in westliche Richtung geht es von »Tennesse 1923« zur Luftschlacht von England, in östlicher bis Hawaii und darüber hinaus bis nach Tokio – und natürlich wieder zurück.

Pearl Harbor 2: Die Attacke als Krise von Ding und Raum

Die Angriffssequenz beginnt hoch oben über einem treibenden Wolkenfeld; darunter ist die Küste eines grünen Eilands auszumachen, gerahmt vom Blau der Meeresfläche. Mit abschwellendem Motorengeräusch überholen zwei Flugzeuge die Kameraposition. Eine Staffel nach der anderen folgt, bis die Einstellung punktiert ist von einem schier unüberschaubaren Schwarm, dessen Fluchtlinien irgendwo auf der Insel zusammenlaufen. Auf der dunklen, nur durch Bullaugen erleuchteten Brücke geht eine Nachricht von Hand zu Hand bis Admiral Yamamoto, an eine der gleißenden Luken tretend, liest: »We have achieved surprise«. In frontaler Ansicht vor einem gefurchten Bergkamm gehen eine Handvoll japanischer Maschinen in den Senkflug. Es folgt die Kamera im Flug, eng an die grünen Hänge des Bergkamms gerückt. Keine der Maschinen ist zu sehen oder zu hören; die Einstellung wirkt wie ein heimliches Nahen über den Rücken der Insel. Dann sausen die Flieger im extremen Tiefflug an Berghängen entlang und passieren zwei Pfadfinder, die sich im Vordergrund befinden, buchstäblich auf Augenhöhe. Wie eine dunkle Höhle scheint dagegen das Nachrichtenzentrum; durch die Geschäftigkeit bahnt sich die Kamera den Weg zu einer »Lichtung«, ein ausgewiesener Bürokrat schaut auf, während er vor sich hin murmelt: »Broken relationship, hostilities imminent. But where?«

Der sacht bewegten Draufsicht von der Bucht folgt eine Montage aus Variationen des Schlafes, des selbstvergessenen Spiels und alltäglicher, teils müßiger Verrichtungen, die immer wieder mit Bildern von herannahenden Tiefffliegern alternieren. Häufig befindet sich das Bild in einer sanften Gleitbewegung, und wenn nicht, wird die Bewegung im Bildfeld durch Verlangsamung diesem Gleiten geähnelt. Im kühlen Morgenlicht sehen wir Matrosen, die Zähne putzen, würfelnd zwischen den gewaltigen Geschützrohren hocken; sie angeln, lesen Zeitung oder fegen das Schiffsdeck. Kinder mit angeklebten Engelsflügeln tollen in träumerischer Verlangsamung umeinander, andere brechen ihr Baseballspiel ab, als ein japanisches Geschwader passiert. Mehr und mehr dominieren die Flieger das Bild, kein Stück Himmel, das nicht von den Silhouetten der Maschinen durchzogen wird. Vom Wasserspiegel ausgehend hebt sich langsam eine Panoramasicht auf den Hafen, die kontrastiert wird durch die schnellen, gerichteten Bewegungen, mit der eine Fliegerstaffel Fluchtlinien ins Bild zeichnet. Kurz danach fallen die ersten Schüsse: Der kurze, harte Klang verbindet sich mit den pfeilgeraden Rauchspuren, die das Bild in diagonalen Varianten queren, zu rhythmischen, synästhetischen Figuren. Dann ist von schräg unten eine enge Reihe Schlachtschiffe zu sehen, zu der im Vordergrund angelnde Matrosen platziert sind. In Sekundenbruchteilen verändern die Explosionspilze das Farbspektrum. Ein Schnitt, eine Detonation und die Silhouette eines Schiffsrumpfes steht gegen ein Strukturbild aus Flammen. In hektischen Kamerabewegungen wird ein ganzer Schlafsaal mobilisiert.

Während der Beginn der Sequenz von ruhigen Gleitbewegungen dominiert ist, die sich in das Panoptikum eines schläfrigen Kollektivs auf der einen Seite und dem heimlichen Nahen der Bedrohung auf der anderen auffaltet, ändert sich mit der Attacke der Charakter der Kamerawahrnehmung maßgeblich. Der Bildraum, der dabei entsteht, ist aus einer Vielzahl von Perspektiven zusammengesetzt, die weniger auf eine übergeordnete Raumtotalität verweisen als vielmehr auf eine Erfahrung des Zuschauers gerichtet sind, welche das Ganze der Sequenz als eine komplexe Wahrnehmungsfigur konstruiert. Ereignis und Ort werden zu einer herausfordernden Wahrnehmung verwoben. Dabei wirkt der Bildraum gleichsam wie ein kristallines Gebilde im Facettenschliff: Wie abrupte Lichtbrechungen folgen Perspektivwechsel, Farb- und Bewegungskontraste aufeinander, steigern sich zu Schocks, mit denen eine Einstellung die vorhergehende negiert, ja mit Gewalt vernichtet. Details werden von Panoramabildern, die kühlen Grautöne der Schiffe von den hellen Flammen der Explosionen verschlungen; Körper, Vehikel und Dinge lösen sich in dynamische Strukturbilder von Rauch und Feuer auf.

Aus diesem scheinbar chaotischen Spiel partikularer Wahrnehmungsverhältnisse ist eine Bewegung herausgehoben. Sie wird eingeleitet mit einem Blick durch die Zieloptik auf die Phalanx der amerikanischen Kriegsmarine. Es folgt eine Perspektive hoch oben über dem Hafen: Aus dem Schacht eines Rumpfes sinkt eine Bombe in den Kader, die Kamera folgt ihr im Schwenk und begleitet ihren Sturz auf das Oberdeck der *USS Arizona*. Die Distanzen zwischen Schiff, Bombe und Kamera verkürzen sich bis zum Aufschlag. Rhythmisch kracht die Bombe durch die Decks, vorbei an Kombüse und Schlafsälen bis in die Munitionskammer, wo sie scheppernd inmitten anderer Geschosse zum Liegen kommt. Langsam nähert sich die Kamera der surrenden Bombe. Der Küchenjunge schaut in das gerissene Loch: »Son of a ...« entfährt es ihm. In zwei kurzen Einstellungen bäumt sich der Schiffsrumpf auf und platzt vom innerem Druck einer gewaltigen Detonation.

Gerade das instrumentelle Zur-Verfügung-Stehen des Raumes, das *Pearl Harbor* zuerst als Spiel, später als mannhaften Kampf etabliert, wird hier an seine Grenze geführt. Es ist die erschwerte Verortung und Identifikation, die hier als militärischer Krisenfall gilt, als Stakkato der Kollapse inszeniert wird. Die forcierte Dinglichkeit ist in kurze und kürzeste Raumzeitschnitte eingelegt, die zwar die Frage nach einer übergeordneten Raumstruktur stellen, aber als Antwort nur den Ort der Krise in der historischen Topographie bereitstellt, deren zentrale Achse der beschriebene Flug der Bombe markiert. Hier, scheint die Sturzbewegung dem Zuschauer zu weisen, hier ist der Ort, an dem »Pearl Harbor« geschah; hier ist auch der Ort, an dem seit 1962 das »USS Arizona Memorial« die Erinnerung an den Angriff wach halten soll. Dieser Sturzflug, der sich deutlich vom Facettenbild des Angriffs, abhebt, stellt im affektiven Gefüge des Films eine Marke dar, die zu den heimeligen Phantasien des Gleitfluges, die an Anfang und Ende des Filmes gesetzt sind, in härtestem Kontrast steht.

Vom Überbringen der Nachricht: Tora! Tora! Tora!

Es liegt nahe, den visuellen, wie auch produktionstechnischen Exzess von *Pearl Harbor* auf kulturelle Verarbeitungs- und Bewältigungsschemata hin zu lesen. Mit dem Begriff Trauma hat man die Frage nach der Repräsentierbarkeit der Katastrophe angerissen, eine Frage, die in Richard Fleischers Film *Tora! Tora! Tora!*, der abwechselnd aus amerikanischer und japanischer Perspektive erzählt, sehr reflektiert angegangen wurde. Obwohl sein Film minutiös recherchiert und viel nachdrücklicher einer Idee geschichtlicher Darstellung verpflichtet ist als das historisch-fiktionale Amalgam Michael Bays, fallen Rekonstruktion und Repräsentierbarkeit in der Inszenierung nicht zusammen. Ein Seitenblick auf *Tora! Tora! Tora!* verdeutlicht die Spezifik der filmischen Poetik, die in *Pearl Harbor* realisiert wird, und wie selbstverständlich sie auf die Sichtbarkeit ihrer Dingwelt verwiesen ist.

Bereits zu Beginn des Films wird von amerikanischer Seite die Möglichkeit eines Angriffs auf den Flottenstützpunkt erwogen. Diese Vorahnung wird, wie die geheimdienstlichen Warnungen und die diplomatische Note auch, auf die Form einer überbringbaren Nachricht gebracht, derer Wege und Irrläufe die erste Hälfte des Films dominieren. Diese akribisch recherchierte Nachrichtenkette, die als eine unüberschaubare Folge von Büros, Schreibmaschinen, Fernschreibern, Dechiffrierapparaten, Postfächern, Aktentaschen, Funkgeräten und Telefonen inszeniert wird, findet ihr Ende erst während des Angriffs, als die Nachrichten und das Ereignis zusammenfallen, nachdem Admiral Kimmel, gespielt von Martin Balsam, mit weiteren Navy-Offizieren im Hauptquartier der Pazifikflotte eintrifft. Die Kamera erblickt von außerhalb des Raums durch eine vielfach segmentierte Panoramascheibe, wie Admiral Kimmel durch die Tür schreitet, seinen Hut abnimmt und in der Bewegung stockt als sein Blick durch das Fenster ins Off fällt. Während im Hintergrund ein Offizier aus dem Schadensbericht liest, nähert sich Kimmel der Fensterfront – wie auch von entgegengesetzter Seite die Kamera – bis beide Bewegungen in einem Tableau enden, das die fassungslosen Gesichter jeweils einem Fenstersegment zuordnet. Die Blicke der Offiziere werden nicht eingelöst; was folgt, ist der verheerende Angriff auf die *USS Arizona*. Nach einem Panoramabild, das die aufwallenden Rauch- und Explosionswolken in erheblicher Distanz zeigt, wird wieder zum Fenster des Büros geschnitten. Im Hintergrund eilt ein Offizier zur Tür hinaus, während Kimmels Blick weiterhin in die Ferne gerichtet ist, von wo der Lärm der Schlacht dringt. Plötzlich splittert ein Fensterglas: ein Irrläufer hat die Scheibe durchschlagen und eine Spur auf Kimmels weißer Uniform hinterlassen. Sein Nebenmann bückt sich und zeigt das Projektil *en détail* in der Handfläche. »It's spent, Sir.« – »Would have been merciful had it killed me«, entgegnet Kimmel, während die Kamera in Großaufnahme auf seinem Gesicht ruht.

Das Geschoss, die Nachricht und das Bild treffen hier am Fenster des Büros aufeinander. Doch resultiert daraus keine Synthese, keine Anschauung vom Ganzen, bleiben sie doch auf ihre jeweils partikulare, stets derivate Art und Weise auf die Katastrophe bezogen: Symbolisch-textuell wie der vorgetragene Schadensbericht, physikalisch–fragmentarisch wie das Projektil, bildlich–affektiv wie der Blick auf den brennenden Hafen. Die Räumlichkeit, die in *Tora! Tora! Tora!* in Szene gesetzt ist, befragt die Möglichkeit der Repräsentation, sei es durch das unüberschaubare, bürokratische Terrain, in dem die Nachrichtenströme ihre Adressaten suchen, sei es durch dieses Büro im Hauptquartier, in dem eine privilegierte Perspektive nach Art des klassischen Feldherrenhügels deutlich problematisiert wird. Die Gliederung der Fensterfront scheint noch die Mannigfaltigkeit der Filmperspektiven ins Simultane zu übersetzen und damit die Frage zu formulieren, was jemanden hinter dem Fenster, also uns vor der Leinwand, tangieren kann.

Zwei verschiedene Strategien kinematographischer Rauminszenierung haben sich hier abgezeichnet, doch beide laufen auf ein prominentes Moment in der kulturellen Erinnerung von Pearl Harbor zu: der völligen Zerstörung der USS Arizona. *Tora! Tora! Tora!* reflektiert die Unmöglichkeit einer topographischen Referenz noch im Angesicht der Katastrophe, während *Pearl Harbor* die Katastrophe in die Sichtbarkeit einer mobilisierten Dingwelt übersetzt und über ein weitläufiges System affektiver Konstellationen in die kulturelle Topographie einwebt.

Elephant 1: Passagen im sozialen Raum

Verfolgen wir eine Spur im Geflecht der sich kreuzenden, überlagernden und gabelnden Plansequenzen, aus denen *Elephant* komponiert ist: Frontal sehen wir Elias (Elias McConnell) einen langen Flur entlanggehen, während die Kamera in konstantem Abstand zurückweicht. Links befindet sich eine Fensterfront, rechts passiert er Abzweigungen, dann ein buntes Fresko. Noch in der Bewegung begrüßt er freundschaftlich John (John Robinson), der im grellgelben T-Shirt aus dem Off hinter der Kamera entgegenkommt. Die Kamera bleibt stehen, und beide wechseln im Profil ein paar vertraute Worte. John posiert an der Fensterseite, und Elias schießt ein Foto. Gleichzeitig schrillt die Pausenglocke, und im Hintergrund, außerhalb des Schärfebereichs, beginnt eine rot gekleidet Gestalt zu laufen, immer dicht an der Wand entlang, links an den Jungen vorbei. Es handelt sich, wie wir später erfahren werden, um Michelle (Kristen Hicks), die sich auf dem Weg zur Bibliothek befindet. Mit einem Handschlag verabschieden sich beide, woraufhin Elias rechts aus dem Kader verschwindet und John seinen Gang in frontaler Richtung fortsetzt. Die Kamera folgt ihm, wie er durch den menschenleeren Flur schlendert und dann rechts eine Abzweigung nimmt. Rechts und links ist der Gang von Spinden gesäumt; der blanke Boden reflektiert das Licht der quadratischen Oberlichter. Am Ende des Flurs sind einige Personen vor geöffneten Flügeltüren auszumachen. Ein Stimmengewirr schwillt an, ebbt aber wieder ab als

John, weiterhin begleitet von der Kamera, rechts abbiegt, an einer erleuchteten Pokalvitrine entlang, dann einer Eingangstür entgegengeht. Ihre Scheiben leuchten in gleißendem Weiß, das Johns Gestalt umfängt, als er durch die Tür tritt. Draußen klingt die Überbelichtung augenblicklich ab, und die Kamera verfolgt, wie sich John auf einen von Grünflächen flankierten Parkplatz zubewegt. Vor einem hockenden Schüler tollt ein Hund, den John klatschend und rufend zu sich lockt. Halbverdeckt von seiner Rückansicht nähert sich »Boomer«, John hebt schwungvoll den Arm, woraufhin der Hund in deutlicher Verlangsamung hinterher springt. In der Zwischenzeit haben sich vom Parkplatz zwei Gestalten genähert. Sie stecken in olivgrünen und schwarzen Kampfanzügen und schleppen Taschen und Rücksäcke. John spricht sie an, sie weisen ihn aber schroff ab, während sie links an John vorbei aus dem Bildfeld verschwinden. Die Plansequenz mündet in eine Großaufnahme, wie John sich umdreht und ihnen nachschaut. Schnitt; kurz folgt die Kamera noch den beiden zur Eingangstür, dann werden auf schwarzer Fläche ihre Namen eingeblendet: Eric & Alex.

Während des Ganges hat sich die Kamera unmerklich, aber kontinuierlich John angenähert; über die Dauer der ganzen Plansequenz wandelt sich die Einstellungsgröße von einer anfänglichen Halbtotalen über eine Halbnahe zu einer Großaufnahme am Ende. Weder Schnitte noch Schwenks vermitteln zwischen der Kameraperspektive und dem Geschehen, so zurückgenommen und narrativ unmotiviert wirken die Modulationen des Bildes, wie auch die »Entscheidung« – nachdem sich die Wege von Elias und John gekreuzt haben – nunmehr John statt Elias zu begleiten.

Die Knotenpunkte, die diese Kamerafahrt mit dem Gewebe der anderen Plansequenzen unterhält, sind formal kaum akzentuiert. Noch zweimal trifft der Film auf die Begegnung von John und Elias: einmal noch im Gefolge von Elias, dessen Gang danach bis zur Bibliothek begleitet wird, und ein weiteres Mal in Michelles Rückansicht. Nur die letzte Version zeigt eine leichte Variation, bewegt sich Michelle doch in eng begrenzter Schärfentiefe. Die Unschärfe der Umgebung wirkt wie ein Echo auf ihre Randständigkeit in den vorhergehenden Kreuzungen, wie eine Korrespondenz zu ihrer sozialen Sichtbarkeit. Der zweite Knotenpunkt dieser Sequenz, die Begegnung mit Eric und Alex (Alex Frost und Eric Deulen), ist dagegen schon im ersten Verlauf behutsam moduliert. Wie in einer Sequenz zuvor, in der Michelle auf dem Sportplatz unvermittelt stehen bleibt und gen Himmel blickt, wird im verlangsamten Sprung des Hundes ein herausgehobener Moment formuliert. In beiden Fällen handelt es sich allerdings nicht um prägnante Zeitpunkte – weder im Sinne narrativer Bedeutsamkeit, noch topographischer Orientierung – vielmehr verlangsamt sich die Bewegung, als kontrahiere sie die Wahrnehmung zum Bild, nähert sich aber einer Stillstellung nur an, um dann unvermindert weiterzufließen. In dem Maße wie eine solche Verdichtung den Strom der Bilder moduliert, bezieht sie sich im spontanen Spiel, im unwillkürlichen Aufblicken auf die Möglichkeit, die Bahnen des sozialen Gewebes für einen Moment zu übersteigen.

Ebenso sind die Kreuzungen der Plansequenzen auf das Soziale bezogen, also die Momente, in denen für eine bestimmte Dauer ein Bild aus einer anderen, vorhergehenden Schleife erinnert wird. Für diese kurze Dauer läuft ein virtuelles Bild mit, verschränkt sich mit ihm, überlagert es und verschwindet wieder, wenn die jeweiligen Bahnen in verschiedene Richtungen fortgesetzt werden. Was für John ein Moment war, gilt aus der Perspektive dreier Mädchen nur als beiläufiger Blick aus dem Fenster, als kurze Seitenbemerkung. Später, als die Kamera den Attentätern zum Schulgebäude folgt, ist es wiederum dieser sich retrospektiv konsolidierende Punkt, an dem die Perspektive von ihnen zurück auf John wechselt. Das vielfache Zueinander der partikularen Bildströme, ihr Konvergieren, Auseinandertreten und Überblenden, ist weniger formal herausgehoben als vielmehr in der Zuschaueraktivität verwirklicht und konkretisiert dort eine Anschauung vom Ganzen des sozialen Nexus, die dem einzelnen, linearen Gang verwehrt bliebe.

Während des ruhigen Gleitens durch die Flure, Klassenzimmer und Büros gewinnt etwas Gestalt, das dem Zuschauer als spezifische Haltung des Kamerablicks erfahrbar wird.[10] Auf der einen Seite charakterisiert diesen Blick eine Art der Interesselosigkeit, die das Partikulare – die Figuren, die Dinge und die Sukzession der Einzelereignisse, kurz: das Sagbare – gleichermaßen betrifft. Auf der anderen Seite wirkt der Blick registrierend aufmerksam, wenn es um die Kontinuität des Bildes, die Integrität der visuellen Ensembles und ihrer Stimmungsqualitäten geht. Die Rhythmen der sozialen Welt korrespondieren selten mit dem Rhythmus der *mise-en-scène* – stets bleibt ein Intervall, ja diese Lücke ist wahrnehmbar als eine zwischen Sichtbarem und Sagbarem verfasste. Selbst als die Stichworte der einschlägigen Diskussion ins Bild gesetzt werden, unterbrechen sie nicht die gleichmütige Haltung der Kamera, um die einschlägigen Kategorien wie Schuld, Tatmotive oder Verantwortung zu erfragen. Im Gegenteil: Beiläufig schauen Eric und Alex eine Fernsehdokumentation über den Nationalsozialismus und der Ego-Shooter reiht sich ein in unverdächtige Beschäftigungen wie Lesen oder Musizieren. Kaum bildet das Bewegungsbild eine Art der Prägnanz, in der sich beide Seiten annähern oder gar ineinander übergehen.

Elephant 2: Der Plan als Durchgangsort

Während des ganzen Films wird das topographische Moment selten aufgegriffen. Allein in einer kurzen Szene, während Eric und Alex ihren Anschlag planen, rollen sie vor unseren Augen einen Lageplan vom Schulgebäude aus. Doch auch in dieser Szene des planerischen Zugriffs ist die Möglichkeit einer solchen Kartographie mehr angedeutet, als dass sie tatsächlich eine orientierende Funktion in der filmischen Darstellung erfüllt. Nichtsdestoweniger ist die Sequenz hervorgehoben, wird doch in ihr die Struktur langer Plansequenzen von einem härteren Rhythmus der Einstellungen kontrastiert.

Wir sehen von der Tür gerahmt, wie Alex auf dem Bett sitzt und sich seine Militärstiefel schnürt. Währenddessen ist ein ungezwungenes Gespräch im Gange, das nichts mehr von den bedeutungsvollen Worten erahnen lässt, mit denen Eric in der Szene zuvor zu Alex unter die Dusche trat: »I guess that is it, we're gonna die today.« Es folgt die Draufsicht auf den Plan des Gebäudes: Eric spricht von den Parkmöglichkeiten. Kurz ist das Innere eines Autos vom Rücksitz aus gefilmt. Zurück zum Plan: Eric befürwortet den Südeingang. Wiederum nur kurz sind die Attentäter in Rückansicht zu sehen, wie sie sich dem Gebäude nähern. Den Plan wieder im Bild, erklärt Eric ihre ersten Schritte im Schulbau. Dann erscheinen ihre Gesichter, wie aus dem Plan heraus gefilmt, in Untersicht. Nun werden die Stichpunkte – die Bomben, der Ostflügel, das Büro des Rektors, die Cafeteria –, die mit den Orten auf dem Plan korrespondieren, in einem abrupten Hin und Her mit kurzen Einstellungen verknüpft, die Eric und Alex in der Schule zeigen: wartend im Gang, aus der Ego-Shooter-Perspektive feuernd, vor ihren Opfern, nachladend. Kaum lösen sich die Stichworte ein, sodass hier mehr die planerische Form inszeniert ist als das tatsächliche Aufgehen oder Scheitern ihres Vorhabens. Kontrastiert wird die Sequenz, nachdem Alex noch über den Plan gebeugt mit »Have fun!« endet und in die Innenansicht ihres leeren Wagens geschnitten wird. Der Rhythmus verlangsamt sich: Wagentüren werden geöffnet und Taschen auf die Rückbank gewuchtet, so dass die inszenierte Welt buchstäblich wieder Schwere und Dauer, eine spürbare Art des Widerstandes, gewinnt.

Die Sequenz ist eingelagert in die Fahrten und Gänge der vorhergehenden und nachfolgenden Teile. Derart im Ganzen des Filmes situiert, organisiert sie den Übergang von der Anschauung privater Räume zur Darstellung der Morde. Wie die Form der beschriebenen Sequenz *in nuce* Übersetzungen leistet, so vermittelt sie in größerem Maßstab die häusliche Situation, die mit Stichworten aufgeladen ist, mit dem anschließenden Blutbad in der Schule – ohne allerdings die Korrespondenzen und Resonanzen zu fixen Schemata, zu psychologischen Mechanismen zu fügen. Das relative »Innen« des Sozialen bleibt inkongruent zu seinem relativen »Außen«. Damit ist eine »unmögliche« Topographie entworfen, denn dieses »Außen« stellt gerade die Flanke dar, zu der es nach innen (zu sich selber) offen ist. Der zentralen Frage, wie aus dem »Normalzustand« eines sozialen Systems ein derart katastrophaler Prozess hervorgehen kann, wird mit einer filmischen Form begegnet, die sich aller »rhetorischen Ressourcen« enthält. Die Sequenz ist montiert als ein Durchgang durch die Karte, als gegenläufige Durch- und Draufsicht, an der sich die planerische Phantasie der Jungen entzündet, die allerdings in eine Welt der Schwere, des Widerstands und der Kontingenz mündet. Geplant werden Wege, erfahren aber werden Gänge.

Henri Bergson: Weg und Gang

Die oben beschriebene Montagesequenz fügt unterschiedliche Modi des Raums zu einem kinematographischen Erlebnis, zu *einem* Bildraum. Dessen innere Spannung, die aus der konfrontativen Inszenierung des kartographischen Moments mit dem Erfahrungsraum erwächst, öffnet die Zuschaueraktivität für eine ästhetische Erfahrung, nicht zuletzt weil die Semioseprozesse nicht in einem kongruenten Repräsentationszusammenhang gebunden werden. Was in *Elephant* in Szene gesetzt ist – und gerade in der prägnanten Form reflexiv wird –, lässt sich auf theoretischer Ebene im Rekurs auf Henri Bergson präzisieren. In *Materie und Gedächtnis* insistierte er am Beispiel einer einfachen Handbewegung auf der Unterscheidung von Weg und Gang. Er argumentiert, dass nur eine »Anstrengung der Einbildungskraft«[11] dem Kontinuum der (Hand-)Bewegung einen räumlichen Charakter verleiht, was nichts anderes bedeutet, als dass sie ihn in eine Sukzession von denkbar unendlich vielen Stationen auf der Wegstrecke von A nach B transformiert. »Man substituiert«, schreibt er, »für den Gang den Weg, und da der Weg dem Gange unterspannt ist, glaubt man, daß er mit ihm zusammenfalle. Aber wie soll ein *Prozeß* mit dem *Ding* zusammenfallen, eine Bewegung mit einer Unbeweglichkeit?«[12] Dass Bergson an dieser Stelle vom Weg als Ding spricht, mag zunächst irritieren, ist aber einsichtig, wenn man sein Raumkonzept, das er der *durée* gegenüberstellt, genauer betrachtet. »Der Raum ist«, schreibt Bergson, »[...] nichts weiter als das Schema unbegrenzter Teilbarkeit«.[13] Folglich fokussiert er weniger den Raum an sich, sondern vielmehr das topographische Schema, das entsteht, wenn unser pragmatisches Interesse in die »Kontinuität der Empfindungsqualitäten [...] distinkte Körper«[14] einzeichnet. Die Dinghaftigkeit, die er dem Weg beimisst, entspricht also der Konstanz, Differenziertheit und Repräsentierbarkeit der Raumstrukturen, die in der Kartographie ihren prägnantesten Ausdruck finden. Wie Bergsons Raum auf ein korrelierendes System von definierten Wegen und verorteten Dingen bezogen ist, so ist die Prozesshaftigkeit des Ganges auf die konkrete Dauer bezogen.

> »Was offenbart uns der Film auf diese Weise von Raum und Zeit, was die anderen Künste uns nicht offenbaren? Eine Kamerafahrt und ein Schwenk, damit ist jedes Mal ein anderer Raum gegeben. Mehr noch, es kommt vor, dass eine Kamerafahrt aufhört, einen Raum zu bahnen, daß sie in die Zeit eindringt [...]«[15]

Die Zeilen, die Deleuze in Hinblick auf sein Konzept des Zeitbildes äußert, fokussieren noch einmal den Charakter, den der kinematographische Raum in Gus Van Sants Film gewinnt. Was sich nämlich in der Komposition der Gänge und der Kamerahaltung entfaltet, ist eine auf die Dauer der Zuschauerwahrnehmung bezogene Konstruktion des

Bildraums. Durch die Passagen konkretisiert sich ein sozialer Raum als die Erfahrung eines Gefüges von Korrespondenzen, Zusammenhängen, Stimmungen, Beziehungen, Begegnungen, Wiederholungen und Möglichkeiten. Selten schließen die Bahnen derart aneinander an, dass sie sich zu einer mentalen Repräsentanz fügen, auf die sich eine räumliche Orientierung stützen könnte. In dieser Hinsicht artikuliert die Komposition des Bildraums gerade durch die Erfahrbarkeit eines sozialen Raums einen deutlichen Einspruch gegen die Topographierbarkeit des Sozialen, das heißt gegen dessen kongruente Besetzung durch Wissen. Insbesondere das Intervall, das *Elephant* mitlaufend inszeniert, verschiebt den Raum der Filmerfahrung gegen die Logik kultureller Topographie, sodass das Sagbare und seine räumliche Zuordnung der Dauer der Filmerfahrung auf charakteristische Weise äußerlich bleiben.

Anders verhält es sich bei *Pearl Harbor*: Ähnlich der oben angesprochenen Mnemotechnik, bleiben die inszenierten Wege, Flüge, Bahnen und Stürze auf die Koordinaten der Dinge bezogen. Bis in die kürzeste Einstellung gilt der Raum als ihr quasi-natürlicher Aufenthaltsort, selbst wenn dieses System in einen desolaten Wahrnehmungszustand gerät. Dementsprechend ist die Zuschaueraktivität, die der Film strukturiert, erheblich distinkter und gerichteter; zwar aktiviert er den Zuschauer als Hallraum seiner Affekte, aber gleichzeitig bindet er diese stets an die kulturelle Topographie zurück. Mit der identifizierend-orientierenden Tätigkeit, die wieder und wieder herausgefordert, gefragt und zeitweilig überfordert wird, vollzieht er das, was die Topographie einfordert: Souveränität über den Raum in der Chiffre des Flugs. Untrennbar verknüpft ist diese Phantasie von der äußeren Gewalt mit der Möglichkeit der sozialen Restitution.

*

Eric David Harris, einer der beiden Täter in Littleton, führte ein umfangreiches Tagebuch. Der Eintrag vom 26. April 1998 lautet:

> if by some wierd as shit luck my and V survive and escape we will move to some island somewhere or maybe mexico, new zeland or some exotic place where americans cant get us. if there isnt such place, then we will hijack a hell of a lot of bombs and crash a plane into NYC with us inside iring away as we go down. just something to cause more devistation[16]

[1] Franz Kafka: *Das Stadtwappen*, in: ders.: *Sämtliche Erzählungen*, Frankfurt/M.: Fischer 1993, S. 306 f.
[2] Drehli Robnik: »Körpergedächtnis und nachträgliche Wunder. Der Zweite Weltkrieg im ›traumakulturellen‹ Kino«, in: *Und das Kino geht weiter. Vergangenheit im Hollywood der Gegenwart, zeitgeschichte* 6 (2002), S. 298–312, hier S. 300 und S. 305.
[3] Zur Debatte »Trauma and Screen Studies« siehe *Screen* 42 (2001), H. 4; *Screen* 44 (2003), H. 2.
[4] Emily S. Rosenberg: *A Date Which Will Live. Pearl Harbor in American Memory*, Durham, London: Duke University Press 2003, S. 1.
[5] Siehe Francis A. Yates: *Gedächtnis und Erinnern*, Leipzig: Akademie Verlag 1990, S. 35 ff.
[6] Sigrid Weigel: *Zum »topographical turn« – Kartographie, Topographie und Raumkonzepte in den Kulturwissenschaften*, in: *KulturPoetik* 2 (2002), H. 2, S. 151–165.
[7] Manfred Schneider: *Das Kino und die Architekturen des Wissens*, in: *Zeit-Zeichen. Aufschübe und Interferenzen zwischen Endzeit und Echtzeit*, hg. von Georg Christoph Tholen / Michael O. Scholl, Weinheim: VCH, Acta Humaniora 1990, S. 281–295. Schneider bezieht sich hier auf ein »Kino des Deliriums« (ebd. S. 286), das sich durch seine mobilisierten Wahrnehmungsverhältnisse einer Funktionalisierung als Wissensspeicher verweigere und zu den klassischen Topoi der (voravantgardistischen) Literatur, Haus und Reise, keinen positiven Bezug herstellen könne.
[8] Hermann Kappelhoff: »Der Bildraum des Kinos. Modulationen einer ästhetischen Erfahrungsform«, in: *Umwidmungen. Architektonische und kinematographische Räume*, hg. von Gertrud Koch, Berlin: Vorwerk8 2005, S. 138–149.
[9] Siehe Martin Heidegger: *Sein und Zeit*, Tübingen: Niemeyer 2001, S. 102 ff.
[10] Das Konzept der Filmerfahrung als Verschränkung der Zuschauerwahrnehmung mit einer je spezifischen Intentionalität des Kamerabewusstseins gehört zu den zentralen Aspekten der neophänomenologischen Filmtheorie. Siehe Vivian Sobchack: *The Address of the Eye*, Princeton: Princeton University Press 1992.
[11] Henri Bergson: *Materie und Gedächtnis. Eine Abhandlung über die Beziehung zwischen Körper und Geist*, Hamburg: Meiner 1991, S. 205.
[12] Ebd., S. 186.
[13] Ebd., S. 205.
[14] Ebd., S. 196.
[15] Gilles Deleuze: »Über das Zeitbild«, in: ders.: *Unterhandlungen 1972–1990*, Frankfurt/M.: Suhrkamp 1993, S. 87–91, hier S. 87.
[16] <http://www.thedenverchannel.com/download/2006/0706/9477579.pdf> (20.7.2007).

V Transgression und Hybridität

MARIA MOSS

Mimesis als Grenzüberschreitung

»Körperarbeit« in der amerikanischen Literatur des 21. Jahrhunderts

Grenzüberschreitungen finden nicht nur in räumlichen Anordnungen statt, sondern genauso am Körper. Auch dort kann an Grenzen gestoßen werden, können Grenzen verletzt werden, kann Austausch und Veränderung stattfinden. Wie genau sehen diese körperlichen Veränderungen in literarischen Texten aus und welches erkenntnistheoretische Potential bieten sie? Was passiert in der Überschreitung leiblicher Grenzen bei Verletzung, bei Krankheit, vielleicht sogar im Tod? Zentralwerke der amerikanischen Literatur des 21. Jahrhunderts – wie z.B. Don DeLillos *The Body Artist*, Philip Roths *Everyman* oder der letzte Band von Richard Fords Bascombe-Trilogie, *The Lay of the Land* – handeln von Protagonisten, die die Grenzen der eigenen Körperlichkeit durch Angleichung an »das Andere« oder »den Anderen« überschreiten (*The Body Artist*), sich durch radikale körperliche Transgressionen entweder dem bisher gelebten Leben angleichen (*Everyman*) oder sich dessen entledigen (*The Lay of the Land*). So unterschiedlich diese Arten der körperlichen Grenzüberschreitung auch sein mögen: In ihnen und durch sie begeben sich die Protagonisten auf die Ebene des körperlich und seelisch Bedrohlichen und Schmerzvollen, was einerseits in der Reduzierung oder sogar Ausradierung des eigenen Ich resultiert, andererseits jedoch auch einen Erkenntnisgewinn einleitet.

Dieser Artikel wertet das Phänomen der Transgression als einen Akt der Mimesis, der sich in einer körperlichen Anpassung an das Unbekannte und sogar an das potentiell Tödliche darstellt und damit eine Reihe unterschiedlicher Aktivitäten auslöst, die letztlich die Regeneration und Neuausrichtung des verletzten Subjekts unterstützen.

Mimesis und »magische« Mimesis

Die Definition von Mimesis als autoritäres, einengendes und repressives Gebilde hat in den letzten Jahrzehnten die theoretische Debatte besonders unter den französischen Poststrukturalisten (allen voran Roland Barthes) monopolisiert. Doch muss nicht – um wenigstens ein Minimum an Übereinstimmung zwischen »Welt« und »Welt des Textes« zu wahren – ein Verwurzeltsein, nicht nur in der Wirklichkeit, sondern auch in einem Katalog unhinterfragbaren Wissens (z. B. um die Bedingungen menschlichen Handelns) gegeben sein? »[I]t remains true«, so auch Christopher Prendergast, »that, despite the break it introduces, fiction would never be understandable if it did not configurate what is already figured in human action«.[1] Auch Pierre Bourdieu betont den Tätigkeitscharakter der Mimesis (er nennt ihre handlungsorientierte Form *sens pratique* oder auch *Habitus*) und sieht Mimesis als eine Aktivität, die »immer als Hervorbringung durch Tun betrachtet werden [muß], als ein Teil der Praxis«.[2] Diese handlungsbetonte Variante von Mimesis – als gewohnheitsmäßiges und sich wiederholendes Tun – muss nicht zwangsläufig Ausdruck einer unreflektierten Autoritätshörigkeit sein, sondern kann einen Erkenntnisgewinn bewirken und somit eine Initiative zur aktiven Weltgestaltung darstellen:

> Mimesis is linked to [...] practice that is non-reflexive but not, for that reason, blindly submissive to authoritarian dictat, in the way a great deal of mainstream grand theory would have us believe. Practice, in this account, draws upon resources of active initiative and informal negotiation that are quite capable of bypassing the official (»authoritarian«) forms of knowledge.[3]

Doch die handlungsbetonte Form der Mimesis beinhaltet nicht nur aufbauende, sondern gleichzeitig auch zerstörerische Kräfte. Neben der Möglichkeit der Übereinstimmung und des Empfindens von Ähnlichkeiten kann sie die Gefahr der Unterwerfung, Entfremdung oder gar Selbstauflösung bergen und unterstützt sowohl die Tendenz, »sich der Umwelt auszuliefern [...], sich an die Umgebung zu verlieren«, als auch den Hang, »sich gehenzulassen, zurückzusinken in Natur«.[4] Der Anthropologe Michael Taussig beschreibt diese Ambivalenz mimetischer Strukturen mit dem Begriff *magische Mimesis*. Diese birgt sowohl positive Momente der Aneignung und Bewältigung als auch negative der Überidentifikation, d. h. des Identitätsverlusts und möglicherweise der Selbstauslöschung. Taussig stützt seine Definitionen der *magischen Mimesis* – »the soulful power that derives from replication«[5] – auf James Frazer, der bereits in seinem 1890 erschienenen Standardwerk der modernen Anthropologie, *The Golden Bough: The Roots of Religion and Folklore*, auf die Möglichkeiten und Gefahren der *magischen Mimesis* verweist.[6] Frazer beschreibt als kreative Bewältigung des Unbekannten zwei Formen der »sympathetic magic«: die der Nachahmung bzw. -bildung und die der Berührung. Der Gebrauch der *magischen Mimesis* eröffnet die Möglichkeit, etwas durch das Herstellen von Ähnlichkeit zu begreifen sowie es durch Nachbildung zu manipulieren.

Besonders der Aspekt der körperlichen Grenzüberschreitung eignet sich für die Darstellung der Gegensätzlichkeit und Ambivalenz mimetischer Strukturen. Ein Beispiel hierfür findet sich in Don DeLillos 2001 erschienenem Kurzroman *The Body Artist*. Durch den Drang zur Überidentifikation mit dem Bedrohlichen wird die Protagonistin Opfer einer mimetischen Regression, die sie ihrer Individualität zeitweise beraubt, die aber auch gerade durch diese Verletzung der Ichgrenze eine Perspektivverschiebung auslöst, die den entscheidenden Anstoß zur Selbsterneuerung liefert.

Don DeLillo, *The Body Artist*

In *The Body Artist* sind anfangs Gewohnheit und Alltäglichkeit die bestimmenden Aspekte im Leben von Rey Robles, einem ehemals berühmten Filmregisseur, und seiner Frau Lauren Hartke, der Körper-Künstlerin des Titels. *The Body Artist* handelt vom Überschreiten einer körperlichen (und letztlich auch seelischen) Grenze sowie der daraus bedingten Gefahr einer mimetischen Angleichung an das Bedrohliche. Bereits in den ersten Szenen wird Laurens Fähigkeit zur körperlichen Nachahmung und Überidentifikation angedeutet. So imitiert sie selbst auf der Ebene des Schmerzvollen ihren Mann, passt sich seinen Unpässlichkeiten an, identifiziert sich mit seinen Gebrechen:

> Every time she had to bend and reach into the lower and remote parts of the refrigerator she let out a groan [...]. She was too trim and limber to feel the strain and was only echoing Rey, identifyingly, groaning his groan, but in a manner so seamless and deep it was her discomfort too.[7]

Nach dem für sie völlig unerwarteten Selbstmord ihres Mannes versucht Lauren, wenigstens ein Minimum an Normalität in ihr Leben zu bringen. Erschwert wird dieses Vorhaben durch geheimnisvolle Geräusche im Haus und den Mann unbestimmbaren Alters, den Lauren schließlich entdeckt. Seine Anwesenheit verbreitet eine unheimliche Atmosphäre. Der geheimnisvolle Fremde beantwortet keine ihrer Fragen, sondern wiederholt ausschließlich ihre Sätze. Wie ein Kind, welches zum ersten Mal Laute hört, imitiert er Laurens Sprache: »›The white ones. Those are called paper birches‹. ›The white ones‹. ›But beyond the trees‹. ›Beyond the trees‹«.[8] Lauren beobachtet seine Versuche, sich die Welt durch Mimikry anzueignen. Doch dann, fasziniert von seinen ungewöhnlichen Fähigkeiten, fängt Lauren an, den Fremden zu imitieren, d. h. die Kopie einer Kopie zu werden. Darüber hinaus beginnt sie mit einer rigorosen »Körperarbeit«, bei der sie sich in geradezu masochistischer Anstrengung ihrer Haut, ihrer Haare, ihrer Körperform und damit ihrer Individualität entledigt. Taussig beschreibt mit »active yielding« diese Art körperlich mimetischer Anpassung als »a bodily mirroring« und »a bodily copying of the other [...]: one tries out the very shape of a perception in one's own body [...]«.[9] Diese Überanpassung ist jedoch nicht ungefährlich und kann als Bestandteil der *magischen Mimesis* zur Reduzierung oder Ausradierung des Ich führen. Als der fremde Mann eines Tages die Essensaufnahme verweigert (»She tried force-feeding him but he rejected most of it passively, head averted [...]«), verspürt auch Lauren keinen Hunger mehr: »She began to eat less herself. She looked at him and didn't want to eat«.[10]

Lauren, die stets kontrollierte Körperkünstlerin, stilisiert die perfekte Körperbeherrschung zu ihrem »Schutzschild« und wird durch das Formstreben und die optischen Eingriffe ihrer »Körperarbeit« zu einer perfekten Verwandlungskünstlerin, zu einer idealen Projektionsfläche. In der Beschreibung von Laurens ehemaliger Kommilitonin Mariella, die ein Interview mit ihr nach der Aufführung »Body Time« führt, wird deutlich, wie sehr sich Lauren im Aussehen dem Fremden angenähert hat: »Hartke's piece begins with an ancient Japanese woman on a bare stage, gesturing in the stylized manner of Noh drama, and it ends seventy-five minutes later with a naked man, emaciated and aphasic, trying desperately to tell us something«.[11] Während Lauren auf der Bühne noch die Stimme des Fremden als »playback« vom

Tonband benutzt, spricht sie in dem Interview mit Mariella plötzlich in seiner ureigenen Stimme:

> Then she does something that makes me freeze in my seat. She switches to another voice. It is his voice, the naked man's, spooky as a woodwind in your closet. Not taped but live. Not lip-sync'd but real. [...] I'm not sure what she's doing. I can almost believe she is equipped with male genitals [...], prosthetic of course, and maybe an Ace bandage in flesh-tone to bleep out her breasts, with a sprinkle of chest hair pasted on. Or she has trained her upper body to deflate and her lower body to sprout.[12]

Durch ihre diversen Verkleidungen, durch ihr Oszillieren zwischen Männlichem und Weiblichem, hebt Lauren die Differenz der Geschlechter und die damit verknüpften Rollenerwartungen auf. Sie verleibt sich in einem Akt der Travestie die Rolle des Fremden ein, des verstörenden Gegenüber. Helmut Plessner in seinem Aufsatz »Mit anderen Augen« misst dieser »Einverleibung« und Perspektivenverschiebung die Initialzündung jedes Wahrnehmungs- und Erkenntnisprozesses zu.[13] Und tatsächlich: Auch Lauren erkennt schließlich, dass Nachahmung die Gefahr des Identitätsverlusts birgt: »I am Lauren. But less and less.«[14] Statt zu sich selbst gefunden zu haben, besitzt auch Lauren nun »the capacity to Other«.[15]

Ist dieses nun das Ende von Lauren Hartke? Nein, denn die Extremerfahrung, die eigene Körperlichkeit zu überschreiten – dieser Bruch in ihrer Individualität, eingeleitet durch ihre Überanpassung an den Fremden –, bedeutet nicht nur ein Verleugnen der eigenen Identität; es initiiert auch einen Verstehensprozess. Durch ihre (nun auch) körperliche Angleichung an den Fremden kann Lauren ihm auf Augenhöhe begegnen und erkennt, dass sein inkohärentes Gestammel keine außergewöhnliche Gabe, keine bewusste, künstlerisch bedeutungsvolle oder metaphysisch aussagekräftige Kompetenz darstellt, sondern auf einer geistigen Demenz beruht. Statt den Fremden zu kopieren – seinen verhärmten Körper und verstörten Geist nachzuahmen und sich in ihrer Individualität somit auszulöschen –, erkennt Lauren in sich selbst das Spiegelbild des Fremden und beginnt den Prozess der Abnabelung, nicht nur von ihm, sondern auch von ihrem Mann. Gegen die Fremdbestimmung, der sie sich durch ihre Bereitschaft zur Identifikation (mit den »Unpässlichkeiten« ihres Mannes und den lebensverneinenden Aktivitäten des Fremden) ausgesetzt hatte, setzt sie nunmehr die Selbstbestimmung. Sie tauscht das Versprechen auf Fortführung ihres bisherigen Lebens ein gegen die Hoffnung auf eine selbstbestimmte Existenz.

Philip Roth, *Everyman*

Philip Roth beschäftigt sich schon seit geraumer Zeit mit der letzten aller Grenzüberschreitungen, dem Tod. Mit *Everyman* (2006), seinem bereits fünften Roman im 21. Jahrhundert und dem zweiten, der sich direkt mit dem Tod auseinandersetzt (nach *The Dying Animal*, 2001), befasst Roth sich erneut mit der Grenzüberschreitung des Körpers. Der Roman handelt von einem namenlosen Protagonisten (»Jedermann«), der im Laufe seines Lebens fortwährend von Krankheiten und von Todesgedanken heimgesucht wird und letztlich als Stimme aus dem »Jenseits der Grenze« auf die »andere Seite« des Lebens zurückblickt.

Als »Jedermann« – ein ehemals erfolgreicher Werbetexter im Ruhestand – vom Grab seiner Eltern, mit denen er stumme Zwiesprache gehalten hat, zu seinem Wagen zurückkehren will, trifft er auf einen Totengräber, der gerade ein neues Grab vorbereitet. Was als scheinbar beiläufiges Gespräch zweier betagter Männer erscheint, wird schnell zu einem Geschäft zwischen einem, der eine Dienstleistung anzubieten hat, und dem anderen, der sie möglicherweise bald benötigt. Roths Protagonist – nicht ahnend, wie nah er dem Tod bereits ist – erkennt, dass dieser Totengräber all das sein Eigen nennt, was er selbst entweder verloren oder aber leichtfertig aufgegeben hat: Gesundheit, einen Sohn, der in seine Fußstapfen tritt, und eine Frau, die sich um ihn kümmert. Außerdem hat der Totengräber ein Verständnis vom Tod als unabwendbaren Teil des Lebens, aber er weiß auch, dass mitten im Leben der Tod nichts verloren hat. Und das ist etwas, was »Jedermann« erst schmerzlich erfahren muss. Denn das Leben ist für ihn seit jeher eine Aneinanderreihung von Verlusterfahrungen: die Kindheit erscheint ihm als das verlorene Paradies, das Erwachsenendasein als langwieriger Widerstand gegen den Tod. Statt das Leben zu gestalten, hat er es zeitlebens auf den Tod reduziert.

Die Unterhaltung zwischen dem afroamerikanischen Totengräber und »Jedermann« geschieht erst auf Seite 171 des Romans, zu einem Zeitpunkt also, an dem der Leser bereits an dessen Begräbnis teilgenommen und die teils ausbleibenden Grabreden (von seinen Söhnen aus erster Ehe) registriert und die zärtlichen Worte seines Bruders Howie und seiner Tochter Nancy (aus zweiter Ehe) vernommen hat. Auf diesen Seiten, die von einer Art postmortalem Bewusstsein erzählt werden, wird deutlich, wie sehr erst der kleine Junge, dann der Erwachsene, schließlich der ältere Mann, sich zeitlebens dem Tod verschrieben hatte. Kurz vor einer Leistenbruchoperation kann beispielsweise das Kind in seinem Krankenzimmer, welches es mit einem anderen teilt, aus zwei Gründen nicht einschlafen: »At first he didn't fall asleep because of his waiting for the boy to die, and then he didn't because he couldn't stop thinking of the drowned body that had washed up on the beach that past summer«.[16] Was noch als Ängste eines kleinen Jungen abgetan werden könnte, steigert sich mit zunehmendem Alter. Selbst der Sternenhimmel wird Roths Protagonisten zum Vorboten des Todes:

> The profusion of stars told him unambiguously that he was doomed to die [...]. Why should he imagine himself on the edge of extinction when calm, straightforward thinking told him that there was so much more solid life to come? [...]. He was not flamboyant or deformed or extreme in any way, so why then, at his age, should he be haunted by thoughts of dying?[17]

Verzweifelt versucht er, dem Sterben aus dem Weg zu gehen: »He had married three times, had mistresses and children and an interesting job where he'd been a success, but now eluding death seemed to have become the central business of his life and bodily decay his entire story«.[18] Der Tod seiner Mutter, das Begräbnis seines Vaters, der Selbstmord seiner Bekannten Millicent – alles scheint ihm seine Endlichkeit zu bestätigen. Auch die Tatsache, dass immer eine seiner vielen Frauen oder unzähligen Liebhaberinnen an seiner Seite harrt, wenn er wieder einmal nach einer schweren Operation aus der Narkose erwacht, weiß er nicht zu würdigen. Zum Schluss ist es tatsächlich nur der begleitende Erzähler, der sein Sterben registriert: »[H]e never woke up. Cardiac arrest. He was no more, freed from being, entering into nowhere, without even knowing it. Just as he'd feared from the start«.[19] Was bleibt, sind die Erinnerungen eines Toten, der nach der Trauerfeier allein zurückgelassen wird und sich eingestehen muss, dass die Einsamkeit, die ihn nun umfängt, bereits mitten im Leben begonnen hatte, dass er sich dem Zustand des Todes bereits mitten im Leben angenähert hatte. Bis zum Schluss hat sein Leben nur aus dem Streben nach dem Tod bestanden, war sein Leben nur eine lange, schmerzhafte Angleichung an den Tod. Erst jetzt – und das ist die Tragik seines Lebens – wird ihm klar, was er versäumt hat.

Richard Ford, *The Lay of the Land*

Richard Ford, einst mit den Erzählbänden *Wildlife* (1990) und *Rock Springs* (1987) als Minimalist in der carverschen Tradition gefeiert, hat sich mit den beiden Romanen, die ihm den internationalen Durchbruch bescherten – *The Sportswriter* (1986) und dessen Fortsetzung *Independence Day* (1995) – endgültig jeglicher Etikettierung entledigt. 2006 ist der letzte Teil der Trilogie erschienen, *The Lay of the Land*. Wie bereits in *The Sportswriter* und *Independence Day* konzentriert sich die Handlung auf die wenigen Tage vor und während eines Feiertags, diesmal ist es Thanksgiving. Mit dem ehemaligen Schriftsteller, Sportjournalisten und derzeitigen Immobilienmakler und Mittfünfziger Frank Bascombe hat Ford einen rhetorisch gewandten, zum Schwadronieren neigenden, dabei aber immer akribisch beobachtenden Erzähler geschaffen.

Bereits in den vorangegangenen Romanen wird Frank mit den Trümmern seines Lebens konfrontiert, eines Lebens, welches über dem Tod des ersten Sohnes Ralph und der darauf folgenden Scheidung von seiner Ehefrau Ann zerbrochen ist. Frank ist aus dem Lebensgleichgewicht geraten, überspielt seine Entwurzelung jedoch mit einer Mischung aus Nonchalance, Abgeklärtheit und ironischer Distanz. In *The Lay of the Land* kommen weitere Schicksalsschläge hinzu: Frank leidet unter Prostatakrebs, wurde gerade von seiner zweiten Frau Sally verlassen und wird während einer Schießerei im Nachbarhaus von zwei Kugeln in die Brust getroffen. Gerade als die Turbulenzen früherer Jahre in die »Permanenzphase« einfließen sollen, wird Frank Opfer einer gewaltsamen körperlichen Grenzüberschreitung. Anfangs ist er noch zuversichtlich, dass die Geiselnehmer seiner Nachbarn sich durch sein unnachahmliches rhetorisches Geschick zur Aufgabe bewegen lassen:

> [I] do think of this boy, this lethal boy with his gun, threatening Nick [as] if he was a mouse. A tiny mouse. A creature I can corner and trap and hold in my two hands and feel the insubstantial weight of and keep captured until he's calm. [...]. Then I say, »Could I just ... Could I just ... get a little involved here in this?«[20]

Franks Bemühen nützt nichts; im Gegenteil, der Junge erschießt den Nachbarn, richtet dann seine Waffe auf Frank und drückt ab: »In the chest. And that, of course, is the truest beginning to the next level of life«.[21] Diese nächste »Lebensebene« bewirkt – nachdem sein Überleben gesichert ist –, dass Frank Möglichkeiten der Lebensgestaltung und der Sinngebung für sich erkennt und für andere anbietet.[22] Plessners Essay paraphrasierend beschreibt Antje Mansbrügge einen Verstehensprozess, der die »schockartige Begegnung mit Fremdem als einleitenden Stimulus der sinnlichen Anschauung benötigt«. Der Prozess dieser Selbsterweiterung vom Schock über die Anschauung zum Verstehen beginnt (wie in *The Lay of the Land*) mit »einer Begegnung, die aus dem Zustand der Alltagsvertrautheit mit seiner herabgesetzten Wahrnehmungstätigkeit und eingeschränkten Teilhabe aufschreckt [und] die Zone der Vertrautheit entsprechend entfremdet [...]«.[23]

Die plötzliche Konfrontation, die Schüsse, reißen Frank aus seiner »Alltagsvertrautheit« und ermöglichen ein Verständnis vom »sens pratique«. Nicht das Hadern mit der Vergangenheit (dem Tod seines ersten Sohnes) oder mit der Gegenwart (seiner Krebserkrankung) stehen im Vordergrund, sondern die Akzeptanz des Gegebenen und des Alltäglichen. Mit dieser Neuausrichtung verbindet sich die Möglichkeit des Findens und – in Franks Fall noch wahrscheinlicher – des Erfindens der eigenen Identität. Ford bestätigt diesen Eindruck in einem Interview zu *The Lay of the Land*. Eines der »verheißungsvollsten Versprechen der amerikanischen Kultur«, so heißt es darin, besteht »in der Möglichkeit zur Selbsterneuerung, zur Selbstfindung«.[24] Hatte Frank zeitlebens versucht, durch Ziellosigkeit die Bedeutungslosigkeit seines Lebens zu kompensieren, so bemerkt er nach diesem äußeren Lebenseinbruch: Wichtig ist nicht das Herumirren, sondern das Bewusstsein des Ankommens – nicht nur an einem Ort, in einem Land, bei einer Person, sondern vor allem bei sich selbst.

> It is, of course, only on the human scale, with the great world laid flat about you, that the Next Level of life offers its rewards and good considerations. And then only if you let it. A working sense of spirituality can certainly help. But a practical acceptance of what's what, in real time and down-to-earth, is as good as spiritual [...].[25]

Wie Lauren in *The Body Artist* benötigt auch Frank die Begegnung mit dem Unbekannten, um sein Leben aktiv zu ordnen. Lauren und Frank bekommen diese Möglichkeit. »Jedermann« hingegen hat die unumkehrbare Grenze zum Tod überschritten; ihm bleibt nur die Erinnerung eines postmortalen Bewusstseins, um seine Lebensversäumnisse zu erkennen und zu betrauern.

Schlussbemerkungen

> Von der Untersuchung liminaler Phänomene darf man mithin besondere Erkenntnisse erwarten, enthüllt sich doch im Extremem, was in den Routinen des täglichen Lebens verborgen bleibt, wirft doch das Widerspiel von Grenze und Überschreitung ein besonders scharfes Licht auf kulturelle Prozesse.[26]

Wie noch im Diskurs der Postmoderne wird auch in den Romanen des 21. Jahrhunderts die Vorstellung des Selbst als einer geschlossenen Identität hinterfragt. Während es jedoch im postmodernen Diskurs der Bruch durch körperliche Grenzüberschreitungen ist, der die Handlung bestimmt und fortan als Ausgangsbasis jeglichen Empfindens und Handelns fungiert,[27] liegt der Fokus in der zeitgenössischen Literatur auf der Erweiterung des Verstehensprozesses, angeregt und initiiert durch die Grenzüberschreitungen. Als nötige Voraussetzung des Verstehensprozesses haben diese ausschließlich funktionale Bedeutung. Da die körperliche Entgrenzung als solche nicht bestehen bleibt, sondern die beschädigte Identität des Subjekts letztlich stabilisiert wird und Selbsterneuerungsprozesse eingeleitet werden, kann man in Bezug auf das Überschreiten der Körperlichkeit auch von *rites de passage* sprechen.

Im Gegensatz zur Postmoderne, in der die Protagonisten den Umbrüchen in ihrer Persönlichkeit ausgeliefert sind, wird den Protagonisten des 21. Jahrhunderts die Möglichkeit zur Selbsterneuerung zugebilligt. Durch das Wechselspiel zwischen Begrenzung und Entgrenzung, zwischen Vertrautem und Fremdem, finden Berührungen, findet Austausch statt. Durch körperliche Grenzüberschreitungen, durch Annäherung an das Fremde und Schreckende, können sich die Protagonisten ihrer selbst vergewissern und im günstigsten Fall selbstbestimmt versuchen, auf die Richtungen ihres Lebens Einfluss zu nehmen. So unspektakulär es auch klingt, für die Protagonisten lohnt sich die »Körperarbeit«. Sie ist es letztlich, die den nötigen Anstoß gibt zur Selbstfindung und Selbstbestimmung. Die Romanfiguren lernen, durch das Überschreiten ihrer Körperlichkeit, ihre Vergangenheit zu beurteilen und ihre Zukunft einzuschätzen.

[1] Christopher Prendergast: *The Order of Mimesis. Balzac, Stendhal, Nerval, Flaubert*, Cambridge, London: Cambridge University Press 1986, S. 78.
[2] Gunther Gebauer / Christoph Wulf: *Mimesis. Kultur, Kunst, Gesellschaft*, Reinbek: Rowohlt 1992, S. 432.
[3] Prendergast: *Order of Mimesis* (siehe Anm. 1), S. 7; teilweise Bourdieu zitierend.
[4] Gebauer / Wulf: *Mimesis* (siehe Anm. 2), S. 389–90.
[5] Michael Taussig: *Mimesis and Alterity: A Particular History of the Senses*, New York, London: Routledge 1993, S. 3.
[6] James G. Frazer: *The Golden Bough*. New York: Gramercy Books 1993.
[7] Don DeLillo: *The Body Artist*, London: Picador 2001, S. 9.
[8] Ebd., S. 44.
[9] Taussig: *Mimesis and Alterity* (siehe Anm. 5), S. 46.
[10] DeLillo: *Body Artist* (siehe Anm. 7), S. 94.
[11] Ebd., S. 105.
[12] Ebd., S. 109.
[13] Helmut Plessner: »Mit anderen Augen«, in: Ders. *Gesammelte Schriften VIII. Condition Humana*, hg. von Günter Dux, Odo Marquard et al. Frankfurt/M.: Suhrkamp, 1983. 88–104. Siehe auch Antja Mansbrügge: »Von Schocks, vom Reisen und der versuchten Einverleibung des Fremden.« in: *Übergänge: Lektüren zur Ästhetik der Transgression*, hg. von Peter Brandes / Michaela Krug. Münster, Hamburg: LIT Verlag 2003, S. 129–141, hier S. 131.
[14] DeLillo: *Body Artist* (siehe Anm. 7), S. 117.
[15] Taussig: *Mimesis and Alterity* (siehe Anm. 5), S. 19.
[16] Philip Roth: *Everyman*, Boston, New York: Houghton Mifflin 2006, S. 25.
[17] Ebd., S. 30.
[18] Philip Roth: *Everyman* (siehe Anm. 16), S. 71.
[19] Ebd., S. 182.
[20] Richard Ford: *The Lay of the Land*, London: Bloomsbury 2006, S. 461.
[21] Ebd., S. 461.
[22] So bietet er seinem engsten Mitarbeiter eine Partnerschaft in dem Immobiliengeschäft an, nachdem er ähnliche Vorschläge Mikes früher stets vehement abgelehnt hatte.
[23] Mansbrügge: »Von Schocks« (siehe Anm. 13), S. 131.
[24] Richard Ford: »Ich zähle mich zum Fußvolk«, übersetzt von Sascha Verna, in: *Die Zeit*, 12.7.2007.
[25] Ford: *Lay of the Land* (siehe Anm. 20), S. 484.
[26] Dirk Hohnsträter: »Im Zwischenraum: Ein Lob des Grenzgängers«, in: *Über Grenzen: Limitation and Transgression in Literatur und Ästhetik*, hg. von Claudia Benthien / Irmela-Marei Krüger, Stuttgart, Weimar: J. B. Metzler 1999, S. 231–244, hier S. 231.
[27] Siehe Julia Kristeva: *Fremde sind wir uns selbst*, Frankfurt/M.: Suhrkamp 1990.

ASTRID FRANKE

»We are all made up of many parts, other halves«

Hybridität in zeitgenössischen amerikanischen Romanen

»Stephanides, an American, grandchild of Greeks, admires this Turkish immigrant to Germany, this *Gastarbeiter*, as he bakes bread on Hauptstrasse here in the year 2001. We're all made up of many parts, other halves. Not just me.«[1] So lauten einige Sätze einer zentralen Passage in Jeffrey Eugenides' Roman *Middlesex* (2002). Auch wenn wir wissen, dass der Erzähler, der hier von sich selbst in der dritten Person spricht, ein Hermaphrodit ist, ist die Logik der Sätze nicht unmittelbar einleuchtend: Weder ist evident, inwiefern ein Gastarbeiter aus »vielen Teilen« oder gar, arithmetisch schwierig, »anderen Hälften« besteht und ob dies seinem Selbstverständnis entspricht, noch folgt der ungeheure Anspruch nach Repräsentativität für uns alle aus dem vorher Gesagten. Das deutsche Wort ›Gastarbeiter‹ unterstreicht ja gerade im englischen Text, dass es sich um jemanden handelt, der als Fremder markiert wird. Und weiterhin handelt es sich bei dem Sprecher um einen jungen Mann im diplomatischen Dienst, der für den amerikanischen Kulturattaché in Berlin arbeitet; ein Kosmopolit, der italienische Markenanzüge und -schuhe trägt und gerade um eine Versetzung nach Istanbul gebeten hat. Was bewegt ihn wohl dazu, den türkischen Gastarbeiter, der so offenkundig einen anderen sozioökonomischen Status innehat, unter seine Selbstbeschreibung zu subsumieren?

Im Kontext des Romans bilden die Sätze eine Engführung von Körper, Kultur und Identität und evozieren so eine wichtige Metapher, nämlich Hybridität. Diese ist in *Middlesex* nicht nur Gegenstand der Erzählung, sondern auch Gegenstand metanarrativer Kommentare und Reflexionen, sowie auch ein strukturelles Merkmal des Buches. Damit ist *Middlesex* ein besonders markantes Beispiel eines weitverbreiteten Text-Modells der amerikanischen Gegenwartsliteratur, wie es Heinz Ickstadt beschreibt:

> Das theoretische Text-Modell, das sich im Zuge post-kolonialer Theorie gegenwärtig in den Vordergrund drängt, ist das des »hybriden«, des in jeder möglichen Weise vermischten Romans, der – anders als der ethnische –

seine Hinterfragung kultureller Ordnung nicht als Suche nach den unterdrückten oder vergessenen Ursprüngen der jeweiligen Ethnie inszeniert, sondern als sprachliches und kulturelles »Dazwischensein«, das sich fester Identitätszuweisung verweigert.[2]

Ickstadt nennt als Beispiele außer *Middlesex* Jonathan Franzens *The Corrections* (2001), Sandra Cisneros' *Caramelo* (2002) und Richard Powers' *The Time of Our Singing* (2003). Um die Popularität solcher hybrider Texte, in denen zumeist »ethnische Geschichte zugleich in national- oder auch globalgeschichtlicher Brechung inszeniert wird«,[3] zu ermessen, sollte man hier noch den vor kurzem verfilmten Roman *The Namesake* (2003) von Jhumpha Lahiri nennen sowie die Bücher anderer asiatischamerikanischer Autorinnen wie Chitra Divakarunis *The Vine of Desire* (2002) oder Maxine Hong Kingstons *The Fifth Book of Peace* (2003). Im Spiel mit scheinbar autobiographischem Schreiben und gleichzeitigem Überschreiten von Rasse- oder Geschlechtergrenzen versuchen sich viele dieser Autoren solchen auf dem Buchmarkt üblichen Zuschreibungen zu entziehen;[4] eine Scheidung, eine Namensänderung oder der Wechsel des Geschlechts sind Anlass und zugleich Metaphern für die Suche nach einem kohärenten Selbstverständnis in einer unübersichtlich gewordenen Welt, sodass sich Hybridität von Ethnizität und von der Erfahrung der Migration lösen und als weitverbreitet, ja universell darstellen lässt; schließlich haben – bis auf eine Ausnahme – die Bücher eine optimistische Bejahung der Frage, ob es ein Dazwischen gibt, gemeinsam. Damit scheinen die Romane mit der Entwicklung von Theorien einherzugehen, in denen von performativen, multiplen oder Patchworkidentitäten die Rede ist, und zwar oft als erstrebenswertem emanzipatorischem Ideal. Charakteristisch ist wiederum *Middlesex*, das neben diesen Theorien so wichtige Themen wie *racial passing*, *ethnic self-fashioning* und den Unterschied zwischen *sex* und *gender* behandelt. Es verwundert daher zumindest auf dieser Ebene auch nicht, wenn der Protagonist sich und den Gastarbeiter als Bestätigung transkultureller Theorie anfügt, wie sie etwa von Wolfgang Welsch formuliert wird: »For most of us, multiple cultural connections are decisive in terms of our cultural formation. We are cultural hybrids«.[5]

Es gibt gute Gründe, solchen theoretischen Prämissen gegenüber skeptisch zu sein: So bemängeln, erstens, Stimmen aus der empirischen Sozialforschung, der Soziologie sowie der Psychoanalyse die leichtfertige Rede von der »Patchworkidentität« oder dem multiplen Selbst aufgrund ihrer konzeptuellen Unschärfe und mangelnder empirischer Fundierung. Zusammenfassend formuliert Axel Honneth über die Literatur zu »postmodernen« Subjekten:

> Hier mischt sich pseudowissenschaftlicher Unsinn mit suggestiven Neubeschreibungen und interessanten Einzelbeobachtungen auf so unentwirrbare Weise, dass wir von einer konsistenten und überzeugenden Bestimmung des neuen Persönlichkeitstyps noch denkbar weit entfernt sind; so findet sich die Beobachtung eines höheren Grades an reflexiver Identitätsbildung Seite and Seite mit dem unbesonnenen, ja verantwortungslosen Lobpreis der »multiplen« Persönlichkeit, die eine Art von höherstufiger Integration ihrer unterschiedlichen Identitätsanteile gar nicht mehr nötig habe, die gängige Empfehlung einer unentwegten Selbstschöpfung des Subjekts neben der Rede von der allmählichen Öffnung der Individuen für das Fremde in ihrem eigenen Selbst.[6]

Sogar in der virtuellen Welt der *chatrooms* und Rollenspiele, so argumentiert Rahel Jaeggi in Auseinandersetzung mit den empirischen Studien der US-Psychologin Sherry Turkle, sind der freien Gestaltung der eigenen Identität durch das Bedürfnis nach Integration, durch die notwendige Plausibilität der Entwürfe und damit auch durch die Gewährung oder Verweigerung von Anerkennung der gewählten Cyberidentität durch andere Menschen Grenzen gesetzt.[7] Was, zweitens, die soziale Einbettung des Selbst im Kontext von Hybridität bedeuten soll, ist gleichermaßen unklar: In seinem Buch *Hybridity or the Cultural Logic of Globalization* schreibt Marwan Kraidy einleitend: »Hybridität ist eine Assoziation von Ideen, Konzepten und Themen, die sich gleichzeitig gegenseitig bestätigen und widersprechen. Die verschiedenen und manchmal widersprüchlichen Formen des Gebrauchs verweisen auf die Nutzlosigkeit von Hybridität als universaler Beschreibung von Kulturen«.[8] Auch politisch ist das Konzept mehrdeutig geworden: War es einst gegen essentialisierende, den Kolonialismus legitimierende Diskurse von der Homogenität und Überlegenheit westlicher Kulturen gerichtet, so hat es nun auch einen Platz im neoliberalen Lobpreis auf den unbegrenzten Markt und in Angriffen auf die vermeintliche Naivität von Globalisierungsgegnern angesichts angeblich unausweichlicher Transformationen aller Kulturen.

Drittens nährt den Zweifel an Hybridität als treffender Beschreibung zeitgenössischer individueller oder kultureller Identität bezeichnenderweise derjenige Roman, der sich mit Rasse und rasseübergreifender Erfahrung auseinandersetzt, nämlich Powers' *The Time of Our Singing*. Zwar gründet die Familiengeschichte der afroamerikanischen Sängerin Delia, ihres deutsch-jüdischen Manns David und ihrer drei Kinder Jonah, Joseph und Ruth auf der Utopie von Hybridität und einem Lebens jenseits von Rasse; zwar wird die Utopie durch die Musik gestützt, in der, wie vor allem an dem Improvisationsspiel *Crazed Quotations* deutlich wird, Hybridität nicht nur möglich, sondern auch eine unerschöpfliche Quelle von Neuem und Unerwartetem, ja Unerhörtem ist; zwar mag daher für die Dauer eines Musikstücks eine Erfahrung zwischen Rassezuschreibungen möglich sein – daher die Sehnsucht, die sich in dem mehrfach erwähnten Lied von John Dowland, *Time stands still*, ausdrückt. Aber letztlich ist ein Zeitraum kein Ort und die Kunst kein Heim, und so bleiben die drei Geschwister auf der Suche nach einem »Dazwischen« erfolglos. Die wiederholt gestellte Frage, »Bird and fish can fall in love. But where will they built their nest?«, die die Eltern Delia und David aus ihren jeweiligen Traditionen kennen, bleibt unbeantwortet, weil das amerikanische Rassekonzept kein »Dazwischen« zulässt.

So knüpft dieser Roman von Powers an zwei amerikanische Denktraditionen an, in denen ein doppeltes Bewusstsein, eine hybride Identität oder ein Dazwischensein als schwierige, schmerzhafte Erfahrung behandelt wird, die einen Menschen vor große Herausforderungen stellt: eine afroamerikanische Denktradition und eine, die sich mit den Folgen der Einwanderung beschäftigt. Die Texte, wie etwa W. E. B. Du Bois' *The Souls of Black Folk*, verschiedene literarische Behandlungen des *Passing* sowie klassische Einwandererromane umfassen und komplementieren frühe Untersuchungen zur Hybridität der Stadt- und Migrationsforschung, wie sie etwa an der *Chicago School of Sociology* durchgeführt wurden. Zu nennen ist hier vor allem Robert E. Park, der 1928 in seinem Aufsatz »Human Migration and the Marginal Man« einen neuen Typus des modernen Menschen beschreibt, den *cultural hybrid*: »a new type of personality [...] a man living and sharing intimately in the cultural life and traditions of two distinct peoples; never quite willing to break, even if he were permitted to do so, with his past and his traditions, and not quite accepted, because of racial prejudice, in the new society in which he now sought to find a place«.[9]

Parks Außenseiter und Hybrid ist unschwer als Variante von Georg Simmels Konzept des Fremden zu erkennen, und Park bezieht sich auch explizit auf die soziologischen Schriften des Deutschen. Anders als Simmel bettet Park seinen Typus jedoch in eine von Katastrophen geprägte Kulturgeschichte ein. Wichtig daran ist hier ein Punkt, der für ihn wie auch für Du Bois, für afroamerikanische Autoren und solche mit Migrationshintergrund und auch für Powers zentral ist, nämlich dass Begegnungen zwischen Menschen verschiedener Herkunft selten ebenbürtige sind: Ihr unmittelbarer oder aber historischer Rahmen sind Krieg, Eroberungen, Vertreibung oder Sklaverei, und was einer Syntheseleistung im Sinne des Hybriden im Wege steht, ist nicht allein die Verschiedenheit von Gewohnheiten und Traditionen, sondern ein ungleiches Machtverhältnis, wonach einer Tradition die Anerkennung versagt bleibt und eine soziale Gruppe als Außenseiter behandelt und diskriminiert wird. Hieraus folgt dann die Annahme von der Zerrissenheit des marginalisierten Menschen und es ist klar, dass diese nicht alle Mitglieder einer Gesellschaft gleichermaßen trifft. Was ist wohl aus dieser Sicht geworden in einem Roman wie *Middlesex*, der so stark die Normalität des Hybriden betont und soziale Ungleichheit geflissentlich übergeht?

Als Strukturmerkmal erscheint Hybridität in *Middlesex* in dem Versuch, eine klassische Einwanderergeschichte mit der Erzählung einer ungewöhnlichen Kindheit und Pubertät zu verknüpfen: In deren problematischem Verlauf werden bei der als Mädchen geltenden Calliope männliche Genitalien entdeckt, sie flieht vor einer Operation und entschließt sich, als junger Mann weiterzuleben. Zusammengehalten werden beide Erzählstränge durch einen Trick der Erzählperspektive: Die erste Hälfte des Romans wird von Calliope/Cal aus einer ironischen prä-fötalen, allwissenden Perspektive erzählt und behandelt die Flucht der Großeltern aus Kleinasien und ihre Emigration nach Amerika Anfang der 1920er Jahre. Die Adoleszenz der Erzählerin/des Erzählers wird dann im autobiographischen Modus erzählt. In einem dritten Erzählstrang, der die beiden anderen immer wieder unterbricht, überlegt der mittlerweile 41-jährige, der für das Amerikahaus in Berlin arbeitet, ob er die Geschichte der Geschlechtsumwandlung seiner neuen japanisch-amerikanischen Freundin erzählen soll. Eine Funktion dieses dritten Stranges ist es offensichtlich, alle drei Erzählstränge in eine kontinuierliche Familiengeschichte zu integrieren.

Eine solche Integration ist auch deshalb nötig, weil die Analogie von Immigration und Geschlechtsumwandlung, die der Erzähler immer wieder explizit vornimmt, nicht ganz überzeugend ist. Bereits der Beginn des Romans lässt das Problem erahnen: »I was born twice: first, as a baby girl, on a remarkably smogless Detroit day in January of 1960; and then again, as a teenage boy, in an emergency room near Petoskey, Michigan, in August of 1974.«[10] Der Topos der Wiedergeburt findet sich in vielen Einwandererromanen, aber das hier zugrunde liegende Modell ist sicher Mary Antins erster Satz aus *The Promised Land*, »I was born, I have lived, and I have been made over«. Im Vergleich zu Antin sind Eugenides' ausschmückende Details und die Alliteration Merkmale eines distanzierten, sich seiner Künstlichkeit immer bewussten Stils, der die Ungeheuerlichkeit der Metapher eines zweiten Lebens etwas dämpft – zumal wir zwei Abschnitte später lesen, dass der Erzähler »now, at the age of forty-one« eine weitere Geburt herannahen spürt. Der ironisch-satirische Stil, die Namensgebung, die Anspielungen auf homerische Epen und die Betonung des Zufalls tragen weiterhin zum Eindruck bewusster literarischer Konstruktion bei. Dort jedoch, wo es um den Geschlechtswandel im Erleben des Erzählers selbst geht, stehen diese Erinnerungen an eine konstruierte fiktionale Welt der psychologischen Glaubwürdigkeit des Geschilderten entgegen. Die dramatische Bedeutung des Geschehens für den Teenager wird weniger gezeigt als durch explizite Kommentare im Rückblick behauptet, zum Beispiel in der Analogiebildung mit der Flucht der Großeltern: »My grandparents had fled their home because of a war. Now, some fifty-two years later, I was fleeing myself«.[11]

Die Idee, der Wechsel des sozialen Geschlechts in den 1970er Jahren sei einer Emigration aus Europa zu Anfang des Jahrhunderts vergleichbar, hat zwei Seiten: Angesichts der packenden Schilderungen der Flucht aus dem brennenden Smyrna verleiht die Analogie der Situation des Protagonisten eine gewisse emotionale Tiefe; andererseits jedoch nimmt die relative Leichtigkeit der Geschlechtsumwandlung, die nämlich auch behauptet wird, im Vergleich auch der Auswanderung etwas von ihrer Schärfe: Wenn wir alle wiederholt geboren werden, dann ist eine Wiedergeburt vermutlich nicht so dramatisch, wie es uns Antin weismachen wollte; wenn die Flucht vor Krieg analog der Flucht vor uns selbst ist, nun, dann sind wir wohl alle irgendwie Flüchtlinge.

Die Analogie von Einwanderung und Geschlechtsumwandlung wird durch Wiederholung von Episoden oder Symbolen in den beiden Erzählungen unterstützt, und auch hier ist schwer zu entscheiden, ob dies der Intensivierung oder der Distanzierung, ja vielleicht gar der Verharmlosung dient: In beiden Erzählsträngen etwa spielt ein Haarschnitt eine wichtige Rolle. Auf Ellis Island werden der Großmutter von den Damen des YWCA die langen Haare im Zuge der Amerikanisierung abgeschnitten. Dies ist auch insofern ein Übergriff, als die langen Haare ein Zeichen der Trauer um die verstorbenen Eltern waren. Dieser Haarschnitt ist ein Beispiel für den Assimilationsdruck, ein weiteres ist der berühmte »Melting Pot«-Umzug der Ford Werke in Detroit, an dem der Großvater teilnimmt. Wenn aber Cal zum Friseur geht, um sich die Haare schneiden zu lassen, so ist dies Teil einer Geschlechtermaskerade, die er bewusst unternimmt. Maskulinität wird hauptsächlich als Frage des Aussehens, dann auch der Körperhaltung, der Bewegung und des Sprachverhaltens und damit als performativer Akt dargestellt. Es ist genau die Art von freiwilliger Performanz, die Judith Butler explizit als Missverständnis ihrer Theorie zurückweist: »The misapprehension about gender performativity is this, that gender is a choice, or that gender is a role, or that gender is a construction that one puts on, as one puts clothes on in the morning«.[12]

Doch *Middlesex* insistiert auf diesem Missverständnis von Geschlecht als Rolle, wie sie durch performative Akte gespielt und leicht gewechselt werden kann. Dies ist eine von uns allen häufig unbemerkt gemeisterte Herausforderung, und so kommt es noch zu einem weiteren Vergleich: »My change from girl to boy was far less dramatic than the distance anybody travels from infancy to adulthood«.[13] Wir alle sehen uns gleichermaßen verschiedenen kulturell geprägten Rollenerwartungen gegenüber, und so erscheint der Wandel von Frau zu Mann, von Grieche zu Amerikaner oder von Türke zu deutschem Gastarbeiter wenig dramatisch oder gar tragisch. Dies ist zumindest die offenkundige ideologische Vorstellung, die vor allem durch die Erzählerkommentare vermittelt und durch die distanzierte Erzählhaltung sowie die Betonung des Konstruktcharakters der Fiktion unterstützt wird. Sie wird jedoch modifiziert durch die Geschichte der Flucht und Emigration der Großeltern, wie auch durch die literarische Tradition, auf die Eugenides anspielt, nämlich die der Einwandererromane wie Mary Antins *The Promised Land* (1912) oder Jade Snow Wongs *Fifth Chinese Daughter* (1950).

Diesen Romanen ist der Vorwurf gemacht worden, unter politischem und gesellschaftlichem Druck die Erfahrung von Hybridität zugunsten einseitiger Assimilation zu leugnen.[14] In der Tat handelt es sich bei diesen Romanen, betrachtet man nur den *plot*, allzu oft um Erfolgsgeschichten, die die schrittweise Loslösung von der ›Alten Welt‹ als Emanzipation beschreiben und damit die Autoren in das amerikanische Ideal des selbstständigen, unabhängigen Individuums einfügen. Und doch enthalten die Texte auch verdichtete, reflexive und poetische Passagen, in denen ein differenzierteres Bild entsteht, das den Preis der Assimilation und letztlich auch den Wunsch nach der Möglichkeit des Dazwischenseins offenbart. In Antins Buch gehört dazu etwa eine Szene im Haus der Lehrerin, in der sich die Protagonistin, die nicht-koscheres Fleisch isst, in Anspielung auf einen Text von Plutarch mit einem spartanischen Jungen vergleicht, der sich unter heroischer Selbstkontrolle und um der Entdeckung zu entgehen von einem gestohlenen und unter den Kleidern versteckten Fuchs die Eingeweide fressen lässt. Es ist eine bittere Ironie, dass sich die Assimilation selbst unter Freunden (»at my friend's tea-table«) nur mit spartanischer Selbstbeherrschung bewältigen lässt;[15] zugleich verdeutlicht diese Szene die Bedeutung von Handlungen und Gewohnheiten im Gegensatz zu intellektuellen Überzeugungen – kurz zuvor nämlich hatte Mary in der Schule noch ihren Atheismus verteidigt. Diesen Fokus auf Handlung teilt auch Jade Snow Wongs *Fifth Chinese Daughter*, das ich hier als Beispiel wählen möchte, weil die Protagonistin, die als Tochter chinesischer Eltern im San Francisco der 1930er und 40er Jahre aufwächst und von sich in der dritten Person erzählt, an verschiedenen Stellen rückblickend soziopsychologische Überlegungen anstellt, die im Grunde ein handlungstheoretisches Konzept von Akkulturation und Hybridität entwerfen – der Roman eignet sich daher als Folie für *Middlesex* in der Diskussion um Hybridität.

Eine wichtige erste interkulturelle Begegnung der Protagonistin spielt auch hier in der Institution, die nicht nur Einwandererkinder kulturell prägt: in der Schule. Bei einer Art Baseballspiel wird Wong aus Versehen von einem Schläger an der Hand getroffen. Als sie vor Schmerz aufschreit, ist eine Lehrerin bei ihr, nimmt sie in den Arm und streichelt ihr vorsichtig die Hand. Das Kind ist zunächst getröstet, dann aber verwirrt, beschämt und rennt schließlich in Panik davon. In ihrer Familie ist es nicht üblich, Gefühle körperlich auszudrücken, und sie weiß daher nicht, wie sie auf die lieb gemeinten Gesten der Lehrerin reagieren soll:

> Jade Snow [...] was now conscious that »foreign« American ways were not only generally and vaguely different from their Chinese ways, but that they were specifically different, and the specific differences would involve a choice of action. Jade Snow had begun to compare American ways with those of her mother and father, and the comparison made her uncomfortable.[16]

Hier ist im Kern ein handlungstheoretisches Konzept von Akkulturation beschrieben, bei dem der Fokus auf Gewohnheiten im Umgang mit anderen Menschen liegt. Zentral ist »a choice of action«, also die Vervielfältigung von Wahlmöglichkeiten, die sich aus dem Kontakt mit anderen kulturellen Gepflogenheiten ergibt. Sie hat, wie sich an dieser Passage erkennen lässt, verschiedene Konsequenzen: Zunächst steigert sie offenbar die Reflexionsfähigkeit des Individuums. Konfrontiert mit anderen Handlungsweisen wird man sich der eigenen zuallererst bewusst. Dies unterminiert die Autorität von Eltern und Lehrern und hat somit, zweitens, eine emanzipatorische Wirkung, aber es ist, drittens, auch befremdend: Wer sich anders verhält als erwartet, trifft oft auf Unverständnis und auch Ablehnung. Kulturelles Handeln, so zeigt der Roman, ist nicht nur eine Frage der Kommunikation, sondern auch eine der Anerkennung. Wir wollen nicht nur verstanden, sondern auch akzeptiert und respektiert werden für das, was wir tun. Im Mittelpunkt der Lebensgeschichte Wongs steht deshalb der Wunsch nach Anerkennung: ihr »desire for recognition as an individual«.[17]

Als sie älter wird entdeckt Wong, dass es Haltungen und Einstellungen gibt, die von Chinesen und Amerikanern geteilt werden. Dazu gehören die Erwartung, dass Frauen sich früh verheiraten, der Widerstand dagegen, sie außerhalb des Hauses arbeiten zu lassen und die fehlende Bereitschaft, ihre Arbeit zu würdigen. Wie das Verhältnis der Geschlechter das der Kulturen und die Anerkennung verkompliziert, kann an einer zweiten Szene abgelesen werden, die auch eine Variante des Topos von Geburt und Wiedergeburt ist. Sie spielt in einem Krankenhaus, in dem Wongs Mutter im Alter von fast 50 Jahren ein letztes Kind bekommen wird. Sie hat furchtbare Schmerzen und bittet ihre Tochter dafür zu sorgen, dass ihr Mann sie in diesem Zustand nicht zu Gesicht bekommt. Doch die Ärztin, die als ruhige, freundliche Frau beschrieben wird – es ist der Typus der Lehrerin bei Wong und Antin – ist anderer Auffassung und holt Wongs Vater ins Zimmer herein: »Of course he should see. I think a man little realizes what pain a woman endures«.[18]

Die Ehefrau in den Wehen zu sehen oder nicht zu sehen, ist eine der Fragen, die kulturell unterschiedlich beantwortet werden und bei denen es keinen »hybriden« Kompromiss gibt. In der Szene wird wiederum ein kulturelles Umfeld, das zärtliche und körperliche Fürsorge um einander gutheißt, einem anderen gegenübergestellt, in dem selbst Ehepartner in der Öffentlichkeit eine gewisse reservierte Distanz zueinander halten. Aber diese Distanz ermöglicht es eben auch, wie die Ärztin richtig erkennt, das Leid einer Frau zu verdecken. Der Versuch der Ärztin, ein Unrecht zu korrigieren schafft ein neues, weil sie den Wunsch der Mutter nicht respektiert. Die Demütigung der Familie führt bei Wong zu einer weiteren schmerzhaften Einsicht:

> Jade Snow, suffering from dry throat and anxious heart, began to realize that, after all, growing up was not a happy release from domination, but could be serious and painful with responsibility. It was a disconcerting shock to see Daddy and Mama no longer as respected dignitaries directing affairs from a world apart, but as human man and woman with problems for which they were now beginning to need her adult aid.[19]

Das Wort »domination« wird hier mit Blick auf die Beziehung zwischen Eltern und Kindern eingeführt, aber es ist eingebettet in die Machtverhältnisse zwischen den Kulturen und zwischen den Geschlechtern. Denn die interkulturelle Begegnung findet in diesem Roman wie auch bei Antin selten auf gleicher Augenhöhe statt. In der Schule, dem Krankenhaus, am Arbeitsplatz oder auf dem College begegnet das Individuum Menschen in institutionalisierten Machtpositionen, deren Verhalten oft ungewollt und unbewusst die Fremden demütigt, weil sie um ihre anderen Gewohnheiten nicht wissen. Der Schmerz, der bei Antin wie bei Wong eine wichtige symbolische Rolle spielt, ist ein Symptom der Angst, durch kulturell geprägtes Handeln die Anerkennung und Akzeptanz in der einen oder der anderen Gemeinschaft zu verlieren. Dort, wo der Schmerz zuallererst Reaktionen verlangt, steht er für die Krise, die Entscheidungen erfordert. Schließlich verdeutlicht der Schmerz, dass die erzwungene Wahl zwischen kulturellen Praktiken keinen erweiterten Handlungsspielraum bedeutet. Sie verlangt nach Entscheidungen, von denen abzusehen ist, dass sie nie von allen Menschen, von denen man umgeben ist, respektiert und gutgeheißen werden, immer muss Mann und vor allem Frau mit Missbilligung rechnen.

Es ist kein Zufall, dass diese Beschreibungen in Konzepten der Stadt- und Migrationsforschung der frühen Soziologie ihre Entsprechung fanden – Schriftstellerinnen wie Wong lasen soziologische Texte, und Soziologen mit entsprechendem Forschungsgebiet lasen Einwandererromane. Ihre wissenschaftlichen Untersuchungen und fiktionalen Entwürfe sind gleichermaßen Teil einer kritischen sozialpsychologischen Diagnose, die ein Verständnis von Hybridität begrifflich erweitert und konkretisiert: Es geht um die Spannung zwischen dem Wunsch nach Selbstverwirklichung einerseits und dem Bedürfnis nach Anerkennung andererseits; um den Autonomiegewinn, also die Freiheit, das Leben in einer gegebenen Umwelt gestalten und eigene Ziele erreichen zu können, und um die Angst vor der Vereinzelung und Einsamkeit, wenn der gewählte Weg und die gewählten Ziele nicht erreicht werden oder aber keine Geltung finden. Begriffe von Individualisierung, Autonomie, Entfremdung und Anerkennung sind solche, mit deren Hilfe die Soziologie Wandlungsprozesse moderner Gesellschaften überhaupt beschreibt. Es ist wieder die frühe Soziologie und vor allem Georg Simmel, der die hier angesprochenen Probleme als Aspekte der Individualisierung am schärfsten erkannt und in seinen Ausführungen differenziert hat: Die Lösung traditioneller Bindungen und damit die Vervielfältigung von Lebensstilen – die von der Soziologie diagnostizierte ›Individualisierung‹ – ist nicht ohne Weiteres gleichbedeutend mit größerer individueller Autonomie, so Simmel. Die Individualisierung der Lebenswege steht auch in Wechselwirkung zur steigenden Zahl anonymer, bloß funktionaler Sozialkontakte, das Gefühl der Freiheit in der Einzigartigkeit hat leicht seine Entsprechung in Isolation und Einsamkeit, die Pluralisierung von Handlungsoptionen verdeckt Zwänge und mündet leicht in ein Gefühl der Lähmung, Ohnmacht oder Depression.[20] Damit ist der Fremde, der Außenseiter, der Hybride, wie Park und Simmel behaupteten, ein Typus des modernen Menschen, und die Einwandererromane beschreiben über die Akkulturation und die Suche nach einem Dazwischen im Zeitraffer einen Transformationsprozess moderner Gesellschaften. Es liegt nahe, auch gegenwärtige Romane, die sich mit Hybridem beschäftigen, so zu lesen, und es bietet sich daher an, sie noch einmal in Hinblick auf Aspekte wie Handlungsspielraum, Anerkennung oder Autonomie zu überprüfen.

Was den *plot* angeht, so stellen Romane wie *Middlesex*, *The Namesake*, *The Vine of Desire*, oder *Fifth Book of Peace* die Wahl von Lebensentwürfen in den Mittelpunkt des Geschehens. In *Middlesex* behauptet der Erzähler, »Free will is making a comeback«[21] und betont so die freie Auswahl zwischen Handlungsoptionen gegenüber sozialem oder biologischem Determinismus. Gleichzeitig wird die Bedeutung der Wahl heruntergespielt: Sie entsteht vor allem durch Zufall – eine Mutation, einen gefundenen oder verlorenen Brief, ein Feuer oder einen Unfall, und sie ist weit weniger deutlich in soziale oder institutionelle Strukturen eingebettet. In *Middlesex* wird die Entscheidung der Eltern, ihre Tochter Calliope operieren zu lassen, mit dem Schritt der Großeltern, ihr Inzestverhältnis durch Heirat zu formalisieren, verglichen: »The same enticement that had led my grandparents to do the unthinkable now offered itself to Milton and Tessie. No one would know. No one would ever know«.[22] Wie so viele Vergleiche in diesem Buch, hinkt auch dieser: Die Großeltern nämlich nutzten die Anonymität der Flucht zum Tabubruch; die Eltern hingegen beugen sich antizipierten sozialen Erwartungen. Dies gilt zunächst auch für Calliope, die die Wünsche ihrer Eltern wie auch die Voreingenommenheit des Arztes spürt und ihm suggeriert, sie verstünde sich als Mädchen. Warum sie sich dann, nachdem sie zufällig ihre Akte lesen kann, anders entscheidet, wird nicht weiter ausgeführt. Auf die entsprechende Frage seines Bruders antwortet Cal, »they were going to cut me up«,[23] eine Anspielung auf eine Szene des Massakers in Smyrna, bei der eine Familie getötet und verstümmelt wird. Die Zivilisten Smyrnas waren Opfer eines politischen Konflikts sowie des Zynismus der Diplomaten, Cal hingegen wäre Opfer eines diffusen und auch internalisierten sozialen Drucks.

Obwohl die Protagonisten wählen, erscheinen sie weniger als Gestalter ihres Schicksals als ihre literarischen Vorgänger: einmal, weil sie sich in einer so kontingenten, wenig gestaltbar scheinenden Welt bewegen, dann, weil die Bedeutung der Wahl, wie in *Middlesex*, unklar bleibt, und nicht zuletzt, weil die Wahl so wenig verändert: Gogol in *The Namesake* ändert seinen Namen, aber nach diesem auch symbolischen Schritt ist er sich und seinem Namen so fremd wie zuvor. Taña und Wittman in *Fifth Book of Peace* verlassen die USA auf der Suche nach einem friedlichen Ort und können doch, wie Kingston selbst, dem Krieg nicht entkommen; Sudha in *The Vine of Desire* entkommt der Misogynie ihrer Familie in Indien und ist doch in Amerika wiederum mit männlichem Dominanzverhalten konfrontiert. Calliopes Wechsel des Geschlechts ist angeblich kein großer Schritt – vielleicht auch, weil ein Dazwischen ja nicht wirklich zur Wahl steht: Der Protagonist tut alles, um seine geschlechtliche Zugehörigkeit zu vereindeutigen; wo die Uneindeutigkeit sichtbar wird, führt dies zu Hass und Gewalt gegen den »freak«[24] und zur Verdinglichung: Er stellt sich als Ware zur Schau. Dieses Muster der Pluralisierung von Wahlmöglichkeiten, die jedoch allesamt nicht zufriedenstellen, wird in *The Corrections* durch den Titel in den Vordergrund gerückt: Die drei Kinder von Enid und Alfred sehen sich einer Vervielfältigung von Handlungsoptionen gegenüber, was ihre Berufs- und Ortswahl, sexuelles Probehandeln oder ihre Partnersuche angeht, aber ihre Verwirklichung der Möglichkeiten als Korrektur des Lebensentwurfes der Eltern im Sinne einer Verbesserung zu betrachten, fällt schwer. Dies liegt wohl nicht zuletzt auch daran, dass sie sich ökonomischen Prozessen, nämlich den unsichtbaren Kapitalflüssen, den Fusionen und Vernetzungen der Konzerne, den Auswirkungen globaler Aktienmärkte so wenig entziehen können wie ihre Eltern den damals noch etwas übersichtlicheren wirtschaftlichen Verhältnissen. So haben die Protagonisten der verschiedenen Romane zwar neue Möglichkeiten, nicht aber ein gesteigertes Gefühl der Autonomie.

Dem entspricht ein Wandel in der Symbolik der Kunst: In Antin und Wong unterstützt eine künstlerische Tätigkeit die Idee von der schöpferischen Gestaltung des eigenen Lebens; im Schreiben oder Töpfern nämlich bleibt die Utopie von der kreativen Verschmelzung zweier Welten erhalten und findet Anerkennung bei Menschen, die den beiden Frauen wichtig sind. Auch in den Romanen der Gegenwart spielt die Kunst eine symbolische Rolle, aber eine andere: Gogol ist Architekt, der vor allem die Pläne anderer umsetzt, Cal ist Assistent des Kulturattachés, Kingstons Figur unterrichtet Veteranen in kreativem Schreiben während Chip in *The Corrections* sein *screenplay* bis zum Schluss wiederholt überarbeitet. Die Möglichkeiten der Neuschöpfung sind zurückgenommen, eher geht es um ein Arrangement mit den Gegebenheiten und um ein Bedürfnis nach Formgebung. Dem entspricht die Struktur der Romane, die auffallend oft die Form des Kreises bemühen: Am deutlichsten und vielschichtigsten ist dies wohl in Powers' *The Time of Our Singing* der Fall, wo eine Zeitschleife den Enkel Delias und Davids seine längst gestorbenen Großeltern treffen und damit am ursprünglichen utopischen Moment der Erzählung partizipieren lässt.[25] Doch auch die anderen Romane kehren am Ende zu einem Moment des Anfangs zurück: Gogol liest zum Schluss endlich die Novelle seines Namensvetters, die seinem Vater so viel bedeutete und zu seinem Namen führte; *The Vine of Desire* beginnt mit dem Schmerz einer Fehlgeburt, die das Ende eines noch nicht begonnen Lebens bedeutet, und es endet mit einer Geste des Abschieds von der Trauer um das verlorene Baby bei einem Flug in einem Hangglider, der den Beginn eines neuen Lebens symbolisiert; am Ende des *Fifth Book of Peace* münden die vielen Suchen nach Frieden in erneute pazifistische Aktionen, nun gegen den Krieg im Irak. Und in *Middlesex* verdeutlicht die Passage, aus der ich anfangs zitierte, welche Bedürfnisse offenbar hinter dem Wunsch nach einer Art Rückkehr und Versöhnung in der Kreisbewegung stehen:

> Once again, in Berlin, a Stephanides lives among the Turks. I feel comfortable here in Schöneberg. The Turkish shops along Hauptstrasse are like those my father used to take me to. The food is the same, the dried figs, the halvah, the stuffed grape leaves. The faces are the same, too, seamed, dark-eyed, significantly boned. Despite family history, I feel drawn to Turkey. I'd like to work in the embassy in Istanbul. I've put in a request to be transferred there. It would bring me full circle.
>
> Until that happens, I do my part this way. I watch the bread baker in the döner restaurant downstairs. He bakes bread in a stone oven like those they used to have in Smyrna. He uses a long-handled spatula to shift and retrieve the bread. All day long he works, fourteen, sixteen hours, with unflagging concentration, his sandals leaving prints in the flour dust of the floor. An artist of bread baking. Stephanides, an American, grandchild of Greeks, admires this Turkish immigrant to Germany, this *Gastarbeiter*, as he bakes bread on Hauptstrasse here in the year 2001. We're all made up of many parts, other halves. Not just me.[26]

Auffällig ist, wie sehr nicht nur unser aller Ähnlichkeit in der Hybridität betont wird, sondern überhaupt der Sprecher fast zwanghaft nach Zeichen von Gleichheit sucht. Das Vokabular der Wiederholung, des Vergleichs, des Hingezogenfühlens, der Verbindung und des Abschließenwollens findet sich in fast jedem Satz des ersten Absatzes. Es ist dieses große Bedürfnis nach Bindung und Zusammenhang, dass den amerikanischen Diplomaten dazu veranlasst, einseitig und ungeachtet aller sozialer und ökonomischer Unterschiede eine Art Wahlverwandtschaft zwischen ihm selbst und dem türkischen *Gastarbeiter* zu erklären. Erleichtert wird der Übergang zum *Gastarbeiter* durch das Attribut des Künstlers, das er ihm auch verleiht. Dabei geht es auch bei dieser Kunst in der Beobachtung des Sprechers weniger um Herstellung als vielmehr um den Umgang mit den Broten – »shift and retrieve« mag auch die poetische Vorgehensweise des Erzählers mit der Vergangenheit beschreiben. Fast könnte man über den beiden versöhnlichen Anspielungen auf die griechisch-türkischen Spannungen und über dem melancholisch-nostalgischen Ton der Passage – etwa dem Hinweis auf die Steinöfen in Smyrna – vergessen, dass es sich um einen jungen Amerikaner handelt, dessen Eltern bereits in Amerika geboren wurden und sich dort den sozialen Aufstieg erarbeitet haben, von dem der junge Mann profitiert hat. So erscheint dann die Verkündung universeller Hybridität in seiner Passivkonstruktion letztlich als Ausdruck einer Sehnsucht nach Geborgenheit und Akzeptanz unter Gleichen, nicht etwa als Anerkennung von gesellschaftlicher und kultureller Differenz und dem damit einhergehenden Unrecht. Wie auch in den anderen Romanen verdeckt der versöhnende Kreis, wie wenig die utopischen Versprechen der Hybridität eingelöst worden sind.

Welche Spannungen Hybridität zu lösen versprach, ist *Middlesex* indirekt eingeschrieben über die literarische Tradition des Einwanderromans. Dort findet sich die Erinnerung an Hybridität als einer ständigen Herausforderung immer vom Scheitern durch einseitige Zuschreibungen bedroht: »I was like an immigrant, putting on airs, who runs into someone from the old country«[27] schreibt Cal über seine Angst, von anderen Frauen enttarnt zu werden und gibt damit zu erkennen, dass er von den engen Grenzen der Selbst(er-)findung durch das soziale Umfeld weiß. Daher ist auch die Entdramatisierung von Hybridität als weitverbreitet, einfach und normal eben nicht nur befreiend, sondern auch eine Zumutung für all diejenigen, die sich nicht freiwillig zwischen Kategorien wiederfinden oder die sich plötzlich der Selbstverwirklichung jenseits traditioneller Rollen nicht als Versprechen, sondern als Forderung gegenübersehen. Es liegt der Verdacht nahe, dass das Verlangen nach geographischer und sozialer Mobilität, nach Offenheit der eigenen Biographie und Originalität ständig neuer Selbstentwürfe Menschen paradoxerweise unter einen ähnlichen Anpassungsdruck setzt, wie es einst die Forderung nach kultureller Assimilation tat.[28] Somit würden die neuen hybriden Romane einerseits ein in der Theorie, aber auch auf dem Arbeitsmarkt propagiertes Persönlichkeitsmodell und eine damit verbundene Erwartungshaltung perpetuieren. Darüber hinaus jedoch registrieren sie indirekt den Zwang und die psychische Herausforderung, die die Anpassung auch an dieses Modell des Menschen verlangt.

1   Jeffrey Eugenides: *Middlesex*, London: Bloomsbury 2002, S. 440.
2   Heinz Ickstadt: »Geschichte als Familienepos. Tendenzen des US-amerikanischen Gegenwartsromans«, in: *Die US-amerikanische Gesellschaft im Spiegel ihrer zeitgenössischen Literatur*, hg. von Hans-Peter Burmeister, Loccumer Protokoll 74/03, Evangelische Akademie Loccum 2004, S. 11–26, hier S. 14.
3   Ebd., S. 14.
4   Vgl. Franzen: »young writers today feel ghettoized in their ethnic or gender identities – discouraged from speaking across boundaries by a culture that has been conditioned by television to accept only the literal testimony of the self.« Jonathan Franzen: »Perchance to Dream: In the Age of Images, a Reason to Write Novels«, in: *Harpers Magazine* 292 (1996), S. 35–54, hier S. 48.
5   Wolfgang Welsch: »Transculturality. The Puzzling Form of Cultures Today«, in: *Spaces of Culture. City, Nation, World*, hg. von Mike Featherstone und Scott Lash, London: Sage 1999, S. 194–213, hier S. 198.
6   Axel Honneth: »Objektbeziehungstheorie und postmoderne Identität. Über das vermeintliche Veralten der Psychoanalyse«, in: Axel Honneth: *Unsichtbarkeit. Stationen einer Theorie der Intersubjektivität*, Frankfurt/M.: Suhrkamp 2003, S. 138–161, hier S. 140. Einen Überblick und eine Diskussion der Forschungsliteratur bieten Harald Wenzel: »Gibt es ein postmodernes Selbst? Neuere Theorien und Diagnosen der Identität in fortgeschrittenen Gesellschaften«, in: *Berliner Journal für Soziologie* I (1995), S. 113–131, und Hans Joas: *Die Entstehung der Werte*, Frankfurt/M.: Suhrkamp 1997, Kapitel 9.
7   Rahel Jaeggi: *Entfremdung. Zur Aktualität eines sozialphilosophischen Problems*, Frankfurt/M.: Campus 2005, S. 229–235.
8   Marwan Kraidy: *Hybridity or the Cultural Logic of Globalization*, Philadelphia: Temple University Press 2005, S. vi. Übersetzung durch die Verf.
9   Robert E. Park: »Human Migration and the Marginal Man«, in: *The American Journal of Sociology* 33 (1928), H. 6, S. 881–893, hier S. 892.
10 Eugenides: *Middlesex* (siehe Anm. 1), S. 3.
11 Ebd., S 443.
12 Judith Butler: *Bodies that Matter. On the Discursive Limits of Sex*, New York: Routledge 1993, S. 94.
13 Eugenides: Middlesex (siehe Anm. 1), S. 520.
14 Zum Beispiel: »Mary Antin's *The Promised Land* can be seen as a prime example of smooth, one-way assimilation«. Siep Tiefenthaler: »The Search for Cultural Identity. Jewish American Immigrant Autobiographies as Agents of Ethnicity«, in: MELUS 12 (1985), H. 4, S. 17. Und zu Wong: »Yet Wong's coverage of Chinese life, no matter how fascinating and emblematic, does not mean she embraced her Chinese heritage. The disposition serves only as a means to accomplish her goal – painting a portrait of the model minority«. Xiao-Huang Yin: *Chinese American Literature since the 1850s*, Urbana: University of Chicago Press 2000, S. 139.
15 Mary Antin: *The Promised Land*, New York: Penguin 1997, S. 197.
16 Jade Snow Wong: *Fifth Chinese Daughter*, Seattle: University of Washington Press 1989, S. 21.
17 Ebd., S. 90–91.
18 Ebd., S. 186.
19 Ebd.
20 Eine solche Differenzierung der »Individualisierung«, argumentiert Axel Honneth, war die Leistung Georg Simmels in dessen *Philosophie des Geldes* und in *Individualismus*. Vergleiche die kurze Darstellung in Axel Honneth: »Organisierte Selbstverwirklichung. Paradoxien der Individualisierung«, in: *Befreiung aus der*

        Mündigkeit. Paradoxien des gegenwärtigen Kapitalismus, hg. von Axel Honneth, Frankfurt: Campus 2002, S. 141–158, hier S. 142–144.
21 Eugenides: Middlesex (siehe Anm. 1), S. 479.
22 Ebd., 429.
23 Ebd., 516.
24 Ebd., 476.
25 Vgl. Ickstadt: »Geschichte als Familienepos« (siehe Anm. 2), S. 24–25.
26 Eugenides: Middlesex (siehe Anm. 1), S. 440.
27 Ebd., S. 471.
28 Vgl. die These Axel Honneths, »dass die Ansprüche auf individuelle Selbstverwirklichung, die durch das historisch einmalige Zusammentreffen von ganz unterschiedlichen Individualisierungsprozessen in den westlichen Gesellschaften vor dreißig, vierzig Jahren rapide angewachsen sind, inzwischen so stark zu einem institutionalisierten Erwartungsmuster der sozialen Reproduktion geworden sind, dass sie ihre innere Zweckbestimmung verloren haben und vielmehr zur Legitimationsgrundlage des Systems geworden sind«. Honneth: »Organisierte Selbstverwirklichung« (siehe Anm. 20), S. 146.

Register

Namen

Aanerud, Rebecca 247
Adorno, Theodor W. 91, 93
Albert, Laura 80f.
Alcott, Bronson 70
Alcott, Louisa May 69–71
Allende, Isabel 57
Allison, Dorothy 245, 248, 251f., 259f., 263, 279
Amis, Martin 116
Anderson, M. T. 15, 284, 293–296
Anderson, Marian 307
Antin, Mary 14, 210, 215, 357–361, 364
Atta, Muhammad 115
Atwood, Margaret 15, 284, 287–291, 295
Auster, Paul 22, 141f.
Babel, Isaak 220
Baker, Kevin 58
Baker, Nicholson 112, 121
Baldwin, James 246
Banks, Russell 59
Barnes, Steven 59
Barth, John 21, 57
Barthelme, Donald 21
Barthes, Roland 342
Baudrillard, Jean 32f., 115, 128, 159–162, 170f., 241
Baudry, Jean Louis 167f.
Bay, Michael 16, 170, 319, 328
Beard, Philip 135
Becker, Jens 166
Beigbeder, Frédéric 161f.
Bellow, Saul 210
Benjamin, Walter 201, 203
Berberian, Viken 117, 122f.
Bercovitch, Sacvan 111
Berdyczewski, Micha Josef 228f.
Berendt, John 60
Bergson, Henri 334f.
Bezmozgis, David 211, 215, 230
Bialik, Chaim Nachman 226
Bismarck, Otto von 237
Blake, William 9
Boesenberg, Eva 273
Borat 88
Boswell, James 105
Bourdieu, Pierre 342
Boyle, T. C. 63
Bram, Christopher 58
Breuer, Josef 49
Brooks, Geraldine 59, 69–72
Brown, John 70, 72
Brown, Rosellen 132
Burroughs, Augusten 101
Burroughs, William S. 101f.
Bush, Barbara 96
Bush, George Herbert Walker 96
Bush, George W. 46, 72, 90, 96f., 106f., 137
Butler, Judith 358
Byatt, A. S. 63, 68
Cahan, Abraham 210
Caldwell, Erskine 256
Cameron, James 170
Capote, Truman 60, 62, 256
Carr, Caleb 62
Caruth, Cathy 126
Carver, Raymond 39
Cash, W. J. 262
Cassidy, John 131
Celan, Paul 203
Chabon, Michael 15, 211, 225–227, 229f.
Chandler, Raymond 94
Cheney, Dick 107
Child, Lydia Maria 56
Chute, Carolyn 272f., 275, 279
Cisneros, Sandra 353
Clancy, Tom 162f.
Clapton, Eric 299
Clarke, Brock 245, 248, 250f.

Clavell, James 57
Cobain, Kurt 278
Coleridge, Samuel Taylor 9
Conrad, Joseph 112
Conroy, Robert 59
Cooper, James Fenimore 56
Coover, Robert 21
Coupland, Douglas 22
Crane, Stephen 58
Crenshaw, Kimberlé W. 246
Cruz-Neira, Carolina 31
Cunningham, Michael 59, 63, 67f., 141
Danielewski, Mark Z. 85–87, 92
Debord, Guy 93
DeFanti, Thomas 31
Deleuze, Gilles 203, 205, 235, 335
DeLillo, Don 14, 16, 22, 113, 117, 128, 131, 135, 138–140, 143, 159–162, 233, 235, 241, 341, 343
Derrida, Jacques 81
Dickinson, Emily 67
Didion, Joan 100f.
Diederichsen, Diedrich 160
Dillard, Annie 58
Divakaruni, Chitra 353
Döblin, Alfred 12
Doctorow, E. L. 58, 103, 210
Dostojewski, Fjodor 112, 215, 220
Douglas, Mary 269
Dowland, John 355
Drown, Merle 269, 271–273
Du Bois, W. E. B. 246, 355–356
Dufresne, John 263
Dumas, Alexandre 220
Dyer, Richard 247
Dylan, Bob 298, 300, 303, 315
Eco, Umberto 57
Egan, Jennifer 112
Eggers, Dave 14, 22, 104–106
Einstein, Albert 308
Eliot, T. S. 12
Ellis, Bret Easton 10, 21–24, 26–29, 35f., 42, 49f., 52–54, 78, 82–84, 87, 92, 139, 316f.
Ellis, Rhett 278f.
Emerson, Ralph Waldo 70, 114
Erdrich, Louise 41
Erikson, Kai T. 127

Eugenides, Jeffrey 13f., 16, 41f., 352, 357f.
Faulkner, William 117, 256, 263
Ferrara, Alessandro 92
Feuchtwanger, Lion 73
Fiedler, Leslie 73
Flaubert, Gustave 47f., 51
Fleischer, Richard 328
Foer, Jonathan Safran 15, 135, 143, 162, 197, 201, 211, 221–223, 230
Ford, Richard 14, 341, 348
Foucault, Michel 87, 235, 285
Franklin, Tom 58
Franzen, Jonathan 10f., 13, 16, 41–48, 50f., 53, 106f., 353
Frazer, James 343
Frazier, Charles 58f.
Freud, Sigmund 49
Frey, James 98f.
Frost, Robert 30, 103
Fukuyama, Francis 13f., 283f., 296
Genette, Gérard 202, 204
Glancy, Diane 58
Glasgow, Ellen 256
Gödel, Kurt 308
Goethe, Johann Wolfgang von 39
Gogol, Nikolai 220
Gontscharow, Iwan 220
Göring, Hermann 237
Greer, Andrew Sean 59
Griesemer, John 58
Guattari, Felix 203, 205
Ha'Am, Ahad 229
Hall, Brian 58
Hamid, Mohsin 16, 114f., 121, 123
Hamill, Pete 131f.
Hammett, Dashiell 226, 229
Hardt, Michael 283–285
Harris, Eric David 336
Hart, James D. 57
Hartley, Jason 187
Hawthorne, Nathaniel 53, 56
Heidegger, Martin 98
Heller, Joseph 220
Hemingway, Ernest 97, 99f., 245
Herzl, Theodor 227
Hill, Mike 269
Hindenburg, Paul von 237

Hitler, Adolf 225, 234f., 240
Hobsbawm, Eric 57
Horkheimer, Max 93
Howells, William Dean 40, 42f., 47, 51, 53f.
Hussein, Saddam 174
Ickes, Harold 225
Jacobs, Harriet 246
Jacobson, Matthew Frye 246f., 253
Jaeggi, Rahel 354
Jaffe, Harold 112
James, Henry 40, 47, 97, 112f.
Jameson, Fredric 235, 296
Janowitz, Tama 21
Jefferson, Thomas 151
Johnson, Charles 57
Joyce, James 12
Jung, Carl Gustav 292
Kafka, Franz 224, 319
Kalfus, Ken 112, 135, 138f.
Kaminer, Wladimir 211
Kant, Immanuel 92
Kaplan, Amy 41
King, Martin Luther 308
King, Rodney 308
Kingston, Maxine Hong 98, 353
Kirkman, Robert 156–158
Kolchin, Peter 247
Korczak, Janusz 227
Kostova, Elizabeth 63
Krauss, Nicole 15, 197, 211, 223, 230
Kristeva, Julia 129
Krugman, Paul 126
Kunkel, Benjamin 113
Lahiri, Jhumpha 353
Langer, Lawrence L. 159
Larson, Erik 59–62
Lash, Christopher 93
Lazarus, Emma 219
Lermontow, Michael 220
LeRoy, JT 79–81, 83, 88, 92f.
Lethem, Jonathan 16, 298, 300–303, 305–307, 309, 314–317
Levi, Primo 198, 220
Lewis, Sinclair 220
Lindbergh, Charles 224f.
Littell, Jonathan 235
Lorde, Audre 98

Lott, Eric 298–300
Mailer, Norman 60, 234f., 241
Malamud, Bernard 210
Malcolm X 308
Malewitsch, Kasimir 13
Man, Paul de 201, 203
Mandelstam, Ossip 219f.
Mann, Thomas 307
Manning, Kate 245, 248f.
Martin, Judith N. 247
Maynard, Joyce 135
McCourt, Frank 98
McCullers, Carson 256
McDonell, Nick 134
McGuane, Thomas 94
McInerney, Jay 10, 21, 135, 138f.
McKee, Patricia 247
McLuhan, Marshall 294
McMurtry, Larry 57
Meltzer, Brad 149, 151, 153f.
Melville, Herman 220
Messud, Claire 106
Miller, J. Hillis 46, 52
Millhauser, Steven 58
Mingus, Charles 302
Mitchell, Margaret 58, 256
Moore, Alan 147f.
Moore, Judith 99
More, Thomas 286
Morrison, Toni 41, 57, 247–249
Nabokov, Vladimir 220
Nagarkar, Kiram 122
Nakayama, Thomas K. 247
Negri, Antonio 283–285
Nelson, Dana 247
Niethammer, Lutz 162
Nietzsche, Friedrich Wilhelm 46
Nordau, Max 227
Oates, Joyce Carol 132
Oates, Lawrence Edward Grace 268
O'Connor, Flannery 256
Ong, Walter 162
Orwell, George 64
Ovid 219
Park, Robert E. 355f., 362
Patchett, Ann 298, 310–314
Paulus, Friedrich 236, 239f.
Pearl, Matthew 62

Pearson, T. R. 267f.
Plato 32
Powers, Richard 15f., 22f., 29, 31–36, 41f., 106, 298, 307–311, 353, 355f., 364
Presley, Elvis 299
Price, Reynold 134
Pynchon, Thomas 21, 23, 106, 233
Qutb, Seyyid 118
Randall, Alice 59
Roediger, David R. 247
Roiphe, Katie 131
Roosevelt, Franklin Delano 150, 224f.
Rosenblatt, Roger 111f.
Roth, Philip 14f., 116f., 210f., 224f., 230, 341, 346
Rousseau, Henri 33
Rousseau, Jean-Jacques 9
Rovner, Adam 230
Roy, Arundhati 141
Rubenfeld, Jed 58, 62
Rubina, Dina 211
Rushdie, Salman 122
Rushforth, Peter 58
Ryman, Geoff 15, 284, 291, 293, 296
Sandin, Dan 31
Sargent, Lyman Tower 286f.
Schulz, Bruno 224
Schwartz, Lynn Sharon 135–138, 143
Scott, Sir Walter 56
Sebold, Alice 99
Sedgwick, Catharine Maria 56
Senna, Danzy 245, 248, 252f.
Shaara, Michael 58
Shemer, Naomi 213
Shteyngart, Gary 211, 219, 230
Sicher, Efraim 198
Simmel, Georg 355f., 362
Smith, Dinitia 132
Smith, Zadie 47, 49
Solschenizyn, Alexander 220
Sontag, Susan 59, 160
Spiegelman, Art 153–155
Spielberg, Steven 114
Stalin, Josef 239
Steinhäuser, Robert 166
Suslova, Apollinaria 215
Sutherland, John 69

Sweeney, Gael 277
Swift, Jonathan 220
Taussig, Michael 342
Taylor, Astra 154
Taylor, Charles 92
Thackeray, William Makepeace 12
Thoreau, Henry David 70
Till, Emmett 308
Tolstoj, Leo 220
Tow, Baal Schem 214
Travers, Paul Joseph 164
Trilling, Lionel 91
Turgenjew, Iwan 220
Turkle, Sherry 354
Twain, Mark 221
Ulinich, Anya 211, 216, 219
Ulitzkaja, Ljudmila 211
Updike, John 16, 114, 116–121, 123, 141, 162
Van der Kolk, Bessel 126
Van der Hart, Otto 126
Van Gogh, Vincent 33
Van Sant, Gus 16, 319f., 335
Vapnyar, Lara 211, 215, 220, 222, 230
Vaughan, Brian K. 150f., 153, 156f.
Vertlib, Vladimir 211
Vico, Giambattista 68
Vlasov, Andrey Andreyevich 237–240
Vollmann, William T. 13, 15, 233–241
Wallace, David Foster 22, 104, 233
Walter, Jess 112f., 117, 122
Welles, Orson 89
Wells, H. G. 89
Welsch, Wolfgang 353
Welty, Eudora 256
White, Hayden 61, 235
Whitman, Walt 63–68, 141
Wiesel, Elie 103
Wilde, Alan 21
Wiley, Michelle 168
Wilkomirski, Benjamin 103
Williams, Raymond 147
Wolfe, Tom 41, 44
Wolff, Tobias 98
Wong, Jade Snow 14, 358–362, 364
Wood, Brian 146, 152–154
Woods, James 47
Woolf, Virginia 12

Wordsworth, Jonathan 9
Wray, Matt 257, 278
Yancey, Richard 260f., 263f., 274
Yancy, George 246
Yarbrough, Steve 258–260, 263, 271
Yeats, William Butler 33f.
Yezierska, Anzia 210, 213, 215
Žižek, Slavoj 40, 154f., 235, 239, 241
Zwick, Edward 114

Werke

1862 59
1984 64
A Burning in Homeland 260, 264
A Charge to Keep 96
A Disorder Peculiar to the Country 112, 135
A Heartbreaking Work of Staggering Genius 104
A Million Little Pieces 98
A Question for Vera 215
A Question of Class 259
Absalom, Absalom 46
Absurdistan 219
Adagia 36
Air 284, 291, 293
American Jeremiad 111
American Pastoral 116
American Psycho 24f., 50, 82, 316
Amerika 160
Aufzeichnungen aus dem Kellerloch 220
Bastard Out of Carolina 259
Bel Canto 298, 310–314
Beloved 57
Big Brother 78, 81, 89
Brokeback Mountain 253
Bruchstücke 103
Can Jane Eyre Be Happy? 69
Cancer Journal 98
Caramelo 353
Caucasia 245, 248, 252f.
Cavedweller 245, 251f.
Checkpoint 112, 121

Cloudsplitter 59
Cold Mountain 58f.
Collateral Damage 129
Das Ende des Menschen? 283
Das Geisterhaus 57
Das Stadtwappen 319
Dear Zoë 135
Death of a President 89f., 92
Deep in the Shade of Paradise 263
Der Name der Rose 57
Der Traum 33
Die Aufgabe des Übersetzers 201
Die Hard 155
Die Hard 2 169
DMZ 146, 152
Doktor Faustus 307
Dreamland 58
Ein fröhliches Begräbnis 211
Elephant 319f., 330, 333, 335f.
Emperor's Children 106
Empire 283f., 294f.
Europe Central 15, 233–236, 241
Everyman 341, 346
Everything is illuminated 197–200, 202–206, 221
Ex Machina 150f.
Extremely Loud & Incredibly Close 135
Eyewitness to Infamy. An Oral History of Pearl Harbor December 7, 1941 165
Falling Man 113, 117, 135
Fat Girl 99f.
Feed 284, 293
Fifth Chinese Daughter 358f.
Gain 29
Galatea 2.2 22, 307
Glamorama 23, 25f., 28
God's Little Soldier 122
Godzilla 129
Gone With the Wind 58, 256
Hagia Sophia 33, 35
Hell at the Breech 58
Heroes and Monsters 256
Heroism 114
Hobomok 56
Hope Leslie 56
House of Leaves 85–87
How To Be Alone 43

Hybridity or the Cultural Logic of Globalization   354
I Should be Extremely Happy in Your Company   58
Identity Crisis   149, 151
In America   59
In Cold Blood   60, 62
In the Ruins of the Future   131
In the Shadow of No Towers   153 f.
In ungeheurer Höhe   219
Independence Day   129, 348
Is Heathcliff a Murderer?   69
Isaac's Storm   60
Krieg der Welten   89
Laguna Beach: The Real Orange County   89
Le Rouge et le noir   46
Leaves of Grass   65
Less Than Zero   27
Life of Johnson   105
Lion's Blood   59
Little Women   69–71
Lonesome Dove   57
Look at Me   112
Lost   155
Love and Theft   298–300
Lucky   99
Lunar Park   22 f., 26–29, 36, 49, 82–85, 87, 141
Lyrical Ballads   9
Madame Bovary   48
Manhattan Transfer   106
Mao II   113
March   59, 69–71
Martin Dressler: The Tale of an American Dreamer   58
Maus. A Survivor's Tale   153
Memoirs of a Muse   215, 220
Metahistory   61
Middle Grounds   21
Middle Passage   57
Middlemarch   106
Middlesex   41, 352 f., 356, 358 f., 362 f., 365 f.
Midnight in the Garden of Good and Evil   60
Munich   114
Natasha   212

Near November   136–138
Never Forget. An Oral History of September 11, 2001   162
Nine Parts of Desire   72
Novel-Writing and Novel-Reading   43
Oil Storm   89
Oryx and Crake   284, 287, 289
Our Posthuman Future. Consequences of the Biotechnology Revolution   283
Outbreak   169
Paradise Alley   58
Peanuts   107
Pearl Harbor   170, 319 f., 322, 325, 328, 330, 336
Perchance to Dream: In the Age of Images a Reason to Write Novels   43
Petropolis   216
Pinkerton's Sister   58
Playing in the Dark   247–249
Plowing the Dark   22, 29, 31, 36
Polar   267
Possession   63, 68
Principj di Scienza Nuova   68
Rock Springs   348
Running with Scissors   101
Sailing to Byzantium   33
Sarah   79 f.
Schlafzimmer in Arles   33
Schwarzes Quadrat auf weißem Grund   13
September 11: An Oral History   162
Shogun   57
Signal and Noise   58
Snow Man   273
Specimen Days   59, 63, 65, 67, 141
Stone Heart   58
Terrorist   114, 116 f., 121, 141
The Age of Irony Comes to an End   111
The Alienist   62
The Angel of Darkness   62
The Armies of the Night   60, 234
The Blair Witch Project   79, 81, 88, 92 f.
The Body Artist   341, 343, 349
The Bonfire of the Vanities   41
The Brooklyn Follies   141 f.
The Castle in the Forest   234 f.

__Register | 375__

The City of Falling Angels 60
The Confessions of Max Tivoli 59
The Corrections 10, 41, 45f., 49, 52, 106, 353, 364
The Cyclist 117, 122f.
The Dante Club 62
The Debutante's Handbook 220
The Devil in the White City 59f., 62
The Discomfort Zone 106
The Dying Animal 346
The Echo-Maker 41
The Executioner's Song 60
The Fifth Book of Peace 353, 363, 365
The Fortress of Solitude 298, 300f., 303, 309
The Gold Bug Variations 29, 307
The Golden Bough: The Roots of Religion and Folklore 343
The Good Life 135
The Good Priest's Son 134
The Greatest White Trash Love Story Ever Told 278
The Heart is Deceitful Above All Things 79
The Historian 63
The History of Love 197–199, 202–204, 206, 223
The Hours 63
The Interpretation of Murder 58, 62
The Killer Angels 58
The Lay of the Land 341, 348f.
The Living 58
The March 58
The Naked and the Dead 234
The Namesake 353, 363
The New Colossus 219
The Notorious Dr. August 58
The Ordinary White Boy 245
The Osbournes 78, 89
The Oxygen Man 258, 260f., 263, 275
The Parallax View 239
The Plot against America 224f.
The Princess Casamassima 113
The Promised Land 357f.
The Real World 89, 105
The Red Badge of Courage 58
The Reluctant Fundamentalist 114, 123

The Rules of Attraction 23f.
The Russian Debutante's Handbook 219
The Scarlet Letter 56
The Siege 114
The Society of the Spectacle 93
The Sot-Weed Factor 57
The Souls of Black Folk 355
The Sportswriter 348
The Spy 56
The Suburbs of Heaven 269
The Third Brother 134
The Time of our Singing 41, 298, 306, 309f., 353, 355, 364
The Twilight Zone 168
The Usual Rules 135
The Vine of Desire 353, 362f., 365
The Walking Dead 156–158
The Waste Land 12
The Wind Done Gone 59
The Wings of the Dove 106
The Woman Warrior 98
The Writing on the Wall 135, 137f., 143
The Year of Magical Thinking 100
The Yiddish Policemen's Union 225, 229
The Zero 112f., 117, 122
There are Jews in My House 215f.
This Boy's Life 98
Three Farmers on Their Way to a Dance 29
Thunderstruck 59f.
Time stands still 355
Titanic 170
To Have and Have Not 245
Tora! Tora! Tora! 328–330
Towering Inferno 168
Tristia 219
Twister 169
V for Vendetta 147
Vanity Fair 12
Was ist Philosophie 203
Watching the World Fall Apart 129
Watchmen 147
Waverley, or, ›Tis Sixty Years Since 56
What Is the What 105
White Rapper Show 253

White Teeth 47, 49
White Trash 257
Whitegirl 245, 248f.
Who Betrays Elizabeth Bennet? 69
Why Are We in Vietnam? 234
Why Bother? 43
Wildlife 348

Windows on the World 161
World's End 63
Writing on the Wall 138
Y: The Last Man 156
Year of Magical Thinking 100f.
Year of Wonders 69
You Don't Love Me Yet 298, 314